経済経営リスクの日中比較

小田野純丸・北村裕明［編著］

滋賀大学経済学部附属リスク研究センター

はしがき―本書の課題と構成―

　20世紀が国際化，グローバル化の時代であったとする見方がある．世界は二つの大戦を経験したことから，多くの人は20世紀の後半では安定した世界の実現を切望した．冷戦という局面や地域紛争が認められたものの，国際社会は安定的に発展する経済社会の実現目標に向けて地道な努力を積み重ねてきた．その甲斐あって，多くの国の経済活動は順調に発展を遂げることができた．中でも20世紀の最後の四半世紀に，通信，交通，貿易，金融など世界をますます小さく感じさせる活動が目覚ましい発展を見せた．地球を縦横に駆けめぐる様々な活動の可能性は，まさにグローバル化時代の到来を物語っていた．しかし，21世紀になると，グローバル化の浸透はリスクの顕在化とその波及を加速度的に招き入れる仕組みと背中合わせであることを知らされることになった．21世紀はリスクを直視する時代と言い換えることができそうである．

　1994年のメキシコ通貨危機，1997年に発生したアジア通貨危機，1998年のロシア危機を振りかえると，危機の登場が世界の金融市場を大きく震撼させたことが思い出される．しかし，2007年初旬から懸念され始めたサブ・プライム問題は，それまでの危機とは規模も性格も大きく異なる問題として認識されている．確かにサブ・プライム問題の出発点は米国の限定された住宅問題（信用度の低い借手への住宅融資）ではあった．しかし，今ではそれをアメリカだけの問題として矮小化することは適切ではないことが共通理解となっている．住宅融資が複雑に組成された証券化商品に形を変えた結果，世界中の金融機関や投資ファンドに売り込まれていたことが白日の下にさらされてしまった．グローバル化と情報化の進展は，世界の金融市場を網の目のようなネットワークで結びつけていた．アメリカ発の金融ショックは，世界の資本市場を連鎖的に打ちのめす「世界金融システムの問題」として暴発してしまった．この危機は10年前のアジア通貨危機の規模とは比較にならないほどのダメージを多くの国に与えている．先進工業国ですら本格的回復基調に戻るためには相当の時間と費用コストを要すると見込まれている．こうした危機やショックを概観すると，私たちが生活をしている21世紀は，まさに「リスクの時代」と考えざるを得なく

なっている．金融問題ばかりでなく新型インフルエンザの問題を通しても，リスクの規模やその波及のスピードは想像の域を超えるものとなっている．私たちはリスクに目を瞑ることが許されない世界に生きていることを思い知らされている．

リスク研究センターと共同研究の背景について

　滋賀大学経済学部附属リスク研究センターは，多様なリスク課題の中から滋賀大学の守備範囲を念頭に置きつつリスク研究テーマを選定し，その研究体制の整備とサポートのために積極的に取り組んできた．特に，対象研究領域として国際リスク，金融リスク，経済社会リスクという三分野に注目をしている．滋賀大学の研究者は，したがってこの分野の研究課題の発掘と分析や検証に主軸を置いてきている．これまでの研究活動や成果も，この領域にあるテーマと深く関わりを持つものが中心となっている．

　中でも，国際リスク研究のテーマの取り組みのために，中国やベトナム，シンガポール，オーストラリアなどのアジア周辺国の研究者とのネットワークを構築する努力が重ねられてきた．そして，滋賀大学と中国大連市にある東北財経大学は，2003年に両校が交流協定を締結したことから，共同研究の機運が高まることになった．両大学の関係者の理解と尽力を背景に，共同研究の基礎をどのように形成するかという模索と努力が続けられた．研究の協力関係については，2004年から共同研究を本格化させる取組み努力が重ねられてきた．特に，大連のある遼寧省を含む中国東北三省のこれからの経済発展を視野に入れると，日本が取組んできた課題や経験の検証は価値ある教訓として受け止められている．このような要請とも相まって「リスク」をキーワードに据えて共通の問題意識が生み出されることになった．例えば，東北三省の比較優位と産業政策のあり方の議論は，経済変動リスクや通貨変動リスク，市場リスクや政治リスクなどと切り離して考えることは現実的ではない．

　折から，中国政府が東北三省の経済発展に強い意欲を有していることが明らかになり，その基点として地理的条件に恵まれている大連の存在が意識されることになった．共同研究は，単に日本の高度経済成長を参考にして中国の経済発展のための方途を研究することに限定されるものではない．日本が経験した中には，環境問題や年金・福祉厚生の課題，より良い経営管理手法の模索，技

術移転や研究開発の努力，金融・資本市場育成と強化の取り組みなどを多数見つけ出すことができる．成功したもの，失敗に帰したものなど全てを含めて，日本の経験は多くの新興工業国にとってはこれからも価値ある教材となりえるものである．

　滋賀大学の研究者にとっては，共同研究の展開は経済発展目覚しい中国の現状を適確に理解する機会に恵まれることでもある．一方で，東北財経大学の研究者にとっては，日本の経験を学習しながら経済・経営・金融など多くの課題について検証に必要な分析の方法論を蓄積できるというメリットがあると受け止められている．中国ではどちらかと言うと事象説明型(descriptive style)の研究論文が多いのが特徴である．こうした双方にとってのメリットを意識しながら，共同研究の合意と同時に共同研究に向けた積極的な姿勢が両大学の研究者間で醸成された．

　共同研究を強力に推し進める機会となったのが，内閣府経済社会総合研究所による委託調査研究であった．2004年に受託した調査研究課題は「アジア域内の国際資本移動と産業集積地形成に関する研究」というものであった．大連市を中心に技術開発区やソフトウェア・パークを対象にしていわゆるクラスター（産業の集積）が形成されていた．そこでの集積が直接投資を招致するためにどれだけ有効で，かつ投資の受け入れ側にとって効果的な技術移転がどれだけ確認されてきたのかを数量的に把握することが調査テーマであった．この調査研究の推進のためには東北財経大学の協力が不可欠であった．幸いなことに，東北財経大学の経済社会発展院の院長はじめ多くの研究者が協力支援を約束してくれた．それによって，現地企業者を対象にした大掛かりなアンケート調査を実施することができた．また同時期に，東北財経大学から毎年一名の客員教授が滋賀大学経済学部に滞在することになり，双方の研究者間で頻繁に研究情報を交換する機会を有することができた．

　滋賀大学のリスク研究センターは中国研究に向けた有力な窓口を得たことになり，幸運なスタートを切ることができたといえる．滋賀大学の客員教授として招請した東北財経大学の研究者は劉昌黎教授，金鳳徳教授，孫亜鋒副教授，劉暁梅教授であり，日々様々な機会を通じて議論をする機会に恵まれることになった．劉（昌）教授，金教授は国際リスクに深い関心を有していたし，孫副教授は独占禁止法を中心にした経営リスクを専門としていた．劉（暁）教授は

中国の社会福祉問題の第一人者であり，社会経済リスク問題に造詣が深いことが判明した．2004年に滋賀大学が当番校となった地方財政学会には，大連から馬国強教授を招聘することができた．また2006年に大阪経済大学で開催された地方財政学会の際に孫開教授を招聘することができた．その機会に，財政リスク問題の共同研究の道筋を作り上げることができた．こうした様々な段階を経て，大連の研究者と滋賀大学の研究者が共同研究課題について共通の問題意識を形成し，協力関係を作り上げることが可能となった．

2008年は両大学が共同研究の取り組みに踏み出してから5年目という節目を迎える年であった．両大学の研究者がこれまでの成果を持ち寄り，報告するという機会は今後の共同研究をさらに発展させるためにも絶好の機会となることが両大学間で了解された．リスク研究センター開設の資金援助を惜しまなかった滋賀大学経済学部同窓会の陵水会からもサポートを頂くことができた．本書に掲載されている論文は，両大学の研究者がこれまでの研究成果を持ち寄って報告したもののまとめである．報告内容は多岐にわたるものの，リスク研究センターが扱うリスク課題をカバーするものとなっている．センターの活動について多少なりとも御理解を頂けるのではないかと期待しているところである．

本書の構成と報告論文について

本書は3部から構成されている．第1部は日中経済が直面する国際リスクに関連するテーマを扱っている．第2部は社会経済問題に関する日本と中国のリスク課題を扱っている．第3部は経営リスクとそれ以外のリスク関連テーマを扱っている．この三つの分類は，共同研究報告会の構成に沿ったものである．以下では，それぞれの論文の内容を簡単に要約し紹介をする．

第1部の研究論文

第1部には，小田野純丸，金鳳徳，劉昌黎，大川良文による四論文が掲載されている．

小田野論文（第1章）が扱うテーマは，外的経済ショックが生起したときに発展途上段階にある国の経済構造に大掛かりな調整が避けられないという課題を扱っている．日本が高度経済成長を確実にした段階で，円高圧力に直面し，通貨価値の調整に追い込まれる経験をすることになった．当時は固定相場の時

代であったために，通貨調整は試行錯誤的なプロセスを経験することになった．しかし，円の切り上げという選択は衆目の一致するところであった．円の切り上げ措置は日本の産業界にとっては死活問題であるという緊迫感が漂う中での選択であった．同時に，原油価格の高騰という事件が勃発し，高度経済成長に事実上の幕が降ろされることになった．1970年代から始まる長く険しい経済構造の調整プロセスは，そこから省エネ化，省力化，海外直接投資などの挑戦の幕開けとなり，1990年代に注目が集まった「日本的経営」などに集約されることとなった．中国に向けられる人民元の切り上げ圧力，そして2008年に見られた資源価格の高騰という現象は，1970年代に日本が経験した二つの外的圧力に大きく類似するものである．論文は，中国が強力に推し進めてきた単純な輸出促進型モデルが限界に近づいていることを確認しながら，経済構造調整が不可避となっていることを指摘する．中国にとって，まだまだ高い経済成長は不可避的要請である．そのために，内需拡大を基点に置いた政策シフトに期待が寄せられる．西部大開発構想，所得格差の是正，単純加工輸出部門の高度化など課題は山積している．日本が味わってきた多くの経験は，これらの挑戦が避けて通ることのできない要請であることを語っている．中国の挑戦がまた新たに始まることを本論文は指摘している．

　金論文(第2章)は，中国の対外経済関係の戦略的接近を解説した論文である．論文タイトルは「中国の対外経済(関係)の戦略体系」となっている．改革開放政策が導入される大きな転換点を経て，対外経済政策の矛盾の克服が急務となっていた．金論文は政策アプローチを上部構造という理念的な方針と，具体化された戦略を並列した下部構造に分けて，中国が直面する諸課題への対応を解説している．下部構造には大国戦略，周辺戦略，一体化戦略，国際機構対応戦略，重要資源確保戦略，対外援助戦略の六つが含まれ，現在の中国が積極的に展開している政策と密接に対応している．例えば，大国を想定した「極」という視点では，中国は間違いなく極を構成する存在になることが意識されている．大国としての中国が自戒する方針として，覇権主義に傾倒しないこと，同盟関係に埋没しないこと，支配的地位に陥ることのないことという三つの方針を確認し，平和尊重の原則を堅持することが基礎に置かれている．中国の今の状況は鄧小平の指摘した「大国であり小国である」という現状認識に立っている．輸出を急拡大させ，外貨準備の積み上げに積極的になる姿勢には，小国論理が

前面に立つ印象を与えるし，対外関係で中国が一貫して積極的で強固な姿勢を貫く姿勢には大国の論理が垣間見える．これは中国が資源小国であると主張する側面と，すでに経済大国として他国へ無視できない影響力を持っている二つの顔からもうかがい知ることができる．論文はこうした中国のアプローチに触れて，この先中国が歩むことになる難しい選択について解説をしている．世界は信頼される中国の発展を期待している．この目標は論文中に明確に展開されている．論文はさまざまなランキング統計を提示することで，中国の現状を手際よく紹介するものとなっている．

劉論文（第3章）は米ドルの循環のメカニズムと中国の外貨準備に関わる経済含意について論じている．論題は「ドル循環の危機と中国外貨準備の対応策」である．アメリカ・ドルのジレンマについて1960年代のトリフィン論文を引用するところから論述が始まる．ドルの役割は，戦後世界通貨制度の骨格としての存在と，やがて予見されるその矛盾との妥協の産物として受け入れられてきた．少なくとも，1970年くらいまでは，米ドルに求められた役割はそれなりに果たされてきた．しかし，1970年以降からアメリカ経済が低迷する段階を迎えると，財政赤字と貿易赤字の二つの問題の併存が懸念され，アメリカ・ドルの不安定な動きに注目が集まるようになった．米国に与えられた基軸通貨としての地位は，ドルの還流を招き入れるシステムの強化に展開をしていった．劉論文はⅡ節で還流のメカニズムと内在する問題点を指摘している．そして，世界の金融市場が抱える矛盾点を明らかにしつつ，一極経済に軸足を置かない地域の共通通貨の創出を視野に入れた新たな仕組みへの期待を論じている．Ⅳ節で中国人民元の役割に触れつつその存在が拡大することを予想している．本論文から中国の研究者が意識している問題意識の一側面を理解することができる．

大川論文（第4章）は，「多国籍企業の中国におけるR&D活動とスピルオーバーの経済学」と題するものである．論文は，中国にR&D拠点を設立する多国籍企業と，そこから技術を吸収して国内の研究開発体制を拡充させたいという中国サイドとの間に想定される諸問題について，理論研究と実証研究の成果を紹介するものである．既発表の59編の学術成果を丁寧に解説しながら，経済学者が問題意識を持って取り組んできた事項ごとに整理をしつつ，検証成果と今後期待される研究テーマを明らかにしている．Ⅱ節は中国で展開される多国籍企業によるR&D活動の紹介である．多くの企業が研究開発活動の重要性を

認めて中国でその活動を本格化していることが報告されている．Ⅲ節はスピルオーバーと呼ばれる外部効果のテーマを理論的，そして実証研究成果を交えながら解説をしている．そして，Ⅳ節はスピルオーバー効果を計測する実証研究の紹介に当てている．特に，その効果をプラスと評価することができるのか，過大評価に流されるきらいがあるのか，文献を客観的に評価しつつ本問題の重要性の根幹部分を解説している．Ⅴ節は，技術流出を企業のリスクと捉えて，その保護のあり方などを論じている．知的財産権の確立が究極的に求められるまでの段階では，企業にとって独自の技術保全は喫緊の課題である．最近注目されている研究テーマであるだけに，日中の研究者の共同研究が求められるという最後の問題提起は主要な政策課題として注目される指摘である．

第2部の研究論文

第2部は馬国強・張海星論文，孫開論文，劉暁梅論文，北村裕明論文の四編の論文から構成されている．財政リスク，地方財政調整制度，社会保障・医療制度に関わる問題を扱っている．

馬・張論文（第5章）は，財政の安定性と持続可能性について論述したものである．安定性や持続性を欠く財政ポジションを財政リスクと理解するところから論文が始まる．こうした財政にまつわるリスクをどのように定義するかが冒頭で紹介されている．中国の研究者の業績を引用しながら，財政リスクが招き入れる政治経済への危険性の解説が続く．そうしたリスクの特徴がⅡ節で解説され，Ⅲ節はリスクの類型化を中国の経験を通して試みている．興味ある説明は財政リスクのマトリックス（表5－1）に収められている．同時にそのリスクヘッジのあり方がヘッジ・マトリックスとして所収されている（表5－2）．中国に限ってみると，財政リスクの存在は国債の発行状況だけでは把握が難しく，政府の隠れた債務や偶発債務の存在を明示的に把握した総合負債規模に求めるべきであるという指摘は興味あるものである．基本的には国家の財政体制の確立と維持が求められるところであるものの，内在する諸問題にどう対応すべきかが現状の課題であることが詳説されている．リスク解消に向けた管理システムの構築は，成長する中国経済の中核的課題となっている．論文が明らかにしているように，リスク軽減に向けた監視体系をより効果あるものにする取り組みが求められている．論文はこうした現状を包括的に詳説した内容豊かな

文献である.

　孫論文(第6章)は「中国の財政移転支出制度改革の諸問題」と題する実証研究論文である．これまでの財政移転収支制度は，1994年から「分税制」改革が実施されて以降，多数の政府間財政移転方式として生み出されてきている．制度の整備が進むにつれて，改善効果が生み出される一方で，制度に欠ける問題点も浮き彫りになってきている．その多くは政策目標との整合性に関わるもので，短期視点と中長期視点の齟齬をどのように整理調整するかという課題として把握されている．財政移転はある種の政策目的の達成のために維持されていることから，その費用効果の厳正な評価が求められることになる．Ⅵ節がこの問題を包括的に扱っている．付随して，制度維持に必要な法整備の確立も急がれる課題である．孫論文の冒頭で，中国政府が実施する財政移転方式を詳細に解説している．次いで，移転支出に関わる諸問題点を吟味し改善点に触れている（これらはⅢ節で扱われている）．中国経済の基本課題である成長路線の堅持にとって，財政は特に重要な位置づけが与えられている．支出効果を高めながら，資源の有効活用という経済学的視点を活用する余地は大きいものがある．孫論文が指摘するように，財政移転の整備と有効な活用は健全な財政政策の展開にとって不可避の要請である．孫論文の解説と指摘は，中国の財政移転支出制度の包括的な理解にとって貴重な文献である．

　劉論文（第7章）は「中国の医療保障制度の軌跡と展望」と題された実証研究の成果である．論文は，Ⅱ節で中国の改革開放以前の医療保障制度を詳細に検討し，内在する問題点を浮き彫りにしている．その制度は，1949年に中華人民共和国の成立とともに整備されてきたものである．公費医療制度，労働保険医療制度，農村合作医療制度がその中に盛り込まれていた．建国直後であったものの，制度そのものは皆保険に近く，福祉色の強い無料医療などが特徴であった．しかし，それぞれの制度間で給付条件が異なり，企業負担に依存した医療保障であったために，企業に過度に依存せざるを得ないものであった．そのため，制度を抑制するメカニズムが欠けており，巨額の無駄を引き起こす誘引となっていた．改革開放後の医療保障制度は，市場経済の導入に従って改革が施されたものである．ほぼ全国民をカバーする医療保障制度の形成に努めるものであった．都市部従業員の基本医療保険制度，都市住民基本医療制度，新型農村合作医療制度として生まれ変わったことがⅢ節で紹介されている．同節は，

制度の仕組みを詳細に解説している．新制度については，2005年に中国国務院とWHOが制度検討作業を実施し，基本的に改革は全体的に失敗したという辛口の評価を下した．これはⅣ節で紹介されている．論文は失敗に関連した問題点として六つの要因を指摘している．これらは中国政府が医療衛生体制の再構築を急ぐ中で注視されなければならない問題点である．劉論文はⅤ節で，今後の改革を睨みつつ，改革の基本線として五点を提示している．注目される視点として，制度の理念の再検討を提示していることが挙げられる．病気を治すという受身の姿勢から，病気を防ぐという積極的な思考の変革を求めている．また，実践面では，地域の主体性を積極的に活用する仕組みの評価を挙げている．「社区」と呼ばれるコミュニティーでの取組みが教育，リハビリなどの日常的な取組みを担当できることから，この強化が推奨される．劉論文は，理念ばかりでなく医療保障の実践的な取組みにまで踏み込んだ研究成果となっている．高齢化社会が急速に進むと懸念されている中国で，医療保険制度の将来像は社会リスクの問題とも深く関連している．論文が指摘する問題点，課題点はそれだけに注目に値する問題意識である．

　北村論文（第8章）は，少子高齢社会の進展に伴う社会経済リスクとそれへの対応を概観することから議論を展開する．高齢社会に対する主要な政策領域である公的年金制度，医療保険制度，介護保険制度について近年の制度改革を検討しつつ，少子高齢社会に対応する財政システムの課題を明らかにしようとしている．日本では，年金・医療・介護の三領域はいずれも社会保険によって運営されていることはよく知られている．そこで，急速に進む高齢社会の中で社会保険制度がどのように影響を受けることになるかが主関心事となっている．非正規労働者の増大等により増加する低所得者，そして高齢社会の進展によって公的年金を主たる収入源とする高齢者の増加という避けられない要因が登場している．安定した社会システムの維持という視点からは，この問題はハイリスク集団への対応と見ることができる．具体的には，保険料の負担をハイリスク集団に求めることには限界があるということである．社会保険料の本人負担だけでなく，雇用主負担や，租税負担の増大というハードルが待ちかまえている．北村論文は，少子高齢社会リスクの対処に向けて，それを支える税制改革と歳出政策の組み替え，消費税増税論議に限定されることなく，所得税，法人税を含めた抜本的な税制改革が求められていることを強調している．論文は，少子

高齢社会における安心のシステムを支える重要な柱としての公的年金制度と，医療制度と介護制度についても触れ，社会経済環境を整備しつつ，医療・介護等サービス給付制度の整備により一層の力点を置く方向性を強く指摘するものとなっている．日本経済が抱える最重要なリスク課題について一石を投ずる論理展開となった論文である．

第3部の研究論文

　第3部には二上季代司・張文遠論文，澤木聖子論文，弘中史子論文，孫亜鋒論文，荒谷勝喜論文の五編が掲載されている．資本市場のリスク問題，経営リスクに関わる課題，独禁法に関わる問題，エネルギー・リスクの問題が扱われている．

　二上・張論文（第9章）の論題は「中国の投資信託のパフォーマンス研究」である．証券市場が適正に作用するためには適切な価格形成機能が確認されなければならない．それを実現させる一つの要件が，資金力と情報収集力，分析能力に秀でた機関投資家の存在である．中国の現状を検討すると，その資質を備えていると期待されるのが投資信託ではないかという視点から論文は展開される．そのとき，投資信託のパフォーマンスを検証する意義は重要なテーマである．二上・張論文は，この投資信託のパフォーマンスを正面から検証する作業を展開している．論文の展開は幾つかの仮説検証のための評価モデルを構築することから始められる．種々の数量的検証の結果，中国の投資信託が優れた投資対象として認められること，リスク要因を管理するためには複数のベンチマーク・ポートフォリオを想定し資産評価を行うアプローチが有効であることなどの興味ある結論を導き出している．しかし，論文の結論部で指摘してあるように，投資信託の適正な評価，信頼性を高めるための努力，知識の普及などの課題の取り組みが急がれなければならない．これは運用会社ばかりでなく投資家にとっても要請される課題である．急成長する中国の資本市場の健全な発展を視野に入れながら，本論文は市場環境の現状理解に直結する情報提供の役割を果たしている．

　澤木論文（第10章）のタイトルは「大連日系企業における日本語人材の活用と課題」である．大連を中心とする産業クラスターは，日系企業が集中的に投資を展開してきた実績を有している．今でも人気の高い投資先としても知られ

ている．行政当局も日系企業の存在を高く評価しており，現地での日本語の受け止め方は他の都市とは比較にならないほど高いものがある．教育機関は積極的に日本語教育カリキュラムを整備しているし，若い世代には日系企業への就職は魅力ある選択肢となっている．澤木論文は，Ⅱ節で大連市の産業政策を解説し，日系企業のオフショア進出の展開を論述している．特に，BPO（Business Process Outsourcing）業務に注目し，大連市でそれが拡大する背景，要因などを手際よく論述している．日本語という視点から，それを駆使できる人材の需給関係について検証したものがⅣ節に展開されている．同節には，日本語の育成と普及のためにわが国の公的機関，現地の高等教育機関が様々な企画を導入し継続的に取り組んでいる実態を紹介している．人材育成センターに寄せられる期待の大きさは，同時に付随するリスクの存在を意識することでもある．澤木論文は，Ⅴ節で，具体的企業を取り上げながら日系企業の取り組みが避けて通れなかった課題とミスマッチについて触れている．このテーマは，中国投資を念頭においている多くの企業にとって重要な課題である．澤木論文は，そうした要請に応える貴重な分析資料となっている．経営目標を遂行達成させるために，コミュニケーションの役割と経営上での位置づけを明確に認識しておく必要がある．澤木論文が指摘する問題意識は，海外展開を実施もしくは企図している企業にとって殊のほか重要な課題として共有されるものである．

弘中論文（第11章）は「環境経営が中小企業にもたらす可能性―戦略構築と競争優位に関する一試論―」と題する実証研究成果である．モノづくりと呼ばれる日本企業の得意領域に注目をして，新たな環境に関連する種々の要請を加味した経営のあり方，経営の展開について論述をしている（Ⅱ節を参照）．論文のⅢ節は，大企業ばかりでなく中小企業にも分析範囲を拡張して，グローバル化と競争激化という環境の中での企業の取り組みに注意深い分析を展開している．環境経営が新たな変化を引き起こしていることはⅣ節で詳説されている．企業の具体的取り組みと戦略の再編など，興味ある分析結果がそこで報告されている．論文には中小企業が有する特性は，地域性ではないかという指摘が展開されている．そこから，中小企業の環境経営は地元の生活と切り離してはあり得ないという視点が意義を持つことになる．このユニークな視点に立つ分析がⅣ節の全体を通して展開されている．特に，環境経営の実践は「新たな事業展開」に結びつく可能性を秘めている行為である．それが地域主体のネットワー

クの形成から生み出される可能性は高いことを指摘する．中小企業が直面する様々な問題の中から，新たなチャレンジとして新展開を具体化させている事例は興味ある分析である．論文の最後が指摘するように，これらの取り組みの中から中国の中小企業が何らかのヒントを得られることが期待される．弘中論文が展開する論点は，現下の厳しい経営環境の真っ只中で辛苦している多くの経営者にとって一つの価値あるメッセージとなっている．

　孫論文（第12章）のタイトルは「中国自動車販売の制限最低価格と独占禁止法」である．中国が独禁法の施行に踏み切ったのは最近のことである．消費者保護と健全な企業活動の必要性を当局が認めたことは画期的なことである．孫論文はⅡ節で独禁法の歴史的発展を解説する．その中で，市場化経済を受け入れた中国が独禁法の必要を受け入れた経緯が詳説されている．現在のところ，政治経済体制の関係から中国では行政独占の存在は認められている．しかし，市場経済の拡大に伴ってこの存在が後退するものと予想されている．論文のⅢ節は，最低再販価格維持に関する理論的研究のレビューを展開している．厚生経済学的視点から消費者余剰，生産余剰の比較検証が理論的に解明されている．Ⅳ節が明らかにするように，再販価格維持のテーマについて検討を加えている．英国と米国の事例を解説しながら，独禁法の意義と再販価格維持に関する法的措置の社会的意義が論述されている．中国の自動車市場を取り上げてこの問題を検討したものがⅤ節である．４Ｓと呼ばれる販売方式が中国では一般的に導入されている．メーカーと特約販売店の間に取り交わされるセールス，スペアパーツ，サービス，サーベイという四つの機能を通じて最低価格の維持を堅持する方式である．市場競争が激化する自動車産業の中で，このような一般的最低再販価格の問題が独禁法的にどう扱われるべきかはこれからの主要課題である．孫論文は経済学と法学の融合するこの分野にスポットライトを与えた興味ある論文である．

　荒谷論文（第13章）は，「日本のエネルギー資源問題―石油危機への対応とエネルギーの現状―」という題名の下，日本のエネルギー問題の取り組みと課題を歴史的視点から展開したものである．特に石炭資源に注目をして，オイル危機の前後，政策対応に揺れた段階，海外炭の輸入拡大に向けた取り組みなどを扱っている．戦後日本経済のエネルギー供給の中心的役割を演じてきた石炭について多くを解説している．論述は多くの行政関係機関の文献を参考に注意深

く展開されている．原油に代表されるように，資源価格は市場の動向をそのまま反映したものではない．時に国際政治経済関係に大きく左右された事例が観察される．日本の事例はそれによって翻弄されたことのある好例である．また，日本の場合は，経済構造の激変によってエネルギー資源の確保という課題に直面させられてきたことも事実である．荒谷論文はエネルギー供給に占める石炭に注視しながら，その変遷について詳述している．Ⅲ節が解説するように，エネルギー構造の変化の中に日本の資源確保と有効利用の取組みをうかがい知ることができる．論文のⅣ節は，石油危機のあと，エネルギー資源の多様化に沿って原子力発電に舵を切った経緯と，海外炭の輸入に突破口を切り開いた経緯，そしてその足跡が解説されている．論文最後に，日本の歩んできたエネルギー構成の変化，エネルギー供給源の分散，電源構成の調整という重要課題は，これからの中国にとっても主要課題となることが指摘されている．これは，両国の共同研究の可能性を期待する問題提起となっている．

謝辞

　本書が取りまとめられるまでにはリスク研究センターでの準備と企画の推進で，実に多くの方々の協力と支援に負うている．まず，5年前から共同研究の道筋を切り開いてくれた宮本憲一前学長，成瀬龍夫学長，故于洋東北財経大学学長（中国正式名称は党委員会書記）には心より感謝申し上げる次第である．東北財経大学における関係教職員，滋賀大学経済学部教員，同窓会陵水会幹部，経済学部総務職員は研究の途上で様々な助言，支援を惜しむことなく提供してくれた．共同研究関係者一同はこれら全ての方々に深甚の謝意を表するものである．リスク研究センターの山本清子氏は資料の収集，整理，原稿の編集などの膨大な作業を通じて研究者全員への補助業務を快く引き受けてサポートをしてくれた．全員で感謝を申し上げる次第である．

　　　　　　　　　　　　編集委員　　小田野純丸（リスク研究センター長）
　　　　　　　　　　　　　　　　　　北村　裕明（リスク研究副センター長）

目　　　次

はしがき―本書の課題と構成― ……………………………………… 1

第1部

第1章　エネルギー・資源価格高騰と通貨高の経済リスク
　　　　　―日本の経験と中国の課題― ………………… 小田野純丸　21
　　Ⅰ．はじめに ……………………………………………………… 21
　　Ⅱ．混乱する世界経済の動向 …………………………………… 23
　　Ⅲ．1970年代の日本：経済ショックとパラダイム・シフト … 29
　　Ⅳ．中国の課題と挑戦 …………………………………………… 38
　　Ⅴ．中国経済の課題と選択肢 …………………………………… 46
　　Ⅵ．さいごに ……………………………………………………… 53

第2章　中国の対外経済（関係）の戦略体系―構成と進化とその傾向―
　　　　　………………………………………………… 金　　鳳徳　56
　　Ⅰ．中国の対外経済関係に関する戦略アプローチの構成 …… 56
　　Ⅱ．中国の対外経済関係戦略に関する体系の進化 …………… 63
　　Ⅲ．平和的，開放型の展開に向けた挑戦 ……………………… 72

第3章　ドル循環の危機と中国外貨準備の対応策 …… 劉　　昌黎　84
　　Ⅰ．ドルの米国からの大量流出とその影響 …………………… 84
　　Ⅱ．ドルの米国への還流とその役割 …………………………… 88
　　Ⅲ．ドル循環の阻害要因 ………………………………………… 91
　　Ⅳ．中国の外貨準備に関する対応策 …………………………… 97

第4章　多国籍企業の中国におけるR＆D活動とスピルオーバーの経済学
　　　　　………………………………………………… 大川　良文　104
　　Ⅰ．はじめに ……………………………………………………… 104

Ⅱ．多国籍企業の中国におけるＲ＆Ｄ活動 …………………………… 106
　　Ⅲ．スピルオーバーの経済学 ……………………………………………… 107
　　Ⅳ．スピルオーバー効果に関する実証研究 …………………………… 109
　　Ⅴ．多国籍企業は技術流出リスクにどのように対処するのか ……… 114
　　Ⅵ．結論 …………………………………………………………………… 117

第２部

第５章　財政リスクおよびその防御システムに関する研究
　　　　　　　　　　　　　　　………… 馬　国強・張　海星 125
　　Ⅰ．序言 …………………………………………………………………… 125
　　Ⅱ．財政リスクの基本的な問題 ………………………………………… 126
　　Ⅲ．財政リスク分析の枠組み …………………………………………… 131
　　Ⅳ．中国の財政リスクの現状に関する考察 …………………………… 136
　　Ⅴ．財政リスクを防御及び解消するための制度配置と管理措置 …… 142

第６章　中国の財政移転支出制度改革の諸問題 ……… 孫　　　開 154
　　Ⅰ．現在の財政移転支出制度の基本的構造 …………………………… 154
　　Ⅱ．財政移転支出制度改革の成果 ……………………………………… 158
　　Ⅲ．現行の財政移転支出制度の主な問題 ……………………………… 160
　　Ⅳ．財政移転支出制度の政策目標 ……………………………………… 165
　　Ⅴ．財政移転支出制度改革の基本的政策方向 ………………………… 168

第７章　中国の医療保障制度の軌跡と展望 ………… 劉　　暁梅 175
　　Ⅰ．はじめに ……………………………………………………………… 175
　　Ⅱ．改革開放前の医療保障制度 ………………………………………… 175
　　Ⅲ．改革開放後の医療保障制度 ………………………………………… 182
　　Ⅳ．現行医療保障制度に対する評価 …………………………………… 191
　　Ⅴ．今後の展望 …………………………………………………………… 195
　　Ⅵ．おわりに ……………………………………………………………… 197

第8章　少子高齢社会リスクと財政システム ………… 北村　裕明　199
　　Ⅰ．はじめに ………………………………………………………… 199
　　Ⅱ．少子高齢社会リスク …………………………………………… 200
　　Ⅲ．年金制度と財政 ………………………………………………… 204
　　Ⅳ．医療保険制度と財政 …………………………………………… 212
　　Ⅴ．介護保険制度と財政 …………………………………………… 216
　　Ⅵ．年金・医療・介護改革と財政システム ……………………… 219

第3部

第9章　中国の投資信託のパフォーマンス研究
　　　　　　　……………………… 二上季代司・張　文遠　225
　　Ⅰ．はじめに ………………………………………………………… 225
　　Ⅱ．研究手法とデータ ……………………………………………… 226
　　Ⅲ．全体的なパフォーマンス研究 ………………………………… 231
　　Ⅳ．銘柄選択とタイミング測定 …………………………………… 233
　　Ⅴ．パフォーマンスの持続性研究 ………………………………… 238
　　Ⅵ．評価結果 ………………………………………………………… 240

第10章　大連日系企業における日本語人材の活用と課題
　　　　　　　………………………………… 澤木　聖子　244
　　Ⅰ．はじめに ………………………………………………………… 244
　　Ⅱ．IT産業基地としての大連 ……………………………………… 244
　　Ⅲ．大連におけるBPOの意義 ……………………………………… 245
　　Ⅳ．日本語人材の需給と育成 ……………………………………… 250
　　Ⅴ．大連における日本語人材をめぐるリスクと課題 …………… 254

第11章　環境経営が中小企業にもたらす可能性
　　　　―戦略構築と競争優位に関する一試論― …… 弘中　史子　258
　　Ⅰ．はじめに ………………………………………………………… 258
　　Ⅱ．中小企業のモノづくりとグローバル化・競争優位 ………… 259
　　Ⅲ．環境経営と戦略・競争優位 …………………………………… 261

 Ⅳ．環境経営が中小企業にもたらす変化 …………………………… 263
 Ⅴ．むすび ……………………………………………………………… 269

第12章 中国自動車販売の制限最低価格と独占禁止法 … 孫 亜鋒 272
 Ⅰ．はじめに ……………………………………………………………… 272
 Ⅱ．中国の独占禁止法 …………………………………………………… 273
 Ⅲ．最低再販売価格維持に関する理論的研究 ………………………… 277
 Ⅳ．独占禁止の視点からみた最低再販売価格維持 …………………… 284
 Ⅴ．中国自動車市場の最低再販売価格維持と独禁法 ………………… 287
 Ⅵ．終わりに ……………………………………………………………… 291

第13章 日本のエネルギー資源問題
    ―石油危機への対応とエネルギーの現状― … 荒谷 勝喜 293
 Ⅰ．石油危機の発生 ……………………………………………………… 294
 Ⅱ．石油危機と世界のエネルギー構造の変化 ………………………… 295
 Ⅲ．石油危機への対応，エネルギーの多様化―石油依存度の低下 … 300
 Ⅳ．中国のエネルギー構造と現状 ……………………………………… 312
 Ⅴ．おわりに ……………………………………………………………… 314

第 1 部

第1章 エネルギー・資源価格高騰と通貨高の経済リスク
　　　―日本の経験と中国の課題―
第2章 中国の対外経済（関係）の戦略体系―構成と進化とその傾向―
第3章 ドル循環の危機と中国外貨準備の対応策
第4章 多国籍企業の中国におけるR＆D活動とスピルオーバーの経済学

第1章

エネルギー・資源価格高騰と通貨高の経済リスク
―日本の経験と中国の課題―

小田野　純丸

Ｉ．はじめに

　世界経済を展望する中で，中国経済の存在とその発展の行方について多方面から関心が向けられている．北京オリンピックを無事に終了させた勢いを受けて，周辺諸国や世界経済との今後の関連を占うために，これまで以上に中国の動向に注目が集まっている．そうした中で，中国経済の将来展望作業を通じて，従来の延長線上にある一本調子の発展や拡大は難しいのではないかと考える専門家は多い．しかし，それでも10％に迫る成長率を維持させることは可能で，上向きの経済発展傾向そのものを否定する見解は余り見られない．

　同時に，中国が種々の課題に直面しているという見方は，内外の多くの専門家によって共有されたものである．政治的課題を別にしても，中国経済と社会が抱える構造的諸問題は多様であり複雑であると考えられている．本格的経済発展を視野に入れる中で，中国はこうした問題に早急に取り組まなければならない段階を迎えている．また，このような慎重な見方と立場を異にする専門家は少ないと見られる．

　世界的傾向である食料，資源価格の高騰に注目すると，中国の構造的問題の解決は急いで取り組まなければならない類の問題であることは明白である．物価や資源価格の高騰は，産業構造や雇用構造，生活水準の行方に直結しかねない問題である．それは，現下の価格の高騰が一時的な現象というよりは，世界経済の傾向を反映していると考えられるためである．中国経済が直面する多くの課題への取り組みは，言うまでもなく，中国が指向する安定的発展という目標の達成にとって喫緊の政策課題とみなすことが出来る．それらはミクロ経済，マクロ経済，対外経済関係のいずれの分野とも接点を有することから，個々を切り離して個別の問題として矮小化することは望ましくない．構造的問題の解法にはさまざまな角度から検討することに加えて，総合的な取り組みが必要になると予想される．

　中国経済が持続的に，かつ相対的に高いペースで発展し続けるという基本的見方について，多くの論者間にそれ程の相違は見られない．同時に，論者が共通に認識している課題の多くは，中国が健全な社会的発展を展開するためには，

それらが不可避的課題であるという問題意識である．インフレ傾向と賃金上昇圧力の調整，高い貯蓄率や家計行動の行方，製造業中心の成長戦略の見直しと調整，産業間格差と地域間格差の調整，安定した金融システム実現に向けた信用制度の確立，膨張する貿易収支の黒字問題，膨れ上がる外貨準備の動向と対外圧力の課題，そして人民元の切り上げ圧力に対する処方箋など，課題は山積している．同時に，新興工業国グループの役割が今後大きくなると予想されることから，世界はその一翼を占める中国の取り組みに注目をしている．勿論，中国政府もこれらの課題への取り組み姿勢を明確に見せてはいる．たとえば，内陸部の開発優先姿勢や，所得分配の改善，環境問題への強い関心と取り組みに向けた意気込みなどにそうした気配を感じ取ることが出来る．

　中でも，資源価格の高騰は，経済構造を抜本的に変えるきっかけとなる可能性が高い．企業のコスト構造の変化は雇用状況を変化させることが予想されるし，産業構造が急速に変化を余儀なくされることも考えておく必要がある．コスト構造の調整が遅れれば，産業の発展方向を大きく変える可能性を招き入れることになる．特に，中国経済の中で大きな位置を占めている政府系企業の近代化と変革が，予想以上に急がれる事態が招来される可能性は高い．これらの課題は，従来型の投資主導の成長戦略について再検証と見直しを急がせる可能性をはらんでいる．同時に，対外貿易の黒字問題が緩和に向かう方向を見出せないと，通貨人民元に対する切り上げ圧力はこれまで以上に高まることが予想される．

　中国経済の課題を検討するに当たって，今から三十年以上前，当時の日本経済が直面をした資源価格の高騰問題と為替調整に関わる対外圧力が思い出される．1973年の第一次オイル・ショックは，日本の高度成長路線を完全に方向転換させるきっかけを作り出した．高度経済成長を通じて，高い賃金の伸びを約束する経済モデルに終止符が打たれた．安定していた物価は激しいインフレに翻弄されることになった．その少し前，1971年から顕在化した為替レートの調整問題は，その後直ぐに抜本的な円高調整を受け入れる展開の入り口となった．輸出一本槍の政策や戦略に見直しが必要となる時代の幕開けであった．日本経済は，「海図の無い」世界経済の大海に押し出されることになったのである．

　この日本経済の経験と，今の中国経済が直面する問題には興味ある類似点を見出すことができる．資源価格の高騰と為替切り上げ圧力という二つの共通項を通して，日本経済がどのようにして調整課題を乗り切ってきたのか，似たような圧力に直面している中国経済の取り敢えずの課題は何なのか．これらの問題について，簡単な比較検証を試みるのが本論文である．以下では，資源価格の高騰を招き入れることになった現下の世界経済の動向を概説し，食料や資源価格の上昇の現状について確認する．次いで，1970年代に日本経済が経験をし

た対外圧力を概観し，調整課題をどのように克服してきたかについて紹介をする．さらに，中国経済が抱える課題と調整の方向性について検討を加えることにする．最後に，日本と中国の共通の課題を比較することで，これからの日中経済関係の展望について簡単に触れることにする．

II．混乱する世界経済の動向
1．アメリカ発危機リスクの波及

　世界経済に関する昨今の経済指標を参照すると，多くの国の経済状況が悪化に向かう兆候を顕在化させていることに気づかされる．共通して見られる懸念材料は，インフレの高進と景気の停滞傾向が明らかになりつつあることである．発展途上国ばかりでなく，新興工業国や先進工業国をも巻き込んで，同時進行的にスタグフレーションを懸念せざるを得ない兆しが見え始めている．国によっては，すでにその兆候が社会不安を招きいれるまでに展開しているという報告もある[1]．

　この現象と関連して見過ごすことの出来ないいくつかの要因が浮上している．一つは，米国の住宅バブルの終焉である．つい最近まで米国の好景気を下支えしてきた住宅部門を取り巻く環境に急速な変化が現れている．具体的には，サブ・プライム問題の表面化とその後の混乱である．実際，それまでの米国経済の高い成長率を牽引してきた一つの大きな要因は住宅部門の活況であった．積極的な住宅関連投資は不動産価格の右肩上がりを実現させ，それが資産所有者には大きな資産効果を生むことになった[2]．その結果，資産価値の増大は個人消費活動を活発に押し上げる役割を演じてきた．しかし，不動産価格の翳りは，それまでの住宅投資や個人消費を急速に冷え込ませることになってしまった．それまでの資産効果は逆資産効果に変容し，返済余力を持たない住宅ローン保有者は住宅の差し押さえに直面させられることになってしまった．逆回転を始めた住宅市場の動向が読めないために，信用収縮の不安心理が米国経済に暗い影を落とし始めている．

　しかしながら，この問題を，米国の住宅部門の長引く停滞だけに限定して捉えることは適切ではない．サブ・プライム問題は，資金の貸し手である銀行の

1　アフリカやアジアの国々で，食料品価格の高騰に激しい抗議活動が広まっている．価格の高騰は，途上国の中では食糧確保に困難が予想されるところがあり，貧困危機ライン上にある多くの国民にとって死活問題となりつつあることも報じられている．
2　所得の伸びは消費を下支えする．そのとき，所得はフローとして捉えられている．それに対し，資産効果はストックの概念であることに注意が必要である．ストックは資産価値の総計であり，それが上昇すれば，資産保有者は豊かな資産を背景に消費活動を活発化させると考えられている．

貸し出し行動に大きな影響を与えているためである．リスク程度を緩和するアプローチと信じられてきた証券化（securitization）の流れは，それによる負の側面を明らかにさせつつある．証券化の影響は，さまざまなチャンネルを通じて経済全体に浸透していると言われている．従って，厄介なことに，証券化の展開の全体像を正確に把握することは著しく困難な作業となっているのが実際である．

　金融機関を中心にした投資主体は，この証券化によるアプローチがリスク・ヘッジの役割を演じていると想定してきた．そうした金融界の一般的な流れを受けて，信用度の低い借り手に対して住宅資金を大量に注入してきたのが銀行であった．背景には，CDSと呼ばれるリスク回避の保険プログラムが存在するという盲信があったと言われている[3]．しかし，CDSを保証する保険会社，例えばAIG，が機能不全に陥れば，金融システム全体に大きなダメージとなって金融危機を惹起することになりかねない．結果として，深刻化する事態と先の見通せない不安心理が雪だるま式に拡大したことで，今や銀行や投資銀行に向けられた厳しい姿勢が世界的に拡散をしてしまった[4]．

　リスクが薄く，魅力ある投資商品と受け止められていたサブ・プライム・ローン（関連証券）に加担をしていたのは米国の金融機関ばかりでなかった．欧米やアジアの主要金融機関も例外なくそこに資金注入をしていたことが，時間の経過とともに明らかになっていった．スイスに拠点を置くUSBやロンドンのHSBCなど，世界的巨大銀行も相次いで巨額の不良資産処理を発表したことから，サブ・プライム問題の世界的広がりを再認識させられることになった．

　このサブ・プライム問題によって明らかにされたもう一つの重要な事実は，巨額のマネーが世界を徘徊しているという現象である．貿易黒字を背景に活況を見せるアジア新興工業国，資源価格の上昇を追い風にして外貨収入を積み上げてきたエネルギー・資源輸出国などを中心に，潤沢な資金を武器にした投資主体が有利な投資先を求めて活発な動きを見せていた．ゼロ金利と揶揄されてきた日本からは，キャリー・トレードと呼ばれるチャンネルを通じて，相当規

---

[3] CDSはCredit Derivatives Swapと呼ばれる金融機関保有のリスク資産に対する保険機能である．従来は銀行間のリスク負担を軽減させる手段として使われてきた．しかし，証券化の急拡大によって，ヘッジ・ファンドを含む金融市場関係者が参加をする手段として肥大化してしまった．

[4] 有力なアメリカの投資銀行の破綻が懸念されている．僅かな期間の間に，全米第3位と4位の証券会社が立ち行かなくなってしまった．メガ・バンクと呼ばれる巨大銀行も資本増強に奔走せざるを得なくなっている．また，巨額の住宅関連融資を扱っているファニーメイとフレディーマックという二つの企業が，国の資金的支援を受け入れざるを得ない状況に追い込まれてしまった．全米最大の預金貸付銀行の倒産も報じられている．

模の資金が世界市場へと流れ出ていったことも注目された.

2. 世界経済の勢力図の変化の兆し

　ヘッジ・ファンドや政府系基金(SWF)の行動が注目され始めたのは, 急拡大を続けてきた潤沢な資金プール(ストック)に焦点が当てられたからである. これらの資金は世界中の投資機会を模索しながら優良と思われる投資案件に入り込んでいることが知られている. サブ・プライム関連証券に見切りをつければ, それらの資金は有力な行き場を失うことになる. 資金は当然のことながらより安全でリターンの高いと見込まれる分野を目指して徘徊を始めることになる. いわゆる資金シフト現象の登場である. それらは無視できない影響力を有するまでに成長してきた. 足の速い資金が中国国内にどれだけ流入していたかは定かではない. しかし, 資金流出入に厳しい規制を課している中国に, 巨額のホットマネーが流入している可能性は小さいと考えられる. それでも, 資源やエネルギーなどの国際取引市場にそれらの資金が大量に流れ込む結果, 価格高騰が生み出され, それらを輸入することになる国は高い対価を支払わなければならず, 大きな影響をこうむることになる. 中国も例外ではあり得ない.

　今世紀に入って間もなく, 米投資銀行ゴールドマン・サックスはBRICsと名づけた論題の調査レポートを発表した[5]. 2050年までの世界経済の発展経路を大胆に予測したレポートである. 前提条件などに曖昧さや疑問が残るものの, 現状の発展傾向や政策的取り組みなどを織り込んだ予測作業は, ブラジル(B), ロシア(R), インド(I), 中国(C)の4カ国を中心に世界の勢力図を大きく変える時代の到来を予測している. 経済規模は, 中国やインドが米国や日本などの先進工業国を上回る規模にまで拡大すると指摘している. こうした未来図は, 世界経済の力関係を激変させるのではないかという不安と期待を生み出している.

　中国やインドという経済大国を中心に, 来るべき資源や食糧の需要の拡大は, それらの獲得競争を暗示させることになる. 実際, 中国の資源獲得戦略はアフリカ諸国にまで及んでいる. こうした将来を見越した資源の需要は, どちらかといえば実需と呼ばれる範疇の現象である. 実需の増加は当然のことながら価格上昇を伴うことになる. しかし, 現下の経済システムによって決定される価格体系は, 財の実需に基づく需要と供給サイドの関係だけで決まるものではなくなってきている.

　アメリカの住宅バブルの崩壊やその懸念によって生み出された資金シフトは,

---

[5] Goldman Sachs 論文(2003)を参照のこと.

証券から資源エネルギーや食料・穀物という財に急速に移ってきている．このような財に関して供給余力がある国は，残念ながら世界の中では偏在しているのが実際である．

　折から，化石燃料からバイオ燃料に向かう動きが，政治的，経済的理由を背景にクローズアップされてきた．穀物を利用した植物燃料の活用が米国やブラジルで活発に展開されている．食糧確保という観点から食料の輸出規制に取り組み始めた国も登場している．こうした一連の流れが，原油を主体とするエネルギー価格や他の資源価格の高騰を招き入れる動きを加速化させる一助となっている．この流れは，原油価格の高騰に止まらず，多くのエネルギーや鉱物資源，そして穀物・食糧など幅広い分野で価格を一気に押し上げる作用をもたらすことになった．このような資源や食料は，多くの途上国の国民にとって最低限の生活を維持させるために必要度の高い経済財となっている場合が多い．世界的な価格高騰は，燃料危機や食糧危機を招きいれ，政治的，社会的不安要因として顕在化しはじめた国も登場している．高騰するガソリン価格は,例えば，欧州や日本のドライバーの生活を脅かす要因ともなっている．この価格上昇は，実需のバランスを通じてもたらされたというよりは，投機によって増幅されたという見方が支配的である．その背景にあるのが国際的な資金のシフトであり，その作用が世界経済に暗い影を落とし始めている．

3．資源価格の上昇とスタグフレーションの予感

　今の経済状況は，多くの国にとって物価の不安定化と不況との共存という流れを作り出している．これまでは，インフレは実質賃金を押し下げることになるために，生産の拡大に結びつくものと考えられてきた．そして，やがて名目賃金の上昇を伴うものと考えられてきた．しかし，現在の国際経済環境はグローバル化の急速な展開によって，生産コストの引き上げにつながる調整を著しく難しくさせている．実際，中国やほかの新興工業国の参入で国際競争は厳しさを増している．企業サイドの視点に立てば，賃金コストの上昇よりは，直接投資の拡大戦略や合理化などを積極的に進める戦略のほうがより実効性が高いと受け止められている[6]．従って，リストラのほうがより現実的な処方箋として支持を拡げている[7]．インフレと不況の共存，つまりスタグフレーションに対する処方について，ヨーロッパでも米国でも真剣な議論が開始されている．

6　企業モデルが株主重視に移ってきているために，利益の継続的創出が経営者に求められている．従って，生産コストの引き上げにつながるような戦略的選択が採用されにくくなっている．グローバル化経済の中での価格競争は，ほとんどの製造品を「コモディティー化」させてしまったと主張する論者もいる．野口（2007）を参照のこと．

図1-1. 金価格と原油価格の推移

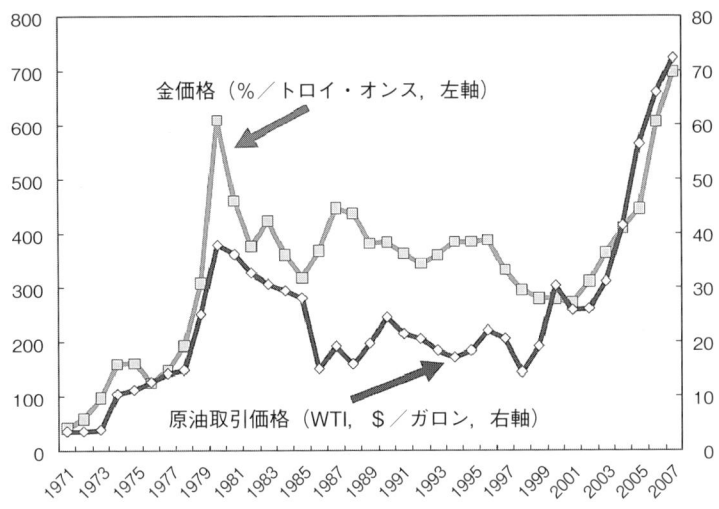

　こうした調整過程が短期的なものか，中長期的な課題となるのかは議論のあるところである．住宅バブルや不動産バブルの処理にはそれなりの時間経過が必要であることは間違いない．しかし，同時にこの種の問題は政府の基本的取り組み姿勢が明確になることで，やがては解決されていくことになると予想される．深刻な欧米の銀行や金融機関の問題も，政策的取り組みや不良債権処理が急がれれば，収束に向かうものと期待される．どのくらいの時間が必要となるかを特定することは不可能である．しかし，2，3年の範囲を想定すれば，それぞれの国について，望ましい方向性が確認されるものと期待する声は多い[8]．
　然るに，資源価格の動向はどうであろうか．投機的資金の流れに対する多国間の規制措置なども検討されている．そのために，投機資金による極端な悪影響の度合いは後退する可能性はある．しかし，資金シフトの流れそのものを完全に排除することは不可能に近い．グローバル化の経済活動の活性化のためには，自由な資金の流れそのものは必要度の高い要件である．無茶な投機的要因

7　生産性を向上させることによる競争力の改善がある．しかし，そのためには研究開発努力や教育訓練の強化が不可欠で，短時日の間にそれを実現させることは容易ではない．中長期的取り組みとして戦略的に向き合う努力が必要である．
8　日本が経験した「失われた10年」に陥らせてはならないという姿勢は，例えば，米国政府内には強く見られる．Economist誌の2008年8月21日号には「Lessons from a "lost decade"」という見出しの中で，日米の危機対応の比較が論じられている．

図1－2．石炭，鉄鉱石，ゴムの国際価格の推移

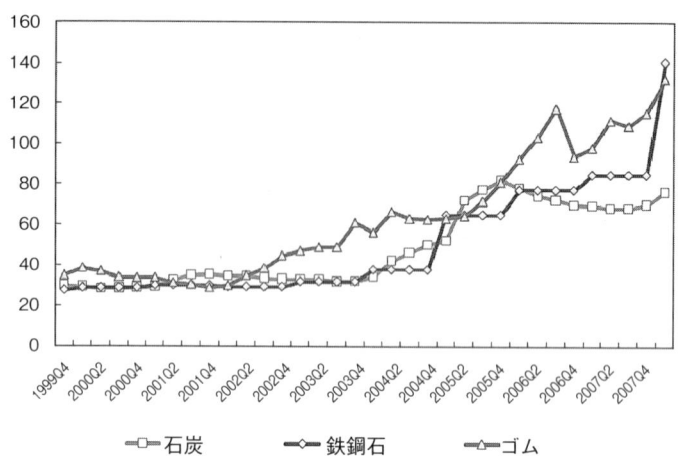

を排除した場合でも，実需に関連する国際的要因は依然として無視できない作用をもたらすものとして受け止めておかなければならない．まず，中国やインド，そしてVISTAと呼ばれる第二の新興工業国グループの台頭などがこれから注目を集めると予想される．供給力に限界や制約のある地下資源やエネルギー資源について，個々の財の需給バランスは，台頭する新興工業国を中心にした旺盛な需要要因によって大きく影響を受ける可能性が高くなる．それらの資源の均衡価格を特定することは至難の業である．しかし，持続的に拡大すると見込まれる需要を前提にする限り，資源の価格の上昇傾向を否定する根拠は後退していると考えられる．科学技術の発展による代替エネルギーの発見や創出には，今後相当の時間がかかる可能性が高い．原油などの資源・エネルギー価格の上昇基調は持続するという見解の妥当性は高い．したがって，資源価格について過度の楽観は許されず，慎重な対応姿勢が特に資源輸入国には求められることになる．

中国経済の構造改革が急がれる理由は，まさに現下の資源価格の高騰に関する見方と深く関係している．食料や地下資源やエネルギー資源の価格について，世界経済の持続的発展を想定する限り，傾向的には上向きの流れは止まらないという認識がある[9]．この議論は，以下の節でさらに検討される．

9　図1－1，および図1－2を参照のこと．

Ⅲ. 1970年代の日本：経済ショックとパラダイム・シフト
1．経済成長の達成と最初のショック

1970年代初めの日本経済は，1950年代後半から続く高度経済成長路線を確かなものにして，経済発展を謳歌していたと言える．重化学工業化を積極的に推進し，輸出促進政策を果敢に推し進めることで，メード・イン・ジャパン製品の国際的評価は着実に世界に浸透していった．1964年の東京オリンピックを踏み台にして，日本と日本人には経済発展を達成させたという自負と自信が満ち溢れた時代を迎えていた．

産業構造の高度化が実現し，第一次産業から第二次産業と第三次産業へのシフトが顕著なものとして観察されてきた（雇用構造から見た産業構造の変遷は図1－3に示されている）．

初期の高度経済成長段階で心配された経常収支の制約（赤字問題）は，1960年代の中盤に克服されたことで，経常収支を黒字に転換させることに成功した．その後は，貿易相手国から厳しい批判を受けるような貿易黒字の拡大問題と向き合うまでになっていた．貿易財（特に輸出財）産業の強化を政策視点の中心においた対外政策，そして日本経済の国際化に向けた取り組みは着実に実績を挙げていたと言える．しかし，自由化に向けた政府の姿勢の中には慎重すぎる傾向が見られた．そのため，貿易財を中心にした自由化の取り組みは段階的に推し進められることになった．資本の自由化に着目すると，巨大な外国企業が

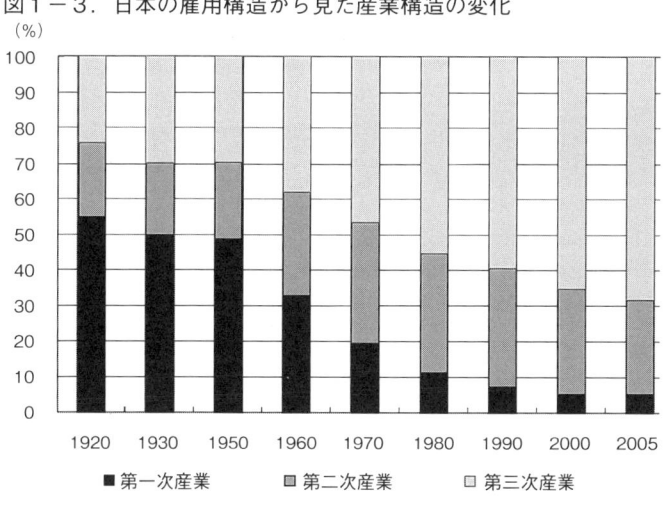

図1－3．日本の雇用構造から見た産業構造の変化

有する規模の優位性を心配する余り，外資を招き入れる施策には特に慎重な姿勢を見せていた[10]．しかし，これらの懸念材料や取り組みについては，やがて日本経済が直面することになる国際的問題の前場という位置づけでしかなかったと言える．

　1970年代初頭に二つの対外要因（圧力）が日本経済を直撃することになった．一つは，ブレトン・ウッズ体制下で維持されてきた固定相場制度の妥当性の議論であった．中でも日本の為替レートに対する不満と批判は日増しに高まっていった．もう一つは，中近東を巡る国際政治不安から生み出された原油価格の高騰というショックであった．この二つはほぼ同じ時期に日本を急襲した出来事として記憶されている．また，複合されたショックとその後遺症は，日本の経済モデルを根幹から改編させる条件を生み出すことになった．

　ショックの幕開けは「ニクソン・ショック」と呼ばれる対日圧力であった．米国大統領ニクソンは1971年8月15日に，ブレトン・ウッズ体制の維持が事実上困難であることを表明した．金・ドル平価によって維持されてきた戦後の国際金融制度が立ち行かなくなったことの布告であった[11]．その背後には，米国の悪化する対外不均衡の存在と日本の拡大する貿易黒字問題が認められた．ニクソン大統領は，戦後の国際金融体制に置き換わる代案を示すことなく，一方的に米国の義務放棄を宣言したことになる．そして四カ月後，米国ワシントンにあるスミソニアンで為替調整に関する合意が達成された．12月のスミソニアン合意を受けて，日本の対外通貨価値は，戦後から長らく維持されてきた1ドル＝360円から離れ，一気に1ドル＝308円に切り上げとなった[12]．当時のIMF体制は固定相場制を前提としていたために，為替の調整は切り上げ（切り下げ）が当たり前の選択肢であった．しかし，対外不均衡を1回の為替調整で払拭することは難しく，日本は1973年2月に他の先進工業国に先駆けて変動相場制度に移行する政策決定を行った．スミソニアン合意による為替調整については，投機筋からは不十分な措置と見られていたために，円の再切り上げか変動相場制への移行が避けられないと予想されていた．巨額の投機資金が流入し，通貨

10　特に，ビッグ3と呼ばれた米国の自動車企業の日本進出の可能性について，産業界を中心に極度の警戒感が存在していた．政府は慎重に資本自由化を進めた一方で，実際の米国自動車メーカーの対応は，日本市場の相対的規模などを勘案したためか，それほど関心を示さなかったと言われている．
11　ブレトン・ウッズ制度は，ドルが純金の裏づけを持つ信用の上に成り立っていた．ドルとの交換比率は純金1オンス＝35ドルと決められていた．しかし，ニクソン声明の重要な中身の一つは，ドルと金との変換を停止するというものであった．それは，戦後の国際金融システムを下支えしてきた金・ドル本位制の終焉を告げるものであった．
12　IMF方式による計算では16.88％という急激な円高調整であった．

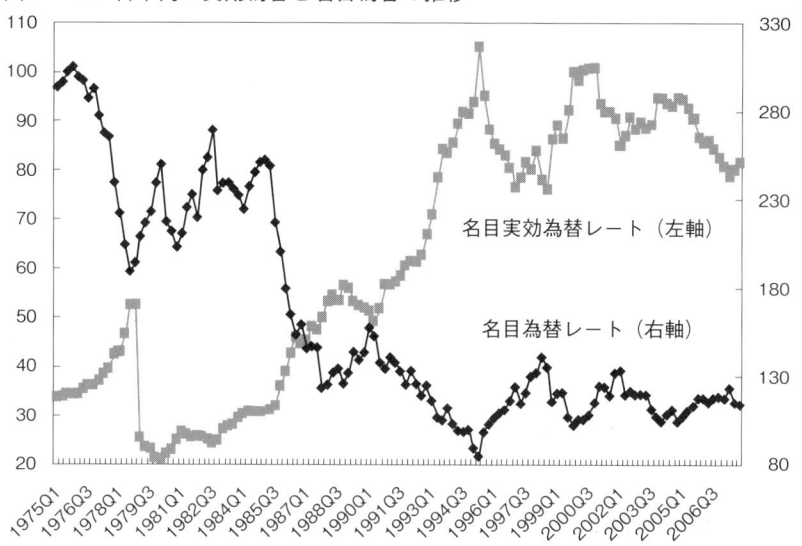

図1−4．日本円の実効為替と名目為替の推移

当局は積極的に為替介入を実施した．結果的には，投機筋は円の切り上げによって膨大な為替差益を手に入れたことになる．それ以後の円の対外価値の推移を概観すると，日本の相対的経済力の増進を根拠として，間違いなく円高傾向を辿ることになった．図1−4は名目の為替レートと実効為替レートの変遷が示されている．名目為替レートの動きは，激しく上下変動を繰り返しながらも明らかに円高に向かう傾向を示している．実効為替レートは多数の貿易相手国の為替レートをウェイト付けして指数化したものである．右上がりは円高を表している．こちらも，図1−4にあるように，円は対外通貨価値を強めてきていることが確認される．

2．オイル危機と経済の混乱

1973年10月に第四次中東戦争が勃発した．アラブの原油輸出国はOAPECを組織し原油利権の保持に取り組むことになった．1973年12月に，同機構はOPEC（石油輸出国機構）として拡大改組され，原油価格決定の一元化を核に据えて原油供給国間の団結を宣言することになった．原油価格は一気に四倍に引き上げられた．いわゆる「第一次石油危機」，あるいは「第一次オイル・ショック」である．似たような原油価格の引き上げが1979年に発生した．こちらは「第二次オイル・ショック」と呼ばれている[13]．

第一次オイル・ショックがもたらした影響は世界的に見ても甚大であった．

31

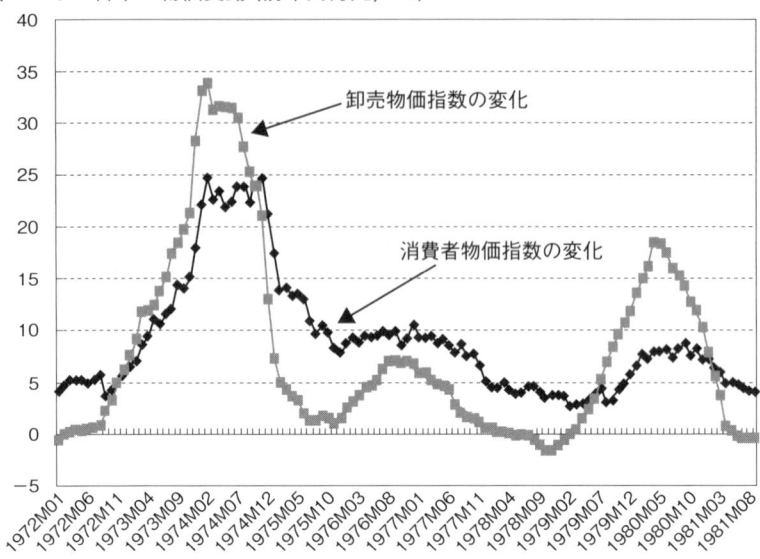

図1−5. 日本の物価変動（前年同月比，％）

　OPECという独占体の価格決定力が容易に弱体化するとか後退することは考えられず，世界は高い原油をそのまま受け入れざるを得ない状況に置かれることになった．安価な原油価格を前提にして積極的な工業化を進めてきた日本や欧米諸国は，この事態にどのように対処するか明確な指針も見つけられず翻弄されることになった．高い原油コストを与件とすれば，企業はコスト管理と生産調整を急がなければならない．しかし，高い原油を前提とする経済システムをどのように構築するかという戦略的アプローチはどの国でも描ききれていなかった．日本についてみれば，ほぼ100％の原油は輸入に依存していて，その多くが中近東からの輸入原油であった．為替と原油の二つのショックの登場で，日本経済が死の宣告を受けたかのような悲壮感が産業界には漂っていた．実際，高度経済成長神話はこの時期に終わりを告げることになった．

　この時期に，日本経済は激しいインフレを経験することになった．図1−5は，消費者物価指数，卸売物価指数の動向を表したものである．1970年代の前半の段階で，物価が急上昇した過程が明確に確認される．為替切り上げ圧力が増す中，日本銀行は金利引き下げ政策によって為替圧力を軽減する姿勢を鮮明にした．外貨の買い介入を同時に断行したことから，通貨供給が急増することになっ

13　1970年代の原油価格の高騰の変遷は図1−1を参照のこと．

図1−6．1970年代の日本の為替（円／＄）と公定歩合（％）

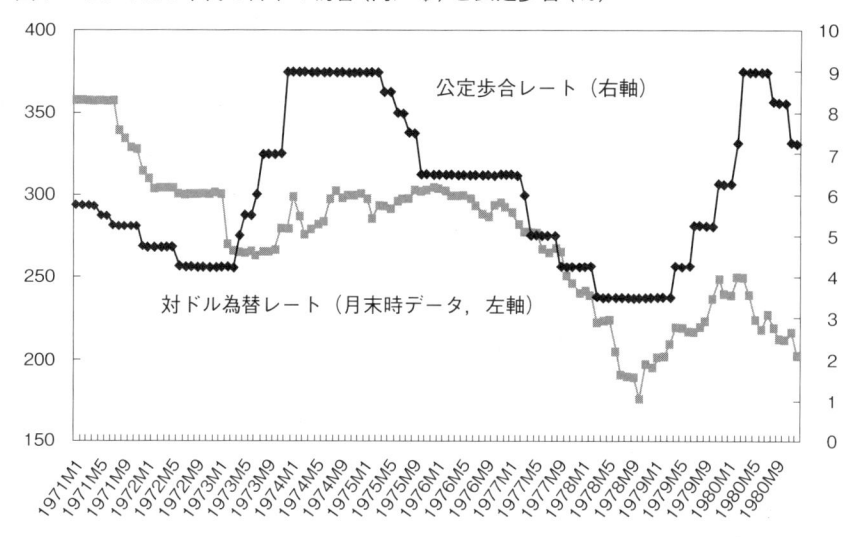

た．低い金利と信用拡張の流れは，やがて狂乱物価現象を招き入れる原因となってしまった．「トイレットペーパー事件」などの象徴的現象からうかがえるように，国民の間にはインフレヘッジとして，モノの買いだめ行動に走る動きが拡散していった．買いが買いを呼ぶ典型的なインフレの兆候が登場し始めていた．この間の一連の出来事は，日本が経験した戦後最初で最大級の経済ショックとなった．インフレ収束には，通貨供給や信用供与を押さえ込む必要がある．また，国民のインフレ期待を沈静化させる必要があった．インフレは1970年代半ばころには沈静化を見せ始めた．金融引き締めのために公定歩合を1973年夏から一気に引き上げたことから，為替レートは260円前後まで切り上がっていった[14]．その後は，世界経済の不安感から安定しない為替水準が続くことになった．金融の引き締め政策によって，1975年からは経済の低迷が続くことになった．この時期の経済的混乱は日銀の政策的失敗によるものと批判されている[15]．しかし，変動相場という新しい為替制度を受け入れたことにより，金融政策の重要性が改めて認識されることになった[16]．従来の大蔵省を中心に置いた金融システムから卒業する必要があるという教訓を得ることになった[17]．

---

14 動乱の1970年代の為替動向と公定歩合政策の変化が図1−6に明示されている．
15 例えば，Kuroda(2004)を参照のこと．
16 マンデル・フレミングによる内外調整のために政策手段をどのように割り当てるかという国際マクロ経済学のアプローチが注目された．多くの国際経済学の教科書が取り上げている．

33

図1−7. 日本の60年代から80年代までのGDPと一人当たりGDPの成長率(%)

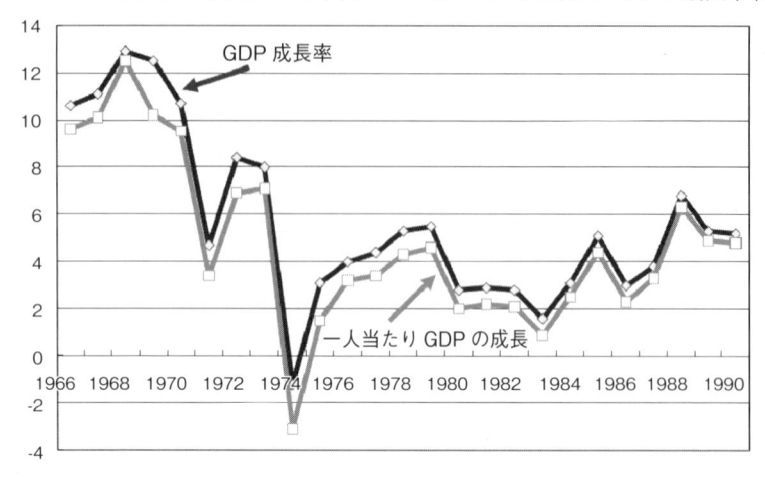

3．危機からの克服：日本の挑戦

　オイル・ショックと急激な円高は，日本社会に未曾有の危機感を与えることになった．突然のショックの発生ではあったものの，社会全体でこの危機感を共有する素地が出来上がった．それまでの成長一辺倒の仕組みに戻ることはないという一般的理解が定着したことがその理由である．まず，従来の成長重視を追求する経済政策に対する決別が必要であった．それはパラダイム・シフト（経済基本構造の転換とも言える）が不可避の課題であることを意味していた[18]．産業構造について見ると，重化学工業を主体とする重厚長大型の産業基盤を軽少短薄型の小回りのきくタイプのものに移行させることが必要であった．従来の重厚長大型産業は，安価なエネルギー価格や資源価格を前提に作り上げられてきたものである．従って，省資源型，省エネルギー型の技術や生産方式を模索する努力が各産業で続けられた．これによって，素材型産業が停滞し，加工型産業の比重が高まることとなった．折から，コンピュータ関連産業の発展とその応用が注目されていたことから，それまで培ってきた加工技術に加えて，エレクトロニクス技術を加味した「メカトロニクス」方式が注目を集めること

17　日銀の通貨供給管理について，窓口規制を主体とする相対型のコントロールの矛盾について，小宮（1976）は痛烈に批判をしている．通貨管理は，民間銀行を介した間接型の通貨供給管理こそが近代的中央銀行の姿勢であるという論旨を展開した．
18　高度経済成長はオイル危機を迎えた段階で終止符が打たれたことが図1−7に明示されている．1970年代後半から80年代を通じた段階では，安定経済成長を指向することになった．これは，図にも明らかなように，一人当たり所得の伸びが一桁台に低下することを意味していた．国民は，この変化を前提に社会生活への新しい方向転換を模索することとなった．

になった．このような要請を受けて，産業用ロボットの研究・開発努力が本格化していった．

　メカトロニクス技法は，精密機械，電気機械ばかりでなく，自動車などの輸送用機械産業や一般機械産業にも大々的に取り入れられることになった．産業内分業の体系も，それまで一般的と考えられてきた垂直分業型から水平分業型の活用が模索されることになった．産業，企業に求められた危機を乗り越えるための努力とその成果は，1980年代に世界的に注目を集めることになった「日本型経営」の基盤となった．高い評価を得ることになったこのアプローチは，例えば，欧米の経営大学院の人気講座が日本型経営講座であったことからも窺い知ることが出来る．

　資源コスト高と円高のダブル・ショックは，それまでにないコスト合理化努力を特に企業に求めるものであった．事業内容の見直しから始まり，多角化や海外事業展開に打って出る動機はこの厳しい時代に醸成されたものである．海外直接投資が急成長を始めることになったのは1970年代の中盤以降のことである．高価格の温床と言われてきた我が国の複雑な流通の仕組みに対する挑戦が開始されたのもこの時期である．製造プロセスの合理化追求（例えば，カンバン方式），製品開発や設計の新しい取り組み（CAD-CAMやデザイン・インなどの新体系），資材購入の再点検（海外部品の購入の組み入れ）など，それまでのアプローチとは異なる新しい経営努力の成果が次々と生み出されてきた．高技術，高品質，高生産性，高付加価値を持続的に追い求める以外に現状打破の選択肢はないというのが，産業界の一致した見方であった．

　高度経済成長の負の遺産とも呼ばれている「公害」に対する認識に大きな変化が現れた．この変化も，二つのショックの登場と無関係ではない．カドミウム汚染や排ガス公害など，全国的に認知されることになる公害問題を目の当たりにした国民は，ひたすら高度経済成長を追い求めた社会の結末ではないかという反省と問題意識を持ち始めていた．省資源・省エネという新しい産業モデルに加えて，脱公害型の産業モデルが重視されることになった．企業の社会的責任という意識の素地が生まれ始め，社会に対する企業の高いモラルが求められる一般的風土が出来上がりつつあった[19]．公害問題に対する理解が定着するに従って，政府の環境政策にも大きな変化が生まれることになった．環境基準や排出基準の策定，そして違反者への罰則強化などはこの時期以降に実現を見

19　最近では，企業の社会的責任（CSR）として注目を集めている．しかし，企業活動がもたらす「負の影響」に関する責任論議は，日本では1970年代から盛んに展開されてきた．

たものである．負の遺産を消滅させることは大変難しい作業である．しかし，大気汚染や水質汚濁に厳しい目を向けることによって，公害防止技術の開発やクリーン・エンジンといったまったく新しい分野の技術に道を開くことが出来た．今日の日本は環境技術大国と呼ばれているが，その基礎を作り上げるための挑戦と努力は，二つのショックの危機感から生まれ，そして促進されてきたと言えるのではないか．

　企業レベルに注目すると，危機を契機として，企業の人材再教育に重点を置き始めていたことが注目される．そして，次段階の展開を睨みつつ人的資本の蓄積に取り組む経営努力が展開された．同じころ，欧米企業はコスト合理化のために人員整理を積極的に断行したところが多かった．それに対し，日本企業は出来るだけ人材を社内に留保させ，近い将来に備える体制を強化させる戦略を採用した．日本企業の多くは，若い人材をOJTやそれ以外の社内教育制度を駆使して訓練・教育を継続させてきた伝統がある[20]．そのため，人員整理はそれまで育んできた人的資本の放出と同義であると考えられていた[21]．生産技術や企業ノウハウを出来るだけ社内に留保して，それをさらに先鋭化させようとする戦略を徹底させた．こうした経営努力の取り組み姿勢のあり方は，70年代の経済ショックから得られた大きな学習効果とも言えるものであった．

4．危機の学習と新生日本の課題

　企業努力の甲斐あって，1970年代の終盤までには競争力のある企業体質に作り変えることに成功を収めていた．経済全般を見ると，物価の鎮静化が回復し，安定成長の時代を迎えることになった．安定成長による従来とは異なる豊かな社会への模索が続けられた．その背景には，雇用情勢の安定を重視するという日本的価値観が共有されていたことがある．人々の安定志向はますます高まりを見せることとなった[22]．脱石油と省エネを基盤にすえた産業発展モデルは，

20　OJTはOn the Job Trainingの略で，現場重視の教育訓練方式である．職場の連携を強化するばかりでなく，現場の情報を共有するメリットがあると考えられている．山崎（2004）を参照のこと．
21　日本企業が専門性よりは汎用性を従業員に求めていたことも深く関係している．チームワークが重視され，職場の情報の共有は最重要の要件として理解されていた．その結果，多くの人材の囲い込みという批判が生まれることになる．少なくとも，1980年代までは，従業員に安定した職場を保障することは，企業競争力の回復に努める企業の関心とも一致していたと考えられる．日本の労働市場は流動性がそれほど高くないために，企業内労働市場という性格を有していたと考えられる．
22　安定化指向の一端として大学進学熱や高学歴志向という傾向を挙げることができる．経済水準が，マイカーやマイホームという夢の実現を可能にさせる段階に到着していたために，例えば，若者の間では安定収入が見込まれる企業（職種）への就職志望傾向が定着していった．

国際市場でコスト競争力の高い製品を生み出す能力を備えた企業に生まれ変わらせるきっかけとなった．新しい製造手法と，品質重視の生産管理と，よく教育・訓練を受けた人材の組み合わせは，多くの日本製品が世界市場で高い評価を勝ち得るための素地であった．こうした日本の企業努力は，まさに日本的経営が有効に生かされる時代を切り拓いたことになる．

しかし，従来から日本の産業はいくつかの業種で貿易摩擦を経験してきた．背景には輸出の急成長と拡大する貿易摩擦の問題があったためである．繊維や鉄鋼は1960年代から米国との間でたびたび深刻な貿易戦争を巻き起こしていた．高品質で価格競争力のある日本製品に外国の需要が集中すれば，それは地場の製造業者や業界団体や労働組合と摩擦を引き起こす素地を作り上げかねない．カラーテレビ，自動車，工作機械，半導体，コンピュータなど，日本が得意とする業種について貿易問題が次々と政治問題化し始めた．貿易問題が政治問題化すると，経済学の論理だけで決着を見ることは難しくなる．日本が採用した対処法は，輸出の自主規制などの，ある意味目先の便法でしかなかった．特に，アメリカ政府は同国の業界や世論の反発を受けて，日本の通貨当局が円通貨を不当に過小評価させているという批判などを繰り返した．また，日本国内では外国製品が不当に扱われているというような見当違いの論法を振りかざすこともあった[23]．拡大する日本の貿易黒字は，その後の日本経済にとっても絶えず直面することになる最大級の政治・経済問題であり続けた．日本政府は，こうした批判などにはその都度対処してきたものの，日本に代わって中国が黒字大国となるまでこの問題は燻ぶり続くことになった．1980年代の終盤になると，日米構造協議を通じて，黒字改善のために日本の経営の特質にまで踏み込んだピン・ポイント的批判が繰り返された[24]．

二つの複合された危機を経験した日本企業と産業は，高品質製品と厳密なコスト管理，そして人材育成の組み合わせをセットにして，それを持続させることで競争力の高い組織を作り上げることに成功した．1979年に発生した「第二次オイル危機」に際しては，欧米諸国とは異なり，日本企業や経済はショックの後遺症を軽微に押さえ込むことに成功した．80年代の繁栄の基礎は，70年代の一連のカイゼン努力と，改革に向けたさまざまな取り組みよって作り上げら

---

[23] 米国の経営大学院の有名な教材の一つに，「富士フィルム対コダック」という事例研究がある．世界市場を見渡すとコダックの市場シェアは半分を占めている．然るに，日本市場では１割以下に留まっていて，それは日本の商慣習が米国製品に対して差別的であるという論題である．しかし，比較研究を詳細に読めば，企業努力の違いによって業績の差として現れることが明確となる．
[24] 系列や株式の持合，閉鎖的商取引慣行など，実に多くのテーマが俎板に載せられた．

れてきたと言える.

　その後,日本経済は国際化に向けた取り組み強化の段階を迎えることになる.企業の海外直接投資は急拡大を続け,企業は最適立地戦略の構築などを求めることになる.業種別,企業別の海外生産比率は急速に高まり,メード・イン・ジャパン信奉は大きく変容することになる[25].そして,1980年代後半にバブル経済が登場し,やがてそれが崩壊することで日本経済は第二の転換点を迎えることになる.

　本節の前半で概説をしたように,エネルギー資源価格の高騰と通貨高の圧力が複合されると,一国の経済構造を抜本的に見直させるばかりでなく,新しい環境に適合する経済と産業システムにシフトさせることが避けられなくなる.日本の取り組みは,競争環境の激変の中で経済構造の変化と産業発展を実現させるために貴重な経験となっている.

IV. 中国の課題と挑戦
1. 中国の方向転換とWTO

　改革・開放が導入されたのが今から30年前の1978年のことである.その直後から中国経済は目覚しい成長率を記録してきている.経済成長は「日本の奇跡」に匹敵するか,あるいはそれを上回るペースで展開してきている.表1－1は,改革解放後の高い経済成長の奇跡を明らかに表している.多少の変動はあるものの,二桁台の経済成長を達成した年が多いことが注目される.成長を指向する基本的アプローチはそれほど複雑なものではなかったと考えられている.官民による積極的な投資政策を進め,外資の参入を受け入れ,輸出を果敢に展開する戦略がその骨子であった.外国資本を受け入れ,貿易促進政策を進める政策当局の姿勢の背景には,改革・開放を決断したときから,中国当局が内外経済の一体化を前提にしていたと考えることができる.この基本姿勢を確たるものにするためには,グローバル・ルールとも言えるWTOへの参加が必要であった.長い交渉過程を経て,2001年12月に中国は正式にWTOの加盟国として承認された[26].

---

[25] すべてが日本国内製という従来の考え方から,品質管理(QC, TQM)などを織り込んだ方式の採用により,ブランド力がより重視されるように変遷をしていった.今では,海外でも純正の日本製というよりは,ブランド名を通じて「日本の高い品質」に信頼を置く傾向が定着している.

[26] 中国のWTO加盟に関する著書は多数存在する.加盟による経済への予想される影響について論じた文献として,海老名他(2000)が参考になる.加盟までの経過と加盟による対外関係を論じたものが小田野(2002)である.同時に,WTOの登場によって日本経済が受け入れることになる諸効果については三井物産貿易研究所(1995)が参考になる.

中国のWTO加盟を巡る議論の重要な帰結は，中国自身の関心と国際社会の関心が一致したところにあると考えられる．一つは，中国の貿易規模が大きくなったことで，将来の世界経済にとって中国の果たす役割が無視できなくなったと受け止められたことである．国際通商システムの拡大・強化という視点から中国の参入は不可避の段階を迎えていた．二つ目は，中国政府が交渉過程で約束をしたように，中国の市場経済化を早めることで，中国経済のシステムを世界の標準に近づけさせることが可能になったことである．政治指導部がWTO加盟に積極的に取り組んだ背景には，国内における市場経済化の強化という目標が広範囲に展開できると期待していたことが認められる．三番目に，市場開放という道筋を明確なものにすることで，グローバル化に不可欠な分野の投資拡大につなげられると見込まれたこと，などが挙げられる．

表1-1．中国のGDPと一人当たりGDPの推移

年	GDP（億元）	伸び率（％）	一人当たりGDP（元）	伸び率（％）
1978	3,645	11.7	381	10.2
1980	4,546	7.8	463	6.5
1982	5,323	9.1	528	7.5
1984	7,208	15.2	695	13.7
1986	10,275	8.8	963	7.2
1988	15,043	11.3	1,365	9.5
1990	18,668	3.8	1,644	2.3
1992	26,924	14.2	2,311	12.8
1994	35,334	13.1	4,044	11.9
1996	71,177	10.0	5,846	8.9
1998	84,402	7.8	6,796	6.8
2000	99,215	8.4	7,858	7.6
2001	109,655	8.3	8,622	7.5
2002	120,333	9.1	9,398	8.4
2003	135,823	10.0	10,542	9.3
2004	159,878	10.1	12,336	9.4
2005	183,868	10.4	14,103	9.8
2006	210,871	11.1	16,084	10.5
2007	246,619	11.4	18,713	10.8

出所：『中国統計年鑑』2007年版，2007年数値は統計局の速報値．

WTOの基本理念は自由貿易の推進にある．この場合，自由貿易はモノ（財）だけに限定されるものではない．サービス，投資，知的所有権などをカバーする貿易関連事項を包括したものが対象領域とされている．しかも，その背景には，加盟各国が市場経済に立脚した活動を受け入れる必要があるという共通理解が存在している．それは，金融分野でも同じである．中国政府は5カ年の猶予期間を得て，金融制度改革を推進し，WTO加盟5カ年後に外国金融機関との競争解禁を受け入れる約束を与えていた．

中国にとって，WTO加盟がなぜ経済発展を促進させるために有効であると考えられたのであろうか．加盟そのものに神通力があるわけではない．しかし，WTOの加盟なくして中国が指向する持続的経済発展を有効に展開させることは難しいと考えていたと思われる．WTO加盟こそが成長と安定した経済構造に向けた触媒作用をもたらすであろうという期待と認識があったと思われる．

第一に，平均所得水準が高まった結果，高度消費社会の到来が視野に入った

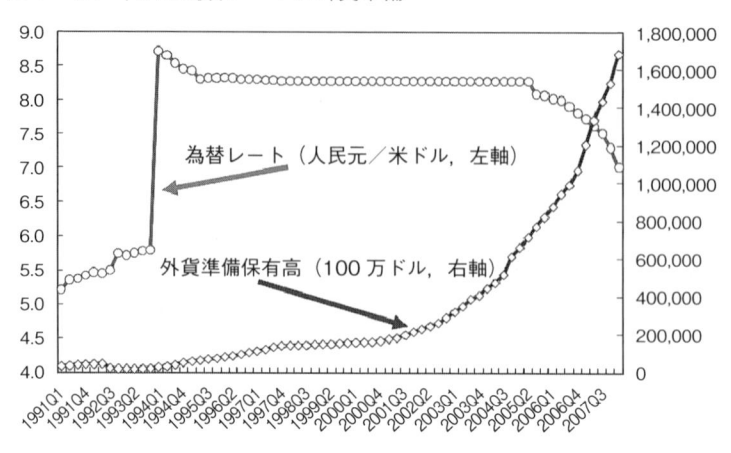

図1-8．中国の為替レートと外貨準備

ことが挙げられる．外国製の製品と肩を並べて国産の製品が国内流通の中でも勢いを増しつつある．内需と輸出という二つの側面から，グローバル基準に従った産業を作り出すことが持続的成長に大いに役立つと考えられた．

第二に，高い貯蓄率が維持されてきた[27]．その資金は，国内に潤沢にプールされている．いわゆる間接金融の世界が形成されて，銀行貸出しを中心に置いた資本蓄積モデルが出来上がってきている[28]．より効率的な資金循環モデルに近づけるためにも，WTOルールの導入が必要と考えられた．

第三に，規制緩和と民営化の流れを加速化する必要が高まっていた．競争の促進と資源の効率的配分が今後の透明性のある経済構造に不可避と考えられていた[29]．それと並行して，国際競争と向き合う環境を造りだすことで，品質改善や生産性の向上に向けた改善努力が促進されるという期待があった．

---

27 中国の高い貯蓄を支える基本的動機として，将来の住宅購入に備えるため，子供の教育に備えるため，将来の生活保障（年金）を拡充するため，などの理由が背景にあると言われている．興味あることに，国民の間には，政府の丸抱えではなく，自己努力による対応に軸足を置く傾向があることが注目される．
28 銀行中心の間接金融による発展図式は，かつての日本の発展モデルに類似している．中国は，市場の混乱を招き入れない限り，資本市場の確立と発展を急いで推し進めたいと企図している．そのためにも，グローバル標準に近い金融制度の確立が急がれるところである．
29 大きな課題は国有企業の改革である．利権構造が政治体制と密接に関連していることが予想されることから，市場経済の活性化のために有効な手段としてWTOルールに沿った国内規制を後退させる手段として考慮されたことも考えられる．株式会社化することで，企業のガバナンスの確率や透明性のある管理と会計，説明責任の徹底などがより容易に促進されるものと期待されている．

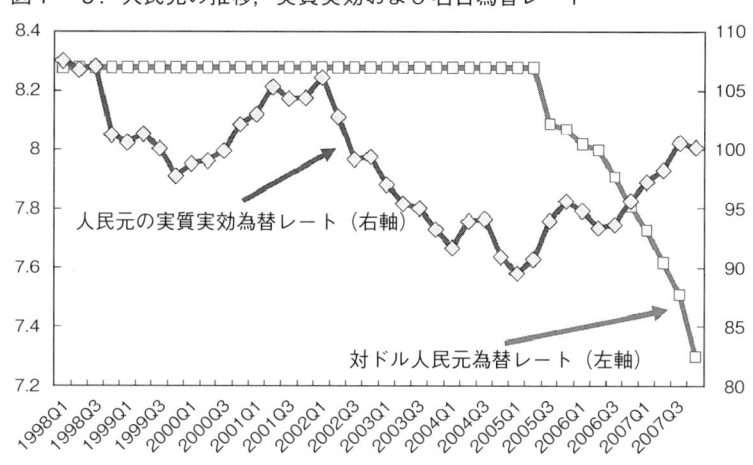

図1-9. 人民元の推移，実質実効および名目為替レート

人民元の実質実効為替レート（右軸）

対ドル人民元為替レート（左軸）

　第四に，人材育成という面で，開かれた社会は，教育水準を高め知識追求型の社会の創出に大きな役割を果たすものと考えられていた．人口大国である中国にとって，大量の人材の輩出こそが持続的経済発展にとって重要な要因になるという理解は広く共有されていた．すでに精華大学や北京大学など，世界の大学格付けでも上位を狙える教育機関が生まれてきている．

　産官学の全ての分野でグローバル化の動きに向き合うという要請は，更なる発展を視野に入れた中国社会にとって不可欠の課題と認識されてきた．WTO加盟はそのための必要条件と位置づけられていた．貿易相手国の多くも，中国の接近を前向きに受け止めていた．

2．クローズアップされた人民元の管理

　WTO加盟後，中国経済は期待されたとおりの発展経路を辿ってきた．これは統計数値からも確認できる．しかし，中国の対外取引勘定を見ると，WTO加盟後の期間を通じて，一貫して貿易収支，資本収支の双方で黒字幅が拡大していることが観察される．しかも，3年前までは米ドルにリンクした為替制度を堅持させてきたことから，外貨準備の保有高は一気に加速することになり，日本の水準を抜いて世界最大の外貨準備保有国となっている（図1-8を参照のこと）．こうした展開を受けて，政策関係者ばかりでなく，研究者の中からも，中国人民元の対外価値が余りにも過小に評価されているのではないかという批判が噴出している．均衡為替レートの算定は実際のところ非常に難しい作業である．しかし，安定した国際金融制度を維持させていくためには，変動相場を

採用していない国に対しては，相手国から妥当と判断されるような為替水準を実現させることが求められてきた．これは，その国の貿易収支や経常収支について，厳密なバランスの維持を要請したものではない．中国の場合，輸出拡大が一方的であり，その拡大ペースが持続的に拡大基調にあり，貿易収支と経常収支の黒字化傾向が強まっていることに警戒感が広まっているためである．

　国際世論の圧力を受けて，中国通貨当局は2005年7月に人民元の対ドル相場を2.1％切り上げる措置を発表した．切り上げ幅の合理性についての議論は別にして，中国当局がようやく為替調整に取り組む姿勢を明確にしたというニュースが世界を駆け巡った．しかし，同じような貿易黒字問題と為替制度の関係から召集された1971年のスミソニアン会議が思い出される．そこでの合意に沿って日本が採用した大幅な円の切り上げに比べれば，人民元の調整は余りにも小幅な切り上げでしかなかった．同時に，中国政府は変動相場制への移行に踏み切る決断をして，毎日の変動幅を中心レートから±0.3％内で容認する新しい政策を発表した．図1－9にも示されているように，最近時点に注目すると，人民元は切り上げ圧力を受けて人民元高の傾向を示してきた．しかし，海外からの人民元に対する調整圧力が収まる気配は沈静せず，2007年5月に予定されていた第二回米中戦略経済会議を前にして，対ドル変動幅をそれまでの±0.3％から±0.5％に拡大する決定を公表した．最近時点では，人民元は対ドル・レートで6.83元前後の水準にまで切り上がってきている．これは変動相場制移行前の時点から見ると20％を越える為替の切り上げとなっている[30]．

　人民元の行方は世界の関心事であると同時に，中国企業にとっても重大な課題となっていることは間違いない．輸出促進政策を基本にして発展を遂げてきた中国経済が，この為替の調整を受けてどのような影響を受けるのかについて議論が高まっている．為替の切り上げは輸出産業に厳しい条件を生み出すことになる．当然，価格競争力が劣化した企業には厳しいハードルとなる．従来型の，安価な労働力を背景に，低価格を武器に国際市場に参入してきた企業には対応が急がれる．似たような為替圧力が日本企業に暗い影を落とすことになったことが思い出される．円高の嵐が1970年台を通じて多くの日本企業に重く圧し掛かっていた．企業の多くは，省力化などの努力を続けて，コスト競争力の維持に並々ならぬ努力を傾注した．高品質化の製品に特化する戦略も導入された．コストの上昇を価格に転嫁できない場合，コスト高に襲われた企業が利益

30　図1－9に示されているように，実質実効為替レート（複数の貿易相手国の為替レートと物価水準を加味して指数化したもの．指数の上昇は人民元の切り上げを示している）は名目為替の切り上げが始まった2005年以降上昇を続けている．しかし，欧米を中心に，この切り上げ水準は十分な規模のものではないという批判を強めている．

を保持させられるのは，一般的に，生産性の向上によってのみその事態を乗り切ることができると考えられる．言い換えると，生産性の向上が企業の競争力の維持にとって不可欠の要素である．日本が積極的に推し進めた省エネ，省力化の努力は，言い換えると，多くの産業や企業で（労働や工場を単位として見たときの）生産性の向上という形で報われることになった．この挑戦は，現下の中国企業や産業にも求められるものである．

3．人民元の動向とパラダイム・シフト

その一方で，従来の過小評価された為替レートが長期間持続されてきたことによる資源配分のゆがみについての議論にもう少し焦点が当てられてもよい．中国政府は，輸出工業部門の拡大とその競争力を確保させるために1996年に大幅な人民元の切り下げを実施し，それ以後は2005年の変動相場制への移行まで固定相場制を維持してきた．この間，中国の貿易黒字は一方的に拡大し，対ドル相場で見ても人民元安は明らかなものであった．この間，安価な人民元をよりどころに，中国の生産資源（ヒト，モノ，カネを含めて）は輸出工業部門に集中することになった．これは表1－2と図1－10を参照すれば明らかである．

また図1－11は，製造業を中心とする第二次産業が依然として中国経済の発展の中核であることを明らかに示している．

特に，主要な輸出工業地域として注目されてきた沿海諸州では，安価な労働力と安価な人民元を武器に組み立て型の製造業を中心とするクラスターの形成が顕著であった．パソコンなどの電子機器や電気機械，縫製品，靴，玩具，雑貨などは代表的な輸出品群である．同時に，海外からの巨額な資本が中国のクラスター形成に大きく関わってきたことが特筆される．特に，台湾，香港，シンガポール，日本，韓国などの製造業者が雪崩を打って中国に進出していった．彼らの進出動機を見ると，安価な労働力，安定した通貨政策，部品や材料の調達の利便性などが上

表1－2．中国のGDPの産業別推移

(1978年数値＝100)

年	GDP	第一次産業	第二次産業	第三次産業
1978	100	100	100	100
1980	116	105	123	114
1982	133	125	132	143
1984	170	153	167	196
1986	210	161	218	260
1988	261	172	284	336
1990	282	191	304	362
1992	351	204	419	443
1994	453	223	595	553
1996	553	246	760	664
1998	651	263	914	797
2000	760	277	1,082	956
2001	823	285	1,173	1,054
2002	898	293	1,288	1,164
2003	988	300	1,452	1,275
2004	1,087	319	1,613	1,403
2005	1,201	336	1,802	1,550
2006	1,334	353	2,035	1,717
2007	1,526	366	2,308	1,913

出所：「中国統計年鑑」2007年版．2007年数値は統計局速報値をベースに算定．

図1-10. 中国 GDP の産業別構成比

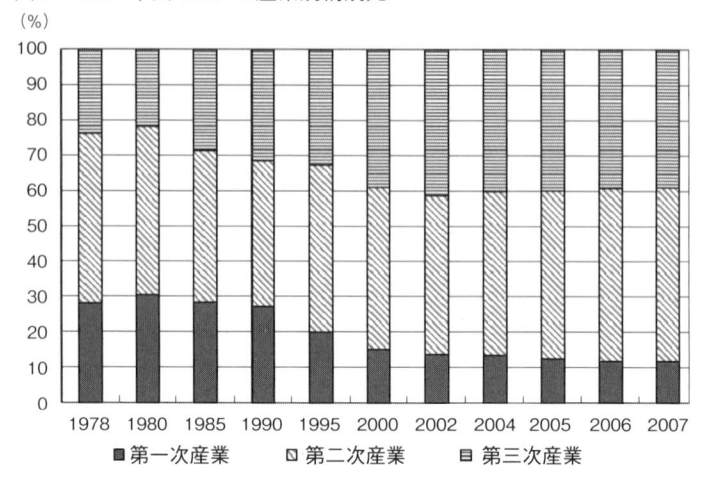

位を占めてきた．市場としての中国に注目して進出をするとか，現地生産活動を転換させるという動機はつい最近になって論議されることになったと言える．欧米資本は製造業分野ばかりでなく，流通や金融というサービス分野にも早い段階から進出してきたという特徴がある．欧米の進出動機は明らかにアジア系企業のそれとは異なる可能性が高いと思われる．

然るに，中国ビジネスの主要前提条件であった安価な労働力と安価な通貨という条件が後退しつつあるのが最近の展開である[31]．また，資源・エネルギー価格の高騰は，さまざまな分野に大きな負担を強いることになっている．資源高は製造コストの引き上げに直結することは言うまでもない．エネルギー価格の高騰は，経済全体のコスト上昇を一気に推し進めることになる．価格転嫁が中国市場でどの程度可能かは市場の競争条件によるが，競争が激化している市場では価格転嫁の受け入れは容易ではない．結局は，企業が内部的に効率化を進め，コスト上昇の吸収を図る度合いがどれだけ残されているかが大きな要因と認められる．中国企業に突きつけられている効率化の改善要請が，資源とエ

---

31 中国ビジネスに精通した専門家の意見は，中国で不足している人材は中間管理職であって，それ以外は過剰状態にあることを指摘している．新卒の初任給はつい最近まで高騰を続けてきた気配があった．しかし，最近時点では新卒者の就職口が狭き門となりつつあり，賃金の調整段階を迎えていると言われている．一方，離職率が高いという傾向に変化は見られず，工場労働者の賃金の引き下げは事実上難しいと言われている．そのため，高い賃金を回避するためにチャイナ・プラス・ワンを選択肢として他国への投資展開を真剣に考えている企業が増えていると報じられている．

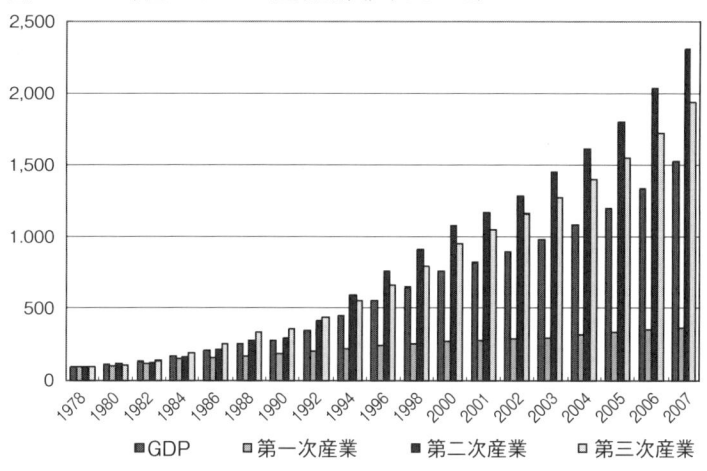

図1−11. 中国のGDPの産業別推移 (1978＝100)

ネルギー価格の高騰と人民元高で一気に噴出した感がある．しかも，運輸コストの急上昇は，輸送コストの引き上げを招き入れ，輸出入業務に大きく圧し掛かってきている．運輸コストの上昇はロジスティック業務を直撃し，サプライ・チェーン・マネジメントに大きな影を落とすまでになっていると指摘されている[32]．

　類似の経済環境の激変について，日本経済が1970年代に経験したことはすでに触れた．輸出主導で動いてきた産業分野は大きな転換点を迎えることとなった．重厚長大産業を牽引してきた資材型産業は一気に後退することになった．同時に，国内生産に基軸を置く戦略を転換して，海外へ直接投資を拡大し「企業の国際化」に転じたビジネスが増加していった．

　新しい時代に生き延びられる産業の模索の流れの中から，それは高品質で付加価値の高い組み立て型産業を生み出すことになった．新しいビジネス環境を迎えるにあたって，企業レベルでの人材の再教育と強化は新しい経済環境に適応するための好条件を生み出すこととなった．日本の場合は，社会全体で危機を共有する環境を作り出せた．その結果，パラダイム・シフトへの挑戦は比較的早急に，そしてそれほどの混乱を引き起こすことなく完了することが出来た

---

[32] 一例として，パソコンの組み立て後，消費地に配送するモデルに限界が出ている事例を取り上げることが出来る．そのため，組み立てラインを消費地に近づけるという戦略の見直しが行われている．ほかの多くの産業でも同様のサプライ方式の再検討が始まっていると伝えられている．

と言える[33]．中国が直面する通貨高と資源・エネルギー価格の高騰について，どのような課題と選択肢があるのであろうか．以下では，中国の現状を注視しながら検討することにする．

V．中国経済の課題と選択肢
1．対外通貨政策の方途

これまでの一般的な理解を前提に，資源とエネルギー価格の高騰と通貨高に直面する中国経済の構造的問題について，その中からいくつかを取り上げてその対応と可能性について検討することにする．

為替の調整については，海外からの人民元に対する圧力が目立って薄れていくことは考えにくい[34]．少なくとも，中国政府が管理変動相場制度を維持する限り，この圧力は続くことになると考えられる．その背景には貿易黒字の大きさがある．今のような為替を微調整する政策を持続させても，貿易不均衡が縮小するという見通しは描きにくい．中国政府は輸出規制などの措置を講じて輸出に対する圧力を加えようとしているものの，その効果は部分的なものでしかないと考えられる．

日本は，変動相場制度を採用した後も，米国を中心に為替の動向については時に厳しい批判を投げかけられてきた．円高ペースを操作するために介入による"leaning against the wind"政策が，日本の輸出産業の後押しとなっているという懐疑論はそうした批判の典型であった．このような批判は貿易黒字が拡大するたびに聞かされてきた．対ドル円価値は変動相場制の採用後，傾向的に円高を辿ってきた．しかし，円高が貿易黒字を解消に向かわせたという明確な根拠を見出すことは難しい[35]．しかも，日本を含むアジア諸国の輸出入統計を検証しても，為替の調整が輸出入バランスを'抜本的に変化'させたという数量結果を確認することはできない．為替は輸出関数や輸入関数の中では確かに

---

33 エネルギー危機や円高危機に際して，ストやデモが頻発したという事例は報告されていない．むしろ，危機を共有して乗り越える仕組みを工夫した点に日本流の経験の特徴があると言えよう．省力化は企業の中では当たり前の要請として受け止められた感がある．省エネは社会の隅々まで努力目標として受け入れられた．個々人の生活の中を見ると，省電力，マイカー利用の抑制などが一般的な生活のパターンとして定着をしていった．

34 米国の中国専門家は人民元の調整に厳しい見方を採っている．例えば，Goldstein and Lardy (2008)はFinancial Timesに「China's Currency Needs to Rise Further」という論文を寄稿している．

35 企業レベルでの円高の影響は明白であった．円高を受けて企業が取り組まざるを得なかった苦悩については伊丹(1990)，伊藤(1996)を参照のこと．しかし，円高を受けて輸出活動を縮小するという戦略に変換した企業は少なかったと言われている．日本企業にとって輸出活動は全社的取り組みの中でも中心的な位置づけを与えられていたと考えられるからである．

重要な変数である．しかし，輸出活動の背後には，輸出先の需要の大きさや将来見通し，製品の多様化や品質の改善など，多様な変数が関係していることに注目する必要がある．輸出入規模を大きく変える期待から，為替変動に過度の期待を向ける見方は妥当とはいえない．実際に，日本に対する米国の批判も，単純な為替批判から離れ構造的問題などに接近することで不均衡の原因を掘り下げて究明しようとする姿勢に変わっていった．1980年代からは「日米構造協議」というテーブルで両国の貿易不均衡問題を多面的に検証する段階に移っていった．

言い換えると，中国人民元に対する切り上げ圧力が沈静化する理由は見つけ難く，少なくとも完全な変動相場制度が導入されるまでは中国に向けられる批判の一つであり続けると予想される．このことは，自由な為替変動を認める為替制度を中国政府がいつ採用するかということと関係している．しかし，中国の現状の経済システムや政策スタンスから判断する限り，全面的な変動為替制度を採用する可能性が視野に入りつつあるとは考えられない．その理由の一つとして，資本収支に関係する規制の存在と取り組みが挙げられる．中国当局の見方を整理すると，資本流出入がもたらすと懸念されている国内経済活動への影響，あるいはその可能性については特に慎重姿勢を貫いている．株式市場を海外の投資から分断させているのも，資本移動の影響について慎重な見方をしているためでもある．資本市場ばかりでなく，金融システムの安定が確認されない限り，資本の規制を抜本的に緩和することを予想することは難しい．従って，中国当局は，現在の為替制度を基にして，人民元の微調整を持続させていくものと予想される．

マクロ経済学的に，この貿易不均衡をどう評価すれば良いのであろうか．貯蓄・投資バランスという所得恒等式から導き出される関係が，対外バランスと密接に関係していることはよく知られている．米国の対外赤字の根源は貯蓄不足であり，日本の場合は貯蓄が過剰であるという指摘は多くの経済学者から提起されてきた．この接近を利用して，中国の現状を簡単に検証してみることにする．中国は他国と比較すれば明らかなように，著しく高い貯蓄水準を維持してきている．その背景となる理由についてはすでに簡単に触れた．そうした理由を検討すると，社会保障，住宅金融，教育支援などの分野で，国民の強い要望に応えられる制度の充実や拡充が急がれなければならないことに気づかされる．高い貯蓄は，経済発展の割には消費水準が十分に促進されていないことでもある．実際，1996年から2006年の10年間の間に，所得に占める消費の相対的割合は45％強から36％に低下している[36]．中長期の課題の一つとして，社会保障や住宅金融などの社会的要請を経済政策にどのように織り込んでいくかが注

目されるところである．消費行動の変化と関係して，中国の輸入に占める消費財の割合の低さが指摘される．中国の政策が供給側に重点を置いてきたこともあって，生産に必要な中間財や資本財の輸入比重がこれまでは極端に高かった．消費財の総輸入に占める比率は20分の1にも満たない．WTOの理念である自由な財の流れが実現されると，中国の消費者が受けるメリットは一段と改善することになる．

2．中国の投資の特徴と企業行動

同時に，投資についてみると，中国特有の事情が浮き彫りになる．所得に占める高水準の投資とその傾向的上昇という特徴である．中国経済の資本形成を牽引しているのが企業部門による投資活動である．中でも，政府系企業による投資には目を見張るものがある．その背景には，家計部門をはるかに上回る企業部門の貯蓄がある．企業の貯蓄は内部留保を厚くし，有利な投資活動に対応させ易いという戦略が考えられる．しかし，政府系企業は株式会社化されているとはいえ，株式が政府によって保有されている限り，利益を配当に回すことなく手元流動性を潤沢にできる有利さを有している．当然，厳しい株主説明責任からは距離を置くことが許されることとなり，事業の積極的な拡大などのリスクを過分に取り込めるような投資戦略を展開させることが可能になる．

企業による高い投資は，今のところ確かに高成長を牽引させる拠り所となっていることは間違いない．しかし，過剰な投資が行き着くところは過剰な生産規模の創出であり，過剰生産を引き起こす誘引となる．「アジアの成長神話」を批判的に論考したクルーグマンは，高成長はやがて資本の限界生産力の低下をもたらし，高い投資の維持で高成長を維持させることは理論的に無理な話であると指摘している[37]．中心となる論点は，成長を持続させる必要条件は生産性の向上に結びつく経済活動でしかないという点にある．過剰投資が過剰生産設備を生み出すとなると，中国の高い成長政策はやがて限界を迎えることになる．単なる資本形成を目指すのではなく，効率的な生産を導き出すための投資活動に転換させていく努力こそが，これからの中国の産業界にとっての挑戦となる．行政サイドは，資本の効率化の向上に向けた課題にどう取り組むのか，これまでとは異なる発想の転換が求められることになる．

製造業を中心とする産業分野で過剰生産傾向が定着すると，値崩れを招き入れることは必定となる[38]．そのとき，生産の捌け口が輸出に向けられると，貿

---

36 清水(2007)を参照のこと．
37 クルーグマン論文(1994)を参照のこと．

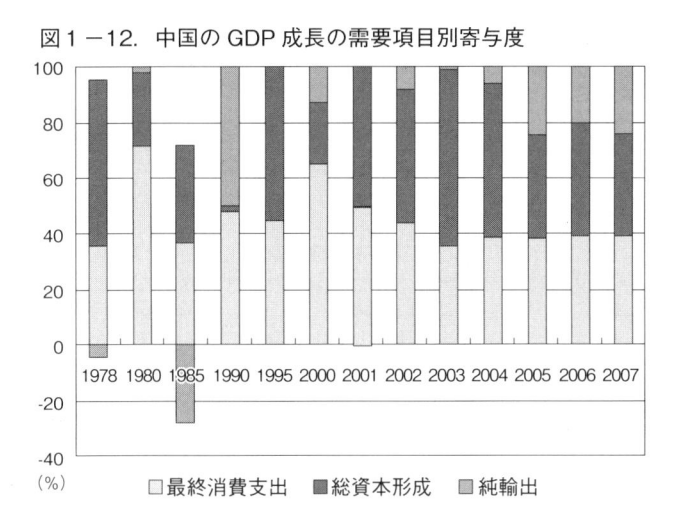

図1-12. 中国のGDP成長の需要項目別寄与度

□最終消費支出　■総資本形成　■純輸出

易問題がますます複雑化しかねないことが懸念される[39]．この場合，安価なメード・イン・チャイナ製品による貿易摩擦は，主要な取引市場と考えられている先進工業国との間ばかりでなく，輸出市場で競合することになる多くの発展途上国との間でも深刻な問題を引き起こすことになる．かつて日本でも議論されたように，「大きいことは良いことだ」という発想を見直すことが求められている．企業の目的は，単純に言えば，良い製品を供給して，適正な利益を上げて，さまざまな社会貢献を果たすことである．資源価格の高騰という局面を受けて，産官が一致して市場経済の中の企業の役割を再確認し，効率的な生産のシステムを作り上げる機会とすべきように思われる．

3．中国の金融政策の方途と社会的課題への取り組み

通貨高騰に関連して，中国の金融政策について再吟味をしてみよう．限定された変動幅の中に為替の調整を押さえ込もうという政策は，中国通貨当局の介入政策の即効性を前提に描かれたものである．これまでのところ，経常収支と資本収支の双方で黒字が観察されてきたために，通貨当局の外貨準備の買い介入が積極的に実施されてきた．その結果，中国が保有する外貨準備高は世界一の水準に到達し，依然としてその水準は増加傾向にある．外貨準備（ストック）

---

[38] 図1-12は中国の成長の需要項目別寄与度である．この図は，投資（資本形成）と外需（輸出）の二つが成長の柱として作用してきたことを明らかにしている．特に，投資が相対的に成長を牽引する最大の役割を演じてきていることに注目のこと．
[39] 貿易理論の一つであるBent for Surplus論が思い出される．

図1-13. 人民元の為替レートと物価変動の推移

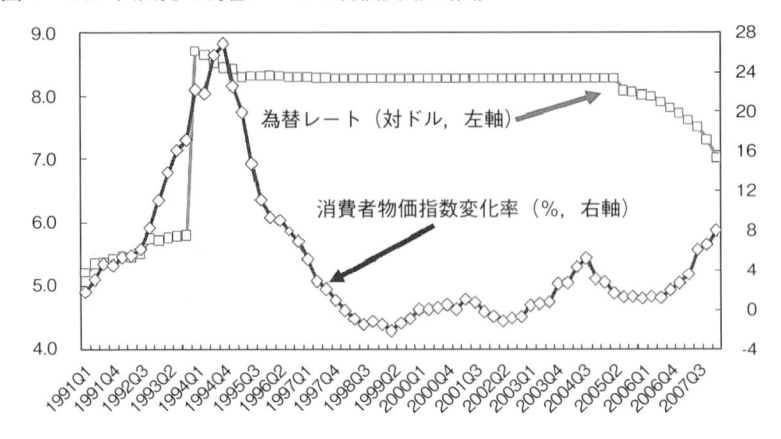

は中国人民銀行のバランスシートの主要項目となっている．この資産項目が一方的に増加することは，過剰流動性の供給に直結することになる．中央銀行のハイパワードマネー管理にとっては大きな課題となっている．日本もそうであったように，過剰流動性を抑制させるための政策として，不胎化政策を並行的に実施している．市中銀行を対象にして，政府証券を売却することで通貨供給の高進をコントロールしようと努めている．しかし，この政策そのものは短期的な手段ではあっても，中長期に不胎化政策を持続させる経済学的根拠は薄いと考えられる．一つには，中央銀行の直接的介入によって銀行の資産・負債構造が影響を受けることになり，さらに証券市場の価格発見機能を奪うことになりかねないことである．さらに，金利による政策遂行の可能性を後退させかねないという心配材料がある．

　2006年以降，中国のインフレ懸念が絶えず論議されてきた．図1-13にあるように，消費者物価は7％の水準を上回っている．これは，中国国民の資産選択行動に大きな影響を与えている．インフレが持続することになると，その影響は持続的に中国経済全体に及ぶ可能性があると予想される．また，図1-14にあるように預金金利は比較的低位に設定されている．この金利政策の姿勢は，貸出金利を出来るだけ設備投資などに不利にならないように設定してきたと考えることができる．マイナスの実質金利は資産保有者に銀行預金が魅力的でないことを明示している．その結果，国民の多くは銀行預金を出来るだけ経済的に管理し，資産の運用先として株式市場や不動産市場などに視線を向けることになる．年金受給者を含めて，多くの中国国民が株式投資に参入したのは，その理由として銀行預金の実質金利が極端に悪化したことと無関係ではない．株価指数の動きと消費

図1-14. 中国の金利と物価変動の推移(%)

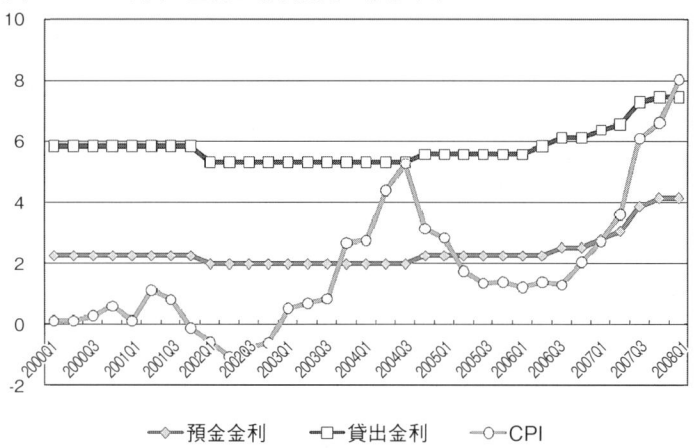

図1-15. 中国の株価指数と物価変動

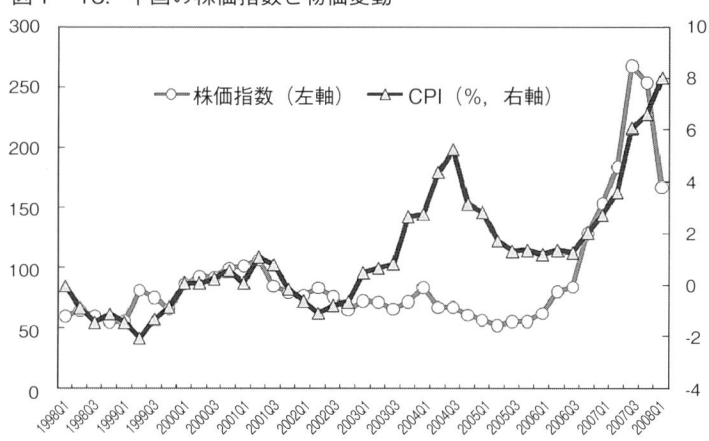

者物価指数の動きが図1-15に要約されている．株価指数の動きの急激な変化は2006年後半から始まっていることが明らかである．この動きは，図1-14にも示されているように，実質金利の低下と符合している．預金資産保有者は，数少ない資産保有選択肢の中で株式保有の選択を受け入れたと見ることができる．

同時に，大口の銀行貸し出し物件の多くが不動産関連投資に向けられることで，不動産バブルが助長されたという批判がある．このような指摘を受けて，中央銀行は銀行の貸し出し行動を抑制させる政策を強化している[40]．その代表的事例として，預金準備率を思い切って断続的に引き上げてきたことが思い出

される．人民銀行は市中銀行の預金残高のうち貸し出しに廻せる割合を低くすることで，銀行の貸し出し総量を抑えるばかりでなく，銀行の貸し出し行動を効率化させて収益率の改善を推し進める方針である．2006年末から，WTO合意に基づいて，金融市場の自由化に踏み切った中国は，地場金融機関の健全化と競争力強化に全力を挙げて取り組んでいる．特に，四大商業銀行というかつての大型国営銀行に対しては，公的資金の注入を含めて自己資本の増強に積極的になっている．人民元高と資源価格の高騰という新たな環境を前にして，中国の金融当局と金融機関には多くの課題が待ち受けている．

企業サイドにも多くの課題が投げかけられている．安価な労働力と安いエネルギー・資源価格という前提条件に基づいたこれまでの生産モデルは，いまや抜本的な変更が求められている．まず，生産効率を高めることで競争力を保持させながら，研究開発活動を強化して，より良い生産技術の創出や改善に取り組まなければならない．製品や技術の模倣によって参入をしてきた生産者は難しい局面に立たされることになると予想される．海外から参入している企業にとっては，サプライ・チェーン・マネジメントが経営の中核を形成している場合，インフラ改善や規制の緩和措置に抜本的な改善が見られなければ，チャイナ・プラス・ワンに軸足を移す戦略に転換する可能性もある．人材管理もより重要な課題となる．新たな技術や生産手法に習熟した人材育成が継続的に求められることになる．個々の労働者にとっても，新しいビジネス環境は大きな挑戦である．目先の俸給だけを拠り所に職業選択をする愚は避けるべきと思われる．自身に体化した技術や能力を最大限発揮できる職場や企業こそが，中長期的には最も魅力的で望ましい進路として認められる風土を定着させていかなければならない．

もちろん，公害問題の対処や環境保全に向けた取り組みも最大級の課題である．ここで議論された諸問題は，中国経済を語る上ではほんの一部を扱ったものでしかない．中国経済の成長と発展は，世界から期待されたものであることは言うまでもない．その上で，中国社会には多くの挑戦と課題が取り巻いていることを冷静に再確認することが必要である．

---

40 中国各地で不動産バブルの崩壊が始まっているというニュースが流れている．不動産投資に対する厳しい見方が中国社会の中に拡散し始めている．2008年により明確となったサブ・プライム関連の深刻な事態を受けて，中国にも信用収縮の動きが少なからず見え始めている．不動産市場や株式市場の低迷がささやかれていることから，この難しい局面を前にして，政策当局がどのような政策措置を講ずるのかが注目されている．

Ⅵ. さいごに

　通貨高と資源・エネルギー価格高という二重の圧力材料は，社会・経済の構造転換に目を瞑ってはならないというメッセージでもある[41]．一般的に想定されている従来型の中国の発展モデルが，この先大きく変わる可能性がある．国内的には，輸出や投資を主体にした成長への信頼，不動産や投資物件の右肩上がりという期待，高学歴による経済的保障の確保，などこれまで当然視されてきた理解に再考が求められている．かつて日本社会にも成長を背景に生み出されてきた成長神話と目されてきた理解があった．土地神話，銀行神話，終身雇用神話などに代表される「暗黙の合意」であった．そこからは，貯蓄促進，メーン・バンク制，系列やタテ社会，学歴尊重といった日本の経済成長を支えた旧来型モデルに都合の良かった特徴が生み出されてきた．これらは，日本のパラダイム・シフトに向けられた苦闘と努力の中で，その役割を後退させていった．国民は，新しい経済構造システムについて，現実的に向き合う姿勢へと転換をしていった．その過程では，混乱や不条理などの多くの課題が生起したことも事実である．しかし，旧態の成長モデルに浸りきることが許されない時代を迎えているという理解は，1970年代に経験した二つの経済リスクを通じて社会全体に間違いなく浸透していった．

　改革・開放の30周年という節目を迎えている今の中国は，構造転換を果敢に展開する絶好のタイミングにあると思われる．今のところ，大方の論議はそのような構造転換が必要であるという問題提起に終始している．構造改革に向けた具体的な取り組みについて，それらを今後の政策展開の中でどのように織り込むかという各論については明確には描き出されていない．そうした具体的な取り組み策の解明が将来の中国経済を見る際の一つのカギとなる．日本の経験が伝えるように，その道のりは容易なことではない．社会がこうした要請をしっかり受け止めることがまず必要である．その上で，新しい中国モデルを追及する過程で新時代のモデルが明らかになれば，より安定した高度経済社会の実現に有効に作用していくものと期待される．少なくとも，そのモデルは今以上に効率性と公平性の高いものとなると予想されている．

　通貨価値の変化は，中長期的に見れば相対的国力の変化の裏返しでもある．

41　日本はこれらの国外からの環境変化を恒常的か一時的かについて慎重に判定する姿勢を採ってきた．従って，円高やオイル価格の高騰が一時的現象ではなく恒常的な性格を持つと想定されれば，コスト削減努力や省エネ，省資源運動に積極的に取り組む気運を作り出す方向に舵を切った．

人民元の通貨価値の動向だけに一喜一憂する必要はそれほど意味あることではない．しばらくは堅持されると予想される管理変動相場制を前提にすれば，中国通貨当局が巨額の投機資金によって混迷させられる事態に陥ることは予想されにくい．安定的な人民元の調整は，中国ばかりでなく世界経済にとっても大きな関心事である．通貨制度の選択を含めて，中国当局の運営管理の行方がこれまで以上に注目される．資源価格やエネルギー価格の高騰についての対応は中長期的な取り組み課題となる．省エネ，省資源，新エネルギー源の開発への取り組みなどは，全社会的なテーマとしてその必要性の理解が共有化されなければならない．高いモラルの構築とその浸透は，産業界や行政組織だけを念頭に置いた課題というより，中国社会全体を包括するテーマとして認められなければならない．あらゆる機会を通じて，これらの諸課題に向けた取り組みについて，中国の英知が結集されることを期待したい．

オリンピックの成功を踏み台にして，中国が直面する課題を直視しながらそれへの取り組みが続けられることになる．折からの世界経済の混乱と緊張の中，多くの課題を抱える今の経済構造をどのように変革していくのかについて，中国社会の取り組みとその成果が注目されている．日本経済にとっても，健全で安定した中国経済の発展は最も望まれるものである．日本の経験と挑戦の教訓は，今の中国が直面する課題の検証にとって意味あるものであると考えられる．両国の相互依存が高まる中，中国が取り組むことになる課題に向けた努力と挑戦は，やがて世界の教訓として活かされる時代を迎えることになると考えられる．

参考文献

伊丹敬之(1990)『円が揺れる企業は動く』，NTT出版
伊丹敬之(1993)『日本の銀行業，ほんとうに発展したのか』，NTT出版
伊藤元重(1996)『円高・円安の企業行動を解く』，NTT出版
海老名誠，伊藤信悟，馬成三(2000)『WTO加盟で中国経済が変わる』，東洋経済新報社
小田野純丸(2002)「WTO加盟による中国経済の構造調整と国際関係」,滋賀大学経済学部研究年報，第9巻
小宮隆太郎(1976)「1973-74年のインフレーションの原因」，経済学論集，Vol.42, No.1
清水聡(2007)「拡大する中国の対外不均衡とその改善策」，環太平洋ビジネス情報RIM，Vol.7, No.27
野口悠紀雄(2007)『資本開国論』，ダイヤモンド社
三井物産貿易経済研究所(1995)『WTO：日本経済はどう変わるか』，日本能率協会マネジメントセンター
山崎広明(2004)「日本経営史の基礎知識」，経営史学会（編），有斐閣ブックス
Caves, Richard E. (1964), "Vent for surplus" models for trade and growth", in R.E. Baldwin et. al. (ed.) *Trade, Growth, and the Balance of Payments*, North-Holland Pub.

Goldman Sachs (2003), "Dreaming with BRICs : The Path to 2050", Global Economics Paper No:99, drafted by Dominic Wilson and R. Purushothaman *Economist* (2008), "Lessons from a "lost decade", August 21st, under the Section of Finance and Economics.

Goldstein, Morris and Nicholas Lardy (2008), "China's currency needs to rise further", *Financial Times*, July 23rd.

Krugman, Paul (1994), "The Myth of Asian Miracle", *Foreign Affairs*, Vol. 73 (Nov/Dec).

Kuroda, Haruyuki (2004), "The "Nixon Shock" and the "Plaza Agreement" : Lessons from Two Seeingly Failed Cases of Japan's Exchange Rate Policy", *China and World Economy*, Vol. 12, No. 1.

Vietor, Richard H.K. (2007), "Japan's Economic Miracle", Chapter Two in *How Countries Compete*, Harvard Business School Press.

第2章
中国の対外経済（関係）の戦略体系
―構成と進化とその傾向―

　　　　　　　　　　　　　　　　　　　金　　　鳳　　　徳

　対外経済関係の構築を考えるとき，どの国にとってもそれが戦略的視点から重要な位置づけを占めていると考えることができる．対外戦略の見込み違いは，国家を苦境に追い込みかねないことを多くの歴史が証明している．現在の中国を見ると，まさに重要な歴史的過渡期に入っていると考えることができる．対外開放による目覚しい発展によって，中国の対外経済の発展もかつてない規模で展開を続けている．一つには，中国と世界の結びつきがこれまで以上に緊密になっていることが挙げられる．同時に，中国と外国との間に種々の矛盾が目立つようになっている点が認められる．これは，中国が国際的な経済摩擦に遭遇する時期に入ったと考えられるためである[1]．今一度，現在の中国が展開している対外経済関係について体系的に研究することは意味のあることであると考えられる．本論文は，中国の対外経済関係に関する戦略的アプローチの構成，進化，展開について分析をするものである．

I．中国の対外経済関係に関する戦略アプローチの構成

　本題に入る前に，まず本論文の構成について説明することにする．
　対外経済関係に関する戦略的アプローチの研究は，その理論的組み立てに依存している．まず，対外経済関係の戦略的組み立てがどのような要素で構成されるかを考える．その上で，各要素の位置付けを確認し，それぞれの役割や要素間の相互関係などについて明確に把握しておく必要がある．
　対外経済関係を展開するための戦略的アプローチは国家戦略体系の一部を構成している．国家の戦略的体系は膨大かつ複雑な仕組みを構成している．その中における国家の対外経済（関係）戦略は，国家の経済戦略と国家の対外戦略との関係が緊密にかつ直接的に反映したものであると考えられている．筆者は，国家の対外経済（関係）戦略体系は，「上部構成」と「下部構成」という二つ部分から成るという立場をとる．「上部構成」は基礎もしくは前提であり指導方針でもある．「下部構成」は具体的な戦略であり，「上部構成」を具体化させるものである．

1　趙暁（2003）「戦略角度から見た中国の"国際経済摩擦"時期」，『交際経済評論』，pp.11-12

「上部構成」の主要な要素として二つのものが挙げられる．一つは国家の経済戦略であり，もう一つは国家の国際関係観である．「下部構成」は固定化されたものではなく柔軟に考えられたものでもある．時と相手国との関係によって弾力的な展開が許されるものと理解されている．上述の理解に沿って，中国の対外経済関係に関する戦略上の論理体系について解説することにする．

1．中国の対外経済（関係）戦略体系の中の「上部構成」
(1) 中国の経済戦略
　国家の経済戦略は膨大な体系によって組成されていると考えられる．そこには，戦略目標，戦略を具体化するステップ，対応措置などが組み込まれている．戦略目標について言えば，新中国が成立した後，国民経済の構築，工業化の実践，「小康」[2]に向けた取り組み，「全面的な小康」[3]の実現努力，近代化の実現など，いくつかの際立った時期の経験を内包している．体制について見ると，計画経済体制を経て，1970年代から市場化経済体制を取り入れてきている．従来の体制は基本的には閉鎖経済であり，現在の体制は開放経済であると区分することができる．当然ながら，研究目的という切り口から見れば，中国の国家経済戦略については色々な解釈が可能である．例えば，自立経済戦略，近代化戦略，輸入代替戦略，比較優位追求戦略，大国経済指向戦略などがある．ここで論及したい点は，国家経済戦略に関わる問題そのものの検討ではなく，国家の経済戦略と国家の国際関係指針との関係を明確にすることである．

(2) 国家の国際関係観
　筆者は，ここで「国家の国際経済関係観」に基軸を置くことなく，あえて「国家の国際関係観」という視点から検討を加えたいと考えている．それは国際関係を展望するとき，国際政治観と国際経済関係観の関係は不可分の関係にあるため，両者を区分して説明する姿勢にはそれほどの意義が認められないからである．政治と経済の密接な関係は，どちらかと言うと普遍的な現象となっていることが背景にある．

　国家の国際関係観の中には次の内容が含まれるのが通例である．
(i) 時勢を把握しながらその先の予測と判断を下すこと．時局に対してそれを

---

[2] 「小康」は，2002年の共産党第16回全国代表大会にて，江沢民総書記（当時）が報告の中で発展の目安として引用した言葉で，「衣食足りた次の段階，多少は豊かさを実感できる社会水準」のことを指している．単に経済水準だけではなく，社会，教育，文化，医療衛生，環境など幅広い概念を含んだものと理解されている．

[3] 「全面的な小康」は，小康社会の全面的建設を目指すものである．2008年10月31日，中国国家統計局は2000年から続けている「小康社会全面建設過程観測」のデータを発表し，2020年までに「全面的小康社会」の建設を実現できるという認識を提示した．

どう予測し，判断を下し，世界の一般的流れをどう把握すべきか，という要請は一つの国の戦略の方策を決めるために決定的な意義を持つ．新中国が確立した後,中国が経験することになった教訓は深刻なものがあった．例えば，世界を「帝国主義とプロレタリア革命の時代」,「世界大戦は不可避」,「核戦争の準備」などと見ていた時代が長く続いた．また，世界構成をどう見るかという判断も重要な課題である．二極化，多極化，単極化，単極多層化などいずれの視点を採るにしても，世界の覇権についての判断は重要な問題意識となる．

(ii) 国際関係が置かれている性質と国際関係に関する問題を処理する仕組みについて適正に理解をしておくことは重要である．国際関係の本質は，相互依存的であるのか対立的であるのか，あるいは互恵的か収奪的かなど，国際秩序の実際について的確に把握しておく必要性は高いと考えられる．摩擦の解消や，調和的な国際社会の構築について，国際社会の議論や主張は多様に過ぎる．中国国内を見ても多種の論点が浮き彫りになっている．言い換えると，国際関係の領域で採用されている戦略と政策は，どのような理論的視点に立脚しているかを明示することは難しい状況にある．少なくとも，現段階で歴史的帰結を明確に区分できるのは，経済関係の領域にあるテーマであると考えられる．例えば，中国は過去にスターリンの世界二大市場平行発展理論に沿った戦略を構築したが，実践にはそれが失敗であったことが証明されている．改革開放からの段階では，世界化理論を積極的に導入し，国際関係の領域における「マルクス主義的中国化」の課題は単なる議論としてのみ存在している．

(iii) 既存の国際秩序に対する理解と対応．この課題は，国際関係観の中で核心的位置づけを占めている．この課題こそは，まさに国際関係観の出発点となるものであり，終点となるものでもある．この議論の中には，多くのテーマが含まれている．それらは，国際社会の中で国家はどのような利益を追求すべきか？　どのような地位を求めるべきであるのか？　そしてそれをどのようなルートで実現させていくのか？　既存の国際秩序をどのように認識し受け止めるべきか？　などである．これは理論的な性格を有した問題でもあると同時に，現実的な実践的課題でもある．

2．中国の対外経済戦略体系の中の「下部構成」
(1) 大国に向けられる戦略
現在，中国が主張している「大国戦略」は米国，ロシア，ＥＵ，日本とインドのそれぞれを想定した戦略である．

大国戦略は国際関係の時勢を判定する上でも重要な視点を形成する．中国自身にとってもこの問題意識は重要である．国際間の力関係は，大国の国際社会の中での地位及び役割によって大きく左右されることになる．周知のように現代の国際体系はWestphalia体系を基点としてそこから発展してきたものである．その伝統は大国の統治体制，あるいは大国を中心とした多極的制御体制とも呼ばれるものである．フランク・H・シモンズとケネスワルツが言明しているように，「これは大国の世界である．大国が主要行動の主体である以上，国際政治の構造は彼らによって定義される」[4]，という表現からその意図を明確に知ることができる．実際の展開を参考にすると，多くの国は長期間にわたる大国の力の消長こそが世界構造の行方を決める実質的要因であることを認識してきたと思われる．中国が主張する世界構造の多極化理論の背景には，大国が主導する国際関係を容認した展望が潜んでいると考えられる．それが現実的であり，合法的なアプローチであると想起されていると判断できる．多極化の中の「極」とは国家を基礎にした考え方であり，大国をさしたものと判断する見方は説得的である．大国のこのような役割は，当然のことであるが，永遠に持続するものではないかもしれない．事実上，大国自身に加えて，大国が果たしている役割について，その環境は大きく変化してきている．例えば，軍事力が必ずしも政治的影響力を保証するとは言えなくなっている．軍事力によって経済の弱点を覆い隠すことはできない．軍事力や経済力があったとしても，国際的影響力を持つ大国ということにはならない事例もある．ある特定の資源について，強い影響力を有している国についても大国という場合がある．例えば，エネルギー大国，貿易大国，農業大国などの視点がそれに該当する[5]．このような事例を熟考して，中国は新しい大国として，旧来の大国の定義に拘束されることなく，新しい大国観と意識を樹立することが求められている．

　周辺諸国との関係維持という要請はますます重要性を増している．安定した良好な大国関係を標榜しなければ，中国は効果的かつ順調に周辺諸国との関係を展開することはできない．中国は12の国と隣国し，周辺国家（地区）は30を越えている．これらの国々と地域は，いくつかの大国と多様な国際関係を有している．こうした大国関係は，中国周辺を取り巻く重要な国際環境条件となっている．多くのものについて，それが既存条件（与件）として作用している．同時に，国際機関の関わりについても検証が不可欠である．WTO，IMF，世

4　譚再文（2004）「大国作用の侵蝕―国際関係の中での大国ロジックに対しての思考」，『国際観察』，第4期
5　前掲脚注1と同じ．

界銀行等の国際機関への参加は，大国からの支持がなければ，加盟国としての参加が認められ難いのが通例である．そこに参加できないことは，国際関係上どのような意味を持つかを容易に思い巡らすことができる．

(2) 周辺戦略

　中国の「周辺戦略」という視点から，地縁政治と地縁経済の持つ重要性は強調されても強調されすぎるということはない．周辺戦略は，中国の安全保障，経済発展，エネルギー資源の多元化，安定した資源輸送，環境保全などの観点から重要な意義を持っている．隣国の不安定要因は，中国の発展にとってその妨げとなりかねないことは言うまでもない．中国は歴史的に見ても，東方向では中日戦争を経験し，その傷痕は完全に払拭したとは言えない．新中国の設立後を見ても，中国の周辺地域で大掛かりな衝突，戦争が繰り返されてきた．東では朝鮮戦争，西では中印戦争，南では中越戦争，北は前ソ連との戦争である．西北地域の不安定な状況は未だに継続中である．

　資源面から見ると，中国の周辺地域の潜在力は非常に大きいものがあると見込まれている．利用できる統計によると，例えば，周辺16カ国の天然ガスの蓄積量は，世界総蓄積量の42%を占めると推測されている．同じように，鉄(33.9%)，銅(22.6%)，ニッケル(23.1%)，ウォルフラム(26.6%)などが報告されている[6]．

　中国の西気東輸プロジェクト（西のガスを東へ輸送するプロジェクト）は，西の新疆タリム倫南油田から終点は東上海までを計画し，全長は4,200kmに及ぶものである．これは，中国新疆喀什（カスー）から世界最大の石油産出国サウジアラビアとの直線距離に匹敵する．従って，イランと中国の間の直線距離はそれより近いと考えられる．幾つかの中央アジアの国を挟んではいるが，これらの諸国は中国の周辺国であり，隣国として想起することができる．中東と中国の間にガスまたは石油輸送パイプを敷設する構想も排除することはできないと考えられる．

　中国は既に生態系の保全についてその緊急性を認識している．これらの問題解決には，まず中国自身の取り組みが必要である．同時に，国際社会の協力も不可避であると考えている．国際間の協力，なかんずく周辺諸国との協力は欠かせない．中国西部の砂漠化問題の解決には，国際社会の全面的な協力が必要であると認められている．

　中国の周辺戦略の重要性は，中国が置かれている国情によって左右されると考えられる．中国はアジアで最大の国土面積を有する社会主義国家である．陸

6　何亜東(2008)「我が国対外貿易発展戦略と歴史沿革と内容調整」，『国際貿易』，第2期

上部分の国境線は1.8万km,海岸線は約2.0万kmに及ぶ.また56の民族が共存する多民族国家でもある.一部の少数民族は隣国と同じ民族に属している.そのため,周辺国家との外交関係は次のような特徴を持つことが認められる.

第一に,周辺国家の数が多く,国土面積も膨大である.中国の周辺国家または地区を見ると,アジアの大部分がそこに含まれていることが歴然である.東北アジア,東南アジア,南アジア,中央アジアなどが挙げられる.3万kmもある国境線上で何らかの問題が発生する可能性が認められると,中国政府はそこに注意を向けておかなければならなくなる.

第二に,多くの周辺諸国・地域との関係を見ると,そこには大国との関係が複雑に交錯していることが明らかである.北のロシア,東の日本,西のインドなどがあり,それらの展開する国際関係に目が離せない理由となっている.

第三に,周辺関係は国際協力関係の連携のプロセスとオーバーラップする傾向が見られる.例えば,中国の中央アジア周辺戦略と上海合作機構,中国の東北アジア周辺戦略と六カ国会議,中国の東南アジア周辺戦略と東アジア経済との連携プロセスなどがそれに当たる.

第四に,政治問題と外交問題の存在が挙げられる.典型的な例が台湾問題の存在である.

上の議論では,中国の対外経済戦略体系の中の「下部構成」における大国に向けられる戦略と周辺戦略という二つの戦略をあげた.そのほかに,国際経済における経済統合戦略,国際経済機関に対応する戦略,重要資源確保戦略,対外援助戦略などが考えられる.それらについては,この論文の中では省略することにする.

3.「上部構成」と「下部構成」間の関係,およびその内部要素間の関係

(1)「上部構成」と「下部構成」間の関係

上部構成は国家の国際関係観と経済戦略の融合によって組み立てられている.上部構成は,国家の諸対外経済関係,つまり「下部構成」の基礎をなすものである.「下部構成」の中にある具体的な対外経済戦略は,「上部構成」の具体的な表記であると認められる.一事例として,1960年代半ばから70年代中盤までの10年間は,中国の左翼路線が頂点にあった時期である.経済面では「資本主義のしっぽを切る」という政策を進めてきた.計画経済を「統治経済」として強制し,全ては「戦争準備」に向けられていた.「三線建設」を推進し,重工業と軍事工業へ傾斜する政策を展開した.このような経済政策は,当時の国家主導にあった人々の「国際関係観」と合致したものであった.世界は帝国主義とプロレタリア革命の時代に入り,中国は世界革命の中心となり,世界大戦は

不可避で，反帝国，反修正，反覇権，反植民の時代と想定していた．このような理解に基づき，中国と大国の関係は全面的な緊張関係に立脚し，周辺諸国との間では「対外援助」のみが目立つ時代に変容していた．

50年代，中国の対外援助額は5億元の規模で，その対外援助額は中国のGDPの0.5%を占めていた．1966年になると，それは20億元となり中国のGDPの1%を占め，1973年には56億元，GDPの2%を占める規模となっていった[7]．これは，当時の中国が反帝国，反修正，反覇権，反殖民の旗手であり，第三世界のリーダーとして世界革命を推進するという国際関係観にあったことと無関係ではない．

(2) 「上部構成」——国家の経済戦略と国際関係観の関係

国家の経済戦略と国家の国際関係観が緊密に関連していることは言うまでもない．中国の伝統的な思考方式は，国家の経済戦略は内政問題に帰属し，独立主義国家としての中国は経済戦略については独自の優先領域として意識をしてきた．国家の経済戦略の位置づけが第一にあり，国際関係観はそれに次ぐものと考えられてきた．国際関係は，国家が経済戦略を決めるにあたって考慮する一つの要因を構成するものでしかない．しかし，グローバル化の思考が定着するに従い，それまで受けつがれてきた国家経済戦略が制定する自主優先という問題点が浮き上がることになった．元来，背景の一つの要因としてしか見られ

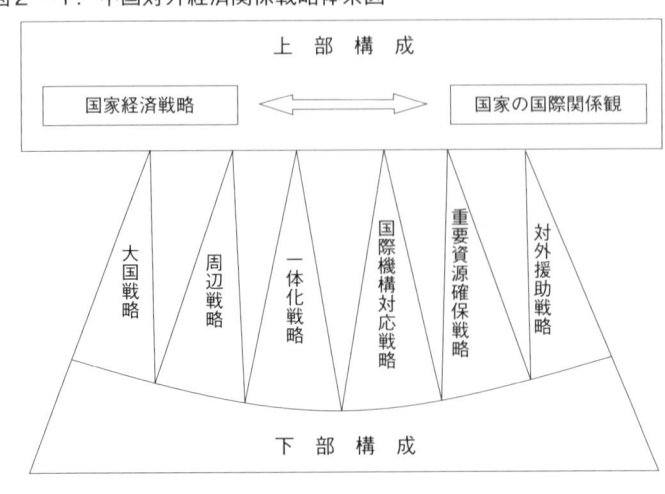

図2−1．中国対外経済関係戦略体系図

```
┌─────────────────── 上 部 構 成 ───────────────────┐
│   ┌──────────┐        ┌──────────┐   │
│   │ 国家経済戦略 │  ⇔   │ 国家の国際関係観 │   │
│   └──────────┘        └──────────┘   │
└──────────────────────────────────────────┘
   │大国戦略│周辺戦略│一体化戦略│国際機構対応戦略│重要資源確保戦略│対外援助戦略│
   └─────────────── 下 部 構 成 ───────────────┘
```

7　張郁慧：「中国対外援助研究」（中共中央党校提出博士学位論文），p.165，付録一．

なかった国際関係の問題が，国家経済戦略の展開と緊密に関連を持つという理解が定着し始めた．例えば，対外開放は国家戦略の基本方針でもあり，同時に，国際経済関係の重要な内容ともオーバーラップするものである[8]．

(3)「下部構成」の各戦略間の関係

「下部構成」に組み入れられている六つの戦略について，その中の大国戦略，周辺戦略と国際機構対応戦略は将来的にも包括的，基本的性格を有したものである．それ以外の戦略は，柔軟性を持ったものと考えられる．当然ながら，各戦略の機能や，戦略の重要性については，それを一概に結論付けることはできるものではない．

Ⅱ．中国の対外経済関係戦略に関する体系の進化

新中国が設立されて以来，中国の対外経済関係に関する戦略体系は大きく変化してきていると考えられる．それは，次の三つの側面から説明できる．第一は，国家の経済戦略は言うまでもなく，国際関係観も実質的に変化してきたことが挙げられる．第二は，「下部構成」の中の中国の種々の対外経済関係戦略は，国際システムに融合する形で調整され，変化を見せていることである．第三は，中国の対外経済関係は，「大国との相互依存関係の強化」と「周辺国家と利益を共有する」という前提に立つという特徴を持っている点に認められる．

1．国際関係観の実質的な変化

国際関係観は，国家の対外経済関係について戦略体系を構築する中で重要な地位を占めていることは前述した．国際関係観の間違った判断は，そのほかの領域にも大きな誤算を招きいれかねない．前述したように，国際関係には下記の三つの側面が認められる．時勢をどのように読み解くか，時の国際関係をどう判断するか，既存の国際秩序をどう理解するか，である．その中でも，国際秩序の理解が最も重要であると考えられている．国際秩序は，その時代の国際関係の組み立てと各種の力関係，そして価値観の総合化された作用を生み出す基礎である．各種の国際活動(例えば，会議，交渉，協議，条約，組織，戦争など)の目的，それは秩序を作り上げることに集約される．つまり，国益に相応しい国際秩序の形成である．既存の国際秩序に向けられる姿勢は二つあると考えられる．擁護，あるいは挑戦である．勿論その中間の折衷案も認められる．本論文が展開する中国の対外関係における実質的変化というのは，既存の国際関係秩序に対する

---

[8] 任湘怡(2008)「国際と国内：双向互動—国際政治経済額の2種異なる研究ルートについての分析」，『世界経済研究』，第2期

挑戦姿勢から融合という方向に舵を切ったことを指している.

中国は新政権が誕生して以来,長期に渡って世界を「帝国主義とプロレタリア革命」に区分する姿勢を採ってきた.中国は早い時期から,国連,IMF,世界銀行などの国際機関の中での合法的地位を確立させるために,ある程度,当時の秩序を黙認する姿勢を取ってきた.しかし,長期間にわたり中国の基本理論や指導思想は,現存の主流となっている国際秩序に対しては否定し,軽視し,敵視的態度を見せてきた.建国の初期段階で,スターリンの世界二大市場平行発展論を盲信したことに加えて,一部の大国が中国への敵対政策を堅持したため,中国は閉鎖政策を受け入れ世界市場から隔絶することになってしまった.その後,世界情勢が大きく変わり,中国は自身の国際戦略と政策を大きく調整することになった.しかし,「現存の秩序へ挑戦する」という基本的国際関係観が変わることはなかった.

基本的変化の兆候は,改革開放から始まり,徐々に成熟に向かっている.中国の姿勢は次のように要約することができる.独立・自主的な外交政策を堅持すること,世界に対して覇権主義を主張しないこと,同盟関係を作らないこと,支配的地位に躍り出ないこと,平和尊重の意義を履行すること,などについて明確な姿勢を一貫して採るものである.このような約束は,現在の秩序に挑戦することはないという意味を含んでいる.現在の秩序に挑戦する行動を起こすことは,平和的な選択ではない.歴史的に見ると,米国は既存の秩序を尊重し,そこに融合させながら平和的選択を実現させてきた参考例であるという説がある[9].

2. 既存の国際秩序に融合する中国の対外戦略
(1) 中国の大国に向けられる戦略の進化

新中国が設立されてから,中国の大国関係に向けられた姿勢は,二つの歴史的段階を経てきたと考えられる.それは,同盟の強化と非同盟という姿勢

---

9 賈慶国:「チャンスとチャレンジ:単極世界と中国の平和発展」,『国際政治研究』,2007年第4期;孫学峰:「大国決起と体系戦略:2種理論に対する解釈と質疑」,『国際関係学院学報』,2004年第5期;【韓国】ジョン・ドク:『巨大な中国との対話』,サムスン経済研究所,2004年,p.408.これは著者と北京叶自成教授との対話の一部分である.著者問:どのように中米関係を予測しますか?中米間の衝突が中国決起の不可避の過程だと思いますか?叶自成教授回答:……歴史の経験から見ると,新興国は必ず既存の覇権国家と衝突もしくは戦争を通じて決起するという観点は必ずしも正しいとは言えない.19世紀米国の決起は欧州の威嚇を受けてはいない.18世紀米国の独立時期,1812年〜1814年英米間で衝突と戦争が発生した.それは性質の異なる矛盾である―新興大国と既存の覇権大国との衝突と戦争ではない.周知のように1860〜1880年代は米国が世界大国に成長する最も重要な時期であった.その時期,米国は英国の威嚇を受けたというより英国の庇護があったといったほうが正確である.黄仁偉:「大国興衰の歴史比較:黄仁偉の華東師範大学での演説」,2004-10-21,解放日報ネット news.163.com より採録

である[10].

　1950年2月，旧ソ連と「中ソ友好同盟互助条約」を締結した．これは中国の外交，特に大国の外交関係が同盟時代に入った象徴的出来事である．毛沢東は締結したばかりの「中ソ友好同盟互助条約」に対して，次のように評価している．「人民民主専制の実施と国際友人と団結することは，革命勝利を強固にさせる二つの基本条件である．締結された中ソ条約と協議は，中ソ両国の交流関係についてそれを法律的な形式で整理し，信頼できる道筋を明らかにしたことである．このような背景を基礎にして，中国は自国の国内建設に打ち込み，起こりうる帝国主義の侵略に共同して対抗し，世界平和を勝ち取ることが可能になると考えていた．」この条約は，中国の国際関係観の頂点を形作るものであった．米国をはじめとする帝国主義は我々の敵であることが確認された．外交上，中国はソ連に傾くしかなく，そのような戦略は中国のその後の発展に大きな影響を与えることになった．

　中国は，この大国戦略モデルを通して自覚を高めることができた．それは，「同盟」の思考を堅持する以上，対抗と戦争準備状態が終わることはないということである．新中国が設立された最初の30年を見てみよう．1950年代からソ連が反米を貫いてきたため，「反米援朝」は当然の帰結となる思考の典型であった．1960年代は，反米反ソが前面に登場した時代で，「二つの拳で人を殴る」時代とも呼ばれている．1960年代の後半から70年代にかけて，中国は米国と連携し反ソ連の「一条線」，「一大片」政策を採用することになった．その間30年にわたって変化することなく貫かれてきた政策は，第三世界への支持と援助である．目的は反米か反ソ，または両方に反対し，主導者（第三世界のトップ）としての地位に躍り出ることであった．

　1980年代に入ると，二つの大きな出来事が世界的な関心と注目を引きつけることになった．一つは，米ソの覇権争いが熾烈化し，最終段階に入ったことである．最後はソ連の敗北を確認し，そのことで冷戦体制の解体という形で終止符が打たれることになった．もう一つは，改革開放によって中国の経済発展が加速化したことである．これによって，中国は大国戦略を見直すきっかけを得ることになった．その理由は次の通りである．第一に，中国は13億人の人口を抱えている大国として，独自の自主的外交政策を有する展望を持つことは自然の流れであった．しかし，新中国設立以来の30年間，中国が本格的な自主的外交を展開してきたとは言

10　三つの時期に分ける説もある：同盟，非同盟とパートナーシップを基盤に置いた時期によるものである．卜鳳坤（2005）「中国タイ国関係モデルの進化と得失」（内モンゴル大學提出修士学位論文）

い難い．それは，大国と同盟関係を結んだ歴史があるためである．旧ソ連にしろ，米国にしろ，一旦彼らと同盟関係あるいは準同盟関係を結べば，いわゆる自主的外交という軸足は色褪せることになる．その理由は単純である．力の差が大きく，非対称的な依存関係が存在しているためである．

第二に，改革開放後の発展は，資源の供給確保のために，幅広い有効な国際関係が必要であるという現実的理由のためである．エネルギー資源や鉱山資源などの確保，先進技術，先進的な管理技法，融資チャンネルと方式の学習，人材育成と先進教育などの導入，それらは大国との協力関係の構築なしには難しいことは明らかである．

第三に，中国が米ソ覇権争いに巻き込まれた結果，中国の国家イメージを損なったことが挙げられる．

第四番目に，米ソの覇権争いが決着した結果，米・ソ（露）・中という政治の三極構造の中で，等辺三角形型の国際関係のシステムを作り上げる意味合いは大きなものがあると考えられている．現段階で，中国と世界の大国それぞれは，良好な戦略関係を作り上げていると認められる．中国に仮想の敵は存在しない．温家宝首相は，第63回国連総会で，「中国は平等互恵のもとで，全ての国と友好関係を発展させて，イデオロギーや社会制度によって親疎関係を規定する姿勢を採るものではない．中国は国際関係について独立に判断し，国益と世界人民の福祉という視点から立場を明確にし，どのような勢力にも盲従，屈服することはない．国際関係の中では，永遠に非同盟の立場を堅持し，頂上で君臨することのない路線を堅持する」[11]，と言明している．

(2) 中国周辺戦略の進化

これまでの60年間，中国の周辺関係は激しく変化を見せてきた．中ソ関係は「友――敵――友」という繰り返しの過程を辿ってきた．ベトナム，インド等の国とも似たような経過を経験している．そのため，中国の周辺諸国との関係について簡単に語ることは非常に難しい．そこで，筆者は次の3点からこの問題を考察することにした．

第一に，中国の周辺諸国についての戦略は，相対的に高い位置づけを持つ戦略体系として格上げされてきている．この周辺関係は，中国の対外関係戦略の中で継続して重要な位置づけを与えられている．しかし，建国直後の段階では，対周辺国家との関係については独立した戦略体系を形成するまでには至っていなかった．冷戦体制の下では，周辺関係は大国関係に影響されてさまざまな制約を受けていた．現在では，イデオロギーと大国関係という束縛から離れたた

---

11 温家宝総理　第63回国連大会一般弁論での発言（2008年9月24日），新中華ネットより採録

め,相対的に独立した外交体系が追及され,中国にとっても大きな意味のある戦略課題となっている.中国の周辺戦略は,地理的範囲から見ると小アジア戦略と理解される.しかし,関係領域から見れば,大国,小国,先進工業国,発展途上国,内陸国家,海洋国家,多様な文化・価値観を持つ国,などから構成され内容豊富な領域となっている.

第二に,戦略アプローチについて見ると,単一的な相互主義から多角化した相互依存主義へと転向している.冷戦体制のもとで,中国は相互主義に立脚する国際関係を重視してきた.しかし,現在の周辺関係では,多角化したアプローチを重視する思考に変化をしてきている.例えば,東南アジア連携会議の参加,上海合作組織の推進,北朝鮮核問題の6カ国協議など,多くの事例からその姿勢を知ることができる[12].

第三に,周辺諸国との関係を強化する意図から,戦略目標の多元化を展開している.過去に,中国は周辺地域について戦略目標の単一化を採る傾向があった.それは,伝統的に安全保障だけに限定した立場を重視していたためである.しかし,現在では,安定した金融制度の管理,経済政策に関する協調,疾病への対応,生態環境の保全,民族分裂の危険性など,相互依存型のアプローチの重要性を認識する立場に立っている.「睦鄰,富鄰,安鄰(隣国と仲良く,隣国と豊かに,隣国を安心させる)」という周辺関係をより良い方向に発展させることを基本方針とする姿勢を採っている.

3. 世界経済に占める「極」としての位置づけ

改革開放の成功,そして経済の急速な発展が実現される中で,「チャイナ・ファクター」は確実に世界の注目を集めるまでに変容してきた.それだけ世界に対する影響力が増したことになる.「チャイナ・ファクター」はどのくらい大きいのであろうか? これは容易に解答できないテーマである.現段階で,状況を適正に言い表せる言葉は見つからない.確かなことは,中国要因が世界経済の一つの極に近づきながら,その要件を形作りながら進化していることである.つまり,中国は完全ではないものの,限定された形で世界の一極を構成する存在に近づきつつあると見込まれている.それについては,以下で具体的に検証してみることにする.

(1) 中国は「世界経済のアンバランス」という構造の中で一極になった

2007年までの段階で,中国の外貨準備高は1.8兆ドルに到達している.その保有高は,世界一の水準として認められている.米国は世界最大の経常収支赤

---

12 方長平(2004)「多辺主義と中国周辺安全戦略」,『教学と研究』,第5期

字国であり，世界最大の対外債務国である．多くの研究者は，これによって世界経済のバランスが歪められていると指摘している．こうした局面は良いことではないが，ある意味で世界経済の構造の特徴を理解するのに役立っている．それは，世界経済の構造の両極をみると，一極は米国(世界の金融大国，国際収支赤字大国)，もう一つの極は中国(世界の製造大国，国際収支黒字大国)，ということである．中国の保有する1.8兆ドルの外貨準備高がどのような経済的意味を持つものかは未だ明らかではない．しかし，中国の生産能力と消費規模を考えると，世界市場の中での影響力は軽視できない存在となっていると認められている．

(2) **市場の開拓による地位の確立**

十数年前までは，先進工業国市場の中での中国の位置づけは圧倒的な存在ではなかった．しかし，現在は世界の主要国市場が中国の主要な輸出活動の舞台となっている．中国人は誰もが認識しているように，大国の市場を開拓しない限り，中国の経済大国への夢は実現できないと考えている．こうした戦略的思想は，これまでの活動を通じてその方向に展開する後押しとなっていると考えられる(図2－2，表2－1を参照)．

(3) **主要市場向け戦略の調整と中国の位置づけの改善**

米国と日本の例を挙げれば，1990年代の初めの段階では，米国と日本の輸出入市場の中での中国の地位は比較的小さなものであったことが認められている．しかし，今や中国の存在は，両市場を通じて大きなものとして受け止められている(図2－3，2－4，2－5　付録2－1，2－2参照)．

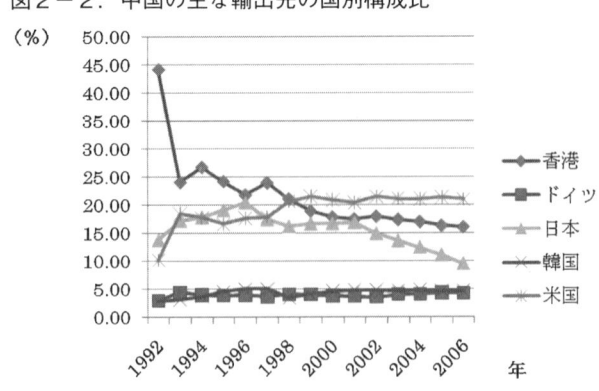

図2－2．中国の主な輸出先の国別構成比

出所：中国統計年鑑関連データによる作成．

表2-1. 中国輸出入貿易状況（2007年）

主な輸出貿易状況				主な輸入貿易状況			
順位	国・地域	輸出金額（億ドル）	成長率（％）	順位	国・地域	輸入金額（億ドル）	成長率（％）
1	EU	2,451.9	29.2	1	日本	1,339.5	15.8
2	米国	2,327	14.4	2	EU	1,109.6	22.4
3	香港	1,844.3	18.8	3	アセアン	1,083.7	21
4	日本	1,020.7	11.4	4	韓国	1,037.6	15.6
5	アセアン	941.8	32.1	5	台湾	1,010.2	16
6	韓国	561.4	26.1	6	米国	693.8	17.2
7	ロシア	284.9	79.9	7	オーストラリア	258.5	33.8
8	インド	40.2	4.7	8	ロシア	196.8	2.1
9	台湾	234.6	13.1	9	ブラジル	183.3	42
10	カナダ	194	25	10	サウジアラビア	175.6	16.4
総額		12,180.2	25.7	総額		9,558.2	20.8

出所：中国商務部『中国対外貿易形勢報告』（2008年春季）

図2-3. 中国の米国対外輸出入市場においての地位の変化

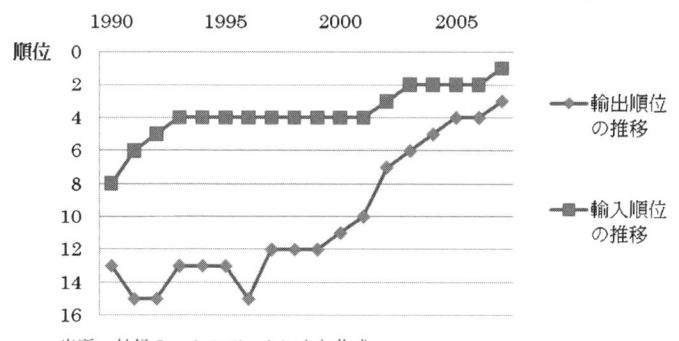

出所：付録2-1のデータにより作成．

図2-4. 中国の日本対外輸出入市場における地位の変化

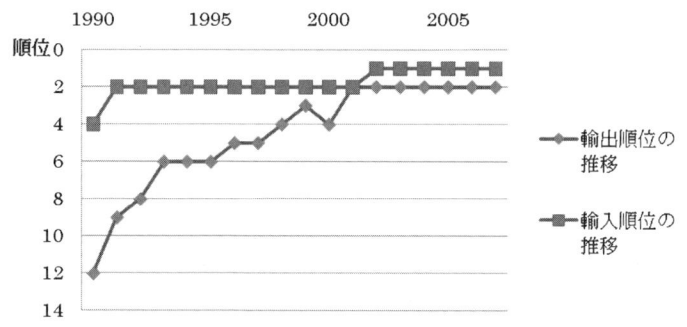

出所：付録2-1のデータにより作成．

図2－5．日本の主な輸出先依存度

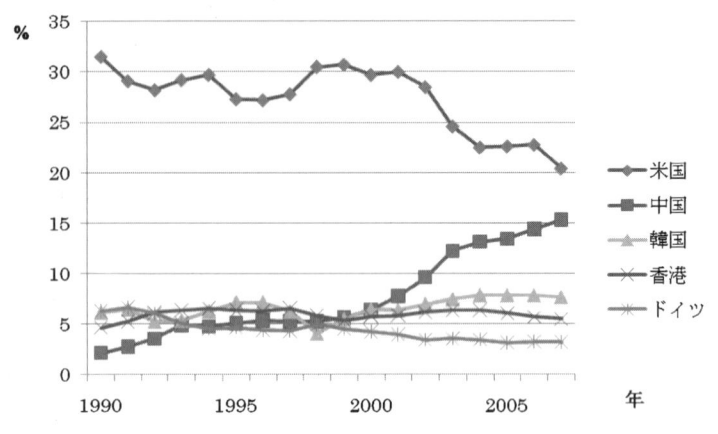

```
                                                  ◆ 米国
                                                  ■ 中国
                                                  ▲ 韓国
                                                  × 香港
                                                  ＊ ドイツ
```

出所：付録2－1のデータにより作成．

(4) 中国周辺での存在─最大の貿易相手国としての中国

　常黎の研究によると[13]，中国を取り巻く26の周辺国家（地区を含む）の中で，中国を最大の貿易相手国としている国と地区が増加傾向にある．逆に米国や日本を最大の相手国としている事例は減少傾向にあるという．中国周辺国（アジアの大部分地域と見ることができる）では，中国が日本と米国に代わって当該地区の最大の貿易相手国として台頭している（表2－2，2－3，2－4を参照）．

表2－2．中国と26の周辺経済体との貿易関係（1995年～2005年）

	1995		2000		2005	
中国が貿易相手国・地域の1位となっている国	1	香港	3	モンゴル，香港，朝鮮	9	香港，マカオ，台湾，朝鮮，韓国，日本，モンゴル，ベトナム，キルギスタン
中国が貿易相手国・地域の2位となっている国	9	アフガニスタン，カザフスタン，キルギスタン，マカオ，モンゴル，日本，台湾，朝鮮，ミャンマー	6	日本，マカオ，台湾，パキスタン，ミャンマー，ラオス	7	カザフタン，インド，ラオス，ミャンマー，パキスタン，ロシア，フィリピン
中国が貿易相手国・地域の3位となっている国	1	韓国	7	カザフスタン，韓国，キルギスタン，ロシア，ネパール，ベトナム，タジキスタン	5	シンガポール，タイ，マレーシア，ネパール，タジキスタン
合計	11 (42%)		16 (62%)		21 (81%)	

注：合計の（　）内数値は三大貿易対象国合計の占める比率を表している．
データ出所：IMF, Direction of Trade (CD-ROM) から採録．
出所：常黎（2007）「中国と周辺経済体貿易関係の変遷（1995～2005）」，『教育と研究』，第10期．

表2-3. 中，米，日を第一貿易対象国とする中国周辺経済体

年度	国	国数	第一貿易対象国
1995	中	1	香港
	日	7	アフガニスタン，ブルネイ，インド，マレーシア，朝鮮，タイ，ベトナム
	米	8	マカオ，インド，日本，韓国，パキスタン，フィリピン，シンガポール，台湾
2000	中	3	モンゴル，香港，朝鮮
	日	4	ブルネイ，インド，タイ，ベトナム
	米	10	カンボジア，マカオ，マレーシア，インド，日本，韓国，パキスタン，フィリピン，シンガポール，台湾
2005	中	12（含：周辺地域経済体）	香港，マカオ，日本，韓国，キルギスタン，モンゴル，朝鮮，台湾，ベトナム，ブルネイ，インド，タイ
	日	3	ブルネイ，インド，タイ
	米	4	カンボジア，インド，パキスタン，フィリピン

データ出所：IMF, Direction of Trade (CD-ROM) から採録
出所：常黎(2007)「中国と周辺経済体貿易関係の変遷(1995～2005)」，『教育と研究』，第10期．

表2-4. 中国周辺の主な経済体と中，米，日3カ国のTII（貿易結合度指数）関係

	1995			2000			2005		
	中	日	米	中	日	米	中	日	米
アフガニスタン	2.55	2.07	0.13	0.73	1.07	0.12	0.28	0.59	1.04
ブルネイ	0.45	3.67	0.40	0.32	4.93	0.69	0.44	5.60	0.65
カンボジア	0.90	0.59	0.13	1.25	0.56	1.94	0.61	0.69	3.53
中国大陸	—	2.25	1.29	—	2.30	1.31	—	2.35	1.49

	1995			2000			2005		
	中	日	米	中	日	米	中	日	米
香港	8.88	1.59	0.75	7.76	1.46	0.60	5.05	1.68	0.52
マカオ	3.98	0.76	1.93	4.48	0.51	1.89	3.19	0.46	1.37
インド	0.49	0.94	0.98	0.61	0.70	0.92	1.03	0.53	0.92
インドネシア	1.13	3.35	1.04	1.37	3.24	0.92	1.22	3.34	0.87
日本	2.25	—	1.81	2.30	—	1.57	2.35	—	1.42
カザフスタン	1.15	0.07	0.15	1.54	0.19	0.29	2.00	0.21	0.30
韓国	1.97	2.49	1.58	2.27	2.30	1.32	2.66	2.38	1.07
キルギスタン	5.03	0.04	0.14	2.13	0.17	0.34	5.04	0.02	0.11
ラオス	0.84	1.06	0.10	0.90	0.51	0.09	1.02	0.30	0.07
マレーシア	0.65	2.45	1.35	0.91	2.33	1.24	1.39	1.77	1.23
モンゴル	5.15	2.16	0.36	6.45	1.16	0.90	5.08	0.71	0.66
ミャンマー	6.63	0.96	0.22	2.84	0.99	0.64	2.37	0.78	0.01
ネパール	1.48	0.77	0.77	2.65	0.51	0.96	1.09	0.22	0.46
朝鮮	6.86	3.19	0.02	3.62	2.26	0.01	4.80	0.81	0.01

13 常黎(2007)「中国と周辺経済体貿易関係の変遷(1995～2005)」，『教学と研究』，第10期

パキスタン	1.04	1.17	0.86	1.11	0.65	0.95	1.43	0.80	0.92
フィリピン	0.55	2.58	1.90	0.63	2.45	1.57	1.90	2.68	1.37
ロシア	1.03	0.54	0.39	0.97	0.52	0.45	0.86	0.63	0.47
シンガポール	0.98	1.97	1.28	1.08	1.84	1.06	1.30	1.29	0.83
台湾	2.75	2.55	1.59	2.38	2.83	1.31	2.52	3.01	1.06
タジキスタン	0.19	0.18	0.34	0.39	0.01	0.06	0.63	0.09	0.94
タイ	0.79	3.04	1.12	1.20	2.79	1.13	1.36	3.18	0.98
ベトナム	1.28	2.29	0.17	1.65	2.44	0.26	1.60	2.19	0.95

26経済体のうちTIIが1以上の国数と総数（26経済体）に占める割合

TII＞1の国数	16	16	10	17	14	10	20	11	9
26経済体に占める割合	61.50%	61.50%	38.50%	65.40%	53.80%	38.50%	76.90%	42.30%	34.60%

中・日・米に対するTII指数の推移比較（1995年と2005年の比較で関係がより緊密になった国数とその割合）

26経済体の中でTII(2005)＞TII(1995)の国数	中国とのTII関係	日本とのTII関係	米国とのTII関係
	14	9	10
26経済体に占める割合	53.80%	34.60%	38.50%

注：TII（Trade Intensity Index）は二国間（あるいは地域）の経済的結び付きを示す「貿易結合度指数」で，相手国の世界輸入量におけるシェアで割ったある国の相手国における輸出量のシェアを意味する．「貿易結合度指数」が高い（TIIの値が1より大きい）場合，両経済はより緊密で，お互いに依存性が高いといえる．
データ出所：IMF, Direction of Trade (CD-ROM)から採録．台湾データはhttp://www.moea.gov.tw/
出所：常黎（2007）「中国と周辺経済体貿易関係の変遷（1995～2005）」，『教育と研究』，第10期．

III．平和的，開放型の展開に向けた挑戦

1．大国台頭の史的考察

　16世紀前後からの歴史を振り返ると，ポルトガル，スペイン，オランダ，英国，フランス，ドイツ，日本，ロシア（ソ連）などの国が大国に向けた道を歩んできた．そうした国の歴史を見ると，次のような四つに区分整理をすることが可能である．

(1) 対決型と融和型のアプローチ

　何を基準にこの両者を区分すればよいであろうか？　主に二つの側面に注目して考えることが可能である．一つは，既存の国際秩序についてどのような姿勢をとるかである．二つ目として，現段階で覇権を有していると考えられる国家に対する姿勢の採り方である．多くの国の台頭の経路は，対決型のプロセスを経ることから，それは戦争・略奪という行為によるものであった場合を暗示している．16世紀以降のポルトガル，スペイン，オランダ，そして英国の台頭にはその傾向が顕著であり，英国に続いて台頭してきたフランス，ドイツ，日

本，ロシアも対決型のアプローチを採ったと考えることができる．米国の台頭は，基本的には融和型の台頭[14]であるとみなすことができる．第二次世界大戦後に経済発展を成し遂げた日本とドイツの再台頭のプロセスも融和型の台頭であったと考えることができる．

(2) 閉鎖型の台頭と開放型の台頭

前ソ連の台頭のアプローチを例外として，近代の大国の台頭が辿ってきたプロセスは基本的には開放型によるものと考えることができる．人，モノ，カネ，技術などの往来を受け入れる姿勢を採るものが開放型と言えよう．そうでなければ，閉鎖型のアプローチを基盤とした台頭となる．

2．中国が志向する融和型，開放型アプローチの根拠

政治リーダーが展開する戦略姿勢は，平和型，開放型を基本に置くというメッセージによって披瀝されるケースが多い．しかし，そのような表現は時に外交辞令に過ぎない場合が多いことに注意が必要である．

然るに，中国の台頭を展開するアプローチや思考を検証するためには，中国が追及している発展のメカニズム，発展を取り巻く世界の環境などを客観的に分析し，その上で中国の採る戦略的アプローチについて検証する必要がある．中国の台頭を実現させる方式は多様なものがあると考えられる．しかし，中国が有する選択肢の中で，中国が前提としている基本的戦略思考から離れることなく，有効かつ確実にそれを実現させられると考えられるのは，融和型，開放型のアプローチとして絞り込むことができる．それこそが中国の成功にとって最も効果的で実現性の高いアプローチである．それ以外の選択は失敗に帰する可能性が高いと想定することができる．その理由については，以下のように要約することができる．

(1) **中国の決断：大国として台頭するための戦略**

中国経済の台頭は，世界経済が新しい時代，つまり超大型の国家経済と共存する時代，を迎えていることを暗示している．これまでの世界経済の特徴は，どちらかと言うと中小型の国家経済の発展を中心に置く時代であったとも言える[15]．それは，小国から大国，そして強国，帝国へ展開する歴史として認識することができる．周知のように，現代世界に関わる経済史は，限られた欧州諸国とそれに後続する欧州諸国，北米，大洋州の経済史と考えることができる．経済史家サイモン・クズネッツは「現代経済の成長は欧州小国から始まり，欧

14　前掲脚注9と同じ
15　金鳳徳(2004)（日）「中国の国情再認識と東北戦略の新思考」，『NIRA　政策研究』，7月号

州全体に波及し，そして海外の後続諸国に伝播していった．人口が多いアジアとアフリカの諸国は発達から取り残された状況である．近代的工業活動の拡散により先進諸国は生産数量を増大させる道を辿り，経済成長の潜在力の活用は変わることなく世界の人口の一部を対象としているのみである[16]．」その中で最大の発展を遂げた国が米国である．米国の発展が確認される以前の段階，例えば，1820年頃の人口は１千万人にも達していない小国に過ぎなかった（米国の人口が１億人と２億人を越えたのは1915年と1968年のことである）．それぞれの国の人口の推移が表２－５に要約されている．クズネッツは，1750年を現代経済史の一つの転換期と確定している．その時代に，欧州と後続する諸国の人口は世界総人口の22％を占めるものであった．中国のような人口大国の台頭はまだ歴史の議論の中には登場するに至っていない．

　それでは，そのような超大型国家の台頭の過程はどういう特徴を持つと考えられるだろうか？

　第一に，「大国であり，小国でもある」という二重性の特徴がある．1984年，鄧小平は「中国は大国であり，小国でもある．大国というのは人口が多く，国土面積が広い．小国としての中国はまだ発展途上にある国であり，貧しいのが実際である．一人当たり国民総生産の平均は300ドル未満に過ぎない．中国はまぎれもなく小国である．しかし，中国はまぎれもなく大国であるとも言える．中国は国連安保理の常任理事国でもあるからである．」（『中国特徴のある社会

表２－５．米国が世界経済大国になる前後の人口規模の推移　　　　　　単位：千人

年度	英国	フランス	米国	ドイツ	イタリア	日本
1820	19,832	31,250	9,656	14,747	20,176	31,000
1850	25,601	36,350	23,352	19,952	25,571	32,000
1870	29,312	38,440	40,061	23,055	27,888	34,437
1880	32,327	39,045	50,458	25,479	29,534	36,807
1890	35,000	40,014	63,302	27,822	31,702	40,077
1900	38,426	40,598	76,391	31,666	33,672	44,103
1910	41,938	41,224	92,767	36,481	36,572	49,518

出所：Angus Maddison 著，金森久雄訳：『世界経済の成長史　1820～1992年　199カ国を対象とする分析と推計』，東洋経済新報社，2000年，pp.140-143.

16　Simon Kuznets (1989)『現代経済成長』（中国語），pp.29-30，北京経済学院出版社．英文の和訳は筆者によるものである．

主義の建設」,増刊本 p.8).1985年に鄧小平は,「世界の人々が国際構成の大三角を議論している.本音を言えば,我々が占める一つの角としての力はまだ弱い.我々は大国に入るが,大国でもあり,小国でもある.大国というのは人口が多く,国土面積が広いのが前提である.しかし,正確に言えば,山が多く,実際の耕地面積は少ない.言い換えると,実際のところ我々は小国である.まだ発展していないか,または発展途上の国なのである.」(『鄧小平文選』第3巻,p.105).同時に,彼はまた「我々は自分の力についての予測は冷静でなければならない.しかし,中国が国際関係の中では十分な位置付けが与えられているということには自信を持っている.」(『鄧小平文選』第3巻,p.128)[17].鄧小平がこのような談話を披瀝した時代から二十数年が過ぎている.その間,中国は大きく変化をしてきた.しかし,冷静に鄧小平の論点を振り返ってみると,その本質はまだ時代遅れとはなっていないと認めることができる.その一つとなる有力な根拠は,中国のGDP総額は世界の中でも上位にランクされるまでになっているものの,一人当たりのGDPで見ると,その位置づけは世界100位くらいに留まっ

表2-6.GDP総額と一人当たりGDPの世界ランキングおよび中国の順位(2007年,IMF推計)

	現行レートにて計算					購買力評価(PPP)にて計算			
	GDP総額(10億ドル)		一人当たりGDP(ドル)		GDP総額(10億ドル)		一人当たりGDP(ドル)	
1	米　国	13,844	ルクセンブルク	104,673	米　国	13,844	カタール	80,870
2	日　本	4,384	ノルウェー	83,923	中　国	6,991	ルクセンブルク	80,457
3	ドイツ	3,322	カタール	72,849	日　本	4,290	マルタ	53,359
4	中　国	3,251	アイスランド	63,830	インド	2,989	ノルウェー	53,037
5	英　国	2,773	アイルランド	59,924	ドイツ	2,810	ブルネイ	51,005
6	フランス	2,560	スイス	58,084	英　国	2,137	シンガポール	49,714
7	イタリア	2,105	デンマーク	57,261	ロシア	2,088	キプロス	46,865
8	スペイン	1,439	スウェーデン	49,655	フランス	2,047	米　国	45,845
9	カナダ	1,432	フィンランド	46,602	ブラジル	1,836	アイルランド	43,144
10	ブラジル	1,314	オランダ	46,261	イタリア	1,786	スイス	41,128
注			中国(104位)	2,461			中国(98位)	5,292

注:括弧中の数値は世界順位を表す.(数値は,小数点以下四捨五入)
出所:【日】出典:フリー百科事典『ウィキペディア(Wikipedia)』.

17　余瀟:「中国の大国関係理論と実践」,時珍ネットから採録

ている．購買力評価で計算しても結果はほぼ同じである（表2－6を参照）．

　第二に，中国の経済構造と産業技術の構造の特徴は，二重性という性格を有していることである．先進的，近代的な工業部門とサービス業を備えている一方で，大量の伝統的な工業部門と一次産業に属する膨大な農業部門を抱えている．先進工業国にも匹敵する科学技術部門を有する一方で，大量の伝統的工芸・工房のような遅れた技術と目されている分野を並存させている．発展した近代都市もあれば，発展が遅れた辺鄙な農村地域も認められる．こうした二重性という特徴は，経済技術の面ばかりでなく国防軍事面でも明らかとなっている．アンバランスの問題はどの国にも存在している．しかし，中国のように，それが長期に渡って目立った存在となっている国は少ないと思われる．この問題意識について，ここでは二点を強調することにしたい．この二点は国際関係や，国際経済秩序を考察するときに有意味な関係を持っていると考えられる．

　まず，既存の国際秩序に融合できることである．それで，既存の国際秩序に対して挑戦する姿勢を見せる必要性が希薄となっていることから明らかとなる．それは，現在の覇権主義国家に対し，仮想敵国として想定する必要はないということである．従って，対決を前提にしつつ，国の台頭を想定する必要性は排除されるものと考えることができる．

　次に，中国は制御能力を持つ国として認めることができる．実際のところ，中国は覇権国家に対峙する十分な軍事力は持ち合わせていないし，無理に軍事力を築き上げる必要も認められない．しかし，覇権主義を標榜する国家が中国の台頭に抑制的に挑戦する時を考えてみると，そうした圧力を容易に受け入れることはできない．なぜならば，中国は強い制御能力を持つ国であり，覇権主義国のそういう行動に毅然と立ち向かう意思を有していると考えられるからである．

　三つ目に，「チャイナ・ファクター」の持つ無視できない影響力が挙げられる．あらゆる面から，世界に対する中国の影響力が大きくなっていることに注意が必要である．開放的アプローチの下で，「中国の運命は世界と連動されている」，「中国は責任感のある国でなければならない」というような形容は，単なる自画自賛や政治的なスローガンではなくなっている．それらは，実際にスケールの大きな国家としての心構えでもあり，翻って国益に結びつく道程でもある．

(2) **対外依存度の高い中国**

　1970年代の初期に，チェネリーなど多くの学者が大国と小国の経済的特徴について比較研究を展開した．その結果，大国の対外依存度は小国よりも低いという傾向を発見した．しかし，この観察結果は今では時代にそぐわない条件であると受け止められている．少なくとも，この観察事実は中国には適合するも

のではない．中国の現在の貿易依存度，外資依存度等の指標を見ると，それらが際立って高いことが検証されている．中国の開放度，対外依存度は，むしろ中小規模の国家と比較しても低い依存度を示す国ではなくなっている．発展段階にあった米国や日本の当時の比率と比べても，明らかに中国の依存度が高くなっている点が注目される．

　特に指摘しておかなければならないのは，中国は天然資源の面でも対外依存が際立って高いということである．1750年（サイモン・クズネッツが現代経済の始まりの段階とした年）に，世界の人口は7.3億人であった．欧州，北米，大洋州の人口の合計は1.6億人でしかなかった．それらの国では，鉱山資源も豊富に存在していた．仮に不足をきたす事態があったとしても，戦争や進出という手段で容易に資源を手中に収めることができた．

　しかし，現在の中国の発展は，「多すぎる人口と少なすぎる資源」という制約の中で展開されなければならない条件を突きつけられている．中国人は，時として「資源大国」と自称する場合が多いものの，実際には，一人当たりの資源占有量は世界平均より格段に低くなっている．世界の平均値と相対比較すると，土地は1/3，水は1/4，森林は1/6，鉱山は1/2という低率である．一人当たりの主要資源の占有量は，世界144カ国のランク付けの中で，土地面積が110位，耕地面積は126位，芝生面積は76位，森林面積は107位，淡水資源は55位などとして提示されている[18]．多くの外国からは，中国は原材料を飲み込む巨大な資源ブラックホールで，世界の原材料価格の高騰の一大要因となっていると批判されている．こうした報道は，ある意味，針小棒大という色合いがある一方で，実際から特に大きく乖離したというものでもない．中国にとって注意しなければならない点は，これらの指摘に対して政治化させるような姿勢に転換しないことである．

　数年前であるが，胡錦濤は次のような指摘をしている．それは，「中国は人口が多く，一人当たりの資源占有量が少ないという国情を変えることはできない．そうした中で，資源の制約が経済成長を抑制させる可能性はますます大きくなってきている．こうした事実について冷静に認識する必要が生まれてきている．そのため，国内で不足している資源を輸入し，国内環境と必要消費資源から生まれてくる圧力を緩和させ，国際機関や先進工業国と人口問題や資源・環境という面で共同的取り組みを発展的に展開させるべきである[19]．」この指摘は，中国人が自国の国情について正しい認識に目覚めることを求めるもので

18　解振華（2004）「科学発展観を樹立し，生態省建設を推進する」，『中国環境報』，2月5日
19　胡錦濤（2004）「中央人口資源環境工作座談会での講話」，新華社，4月4日電

あり，中華民族が「地大物博」（土地が広く，ものが豊富である）という思い込みから抜け出すべきであるという警鐘である．

(3) 悠久の文化伝統のある国家としての中国

　世界の経済関係を振り返ると，歴史上今日のように相互に緊密に連携した時期を経験したことはなかった．今日の国際経済関係を「グローバル化の時代」と呼ぶ理由もそこにある．これは中国にとっても重要な国際環境条件となっている．グローバル化の世界的趨勢と中国の伝統文化を無理なく融合させることは，中国を新しい発展スタイルに塗り替え，表舞台に送り出す好機となる．中国が見せる姿勢の中には，「求同存異」（共通点を求め相違点を保留）とか「和為貴」（人の和は最重要な要素）という傾向がある．こうした思想は現代社会の「依存，共栄」という目標や価値観に通じるものがある．中国が，独立自主の外交方針を堅持し，非同盟や非覇権を主張し，支配的地位に躍り出ることはないという主張は，グローバルに受け入れられているルールから逸脱するものではない．むしろ，十分にそれらに適応できるものと考えられる．この姿勢や主張は，覇権国家や多くの先進工業国とも共存を可能にし，第三世界からも支持されるものと考えられる．中国の発展を持続させ，目標を実現させるためには，それなりの努力が求められる．世界から信頼される取り組みを強化させ，自国が抱える課題を解決させていく努力こそ，中国が果たし得る世界に対する最良の貢献でもある．

参考文献

趙暁（2003）「戦略角度から見た中国の"国際経済摩擦"時期」，『交際経済評論』，pp.11-12

譚再文（2004）「大国作用の侵蝕——国際関係の中での大国ロジックに対しての思考」，『国際観察』，第4期

何亜東（2008）「我が国対外貿易発展戦略と歴史沿革と内容調整」，『国際貿易』，第2期

張郁慧（2006）「中国対外援助研究」（中共中央党校提出博士学位論文）

余遂「中国の大国関係理論と実践」，時珍ホームページ

任湘怡（2008）「国際と国内：双向互動—国際政治経済学の2種異なる研究とルートについての分析」，『世界経済研究』，第1期

賈慶国（2007）「チャンスとチャレンジ：単極世界と中国の平和発展」，『国際政治研究』，第4期

孫学峰（2004）「大国決起と体系戦争：2種理論についての解釈と質疑」，『国際関係学院学報』，第5期

黄仁偉（2004）「大国興衰の歴史比較：黄仁偉の華東師範大学での演説」，2004-10-21，解放日報ホームページ，news.163.com.

卜鳳坤（2005）「中国大国関係モデルの進化と得失」（内モンゴル大學提出修士学位論文）

温家宝総理（2008）第63回国連大会一般弁論での発言（9月24日），当日新華ホームページ

方長平（2004）「多辺主義と中国周辺安全戦略」，『教学と研究』，第5期

常黎（2007）「中国と周辺経済体貿易関係の変遷（1995〜2005）」，『教学と研究』，第10期

バク・ソンホ(2005)『国際経済関係論』,デミョン
ジョン・ドク(2004)『巨大中国との対話』,サムスン経済研究所
シム・スンジン(2005)『国際経済関係』,ヒョンシル出版社
金鳳徳(2004)(日)「中国の国情再認識と東北戦略の新思考」,『NIRA　政策研究』,7月号

付録２－１．米国の主要貿易相手国のランキングと推移（千ドル，％）

A：輸出

順位	1990年	%	1991年	%	1992年	%	1993年	%	1994年	%	1995年	%
1	カナダ	21.1	カナダ	35.2	カナダ	20.1	カナダ	21.6	カナダ	22.3	カナダ	21.6
2	日本	12.4	メキシコ	13.8	日本	10.7	日本	10.3	日本	10.4	日本	11
3	メキシコ	7.2	日本	11.4	メキシコ	9.1	メキシコ	9	メキシコ	9.9	メキシコ	7.9
4	英国	6	英国	5.2	英国	5.1	英国	5.7	英国	5.2	英国	4.9
5	ドイツ	4.8	ドイツ	5.1	ドイツ	4.7	ドイツ	4.1	ドイツ	3.8	韓国	4.4
6	韓国	3.7	韓国	3.8			台湾	3.5	韓国	3.5	ドイツ	3.8
7	フランス	3.5					韓国	3.2				
8	オランダ	3.3										
9	台湾	2.9										
10	フィリピン	2.6										
輸出総額	392,975,794		421,853,582		447,471,019		464,858,127		512,415,609		583,030,524	
中国比率	1.20%		1.50%		1.70%		1.90%		1.80%		2.00%	
中国の順位	13位		15位		15位		13位		13位		13位	

順位	1996年	%	1997年	%	1998年	%	1999年	%	2000年	%	2001年	%
1	カナダ	24.1	カナダ	21.8	カナダ	22.7	カナダ	23.7	カナダ	22.6	カナダ	22.4
2	メキシコ	11.5	メキシコ	10.4	メキシコ	11.6	メキシコ	12.6	メキシコ	14.3	メキシコ	13.9
3	日本	9.3	日本	9.6	日本	8.5	日本	8.3	日本	8.4	日本	7.9
4	英国	6.3	英国	5.7	英国	5.7	英国	5.5	英国	5.3	英国	5.6
5	韓国	4.3	韓国	3.6	ドイツ	3.9	ドイツ	4	ドイツ	3.7	ドイツ	4.1
6							韓国	3.3	韓国	3.6	韓国	3
7												
8												
9												
10												
輸出総額	622,827,063		687,597,999		680,474,248		692,820,620		780,418,628		731,025,906	
中国比率	2.30%		1.90%		2.10%		1.90%		2.10%		2.60%	
中国の順位	15位		12位		12位		12位		11位		10位	

順位	2002年	%	2003年	%	2004年	%	2005年	%	2006年	%	2007年	%
1	カナダ	23.2	カナダ	23.4	カナダ	23.1	カナダ	23.4	カナダ	22.2	カナダ	21.37
2	メキシコ	14.1	メキシコ	13.5	メキシコ	13.5	メキシコ	13.3	メキシコ	12.93	メキシコ	11.74
3	日本	7.4	日本	7.2	日本	6.7	日本	6.1	日本	5.75	中国	5.61
4	英国	4.8	英国	4.7	英国	4.4	中国	4.6	中国	5.33	日本	5.39
5	ドイツ	3.8	ドイツ	4	中国	4.2	英国	4.3	英国	4.38	英国	4.33
6	韓国	3.3	中国	3.9	ドイツ	3.8	ドイツ	3.8	ドイツ	3.98	ドイツ	4.27
7	中国	3.2	韓国	3.3	韓国	3.2	韓国	3.1	韓国	3.13	韓国	2.99
8												
9												
10												
輸出総額	693,257,300		723,743,177		817,935,849		904,379,818					
中国比率	3.2%		3.9%		4.2%		4.6%		5.33%		5.61%	
中国の順位	7位		6位		5位		4位		4位		3位	

出所：米国商務部資料により整理．2006年と2007年のデータは国連UNComtradeデータベースに基づいて計算．

B：輸入

順位	1990年	%	1991年	%	1992年	%	1993年	%	1994年	%	1995年	%
1	カナダ	18.4	日本	18.9	カナダ	18.5	カナダ	19.1	カナダ	19.4	カナダ	19.5
2	日本	18.2	カナダ	18.6	日本	18.3	日本	18.5	日本	17.9	日本	16.6
3	メキシコ	6.1	メキシコ	6.4	メキシコ	6.6	メキシコ	6.9	メキシコ	7.5	メキシコ	8.3
4	ドイツ	5.7	ドイツ	5.4	ドイツ	5.4	中国	5.4	中国	5.8	中国	6.1
5	台湾	4.6	台湾	4.7	中国	4.8	ドイツ	4.9	ドイツ	4.8	ドイツ	5
6	英国	4.1	中国	3.9	台湾	4.6	台湾	4.3	台湾	4	台湾	3.9
7	韓国	3.7	英国	3.8	英国	3.8	英国	3.7	英国	3.7	英国	3.6
8	中国	3.1	韓国	3.5	韓国	3.1	韓国	2.9	韓国	3	韓国	3.3
9												
10												
輸入総額	496,037,579		488,873,261		532,017,422		580,468,670		663,830,137		743,505,251	

順位	1996年	%	1997年	%	1998年	%	1999年	%	2000年	%	2001年	%
1	カナダ	19.8	カナダ	19.3	カナダ	19.1	カナダ	19.4	カナダ	18.8	カナダ	19.9
2	日本	14.6	日本	13.3	日本	13.9	日本	12.8	日本	12	メキシコ	11.5
3	メキシコ	9.2	メキシコ	9.9	メキシコ	10.4	メキシコ	10.7	メキシコ	11.2	日本	11.1
4	中国	6.5	中国	7.2	中国	7.8	中国	8	中国	8.2	中国	8.9
5	ドイツ	4.9	ドイツ	4.9	ドイツ	5.5	ドイツ	5.4	ドイツ	4.8	ドイツ	5.2
6	台湾	3.8	英国	3.8	英国	3.8	英国	3.8	英国	3.6	英国	3.6
7	英国	3.7	台湾	3.7	台湾	3.6	台湾	3.4	台湾	3.33	韓国	3.1
8	韓国	2.9	韓国	2.7	フランス	2.63	韓国	3.1	韓国	3.31	台湾	2.9
9					韓国	2.62						
10												
輸入総額	791,314,697		870,212,682		913,884,886		1,024,765,969		1,216,887,535		1,141,959,125	

順位	2002年	%	2003年	%	2004年	%	2005年	%	2006年	%	2007年	%
1	カナダ	18.1	カナダ	17.8	カナダ	17.4	カナダ	17.2	カナダ	16.04	中国	16.86
2	メキシコ	11.6	中国	12.1	中国	13.4	中国	14.6	中国	15.93	カナダ	15.74
3	中国	10.8	メキシコ	11	メキシコ	10.6	メキシコ	10.2	メキシコ	10.45	メキシコ	10.55
4	日本	10.4	日本	9.4	日本	8.8	日本	8.3	日本	7.93	日本	7.41
5	ドイツ	5.4	ドイツ	5.4	ドイツ	5.3	ドイツ	5.1	ドイツ	4.75	ドイツ	4.79
6	英国	3.5	英国	3.4	英国	3.2	英国	3.1	英国	2.85	英国	2.88
7	韓国	3.1	韓国	2.9	韓国	3.1	韓国	2.6	韓国	2.48	韓国	2.45
8	台湾	2.8	台湾	2.5	台湾	2.4	台湾	2.1				
9												
10												
輸入総額	1,163,548,552		1,259,395,643		1,469,670,757		1,670,940,375					

出所：米国商務部資料により整理．2006年と2007年のデータは国連UNComtradeデータベースに基づいて計算．

付録2−2．日本の主要貿易相手国のランキングと推移

A：輸出

順位	1990年	%	1991年	%	1992年	%	1993年	%	1994年	%	1995年	%
1	米国	31.5	米国	29.1	米国	28.2	米国	29.2	米国	29.7	米国	27.3
2	ドイツ	6.2	ドイツ	6.6	台湾	6.2	香港	6.3	香港	6.5	韓国	7.1
3	韓国	6.1	韓国	6.4	香港	6.1	台湾	6.1	韓国	6.2	台湾	6.5
4	台湾	5.4	台湾	5.8	ドイツ	6	韓国	5.3	台湾	6	香港	6.3
5	香港	4.6	香港	5.2	韓国	5.2	ドイツ	5	シンガポール	5	シンガポール	5.2
6	英国	3.8	シンガポール	3.9	シンガポール	3.8	中国	4.8	中国	4.7	中国	5
7	シンガポール	3.7	英国	3.6	英国	3.6	シンガポール	4.6	ドイツ	4.5	ドイツ	4.6
8	タイ	3.2	タイ	3	中国	3.5	タイ	3.4	タイ	3.7	タイ	4.5
9	オーストラリア	2.4	中国	2.7	タイ	3.1	英国	3.3	英国	3.2	マレーシア	3.8
10	カナダ	2.3	マレーシア	2.4	マレーシア	2.4	マレーシア	2.7	マレーシア	3.1	英国	3.2
参考	中国12位	2.1										

順位	1996年	%	1997年	%	1998年	%	1999年	%	2000年	%	2001年	%
1	米国	27.2	米国	27.8	米国	30.5	米国	30.7	米国	29.7	米国	30
2	韓国	7.1	台湾	6.5	台湾	6.6	台湾	6.9	台湾	7.5	中国	7.7
3	台湾	6.3	香港	6.5	香港	5.8	中国	5.6	中国	6.4	韓国	6.3
4	香港	6.2	韓国	6.2	中国	5.2	韓国	5.5	中国	6.4	台湾	6
5	中国	5.3	中国	5.2	ドイツ	4.9	香港	5.3	香港	5.7	香港	5.8
6	シンガポール	5.1	シンガポール	4.8	韓国	4	ドイツ	4.5	シンガポール	4.3	ドイツ	3.9
7	タイ	4.4	ドイツ	4.3	シンガポール	3.8	シンガポール	3.9	ドイツ	4.2	シンガポール	3.6
8	ドイツ	4.4	タイ	3.5	英国	3.8	英国	3.4	英国	3.1	英国	3
9	マレーシア	3.7	マレーシア	3.4	オランダ	2.8	オランダ	2.9	マレーシア	2.9	タイ	2.9
10	英国	3	英国	3.3	タイ	2.4	タイ	2.7	タイ	2.8	オランダ	2.8

順位	2002年	%	2003年	%	2004年	%	2005年	%	2006年	%	2007年	%
1	米国	28.5	米国	24.6	米国	22.5	米国	22.6	米国	22.76	米国	20.39
2	中国	9.6	中国	12.2	中国	13.1	中国	13.4	中国	14.34	中国	15.3
3	韓国	6.9	韓国	7.4	韓国	7.8	韓国	7.8	韓国	7.77	韓国	7.61
4	台湾	6.3	台湾	6.6	台湾	7.4	台湾	7.3	香港	5.63	香港	5.45
5	香港	6.1	香港	6.3	香港	6.3	香港	6	タイ	3.54	タイ	3.59
6	シンガポール	3.4	ドイツ	3.5	タイ	3.6	タイ	3.8	ドイツ	3.16	ドイツ	3.17
7	ドイツ	3.4	タイ	3.4	ドイツ	3.4	シンガポール	3.1	シンガポール	2.99	シンガポール	3.06
8	タイ	3.2	シンガポール	3.2	シンガポール	3.2	シンガポール	3.1	英国	2.35	オランダ	2.6
9	英国	2.9	英国	2.8	英国	2.7	英国	2.5	オランダ	2.28	英国	2.28
10	マレーシア	2.6	オランダ	2.5	オランダ	2.4	オランダ	2.2	オーストラリア	1.93	オーストラリア	1.99

注：「%」は日本対各国と地区の輸出額が日本輸出総額に占める比率である．
日本貿易振興会が財務省「貿易統計」に基づいて作成．出所：WWW.JETRO.JP
2006年と2007年のデータは国連UNComtradeデータベースに基づいて計算．

B：輸入

順位	1990	%	1991	%	1992	%	1993	%	1994	%	1995	%
1	米国	22.3	米国	22.5	米国	22.4	米国	23	米国	22.8	米国	22.4
2	インドネシア	5.4	中国	6	中国	7.3	中国	8.5	中国	10	中国	10.7
3	オーストラリア	5.3	オーストラリア	5.5	オーストラリア	5.3	インドネシア	5.2	オーストラリア	5	韓国	5.1
4	中国	5.1	インドネシア	5.4	インドネシア	5.3	オーストラリア	5.1	韓国	4.9	オーストラリア	4.3
5	韓国	5	韓国	5.2	韓国	5	韓国	4.9	インドネシア	4.7	台湾	4.3
6	ドイツ	4.9	ドイツ	4.5	ドイツ	4.6	ドイツ	4.1	ドイツ	4.1	インドネシア	4.2
7	サウジアラビア	4.5	U A E	4.4	サウジアラビア	4.4	台湾	4	台湾	3.9	ドイツ	4.1
8	U A E	3.9	サウジアラビア	4.3	U A E	4.2	U A E	3.7	U A E	3.3	カナダ	3.2
9	台湾	3.6	台湾	4	台湾	4.1	サウジアラビア	3.7	U A E	3.3	マレーシア	3.1
10	カナダ	3.6	カナダ	3.3	カナダ	3.3	カナダ	3.4	サウジアラビア	3.1	U A E	3
順位	1996	%	1997	%	1998	%	1999	%	2000	%	2001	%
1	米国	22.7	米国	22.3	米国	23.9	米国	21.6	米国	19	米国	18.1
2	中国	11.6	中国	12.4	中国	13.2	中国	13.8	中国	14.5	中国	16.5
3	韓国	4.6	韓国	4.3	オーストラリア	4.4	韓国	5.2	韓国	5.4	韓国	4.9
4	インドネシア	4.4	韓国	4.3	韓国	4.3	オーストラリア	4.1	台湾	4.7	インドネシア	4.3
5	台湾	4.3	オーストラリア	4.3	インドネシア	3.9	台湾	4.1	インドネシア	4.3	オーストラリア	4.1
6	オーストラリア	4.1	台湾	3.7	ドイツ	3.8	インドネシア	4.1	U A E	3.9	台湾	4.1
7	ドイツ	4.1	ドイツ	3.7	台湾	3.6	ドイツ	3.7	オーストラリア	3.9	マレーシア	3.7
8	マレーシア	3.4	U A E	3.6	マレーシア	3.1	マレーシア	3.5	マレーシア	3.8	U A E	3.7
9	U A E	3.3	サウジアラビア	3.5	U A E	3	U A E	2.9	サウジアラビア	3.7	ドイツ	3.6
10	サウジアラビア	3.1	マレーシア	3.4	タイ	2.9	タイ	2.9	ドイツ	3.4	サウジアラビア	3.5
順位	2002	%	2003	%	2004	%	2005	%	2006	%	2007	%
1	中国	18.3	中国	19.7	中国	20.7	中国	21	中国	20.47	中国	20.56
2	米国	17.1	米国	15.4	米国	13.7	米国	12.4	米国	11.98	米国	11.64
3	韓国	4.6	韓国	4.7	韓国	4.8	サウジアラビア	5.5	サウジアラビア	6.42	サウジアラビア	5.67
4	インドネシア	4.2	インドネシア	4.3	オーストラリア	4.3	U A E	4.9	U A E	5.45	U A E	5.2
5	オーストラリア	4.2	オーストラリア	3.9	インドネシア	4.1	オーストラリア	4.7	オーストラリア	4.82	オーストラリア	5.02
6	台湾	4	サウジアラビア	3.8	サウジアラビア	4.1	韓国	4.7	韓国	4.72	韓国	4.39
7	ドイツ	3.7	U A E	3.7	U A E	4	インドネシア	4	インドネシア	4.17	インドネシア	4.26
8	サウジアラビア	3.5	台湾	3.7	ドイツ	3.7	台湾	3.5	ドイツ	3.19	ドイツ	3.12
9	U A E	3.4	ドイツ	3.6	台湾	3.7	ドイツ	3.5	タイ	2.92	タイ	2.94
10	マレーシア	3.3	マレーシア	3.3	マレーシア	3.1	タイ	3	マレーシア	2.67	マレーシア	2.8

注：「%」は日本対各国と地区の輸出額が日本輸出総額に占める比率である．UAEはアラブ首長国連邦を表す．

日本貿易振興会が財務省「貿易統計」に基づいて作成．出所：WWW.JETRO.JP
2006年と2007年のデータは国連 UN Comtrade データベースに基づいて計算．

第3章

ドル循環の危機と中国外貨準備の対応策

劉　　昌　　黎

　戦後の世界経済の発展を振り返るとき，ドルが果たした役割と評価に関するさまざまな論争があったことが思い出される．中でも，1980年代以降の時期を通じて，ドルは大量に世界に流出し，やがてそれが米国へ還流するパターンが定着したことから，この現象に連関してドルの役割に関する厳しい見方が高まってきている．

　国際金融における基軸通貨としてのドルの存在は圧倒的である．ドルは国際通商取引の決済手段としての役割を果たし，米国経済と世界経済の発展に大きく寄与してきた．しかしながら，ドルが過剰に供給された結果，まさにドル自体が国際金融の不安定化，そして危機に結びつきかねない存在となってしまっている．西欧諸国と他の先進国のドル離れを模索する調整が始まり，さまざまな要因の影響が見え隠れする中，ドルの流出・流入という循環がいつまで続くのかという懸念が拡がっている．仮に一度でもこの循環を停滞させるような状況に陥れば，ドルの対外価値の暴落の危機は避けられないのではないかと心配されている．その場合，大量の外貨準備をドル資産で持っている国は未曾有のショックに直面し，巨額の損失を蒙らざるを得なくなると予想される．本稿はドルの米国からの大量流出と米国への還流の意義を検証し，ドル流出・流入循環の阻害要因を分析しながら，世界一の外貨準備大国となっている中国にとっての対応策のあり方を議論するものである．

I．ドルの米国からの大量流出とその影響
1．米国の貿易収支・経常収支の赤字急増とドルの大量流出

　米国は1968年に戦後初めて貿易収支赤字（12.87億ドル）を生んでから，その赤字の規模が継続的に拡大する道を辿ってきた．例えば，1971年の赤字規模は42.55億ドル，1972年の赤字規模は90.08億ドルとなった．それぞれイギリスの赤字の規模24.41億ドルと17.60億ドルを上回ることとなり，戦後初めて世界一の貿易赤字国となってしまった．その後1976年には，米国の貿易赤字は157億ドルにまで拡大し，再びイギリスの132億ドルを凌駕し，これ以降は世界最大の貿易赤字国となってしまっている．

　赤字規模はその後も着実にしかも相当規模にまで膨れ上がっていった．1984年には1,224億ドル，1997年には2,098億ドルとなり初めて2,000億ドルの水準を

突破した．21世紀に入ってから，米国の貿易赤字はさらに空前の規模までに増加していることが報告されている（表3－1を参照）．表から明らかとなるように，2000年には4,000億ドルを突破，2006年には史上最高の7,585億ドルを記録することになり，これは2000年の赤字規模より58.9％も増加したことになる．2007年の米国の貿易赤字は7,085億ドルでやや減少したものの，やはり史上3番目の赤字規模を維持している．総じて見れば，1970年から2007年の期間では，米国の貿易赤字の累計額は74,461億ドルとなり，2000年から2007年だけの期間では45,489億ドルとなっている．

なお，表3－1からも判読できるように，米国の貿易赤字の増加の影響を受けて経常収支の赤字幅も拡大してきている．1970年から2007年の期間で見ると，米国の経常収支赤字の累計額は67,841億ドルとなっている．また，2000年〜2007年の期間を通じて累計赤字金額は47,748億ドルであり，70年以降の時期の赤字幅全体の70.4％を占めている．注目すべきことは，2001年から米国の経常収支の赤字が7年連続して貿易赤字を上回ってきていることである．

これらの数字を概観することから次の重要なメッセージを得ることができる．即ち1968年から米国は対外貿易赤字を金融する必要から，巨額のドルを世界に流出させる政策を容認してきた．そして，2001年以後の段階からは，対外貿易収支以外の赤字についてもそれを金融するために米国は世界にドルを流出させることになったのである．全世界を見渡しても，これほどの長期間に，そしてこれほどの規模で世界に自国通貨を流出させることができた国は，米国ただ一国ということに気付かされる．その理由としては，米国ドルが国際基軸通貨の地位を保持していることと関係している．言い換えると，米国はドルを刷る機

表3－1．米国の経常収支・貿易収支の推移　　　　　　　　　　　　（単位：100万ドル）

期間	経常収支	貿易収支	年	経常収支	貿易収支
1960〜1969	53,795	24,988	2000年	-417,426	-477,382
1970〜1979	-3,117	-151,279	2001年	-389,456	-362,802
1980〜1984	-131,224	-291,160	2002年	-475,211	-421,072
1985〜1989	-646,646	-605,367	2003年	-519,679	-494,899
1990〜1994	-332,566	-630,723	2004年	-668,074	-611,293
1995〜1999	-895,749	-1,218,756	2005年	-754,848	-714,375
2000〜2007	-4,774,809	-4,548,857	2006年	-811,477	-758,525
累計：1970〜2007	-6,784,111	-7,446,142	2007年	-738,638	-708,509

出所：日本内閣府（2007）「世界経済の潮流―2007秋」12月発行；日本総務省統計局（2008）「総合月次統計データベース―2008年5月」5月22日公布

械を稼動することができる特殊な権限を有していて，ドルを印刷することで対通商相手国との厖大な貿易赤字を清算することが許されてきたわけである．米国は外貨準備を積み上げることなく，対外支払い危機に陥る不安から解き放たれることができた．

2．ドルの大規模流出（供給）が果たした役割

　第二次世界大戦が終結し，ブレトンウッズ会議の議論を経て，ドルは国際基軸通貨として，国際貿易決済の重要な手段として受け入れられることになった．国際貿易及び世界経済の発展を促進するためには，米国は世界の多数の国にドルの流通量を拡大しなければならない責務を負うことになった．米国はドルの発行・供給国として，積極的に輸入拡大や対外援助を拡大する政策を展開することになった．基軸通貨国の当然の役割として，長期的にこの役割の維持が期待されていた．

　第二次世界大戦後初期においては，西欧諸国や日本が米国向けの輸出能力をそれほど持ち合わせていない時期があった．そうした状況の下で，米国は主としてマーシャル・プランを通じて，経済援助で西欧諸国にドルを提供したのである．1950年代半ばから，日本と西欧が成長軌道を辿ることになり，米国は欧州と日本に市場を開放し輸入の受入を積極的に容認してきた．その結果，日本と西欧に対して貿易赤字を支払う形でドルを供給させてきたのである．

　その後，1970年代にはアジアの新工業国・地域（具体的には，韓国，台湾，香港，シンガポールという4カ国），1980年代にはアセアン4カ国，そして1990年代以降から今世紀初期にわたって中国経済の急成長により，米国はアジアを中心に巨額の貿易赤字をファイナンスし続けてきた．こうしたチャンネルは，世界に大規模なドル供給が実現する一つのきっかけとなっている．米国の巨額な貿易赤字を生み出す大きな要因は，巨額の輸入を持続可能にさせる経済構造を有していて，米国が対外的に世界最大級の市場を提供していることを意味している．米国は，需要サイドから見れば「世界経済を牽引する機関車」の役割を果たしてきた．積極的に輸入を受け入れたことから，地球規模の貿易拡大の促進を牽引する大きな役割を米国が担ってきた．こうした視点からは，ドルの大量供給（流出）は世界の貿易拡大ひいては世界経済の持続的発展にとって都合の良かったことだとも言える．このメカニズムは田中宇が指摘するように，「米国の気前のよい消費がなかったら，1950年代以後の日本やドイツ，70年代以後の韓国や台湾，80年代以後のアセアン，90年代以後の中国やインドといった高度経済成長はすべて，これほどの成功にはならなかったはずだ」[1]という論調に見ることができる．

3．ドルの大量流出のマイナスの側面

　イェール大学で教鞭を執った経済学者ロバート・トリフィンは，1960年に発表した論文で「トリフィンのジレンマ」論を展開した．その内容は，基軸通貨を持つ国は世界に通貨を流通させる必要があり，経常収支の赤字を受けざるを得なくなる．しかし，赤字が持続し拡大し過ぎるとその通貨に対する信任が低下せざるを得なくなる．市場価値の下落は通貨の相場下落に直ちに反映され，インフレを呼び込むことになりかねない不安を抱えることになる．今世紀を含むこれまでの三分の一世紀の期間を見ると，ドルの米国からの大量流出は米国の国際基軸通貨国としての義務履行である一方，その背景には米国自身の政策的関心を展開させるために過剰なドルの供給を招き入れているという問題も存在している．過剰なドルの供給は，ドル安の起因，ひいてはドル危機を誘発させることになりかねず，ドルの国際基軸通貨の地位についての検証が不可避的な課題となってきている．

　今から振り返ると，1971年に登場したニクソン・ショックは突発的な出来事のように見える．それは，西欧諸国も日本も防衛策を講じる時間の余裕がないことからそのように言われているものの，実際には過剰ドルの供給の必然的な結果に過ぎないと言い換えることができる．ブレトンウッズ体制の下では，金1オンス＝35ドルを基礎に，主要国の通貨はドルにペッグされていた．米国は手持ちの金のストックを裏付けとしてドルを供給し続けてきた．この体制は，手持ちのドルがいつでも金（ゴールド）に換金できるという暗黙の約束があった．その規約によってドル価値の安定が保たれてきたと言える．現実には，ドルの供給量は何ら制限を受けることがなく，米国は年毎にその手持ちの金ストックの許容量を超えたドルを供給し続けたと言える．

　過剰なドル供給は，金の価格の動向に反映されることになる．金の価格は上昇傾向を見せ，1960年の段階ですでに金1オンス＝40ドルとなっていた．フランスなど幾つかの国は手持ちのドルを純金に交換する手段を採ってきたため，米国が保有する純金のストックが減少せざるを得なくなった．その結果，1970年の段階で，米国が発行したドルの価値の22％相当にまで純金のストックが減少してしまった．

　ブレトンウッズ体制の崩壊は，ドルの供給と米国の純金保有の間の関係が断たれたことを意味している．従って，ドルの発行量はもっぱら米国ドルの実需要によって決まることとなった．ドル発行の裏付けとなる純金保有量との関係が無くなったため，今現在のドルの過剰供給がどの程度のものかを判断するこ

1　田中宇（2007）「ドルは歴史的役目を終える？」11月6日

とは難しい．しかし，1972年以後のドル安の傾向から見ると，市場はドルの供給が間違いなく過剰状態にあることを察知していると判断している．

II．ドルの米国への還流とその役割
1．米国の財政赤字とドルの還流

周知のように，1970年代から，米国経済が幾度となく下降局面を迎え，米国政府はそのたびに財政出動政策を採用することになった．1980年度の段階では，米国政府の財政赤字は758億ドルに過ぎなかった．しかし，1985年には2,123億ドルまで急速に増加することになった（レーガン時代の政策によるものと言われている）．1990年の財政赤字規模は2,210億ドルという水準であった（表3－2を参照）．1995年以後，米国政府の財政赤字はIT投資を中心にする良好な経済状況を生み出し，赤字の減少に大きく寄与することになった．1998年から2001年の期間では，ルービン経済政策の効果を反映して一時的に財政黒字を計上するまでに改善を見せた．例えば，2000年には2,362億ドルの財政黒字が記録され，米国経済史上でも希な結果を得ることとなった．

しかしながら，2001年にITバブルの破裂などを契機として，米国経済が減速に転じてしまった．おまけにイラク戦争のための厖大な軍事費支出の必要から，米国の財政赤字は再び増加の一途を辿る方向に転換してしまった．2002年の赤字規模は1,578億ドルであった．しかし，2003年，2004年は相次いで史上最高の3,776億ドルと4,127億ドルを記録することになった．そして，2005年には3,183億ドルまでわずかながら縮小させることができた．2007年にはさらに1,620億ドルまで縮小したが，2008年には再び4,100億ドルまで拡大することになった．

米国の厖大な財政赤字は国債発行によって賄われている．そこで，この国債が誰によって需要されるかという課題が登場する．残念ながら，米国の国民貯蓄率は他の先進諸国と比べても最低のレベルに留まっている．しかも，貯蓄率そのものが1980年の19.7％から1995年の16.2％，2005年の13.9％まで確実に低下傾向を見せてきている．このことは，米国政府の発行する国債は海外の引き受けに依存せざるを得なくなることを意味する．特に，今世紀に入ってからその傾向が顕著となっている．2000年から2007年の期間では，海外が所持する米国債総額は10,214億ドルから23,535億ドルにまで130.4％も増加してきている．同時に，市場で流通する負債を比較すると，米国債のシェアは34.1％から50％以上にまで拡大してきている．

米国に大規模なドルが還流する仕組みの中で，特にアジア諸国の外貨準備は重要な役割を演じている．アジア諸国，資源輸出国を中心に，全世界の外貨準

表３－２．米国政府の財政赤字の推移 (億ドル)

年	財政支出	財政収入	財政収支	年	財政支出	財政収入	財政収支
1975	3,323	2,791	-532	2000	17,892	20,255	2,362
1980	5,909	5,171	-738	2001	18,632	19,914	1,282
1985	9,464	7,341	-2,123	2002	20,112	18,534	-1,578
1990	12,531	10,321	-2,210	2003	21,601	17,825	-3,776
1995	15,159	13,519	-1,640	2004	22,930	18,803	-4,127
1996	15,606	14,532	-1,074	2005	24,722	21,539	-3,183
1997	16,013	15,794	-219	2006	26,554	24,073	-2,482
1998	16,527	17,720	693	2007	27,843	25,401	-1,620
1999	17,020	18,276	1,256	2008	29,019	26,625	-4,100

出所：THE ANNUAL REPORT OF THE COUNCIL OF ECONOMIC ADVISERS (2008.2.12.)

　備の総額は今世紀に入り急増し，空前の規模にまで到達している．1995年末現在，全世界の外貨準備総額は15,208億ドルであった．2000年末にはそれが20,658億ドルに増加し，2007年末には驚くべき63,500億ドルに達している．これは，11年間に4倍に膨張したことを意味している．最近時点で見ると，全世界の外貨準備のうち65％くらいはドル通貨による準備であると言われている．多くの政府による手持ちのドル債権の保有は41,000億ドルと推計されている．これは，前述の1970年から2007年までの米国経常収支の累計額の60％以上に相当する規模となっている．

　アメリカは世界で最も発達した金融・資本市場を作り上げてきた．発達したデリバティブ手法を駆使し，そして多様な金融新商品が存在している．国債や株式，そして社債の発行量も彪大な規模となっている．それに加えて，アメリカの金融・資本市場の自由化が進められ，同時に，金融の国際化が加速化している状態にある．市場整備，競争と公平，透明度などの面でもアメリカの市場については高く評価されている．このことから，全世界の投資家にとってはもっとも便利で効率的な投資の場所であり，投資対象商品も多様に提供されていると見られている．こうした背景を前提に，多くの国からの対米投資は活況を見せてきた．対米投資が増加することは，そのままドルがアメリカへ還流することでもある．

　アメリカは戦後初期から積極的に国際投資を展開し，対外直接投資と対外間接投資を通じて世界各国にドルを流出させてきた．しかし，1980年代初期に初めて資本収支が黒字に転換し，その結果として世界最大の純資本輸入国となってしまった．国際投資ことに国際間接投資を引き受ける経路が確定することは，ドルが世界各国から米国へ還流する重要なルートとなったことを意味する．

1985年に，米国の資本収支の黒字が初めて1,000億ドルを突破することになった．それが，1997年と1999年には相次いで2,000億ドル，3,000億ドルを上回る水準に到達した．実際には，それぞれ2,729億ドルと3,644億ドルであった．今世紀に入ると，米国の資本収支の黒字規模はさらに拡大してしまった．2000年から2005年の期間に，米国の資本収支黒字は4,442億ドルから7,670億ドルまで拡大した．1990年代の規模に比較すると，実に3.6倍の膨張となる．

2．大規模なドルの米国への還流の意味

　上述したように，ドルの米国からの大量の流出は過剰なドルの供給を招き入れ，ドルの通貨価値の不安材料となった．しかしながら，今現在も，ドルは依然として国際基軸通貨の地位を果たしている．ドルに代わる国際通貨の登場が実現すれば別であるが，近い将来にドルが全くその地位を失うとは考えられないところである．それでは，ドルはなぜ引き続き国際基軸通貨としての役割を期待されているのであろうか．それは，米国が世界一の経済力を持っていること，世界にはまだドルに取って代わる新たな基軸通貨が現れていないことと関係している．同時に，ドルの米国への大量還流によって形成されることになった循環の仕組みそのものによるところが大きいと考えられる．

　実際上，ドルが米国に大量に還流することにより，米国は対外貿易赤字や経常収支赤字を清算することが可能になり，財政赤字に結びつく減税措置も財政支出拡大も享受できる手段を手に入れている．これによって，対外支払いが保障され，1990年代の経済繁栄を実現することができた．為替レート変化などの要因を無視すれば，アメリカの過剰ドル供給は対外純負債に対応し減少していると考えられる．2006年末現在，アメリカの対外純負債は25,986億ドルで，前述表3－1の1970年から2006年までの米国の経常収支赤字累計額（60,455億ドル）のほぼ43％に相当している．言い換えると，経常収支支払いという実需要に比べ，ドル供給の4割ほどの減少がそれに対応していたと考えられる．アメリカの巨額の対外純負債の存在は，過剰に供給されたドルを吸収することに直結する．その結果，ドル安に向けられる圧力が緩和され，ドルの国際基軸通貨としての役割が曲がりなりにも維持されてきたことになる．

　特に東アジア諸国に急増する外貨準備の保有ストックは，ドルの大量還流を支えた要因である．と同時に，世界的にも外貨準備が増加した傾向が観察されたことは，為替市場におけるドル需要を人為的に作り上げたことであり，市場に潜んでいるドル安の圧力を大いに緩和することに寄与することになった．東アジア諸国の外貨準備の急増は，ドルの米国への還流と為替市場のドル需要の拡大という二つの作用を通じて，ドルが国際基軸通貨としての地位を維持させ

ることに貢献したのである．

3．ドルの米国への大量還流の問題点

　ドルが米国に大量に還流したことから，1980年代からアメリカは世界最大の債務国，純債務国となっている．2006年末現在の段階で，アメリカの対外負債総額は16.3兆ドルである．前年比で見ると18.8％増加し，1985年末の負債水準と比べて13.2倍にも膨張している．当該年度の GDP 比で123.5％に到達している（因みに，1985年末ではその比は34.2％であった．表3－3を参照）．同時期のアメリカの対外純債務残高は25,986億ドルとなっている．これは，1985年末の水準の23倍，当該年度の対 GDP 比で約19.7％となっている．

　世界一の経済大国であるアメリカが，世界で最大の債務・純債務を抱える国に陥ってしまっている．この現象は，米国経済の弱体化と衰退を暗示するものである．ドルの地位が揺らぎ，ドルの危機の可能性が論議される根拠となっている．

　アメリカは，対外資産である直接投資資産の割合が高く，対外直接投資の収益が諸外国の有する対米証券投資のリターンを上回っていたため，米国の国際収支における資産所得収支は長期間にわたり黒字を記録することができた．例えば，2003年における所得収支黒字は366億ドルとなっている．しかしながら，アメリカの対外純負債規模が急速に拡大したため，2005年の所得収支黒字は113億ドルに急縮小することになり，2006年には逆に72.8億ドルの赤字を計上するに至っている．2007年も赤字幅が拡大する傾向にある．

表3－3．1980年から2006年までのアメリカの対外債務の推移　（単位：100万ドル・％）

年	対外負債総額	対 GDP 比率	年	対外負債総額	対 GDP 比率
1980 年末	568,968	20.4	2000 年末	7,619,981	77.6
1985 年末	1,233,030	34.2	2004 年末	11,551,490	98.8
1990 年末	2,424,325	41.8	2005 年末	13,814,695	111.1
1995 年末	3,944,734	53.3	2006 年末	16,294,619	123.5

出所：日本内閣府（2007）「世界経済の潮流―2007年秋」12月

Ⅲ．ドル循環の阻害要因

　前述のように，ドルの米国からの流出，そして米国への還流という国際的循環のメカニズムは，米国の金融政策の結果であり，アジア諸国を中心にドルによる外貨準備の需要の増加を反映したものでもある．しかし，この循環の内実

について，懸念される状況が登場していることに留意が必要である．以下では，ドル需要に関わる主要な要因について検討することにする．

1．先進工業国のドル離れの傾向

1990年代中盤以降，西欧諸国の姿勢は外貨準備を増加させる政策に傾いてはいないということである．カナダ，オーストラリア，ニュージーランドについてもその外貨準備持ち高は殆ど増えてはいない．これはいわゆる「ドル離れ」現象の兆候を現したものであると見られている．特に，今世紀に入ってから，西欧諸国を中心にその傾向を強めていることが観察されている．2000年から2006年末での期間を見ると，アジア諸国，資源輸出国を中心に外貨準備が急増した一方で，ユーロ圏諸国のそれは2,065億ドルから2,162億ドルと微増したに過ぎない（表3-4を参照）．この水準は，1996年末と比較すると41.9％も減少したものである．これらの西欧諸国で外貨準備が減少したのは，これらの国の貨幣の国際化が急速に進んだことと深く関連している．自国貨幣による国際貿易決済のシェアが上昇したことが直接の原因でもある．例えば，ドイツは1997年の段階でマルク決算のシェアが輸出の場合で72.5％，輸入の場合で50.7％に上っていた．フランスは1998年でのフラン決算のシェアが輸出49.6％，輸入47.7％となっていた．英国は1999年統計から，ポンド通貨による貿易決算のシェアが輸出で51.9％，輸入で39.9％となっていた．

表3-4．世界主要国の外貨準備の推移　（億ドル）

国・地域	1995年末	2000年末	2006年末
中　　　　　国	760	1,689	10,695
中　国　台　湾	880*	1,074	2,669
中　国　香　港	638*	1,075	1,332
韓　　　　　国	327	962	2,389
シンガポール	687	802	1,663
マレーシア	239	284	822
タ　　　　　イ	361	321	654
イ　ン　ド	186	384	1,713
ブ　ラ　ジ　ル	499	326	856
メ　キ　シ　コ	169	355	763
アルジェリア	—	123	782
ロ　シ　ヤ	149	248	2,962
日　　　　　本	1,845	3,560	8,810
ア　メ　リ　カ	884	685	686
ド　イ　ツ	900	620	475
フ　ラ　ン　ス	311	415	473
イ　ギ　リ　ス	430	395	412
カ　ナ　ダ	152	322	350
イ　タ　リ　ア	384	292	298
オーストラリア	123	182	536
先　進　国　合　計	7,642	8,731	14,640
途　上　国　合　計	7,566	11,927	36,732
ユーロ圏合計	3,718	2,065	2,162
全　世　界　合　計	15,208	20,658	51,372

注：＊をつけるものは1996年の統計を指す．
出所：総務省統計局（2008）「世界の統計―2008」5月

表3−5. 主要先進国の長期金利の推移　　　　　　　　　（10年国債の金利，単位：％）

年度	米国	カナダ	ユーロ圏	ドイツ	フランス	イタリア	イギリス	日本
1985	10.6	11.0		7.0	11.3	13.7	11.0	5.6
1990	8.8	10.9		8.7	9.9	13.5	11.8	6.4
1995	6.6	8.3		6.9	7.5	12.2	8.3	3.2
2000	6.0	5.9	5.4	5.3	5.4	5.6	5.3	1.6
2004	4.3	5.1	4.1	4.0	4.1	4.3	4.9	1.4
2005	4.3	4.4	3.4	3.4	3.4	3.6	4.5	1.5
2006	4.8	4.3	3.9	3.8	3.8	4.1	4.4	1.7

出所：内閣府（2007）「世界経済の潮流―2007年秋」12月

　1999年に共通通貨ユーロが導入され，EU諸国間の貿易決済は統一的にユーロが採用されることになった．ドイツを見ると，2002年のユーロ決算のシェアは輸出で70.5％，輸入で73.0％と拡大基調にある．大西洋を挟むヨーロッパと米国の金利差にそれほどの差が見られることはなく，時に，欧州金利が米国金利を上回ることもあり，米国国債投資を中心にしたドルでの運用の収益率という観点からそれほどの魅力が認められなかったと思われる．西欧諸国による資産選択行動の変化を通じて，ドルに過分に依存する傾向から距離を置く姿勢が鮮明となったものと考えられる．

2．日本の外貨準備の傾向

　先進工業国の中で，日本は例外的に大量の外貨準備を増加させてきた国として認められている．1993年末に，日本の外貨準備は956億ドルの水準に到達し，史上初めて米国を越えて世界最大の外貨準備保有国となった．2004年末現在で見ると，日本の外貨準備は8,445億ドルで，1993年末に比べて8.8倍に膨れ上がっている．これは，全世界の外貨準備総額の21.9％に相当する．日本が外貨準備を増大させてきた主な原因は，円高を抑制するためであったと考えられる．その基本姿勢は，外国為替市場で過剰に供給されるドルを大量に吸い上げることで為替の安定化に努めるというものであった．

　日本は「失われた10年」という経済低迷段階を経験し，低金利政策を長期にわたり持続させてきている．特に，1999年から2005年に掛けてはゼロ金利政策を導入してきた．その結果，各種金融商品の利率は対米比で常に3から5％ポイント低い状況が生み出されてきた．ゆえに，西欧諸国と他の先進国と比べ，日本政府は大量に外貨準備を積み上げ，それを米国債投資に運用することが国内での資金運用を越えて有利なものと考えられてきた．その結果，ドル安による為替差損を補うことができた．しかし，日本政府当局は2004年第1四半期に

大規模なドル買い上げをしてから，その後4年以上もドル買い上げ操作をしてこなかったと言われている．2007年6月以後の段階で円高を観察したものの，市場の大方の判断はドルが切り下げ傾向にあるという姿勢で支配されていたため，為替市場におけるドル買い上げ操作の出番とはならなかった．

　注目すべきことは，日本政府は西欧諸国と他の先進国のドル離れの経験に照らして，1990年代から円の国際化を推し進める取り組みを始めていたことである．円が国際通貨として幅広く採用されることになれば，海外取引に関わる為替差損を避けるためにはコストのかからない最適な選択であると認識し始めていた．こうした視点から，国際貿易や国際投資における円決済・円建てのシェアの向上に力を入れてきた．今世紀に入って，日本政府は積極的に地域通貨をベースに置いた国際化・「アジア化」戦略を推し進めようとしている．東アジアで「円経済圏」，あるいはアジアの経済統合を睨んだアジア共同通貨の創設を想定した安定的な「アジア経済圏」の創出を計画していると考えられる．こうした長期的な目標設定は，間違いなくアジア諸国の間でドル離れを推し進めることになり，経済活動のドル依存を低減させていくものと考えられる．

3．発展途上国の外貨準備増加に伴うリスク増大

　中国を始め，東南アジアの発展途上国，そしてロシア，インド，ブラジルは世界の中で外貨準備保有を増加させている顕著な国である．2000年から2006年の期間で，発展途上国の外貨準備高は11,972億ドルから36,732億ドルにまで急増した．全世界の外貨準備総額におけるシェアも57.7%から71.5%にまで上昇した．発展途上国が増加させ続けてきた外貨準備持ち高は，2001年以後のドル安ですでに莫大な評価損が計上されている．今後，ドル安が続くことになればさらに多額の評価損が生まれる可能性がある．

　発展途上国の多くが外貨準備を増加させることに伴い，当該国の中央銀行はマネーサプライを急増させてきた．通貨の過剰な供給は，経済過熱の中で各国のインフレを牽引する一つの大きな要因となっていた．こうした展開は，ドル資産の減損とインフレ激化と言う二重の圧力に直面させたことを意味している．発展途上国が引き続き外貨準備を増加させ，米国債投資を拡大させるという選択に固持すれば，そこには大きなリスクが立ちはだかっていることになる．この課題は，すべての発展途上国に外貨準備管理に慎重な姿勢を求めることになり，外貨保有構造の調整，外貨準備の運用先の検討など，多様な対応策を求めることになる．2006年6月，ロシア政府は外貨準備におけるドルのシェアを70%から50%に引き下げ，ユーロのシェアを20%から40%に上昇させる発表を行った．アラブ首長国連邦も外貨準備持ち高の10%をユーロに切り替え，同時

に10％をゴールドに持ち替える調整措置を採用した．2000年から2006年の期間を通じて，発展途上国が保有する外貨準備総額に占めるドルのシェアは69.9％から61.2％までに低下した．一方，ユーロが占めるシェアは19.3％から28.1％までに上昇したことが確認されている．

4．多様化する国際通貨システム

1980年代以降，円とドイツ・マルクの存在がドルをベースとする国際通貨制度の中で注目を集め始めていた．その後，国際通貨体系の中で通貨の多様化が間違いなく進展していった．1999年のユーロ誕生，そして2001年以後のユーロ高の継続は，ドルの国際基軸通貨としての地位を脅かすものであった．同時に，世界経済の地域化が急速に進むこととなった．東南アジア諸国，湾岸諸国（GCC），そしてブラジル，アルゼンチン，ベネズエラなどの中南米諸国などがそれぞれの地域通貨の可能性を模索し始めることとなった．2006年6月10日，ロシアの前大統領プーチンはサンクトペテルブルグ経済フォーラムで講演し，ロシアのルーブルは基軸通貨の一つになる可能性が高いことを示唆した．東南アジアについて言えば，各国はお互いに締結した自由貿易合意（FTA）に沿って経済協力を強化させ，さらに金融・通貨協力を促進することによって，最終的にアジア共同通貨を作り上げる可能性を視野に入れている．その実現と利用によって，東南アジア諸国間の貿易・投資が一層拡大することが期待されている．結果として，この地域の諸国のドル離れを加速させることになるものと予測される．

また，湾岸諸国についても，経済協力・通貨協力が拡大すれば「湾岸通貨圏」の可能性が高くなり，全世界の石油貿易におけるドル決済を通じたドルの覇権を著しく後退させることになることも考えられる．勿論，アジア共通通貨の実現も湾岸通貨の実現も決して一朝一夕のことではなく，そこに至るまでにはさまざまな紆余曲折が予想されることは論を待たない．しかし，地域経済の連携が強化されていくという傾向はますます高まっていくものと予想されている．地域主体の共通通貨の実現に向けた展開が注目されている．

5．アメリカの限界

世界は，ことに発展途上国を中心に，競って米国消費者向けの生産を拡大させている．その一方で，アメリカは安易にドルを供給することで巨額の貿易赤字を金融してきている．消費大国アメリカは，自身の生産能力を遥かに上回る生活水準を満喫していると批判されてきた．このことは，自国の製造業の国際競争力が後退してしまっている現実に目を瞑ってきたということでもある．

現在までのところ，アメリカは最先端の IT 技術を駆使することで情報社会を実現させ，世界経済を牽引する機関車の役割を果たしてきたことは疑いないことである．同時に，米国の輸入の成長率は極めて高く，輸出の伸び率を遥かに凌駕しているため，恒常的に指摘されてきた対外不均衡の是正に結び付けられなくなっている．この点からも，ドル安と不安定なドルの地位という問題から抜けきれずにいる．このような経済結果を放置しておけば，米国は国際基軸通貨義務を履行する条件を満たし得ない段階を迎えることになる．

　顧みれば，1980年代に米国は日本や旧西ドイツに内需拡大を要求し，世界経済を牽引する機関車の役割を分担させるシナリオを展開させた．その意味では，円の国際化にもマルクの国際化にも反対したことはなく，ユーロの誕生にも歓迎の立場を貫いてきている．

　2006年4月の段階で，IMFとG7中央銀行総裁会議は東南アジア諸国や湾岸諸国内で地域共通通貨を作り上げる試みを支持する姿勢を見せた．このような傾向が拡大する中で，米国の国際通貨の多極化に対する対応に注目が集まっている．IMFと先進7カ国が地域共通通貨を作り上げることを支持するのは，国際通貨システムがドルの単極から多極化へ転換していく中で，ドルを含めた体制として軟着陸させたいという要請を受けたものである．そのシナリオの背景には，ドル暴落とか単極基軸通貨体制崩壊による世界経済の混乱を回避したいという目標がある．

　そもそも，米国政府が事前に了承しない限り，合議制を原則とするIMFやG7の機会を通じて，ドル暴落の懸念などというテーマが浮上するとは考えられない．米国の立場からは，国際基軸通貨の多極化が実現すれば，円滑な世界経済の展開によって米国が加重に負担している責務から開放されると考えられる．地に足の着いた経済政策を展開させることで，製造業の生産性を改善させ，国際競争力を再構築させられるものと期待される．こうした考え方の延長線上にあるものとして注目されるのは，メキシコのフォックス元大統領がCNNのインタビューの中で，ブッシュ大統領が自由貿易圏構想の一環として，メキシコ，カナダとの間で共通通貨（アメロ）の創設に前向きであると述べ，関係者を驚かせたことである[2]．こうした発言などを総合すると，米国はすでにドルが非基軸通貨となった以後の国際通貨体制の中での多極化を想定した検討作業に入っていると考えることができる．

2　田中宇 (2007)「ドルは歴史的役目を終える？」11月6日

6．米国発の金融危機の悪影響

　2007年以来，住宅バブル崩壊とサブ・サプライ債問題に起因した米国金融不安が発生し，世界各国の対米資金運用が悪影響を受け，ドル下落に拍車がかかったことが懸念されている．2008年9月15日，大手投資銀行リーマン・ブラザーズが経営破綻をしたことを契機に，保険最大手AIG（アメリカン・インターナショナル・グループ）が経営危機に陥り，アメリカは百年に一度とも言われる厳しい金融危機に襲われた．こうした事態を受けて，ブッシュ政権は「金融安定化法案」を協議し，7,000億ドルの救援策を出したが，同月29日の下院会議で否決され，米国金融資本市場には再び大混乱が発生した．世界主要国の金融資本市場もその影響をもろに受け，株価が一斉に急落する事態を迎えた．ブッシュ政府の「金融安定化法案」と市場救援策は上下両院の再審議で批准されたが，金融危機への不安払拭は容易ならざる事態を迎えている．米国ばかりでなく世界の金融・資本市場の成り行きに不安観が高まっている．不透明な市場展開に覆われる中で，世界各国の対米資金運用はこれまで以上に慎重な姿勢が求められることになる．

　ニクソン大統領が1971年にドルと金の交換停止を宣告したことは，今振り返れば，ドルはもはや国際基軸通貨ではないと宣告したものと読み替えることができる．にもかかわらず，これまでのところ新しい基軸通貨の登場は実現されていない．その意味で，ドルはそうした後継者の登場までの繋ぎの基軸通貨として，その役割を果たしてきたと考えることができる．米国は，今後すすんでドルの非基軸通貨宣言をすることなく，新しい国際通貨体制の登場を迎え入れることになると見込まれる．望まれるのは，ドルの暴落の回避であり，国際経済の混乱の回避である．

IV．中国の外貨準備に関する対応策

　中国が保有する外貨準備は2007年末に15,283億ドルに達し，2008年6月末現在では18,088億ドルとなった．中国は実に全世界の外貨準備保有総額の四分の一という世界最大の外貨準備を有する国となった．外貨準備を保有する動機として二つの基本的要因が理解されている．一つは輸出入の支払いを確保し，貿易輸入超過の際には緊急輸入の需要に対応させるというものである．もう一つは，対外債務の返還義務を履行するため，対外債務増大の際にその返還に応じる予備として十分な外貨準備を整えるというものである．

　中国の貿易黒字は1990年以降順調に増加のプロセスを辿り，2007年には2,622億ドルに達した．なお，1989年以来，中国が保有する外貨準備高は返済期限を迎える短期累積外債を超える水準となってきた．2005年末現在の外貨準備高は，

当該年度に支払期限を迎える短期外債の5.24倍に相当する水準となっている．こうして見ると，対外緊急支払い動機や短期外債返還という動機に関わらず，中国は過大な外貨準備を保有してきているということになる．しかるに，この20年近くの間，中国は一度も外貨準備を使用する事態に直面してはいない．

国際的に見ても，2006年2月の段階で中国の外貨準備の保有高は，それまで世界一と目されていた日本を凌駕してしまった．外貨準備保有高の対GDP比，当該年度の月平均輸入高に対する倍率，当該年度の支払期限を迎える短期外債に対する倍率などの指標を参考にしても，中国の外貨準備保有高が異常に高い水準にあることは明らかである．仮にドルの下落が続くことになれば，中国の外貨準備の評価損は世界でもっとも大きな損失を蒙ることになる．こうした視点からも，外貨準備の急拡大に歯止めとなる政策を採用することは急務であると考えられる．そのための方策として次の施策が検討されるべきではないかと考えられる．

1．輸入の拡大と貿易収支バランスの実現に努めること

貿易収支の黒字を急増させることが中国の外貨準備急増の主要要因となっている．そこから，輸出を抑制すべきであるという論調が生まれてくる．しかし，輸出は国際市場を拡大させ，国内産業の発展に寄与し，そして雇用拡大などの面で重要な役割を演じてきている．そのため，外貨準備増大を抑制させるという理由から，短絡的に輸出拡大を制限するという姿勢は望ましいものではない．経済学的にも望ましいアプローチは，引き続き輸出拡大に努めながら，機械設備やハイ・テクノロジー製品，穀物や石油などの戦略的物質の輸入に限定されることなく，輸入奨励策を果敢に採用することである．それと同時に，サービス貿易における技術輸入などを拡充させることで，貿易収支の不均衡の解消に努めるべきである．

2．「輸出を通じた外貨稼ぎ」という旧い思考からの卒業

前述のように，中国は1980年代前に経験した外貨不足の時代を既に卒業している．実際には，外貨準備が過剰な状態にあると言える．「輸出で外貨を稼ぐ」というスローガンはもはや意味のないものとなっている．その上で，為替リスクを回避するために，人民元の国際化戦略を構築しつつ，周辺国や他の発展途上国との貿易の中で，人民元による輸出入決済業務を模索すべき段階を迎えている．これは，中国の海外ビジネスの安定と拡大にとっても大きな後押しとなることは間違いなく，結果として人民元の貿易決済シェアを高めることになる．政府の基本姿勢が打ち出されることで，人民元の貿易決済取引への拡大が実現

されることになると期待される．

3．外貨準備の内訳の再吟味

2007年の統計を参考にすると，中国の貿易黒字は主に香港地区，米国とEUから生み出され，その金額はそれぞれ1,716億ドル，1,633億ドル，1,342億ドルとなっている．それぞれの対前年伸び率は，18.8%，13.3%と35.4%となっている．こうした実際の対外取引状況に鑑みて，これからは香港地区との貿易には出来るだけ港元（香港ドル），あるいは人民元で決済するように努めることが望まれる．同じように，対EUとの貿易では通貨ユーロによる決済を模索することが望ましいと考えられる．その上で，米国との貿易によって稼ぎ出されたドルは，ほかの貿易赤字となっている主要な貿易相手国からの輸入超過の支払いに活用する方策を講じるべきと考えられる．ドル価値が安定しない将来を見据えたとき，保有する外貨の中のドルのシェアを低下させ，外貨準備持ち高の構造について必要な調整を急ぐべきであるという政策課題が浮かび上がってくる．

4．外貨の集中管理政策から民間の外貨保有を促進させること

貿易黒字と国外からの資金流入というチャンネルは，中国が保有する外貨準備を増加させてしまう重要な基礎となっている．貿易黒字は主に企業が稼いだお金である．その中には，外資系企業が生み出した大きな部分が含まれている．国外から流入する資金について言えば，諸外国政府の開発援助によるもの以外に，外資投資が持ち込む外貨がある．これらの殆どの部分が商業銀行に預け入れられることになる．企業や銀行の所持する外貨を吸い上げることによって，中国国内にある外貨のほとんどが外貨準備勘定に反映されることになる．

中国について見ると，これは政策によって集中的に外貨を管理する姿勢を反映させたものである．この政策は，1980年代から90年代初めにかけて，外貨不足が中国経済のネックとなっていたことに対応したものである．加えて，当時の市場経済体制が十分に出来上がっていなかったことから，企業による外貨管理能力にも限界が認められ，僅かな外貨であっても国が集中管理し，統一的に運用することが必要と考えられていたためである．当時を振り返ると，その政策姿勢が必要であったことが認められている．しかし，今の状況を斟酌すると，中国が保有する外貨準備は既に過剰状態にあり，外貨不足を理由とする経済状況をはるかに超えていると判断される．同時に，市場経済の改革努力とその進展によって，企業の外貨管理能力はそれなりに十分に整理され強化されてきたと考えられる．

こうした新しい環境の下で，国による外貨の集中管理と統一運用という政策

を持続させることは，中国にとって必ずしも有益な選択とはなっていないと思われる．日本について言えば，1991年から2007年の期間を通じて，合わせて243兆円の経常収支黒字を計上してきた．日本政府が為替市場を通じてドル買いのために使った公的資金は69.7兆円に留まっている．即ち，経常収支の黒字で流入した外貨のうち日本政府による外貨準備の蓄積に転じた部分は全体の27.9％でしかなかった．また，ドイツについて言えば，2001年から2007年の期間で，合計7,045億ドルの経常収支黒字を計上した．その一方で，ドイツの外貨準備は逆に510億ドルから417億ドルにまでに減少している．すなわち，ドイツは経常収支の黒字によって流入した外貨をすべて民間に所持させ，経常収支黒字の外貨準備への転換率はゼロとなっていることが注目される．日本そしてドイツの経験に照らして，中国も順次，そして適切に外貨集中政策を後退させ，民間の外貨保有の道を切り開き，企業や銀行の手元に持たせることで更なる経済活動の活性化に結びつける方策を検討すべきである．

5．国際投機資金への対応策

　人民元切り上げが開始されてから，国外から投機資金が大量に流入するという新たな問題が浮上し，それによる懸念が国内で取沙汰されている．投機資金の流入は，中国の外貨準備急増の一要因でもあった．国際投機資金が大量に流入・流出を繰り返すことは，国内金融資本市場を攪乱させる要因となることは疑いの無いことである．1997年に発生したタイの金融危機は，投機資金がもたらした激しい揺さぶりであり，その後の経済の停滞を見せ付けられたこともあり，通貨当局にとっては価値ある教訓となっている．中国はこうした投機資金の射程に入っているとも言われている．従って，国際投機資金の流出入を注意深くモニターし，その予防措置について慎重に検討しておかねばならない．そうした中で，中国経済の更なる発展の可能性と，人民元の長期的な切り上げ期待が定着しているため，定期預金金利（例えば４％）プラス人民元の期待切り上げ（例えば３～５％）という期待収益が定着してしまい，資本流入の大きな魅力材料となっている．ある意味で，人民元と人民元立て資産は世界の中でも有数の安全かつ高収益の投資対象品と考えられている．そのため，投機資金を含めて大量の海外資本の流入を絞り込むことはなかなか難しい作業となっている．

　国際投機資金は攪乱材料となるマイナス面もある一方で，中国に新しい資金のチャンネルを切り開いてくれたという利点も否定できない．タイミングよく適切な対策を築き上げることで，マイナス面の作用をプラスに転じさせる可能性も模索すべきである．ただ，そのために取り組むプロセスの順序立てが重要

であることを忘れてはならない．まず資本自由化を急ぐべきではない．具体的に言えば，東南アジア，そしてアジア・太平洋地域の自由貿易が実現したことを確認しながら資本自由化に向けた取り組みに着手すべきである．厳密な監督のもと国際投機資金の流入をできるだけ管理可能範囲内に押さえ込み，大量の流出に直面しないようにアンテナを張っておく必要がある．要するに，国際投機資金の自由自在，言い換えると「流入したい時に流入し，逃げたいときに逃げる」という戦術を抑制させることが不可避の戦略である．そのためには，引き続き金融・資本市場の整備に傾注し，市場制度や市場メカニズムを健全に機能させる取り組みを強化し，新しい金融商品の開発力を向上させることである．このような一貫した取り組み努力は，中国が魅力ある投資環境を作り上げるために必要なプロセスである．

　当面の間，資本自由化から距離を置く姿勢を採ることは望ましい選択であると考えられる．しかし，それは段階的な選択でしかなく，国際資金を長期投資に転換させていくための取り組みを排除するものでない．

　貿易黒字などを通じて吸い上げられた外貨は，国内市場に対するマネーサプライの供給増加要因となる．しかし，持ち込まれる国際投機資金を買い上げることは人民元の国外流出というリスク要因となりかねない．これまでは，外国人が中国を離れる時には人民元を持ち帰るということは余り頻繁には観察されてこなかった．しかし，人民元に関する期待収益が大きくなることが予想される段階では，外国人の人民元需要は大きく高まることが予想される．アメリカの経験に照らして，人民元の「中国からの流出と中国への還流」という循環のメカニズムが形成されれば，外国人の手元に所持されることになる人民元の残高は経済の活性化と比例して増加すると見込まれる．このことは，世界各国で人民元の利用が拡散することであり，保有外貨準備の中にも自然に人民元が組み入れられることを暗示している．その結果，世界各国での人民元と人民元立て資産への運用が定着し，やがて拡大していくものと期待される．

　言い換えると，国際投機資金を対中長期投資に結びつける努力は，人民元の国際化を推し進めることに他ならない．

6．アメリカ発の金融危機に対する適切な対応

　今般の米国発の金融危機は一見突発的であったように見えるものの，全世界を覆いつくした擬制経済（金融主体の経済，あるいはマネーがマネーを生む経済）によって生み出されたバブルの当然の結果と見るべきである．お金で金を儲けることは出来たとしても，それがいつまでも持続するわけではない．これまでアメリカの発展は，マネー投資によって実現された現象と見ることができ

る．その根拠として，リーマン・ブラザーズが経営破綻するや否や，米国の金融危機は一気に拡散し，瞬く間に世界の国々に波及していった．証券化を通じて世界の資本市場がつながりを形成したことが白日の下に晒されることになった．こうして見ると，今般の米国発の金融危機は容易に沈静化する類のものではなく，解決に向かう道筋は厳しく，そして時間のかかる取り組みになると予想される．

　中国としては，かつてアジア金融危機の克服に貢献したように，当面の課題としてまず中国経済と金融を安定させる取り組みに全力を挙げるべきである．その上で，国際協調の立場に立って，米国ならびに主要各国と協力体制を強化させて，金融危機の沈静化に資する措置を採るべきである．世界各国が米国から資金撤退を想定する中で，中国は大量に保有する米国債を含めて米国からの資金撤退に繋がるような姿勢を抑制し，新たな資金運用の拡大を模索し，金融危機の解消に貢献する姿勢を明確にすべきである．長期的視点から，マネー主体の経済を反省しながら，米国発の金融危機を教訓に，健全な経済・金融の改革を進め，不動産市場と株式市場に見られるバブルの解消に取り組み，もしくはソフトランディングの模索に務めるべきである．

7．運用効率と運用収益に立脚した外貨運用

　2007年9月に，中国国際投資有限責任公司が公式に設立された．これをきっかけにして，中国政府は積極的に外貨準備の活用に向けた取り組みを開始した．運用の新ルートを確立させ，外貨準備を戦略的産業の発展や企業の海外進出，特に石油や他の戦略物資の備蓄などに有効に向ける姿勢を明確にしている．外貨準備は政府が所管する公的資金であり，国の企業と銀行と為替市場から等価交換で買い上げた有償資金でもある．国は，その運用について収益性と安全性の両面を担保しなくてはならない．即ち，外貨準備の活用によって，設定期間内に元本と利息を確定させなければならない．外貨準備の運用には競争が欠かせない．従って，中国国際投資有限責任公司を唯一つ成立させた選択はそれだけで十分な措置ということにはならない．そのためには，日本の財政投融資に学んで，国家出資に拠るところの技術輸出入公司，人材育成・人材導入公司，企業国際化推進公司，国際協力公司，石油備蓄公司，穀物備蓄公司などを開設させる必要があると考えられる．こうした措置を講じることで体系的に外貨準備資金を分配し，その運用をモニターしたり監督したりすることで運用効率と運用収益を向上させることが可能になる．

8．まとめ—東アジア諸国の共同通貨の創出努力

　チエンマイ・イニシアチブ(協議)の実施に呼応して，東アジア金融協力はすでに良いスタートを開始した．東アジア金融協力が目指すところは，次元の高い地域経済連合，緊密な政策協調，協調一致した政治的約束を実現させることである．その上で，アジア通貨同盟を作り，共同通貨を中心に置いた経済圏を作り上げることである．アジア共通通貨は東アジア諸国の共通の利益と拡大する需要という要請に合致するもので，ドルの暴落などによる激しい対外ショックを防ぐことも可能となる．アジア経済圏の構築は一朝一夕にできる種の課題ではない．これから長い道程を歩まなければならないことは明白である．そのためにも，中国は東アジア諸国と協力関係を強化し，たゆまぬ取り組みの努力を続けていかなければならない段階を迎えている．

参考文献

田中宇(2007)「ドルは歴史的役目を終える？」http://www.tanakanews.com/071106dollar.htm　11月6日

劉昌黎(2008)「我が国の外貨準備の過剰と運用の国際比較及び考えるべき問題点」『経済社会体制比較研究』1期

劉昌黎(2006)「全世界における外貨準備の急増と及び東アジアの外貨準備の過剰と運用の問題点」『世界経済研究』3期

日本内閣府(2007)「世界経済の潮流—2007秋」12月

日本総務省統計局(2008)「総合月次統計データベース—2008年5月」5月22日公布

日本総務省統計局(2008)「世界の統計—2008」5月

第4章
多国籍企業の中国におけるR&D活動とスピルオーバーの経済学

大 川 良 文

Ⅰ．はじめに

　グローバル化が進む世界経済の中で，多国籍企業はその活動を世界中の国に広げている．世界市場への販売ネットワークの構築から始まり，国際的な生産ネットワークの構築，そして近年は研究開発（R&D）活動の国際展開も多国籍企業は積極的に行うようになった．UNCTAD（2005 ch.4）によると，世界の多国籍企業全体の国外子会社によるR&D支出は，1993年から2002年の約10年の間で290億ドルから670億ドルへと増加しており，世界におけるビジネス目的のR&D支出に占めるシェアも10％から16％へと上昇している．個々の国についても，たとえばアメリカの多国籍企業の国外子会社によるR&D支出は，1994年から2001年の間で，120億ドル（国内R&D支出全体の11.5％）から210億ドル（13.3％）へと増加，日本の多国籍企業についても，1995年から2002年の間で，国外子会社によるR&D支出が19億ドル（国内R&D支出全体の2％）から33億ドル（4％）へと増加しており，今後も増加するものと考えられている．

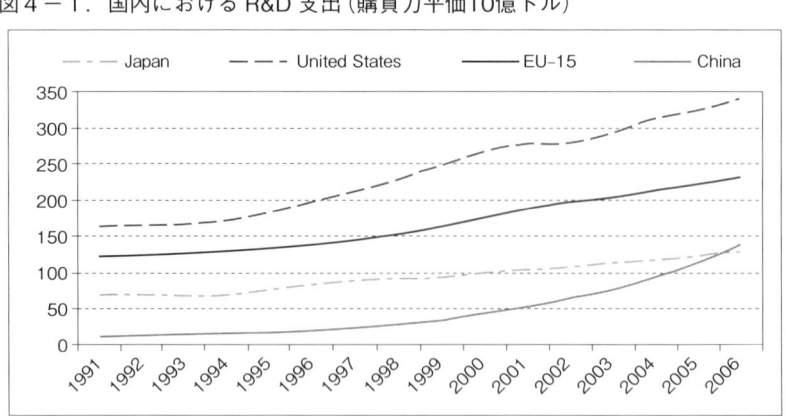

図4－1．国内におけるR&D支出（購買力平価10億ドル）

Note: (1) Figures for 2005 and 2006 are projected on the assumption that growth of R&D expenditure in 2005 and 2006 will be same as average growth over 2000–2004.
Source: OECD, Main Science and Technology Indicators, 2006–I.

出所：Lundin and Serger（2007）

このように多国籍企業のR&D活動が全世界へと広がる中，中国はR&D拠点としての国際的な地位を高めている．図4-1は，購買力平価換算での国内におけるR&D支出の推移を示したものだが，この10年ほどの中国におけるR&D支出の伸びは急速であり，2006年時点では，日本国内におけるR&D支出を上回り，米国に次ぐ第二のR&D大国となっていることがわかる．このように中国が国際的なR&D拠点としての地位を高めた理由の一つとして，近年世界中の多国籍企業が中国に積極的にR&D拠点を設立していることが挙げられる．情報通信産業ではインテル，IBM，サン，ノキア，エリクソン，マイクロソフト，富士通，モトローラ，HPなど，バイオ医薬関連産業では，アストラゼネカ，ロシュ，ロンザ，シーメンツなど，自動車産業ではGM，VW，日産，トヨタ，現代など，電機機械産業では日立，パナソニック，サムソンなど，世界的な多国籍企業の多くは，すでに中国にR&D拠点を設立している（金2006, Lundin and Serger 2007）．UNCTAD (2005, ch.4) によると，R&D支出の大きな多国籍企業300社のうち，今後5年間において最も魅力的なR&Dの設置国として中国をあげた企業が全体の61.8％を占め1位となり（2位は米国で41.2％），今後中国におけるR&D拠点の設立はますます増加するものと思われる．中国における外資企業のR&D支出のシェアは22％（2004年時点）だが，ハイテク部門において外資企業のR&D支出のシェアが高く，中国における先端技術の開発に外資企業のR&D活動が与える影響は大きいと考えられる[1]（Lundin and Serger 2007）．

　本稿の目的は，中国にR&D拠点を設立する多国籍企業と，多国籍企業から技術を吸収して国内の研究開発体制を充実させようとする中国との間に生じる問題に関する理論・実証研究を紹介することである．特に，外国に生産拠点やR&D拠点を設立する多国籍企業と現地企業間における技術伝播（スピルオーバー）に焦点を当てて，多国籍企業から現地企業へのスピルオーバー効果に関する研究と，現地の知的財産権の不備や労働者の流出を原因とする現地企業へのスピルオーバーによって，競争力を失うリスクを持つ多国籍企業の行動に関する研究について紹介していきたい．

　本稿の構成は以下の通りである．次節では，中国における多国籍企業のR&D活動の概要について述べる．Ⅲ節では，多国籍企業の直接投資に伴うスピルオーバー効果に関する分析の枠組みを示す．Ⅳ節では，外国企業の生産拠

---

[1] ハイテク部門における外資企業のR&D活動のシェアは，製薬部門では22％，医療機器部門では27％だが，電機通信機器部門では42％，コンピューター・オフィス機器部門では82％とひときわ高いシェアを占めている．

点やR&D拠点の設立がもたらすスピルオーバー効果に関する研究について述べ，続くⅤ節では，スピルオーバーに伴う技術流出リスクに直面する多国籍企業の行動に関する研究について述べ，Ⅵ節では結論を述べる．

Ⅱ．多国籍企業の中国におけるR＆D活動

Kuemmerle (1999) やLe Bas and Sierra (2002) によると，多国籍企業が国外で行うR&D活動は，多国籍企業が本国で培った競争的優位性（優れた技術力やブランド力など）を子会社が立地する現地市場で活用するために，親会社から子会社への技術移転の支援や現地市場向けの製品開発を行う技術活用型のR&D活動と，外国の知識リソース（企業・大学・公的研究機関など）から積極的に知識・技術を吸収する事によって，多国籍企業の世界的な競争的優位性を築くことを目的とした技術獲得型のR&D活動の二つに分類される．

多国籍企業が中国にR&D拠点を設立する目的としては，すでに設立されている生産拠点への技術移転の支援や，中国市場向け製品の開発が主要なものとしてあげられる．財団法人産業研究所（2007）によると，現在中国にR&D拠点を設立している133社に調査したところ，設置目的として「生産拠点と連携できるため」をあげた企業が63.2％，「市場・顧客ニーズにより的確に対応するため」をあげた企業が52.6％となっている．しかし，最近では世界市場向けの製品開発を中国のR&D拠点で行うケースが増えてきており，多国籍企業全体のグローバルなR&D体制の中で中国のR&D拠点はその重要性を増しつつある[2]．

世界の主要な多国籍企業が次々と中国にR&D拠点を設立する理由として，金（2006）は，①拡大する市場と生産の拠点，②理工系卒業者や研究開発要員の多さ，③政府の積極的な誘致政策，④WTO加盟で改善される知的財産権保護の方向性などを挙げている．②については，中国のR&D要員数は，2003年末時点で約110万人であり，米国に続いて世界第2位の規模を持ち，それに加えて3,113万人の技術者が育成されている上に，中国におけるR&D要員一人当たりの支出は，日本の約10分の1であるため，研究要員の確保と開発費用の節約という観点から，中国でのR&D活動の魅力は高まっている．また，③については，中国政府が2000年4月に『外資による研究開発センター投資の関係問題に関する通知』を出して，営業税の免除や課税所得の控除，研究開発費の助成など，全国的な外資系R&D拠点誘致政策を打ち出している．

---

[2] 例えば，ノキアのN2100およびN6108は北京のR&Dセンターで開発され全世界に供給されている（Asakawa and Som 2008）．

図4－2．特許権保護に関する国際指標の推移

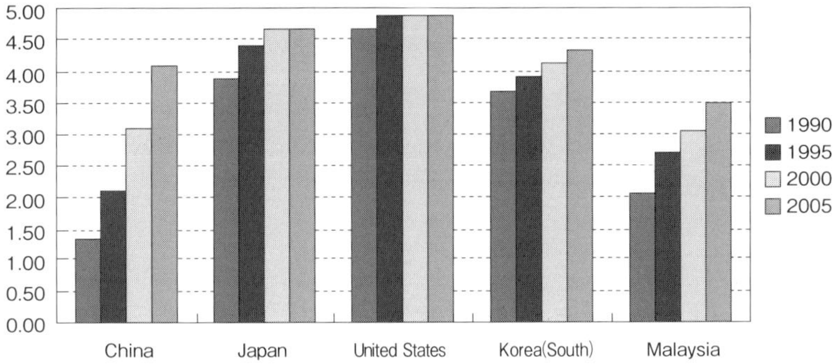

出所：Walter G. Park の Web Site（http://www.american.edu/cas/econ/faculty/park/Web%20Page%20Update%202010-08/IPP%20Data.xls）より作成

　しかし，中国でのR&D活動には大きな障壁があるのも事実である．金（2006）は，中国における法律制度の不安定性，知的財産権保護の弱さ，人材離職率の高さが，中国におけるR&D活動が知的財産権侵害や人材離職に伴う技術流出につながるという「チャイナ・リスク」を生み出し，そのことが，日系企業の中国における本格的なR&D活動を躊躇させる原因となっていることを指摘している．他にも，Yang and Jiang（2007）は，知的財産権の適用が十分なされていない中国などの新興工業国において，雇用の流動性の高さが，現地子会社がR&D活動を行う上での障壁となっていることを指摘している[3]．図4－2は，American UniversityのWalter G. Park教授が，全米商業会議所（US Chamber of Commerce）の調査を踏まえて作成した各国の特許権保護に関する指標の推移を示したものであり，5に近いほど特許権保護が十分なされていると評価されている．図4－2より，最近15年ほどで中国における特許権保護は急速に強化されていったが，日本や米国，韓国に比べるとまだ改善の余地があることがわかる．

Ⅲ．スピルオーバーの経済学

　これまで述べてきたように，近年多国籍企業が次々と中国にR&D拠点を設置しており，中国政府も積極的に外国企業のR&D活動を自国に呼び寄せようと優遇政策を実施している．R&D拠点に限らず，生産・販売拠点などの設立

---

[3] Yang and Jiang（2007）によると，2005年の中国における平均従業員離職率は12％以上であり，アメリカの3％に比べて非常に高いものである．

を目的とした外国企業の直接投資を自国に誘致する主要な目的として，雇用創出効果や資本流入効果に加えて，外国企業から現地企業への技術移転（スピルオーバー）効果があげられる．企業が持つ技術や知識は，公共財的性質を持っており，外国企業が自国で経済活動を行う時，その企業が持っている優れた技術やノウハウの一部が現地企業へと伝播し，そのことによって現地企業の生産性が向上すると考えられている．

外国企業の直接投資の受け入れが現地企業にもたらす技術のスピルオーバー効果については，数多くの実証研究がなされている[4]．外国企業の直接投資が，現地企業へ及ぼすスピルオーバーの経路としては次の三つが挙げられる．

1　デモンストレーション・競争効果
　　直接投資によって設立された外国企業の経済活動を通じて，現地企業は外国企業の持つ優れた技術に接し観察することができる．このため，現地企業が模倣によって外国企業の持つ技術を吸収することが可能である．また，外国企業との競争を通じて現地企業の技術力の向上が期待される．
2　労働移動
　　外国企業に雇われた労働者は，労働訓練などを通じて，外国企業の持つ優れた技術や経営方法をある程度習得することができる．このため，外国企業で働いた労働者が現地企業に転職することによって，外国企業の持つ技術やノウハウなどが現地企業に伝わり，現地企業の生産性が向上する．
3　垂直的連関
　　最終財と中間財といった垂直的な取引関係を通じて，外国企業が現地の取引企業に技術を移転する．

外国企業の直接投資を受入れる国は，スピルオーバー効果に伴う自国企業の技術力の向上を目的に，外資企業の生産拠点やR&D拠点を誘致する誘因を持つ．しかし，直接投資によって生産拠点やR&D拠点を現地に設置する多国籍企業にとっては，スピルオーバー効果による現地企業の技術力の向上は，市場における自企業の競争力が相対的に低下するという技術流出リスクを意味する．このため，外資企業と現地企業間の技術のスピルオーバー効果が大きくなるほど，多国籍企業は技術流出リスクを恐れて，その国への生産拠点やR&D

---

[4]　直接投資の受け入れがもたらす技術のスピルオーバー効果に関するサーベイ論文として，Blomstrom and Kokko(1998), Gorg and Grrenaway(2004)などがある．また，技術のスピルオーバー効果の実証分析の手法については，戸堂(2008第4章)を参照のこと．

拠点の設立を控えることになると考えられる．Lee and Mansfield (1996) や Javorcik (2004a) は，国外生産拠点の設立について，Branstetter, Fisman and Foley (2006) や Ito and Wakasugi (2007) は，国外 R&D 拠点の設立について，進出先の知的財産権の適用が弱くなるほど，直接投資を行う誘因は弱くなることを示している．このことは，多国籍企業が直接投資によって外国市場に進出する時に，技術流出リスクを考慮していることを示唆しているものと考えられる．

しかし，これまで述べてきたように，現実には，知的財産権の保護が先進国ほど強くない中国に，近年多くの多国籍企業が生産拠点や R&D 拠点を設立している．このことは，多国籍企業が技術流出リスクに見合う経済的便益を得ることができるのか，もしくは，技術流出リスクに対して，多国籍企業が知的財産権のような法的保護以外の手段を講じていることを示唆しているものと考えられる．

結論として，技術や知識がもたらすスピルオーバー効果の観点から，多国籍企業の直接投資を考慮する時，次のようなことが大きなテーマとして考えられるだろう．まず直接投資の受入国の立場からは，外国企業の生産拠点や R&D 拠点の設立が，現地企業に対して，どのような経路を通じて，どれだけのスピルオーバー効果をもたらすのかが，外資誘致政策の効果を測る上で重要であるといえる．これに対し，多国籍企業にとっては，スピルオーバーに伴う技術流出リスクに対して，どのような方法で自らの技術的優位性を維持しようとするのかが大きな問題となる．以下の節では，これらの問題に関する研究について紹介していく．

Ⅳ．スピルオーバー効果に関する実証研究

本節では，多国籍企業の外国における生産拠点や R&D 拠点の設立が，現地企業にもたらすスピルオーバー効果の存在に関する研究を紹介する．外国企業がもたらすスピルオーバー効果については，直接投資による生産拠点の設立が現地企業にもたらすスピルオーバー効果に関する研究はすでに豊富であるのに対して，外国企業の R&D 拠点の設立がもたらすスピルオーバー効果に関する研究はまだ少ないのが現状である．そこで，本節では，まず生産拠点の設立に伴うスピルオーバー効果に関する研究について紹介した上で，外国企業の R&D 拠点の設立に伴うスピルオーバー効果について考えていく．

1．直接投資による生産拠点の設立が現地企業にもたらすスピルオーバー効果

多国籍企業の直接投資に伴う技術のスピルオーバー効果に関する実証分析

の結果は多岐に渡っている．メキシコのデータを用いた Kokko (1994)，台湾のデータを用いた Chuang and Lin (1999)，インドネシアのデータを用いた Blomström and Sjöholm (1999) などの研究では，外資企業の直接投資の受け入れが現地企業の生産性を高めるという技術のスピルオーバー効果をもたらすことを示している．

しかし，途上国への直接投資がもたらすスピルオーバー効果については，それを否定するものも多い．ベネズエラのデータを用いた Aitken and Harrison (1999)，チェコのデータを用いた Djankov and Hoekman (2000) などの研究では，直接投資の受け入れが現地企業の生産性を低下させるという，負のスピルオーバー効果の存在が示された．このような負のスピルオーバー効果が発生する理由として，Aitken and Harrison (1999) では，外国企業の進出がもたらす現地市場における競争の激化が，現地企業の直面する市場を縮小させ，そのために規模の経済性が実現できず生産性が悪化するという負の市場侵食効果の存在が指摘されており，この負の市場侵食効果が技術のスピルオーバー効果を上回る時，負のスピルオーバー効果が発生すると考えられている．

途上国において負のスピルオーバー効果が発生する理由として，途上国の企業の技術吸収力が低いことが挙げられる．外国企業からの技術のスピルオーバー効果は，現地企業の技術吸収力によってその大きさは異なる．Girma (2005) は，直接投資を行う外国企業と同産業内のトップ企業との総要素生産性 (TFP) との差を，技術吸収力の指標として用い，技術吸収力が大きい場合（トップ企業との TFP 格差が小さい場合）にのみ，現地企業は外国企業からの技術のスピルオーバー効果を得ることができることを，イギリスのデータを用いて示している．Kokko (1994) と Takii (2005) も，それぞれメキシコとインドネシアのデータを用いて同様な結果を示しており，外国企業からのスピルオーバー効果を得るためには，高い現地企業の技術吸収力が求められることがわかる．

最近では，外国企業からのスピルオーバー効果は，外国企業と同一業種内の現地企業よりも，進出してきた外国企業と異業種もしくは垂直的取引のある業種の方が大きくなるとする研究が出てきている．これは，外国企業は技術流出リスクを防ぐために，同一業種内で競合する現地企業へのスピルオーバーがなるべく起こらないような地域に進出する傾向があると考えられるからである．Kugler (2006) は，コロンビアのデータを用いて，外資企業の技術のスピルオーバー効果が，進出してきた外国企業と同業種の現地企業よりも異業種の現地企業に強く現われていることと，同一業種内でも外国企業に中間財を提供する上流部門の現地企業に技術のスピルオーバーが発生していることを示した．さら

に，Javorcik(2004b)とBlalock and Gertler(2008)も，リトアニア，インドネシアのデータをそれぞれ用いて同様の結果を得ている．このように，外国企業からのスピルオーバー効果を考える場合には，外国企業と市場で競合する現地企業のみではなく，外国企業と取引のある企業や，異業種の企業にまで目を向けなければならない．

中国における外資企業が現地企業にもたらすスピルオーバー効果を分析したものには，Chuang and Hsu(2004)，Hale and Long(2007)やLiu(2008)などがある．Chuang and Hsu(2004)は，1995年第三次工業調査資料からの企業データを用いて，外資企業による直接投資が中国企業の労働生産性に与える影響を分析し，外資企業が中国企業に技術のスピルオーバーをもたらすことと，中国企業と外資企業の技術格差が小さくなるほどスピルオーバー効果は大きくなることを示している．Liu(2008)は国家統計局の企業データを用いて，外資企業の投資は短期的には同一産業内の中国企業の生産性を引き下げるが，長期的には中国企業の生産性を上げる事になることを指摘するとともに，垂直的連関のうち外資企業に中間財を提供する上流の中国企業への技術のスピルオーバーが最も重要であることを示している．これに対し，Hale and Long(2007)は，中国における外資企業による技術のスピルオーバー効果の存在を指摘した従来の研究は，スピルオーバー効果を過大評価しており，実際には，垂直的取引関係がある場合も含めて，外資企業の直接投資によるスピルオーバー効果は存在しないと結論づけている．このように，中国におけるスピルオーバー効果については，研究によってその見解が異なっており，より一層の研究が求められている．

2．外国企業のR&D拠点の設立がもたらすスピルオーバー効果

これまで紹介してきた研究は，多国籍企業の生産拠点が現地企業にもたらすスピルオーバー効果に関するものだったが，近年，多国籍企業が生産拠点のみでなくR&D拠点も国外に設立するようになったことを受けて，外国企業のR&D活動がもたらすスピルオーバー効果に関する研究が出てきている．Todo(2006)は日本の企業データを用いて，外国企業のR&Dストックが現地企業のTFPを向上させていることを示している．また，Todo and Miyamoto(2006)ではインドネシアの企業データを用いて，現地でR&D活動を行う外国企業と，R&D活動を行わない外国企業とを区別してスピルオーバー効果を計測すると，R&D活動を行う外国企業は，現地企業にスピルオーバー効果をもたらす一方で，R&D活動を行わない外国企業は，現地企業にスピルオーバー効果をもたらさないことを示している．さらに，Todo, Zhang and Zhou(2006)は，中国

について，北京にある中関村科学技術園内の企業データを用いて，Todo and Miyamoto(2006)と同様の分析結果を得ており，外国企業からの技術のスピルオーバー効果を得るためには，外国企業の生産拠点の誘致だけでは有効ではなく，R&D拠点を誘致する必要があると指摘している[5]．

Todo(2006)などの研究は，現地企業の生産活動における生産性に与えるスピルオーバー効果に関するものだったが，次に外国企業のR&D活動が現地企業のR&D活動に与える影響に関する研究について見ていく．ある企業のR&D投資が他の企業のR&D投資の効率を向上させるという，R&D投資のスピルオーバー効果については，Jaffe(1986)，Jaffe, Trajtenberg and Henderson(1993)，Acs, Audretsch and Feldman(1994)など，特許引用のデータを用いて，地理的に近接している企業間におけるスピルオーバー効果を分析した研究がある．これらの研究では，R&D投資がもたらす企業間のスピルオーバー効果が，地理的に近接している企業間に制約されるとき，外国企業のR&D拠点の設立は，現地企業のR&D活動の生産性向上に貢献すると考えられる．

外国企業のR&D活動が現地企業のR&D活動にもたらすスピルオーバーに関する研究は，すでにいくつかなされている．Almeida(1996)は，アメリカにおける外国企業のR&D活動がアメリカ企業の技術開発に貢献していることを示しており，Branstetter(2006)は，アメリカに直接投資を行う日本企業のデータを用いて，日本企業の直接投資とR&D活動がアメリカ企業のR&D活動に対してスピルオーバー効果を持つことを示している．中国については，Liu and Zou(2008)が，中国のハイテク産業におけるイノベーション・パフォーマンス(総売上げに占める新製品の割合)と外資企業のR&D支出との関係を分析しており，外資企業のR&D支出が，中国企業のイノベーション・パフォーマンスを向上させていることから，外資企業のR&D活動が，中国のR&D活動にスピルオーバー効果をもたらしていることを示している．

外国企業のR&D活動を通じたスピルオーバーの具体的な経路としては，外国企業から現地企業への労働移動を通じたものと，外国企業と現地企業や現地の大学などの公共研究機関との共同研究を通じたものが挙げられる．ハイテク企業間の労働移動とスピルオーバー効果との関係については，アメリカのハイテク産業について研究したAlmeida and Kogut(1999)，Rosenkopf and Almeida(2003)やSong, Almeida and Wu(2003)などがある．これらの研究では，企業間の労働者の移動と特許引用によって測られた企業間の技術の流れに相関

---

[5] Todo and Miyamoto(2006)とTodo, Zhang and Zhou(2006)の分析は戸堂(2008第5章)でも参照することができる．

関係があることから，労働移動がR&D活動に関する企業間スピルオーバーの経路となっていることが示されている．しかし，外国企業から現地企業への労働移動とR&D活動に関するスピルオーバー効果との関係を示した研究はまだなされておらず，今後の課題だと考えられる．

共同研究とスピルオーバーの関係については，Rosenkopf and Almeida (2003)が，アメリカのハイテク産業のデータを用いて，企業間の提携が他企業からの技術導入に貢献しており，企業の保有する技術分野と異なる分野の技術を導入しようとするほど，その貢献度は高くなることを示している．また，Belderbos, Carree and Lokshin (2004) は，オランダのデータを用いて，競合企業や垂直的連関の関係にある企業，そして公共研究機関との共同研究がスピルオーバー効果を通じて，企業のイノベーションに貢献していることを示している．さらに，大学や公的研究機関との共同研究がもたらすスピルオーバーについては，Siegel, Westhead and Wright (2003) が，イギリスのデータを用いて大学やサイエンスパークなどの公的な研究機関が国内企業のR&D活動に役立つ技術を提供していることを示している．しかし，共同開発がもたらすスピルオーバー効果に関するこれらの研究では国内企業間のスピルオーバーに焦点が当たっており，外国企業と現地企業間のスピルオーバーに関する研究はまだなされておらず，これも今後の課題となるのではないかと考えられる．

各国の政府は，自国のイノベーション・システムを向上させるために，優れた技術を持つ外国企業のR&D拠点を自国に誘致しようとしている．UNCTAD (2005 ch.7) では，多国籍企業のR&D活動の国際化を自国のイノベーション・システムの向上に結びつけるためには，外国企業のR&D拠点の設立を促進するための誘致政策（外国企業のR&D活動に関する課税控除や投資誘致機関・サイエンスパークの設置など）に加えて，外国企業のR&D活動から現地企業が得るスピルオーバー効果の便益を強化するための産業政策が必要だと述べられている．これらの政策を効率よく実施するためには，外国企業のR&D活動が現地企業にもたらす技術のスピルオーバー効果の実態を把握しなければならない．中国においてもそれは同様であり，世界中の多国籍企業が中国にR&D拠点を設立しようとする現在の状況を，国内のイノベーション・システムの発展に結びつけるためにも，本節で述べたようなR&D活動がもたらすスピルオーバー効果に関する研究を，さらに進めていく必要があると考えられる．

V. 多国籍企業は技術流出リスクにどのように対処するのか

　前節で示したように，外国企業の直接投資による生産拠点やR&D拠点の設置は，現地企業の生産性の向上やR&D活動の活発化というスピルオーバー効果をもたらすと考えられている．これは，直接投資を行う多国籍企業の立場からみれば，自らの相対的な競争力の低下をもたらす技術流出リスクと捉らえられる．Ⅱ節で示したように，中国のような新興国では，先進国ほど知的財産権が保護されておらず，また労働者の離職率も高いため，技術流出リスクは先進国に比べて高いはずである．このため，知的財産権の保護が強くない新興国に進出する多国籍企業は，技術流出リスクを避けるために様々な方策を講じている．本節では，技術流出リスクが存在する時の多国籍企業の行動に関する研究について紹介する．

1. 技術流出リスクを防ぐための多国籍企業の行動

　外国企業と現地企業間の労働移動に伴うスピルオーバー効果が存在する時の多国籍企業の行動に関する理論研究には，Fosfuri, Motta and Ronde (2001) やGlass and Saggi (2002) などがある．彼らのモデルでは，多国籍企業が外国に生産拠点を設置する時，現地企業は外国企業に雇われている労働者に，より高い賃金を提示する事によって，労働者を外国企業から引き抜くことができると考えられている．外国企業で雇われていた労働者は，外国企業の技術やノウハウなどを身につけているために，現地企業は労働者を外国企業から引き抜くことによって，外国企業の技術を吸収し，生産性を向上させることができる．これに対し，外国企業は，現地で雇った労働者に対して賃金プレミアムを支払うことによって，労働移動に伴う技術流出を防ぐことができる．これは，外国企業が支払う労働賃金が高くなるほど，現地企業は労働者を引き抜くために高賃金を提示しなければならなくなるため，技術導入コストが高くなり，外国企業の技術を吸収したとしても利益を得ることができなくなるためである．

　このような状況にあるとき，外国企業が現地企業への技術のスピルオーバーを防ぐために労働者に高賃金を提示するのかどうかは，現地企業の技術吸収力と，現地企業との市場における競合度に依存する[6]．現地企業の技術吸収力が高くなるほど，現地企業は高賃金で外国企業から労働者を引き抜いたとしても，十分利益を得ることができるだけの生産性の向上を実現することができるため，

---

[6] 市場における競合度は，外国企業と現地企業の製造する製品の差別化の程度に依存する．両企業の製品が完全に同質である場合，市場における競合度は強くなるが，十分差別化されている場合，市場における競合度は弱くなると考えられる．

外国企業が技術流出を防ぐために労働者に提示する賃金プレミアムは高くなっていく．そうすると，現地企業へのスピルオーバーを防いだとしても，労働コストが高くなってしまい，外国企業の得る利潤は少なくなってしまい，賃金プレミアムを払わずに現地企業へのスピルオーバーを許容する方が利益が大きくなる事態が生じることになる．さらに，外国企業と現地企業の市場における競合度がそれほど強くなく，現地企業へのスピルオーバーに伴う利潤の減少が少なくなるほど，外国企業が現地企業へのスピルオーバーを許容する可能性は高くなる．

このように，外国企業はスピルオーバーによる技術流出を防ぐコスト（賃金プレミアム）と，スピルオーバーによる技術流出を許容する時の損失を考慮して，現地企業へのスピルオーバーを許容するかどうかを判断する．現地企業の技術吸収力が高く技術流出を防ぐコストが高くなる，もしくは現地企業との市場における競合度が弱くスピルオーバーによる損失が小さくなるとき，外国企業は現地企業へのスピルオーバーを許容するのである．

技術流出リスクを避ける方法は，賃金プレミアムだけではない．Levin, Klevorick, Nelson and Winter (1987), Harabi (1995), Cohen, Nelson and Walsh (2000), Faria and Sofka (2008) らが指摘するように，企業は知的財産権のような法的な保護以外にも，企業機密 (Secrecy), 先行的な市場化 (Lead time), 学習曲線 (Learning Curves), 製法・設計の複雑性 (Complex design), 暗黙知化 (Intangible) など，様々な経営手法によって，自らが開発した技術がもたらす利益を確保しようとしている．中国のような知的財産権の保護が弱い地域で活動する多国籍企業は，このような経営手法を駆使することによって，技術流出リスクに対応しているものだと考えられる．

また，多国籍企業内のR&D組織を地理的に分散させることによって，知的財産権の保護が弱い新興国でのR&D活動に伴う技術流出リスクを少なくしようとする動きもある．Zhao (2006) は，多国籍企業が保有する技術の補完性に着目し，知的財産権の保護が弱い国と強い国における多国籍企業のR&D活動の違いについて分析した．多国籍企業のR&D活動は，いくつかの重要な技術要素を組み合わされることによって行われている．各技術要素に補完性が存在しているとき，多国籍企業はR&D活動を地理的に分散させることによって，一つ一つのR&D活動がもたらすスピルオーバーから生じる損失を和らげることができると考えられる．Zhaoは，知的財産権の保護の度合いの強い国と弱い国とを分類した上で実証分析を行い，知的財産権の保護の弱い国で開発された技術は，多国籍企業内部で使用されることが多く，多国籍企業内部の技術との補完性が強くなることを示した．また，Quan and Chesbrough (2008) は，

中国でR&D活動を行う多国籍企業が，自らのR&D過程を階層的にモジュール化することによって，知的財産権の保護が弱い中国におけるR&D活動がもたらす利益を確保しようとしていることを示している．このように，企業内のR&D組織を各国の知的財産権保護の程度の違いに対応させることによって，多国籍企業はR&D活動がもたらす利益を確保しようとしている．

2．双方向のスピルオーバーと多国籍企業の行動

　これまでの議論では，技術のスピルオーバーは，外国企業から現地企業へという一方向のみに働くと考えてきた．しかし，現地企業から外国企業への技術のスピルオーバーも同時に存在して，双方向に技術のスピルオーバーが発生するとき，多国籍企業は，スピルオーバー効果によって現地企業から技術を吸収するために，R&D拠点や生産拠点を外国に設立することが考えられる．現地企業からの技術獲得を目的とした直接投資の研究には，Fosfuri and Motta (1999)やSiotis (1999)がある．また，各企業のR&D拠点間に双方向のスピルオーバーが発生する時に，各企業がR&D拠点を同じ地域に立地する誘因があることを示した理論モデルに，Gersbach and Schmutzler (1999, 2006)やBelderbos, Lykogianni and Veugelers (2008a b)がある．これらのモデルでは，多国籍企業は競合企業からのスピルオーバー (incoming spillover) を得ることによる利益と，競合企業へのスピルオーバー (outgoing spillover) によって被る損失を考慮して，R&D拠点を競合企業と同じ国に立地するかどうかを選択する．競合企業からスピルオーバーを得ることによる利益の方が大きくなる時，多国籍企業は国外にR&D拠点を設立する事になる．

　企業間の労働移動に伴うスピルオーバー効果については，Fosfuri and Ronde (2004)やCombes and Duranton (2006)が，シリコン・バレー内における企業間労働移動が他地域に比べて非常に高いことに着目し，企業間労働移動に伴う技術流出リスクが存在するにもかかわらず，ハイテク企業がシリコン・バレーのようなハイテク・クラスターに集積する要因についてモデル分析を行っている．これらの理論モデルでは，労働者が他企業へと転職することによる技術流出リスクに比べて，他企業から労働者を引き抜くことによる技術獲得の利益が上回るのであれば，企業は同じ地域に立地する事が示されている．

　このように，企業は，同地域に立地する他企業への技術流出リスクと，同地域に立地する他企業や研究機関から得るスピルオーバーによる技術力の向上から得る利益とを考慮して，R&D拠点の立地を決める．Alcacer and Chung (2007) は，技術の性質と企業の技術力の違いに応じた企業の立地戦略に関する実証分析を行っている．彼らは，技術を科学技術に関する基礎技術と企業の

商品化につながる応用技術に分類し，基礎技術は不確実性が高く，その技術が企業の利潤に直接結びつかないリスクを持つために，大学や公的な研究機関が開発する傾向にある一方で，企業は基礎技術より商業化しやすい応用技術の開発を好む傾向があると考えた．その上で，技術開発力の高い企業は，基礎技術の技術吸収力が高いことと，公的な研究機関に対しては技術流出のリスクが低いと考えられることから，大学や公的研究機関の研究が活発な地域に立地する傾向がある一方で，他企業の産業活動が活発な地域への立地は技術流出リスクの恐れから避ける傾向があることを示した．また，技術開発力の高くない企業は，基礎技術の技術吸収力が低いために，大学や公的研究機関の活動より，他企業の産業活動が活発な地域に立地する誘因の方が高いことを示した．

　本節では，知的財産権の保護が確立されておらず，現地企業への技術流出リスクが存在する中国のような新興国にR&D拠点を設立する外資企業の行動に関する研究について述べてきた．多国籍企業が外国で行うR&D活動には，自らが持つ競争優位を現地市場に適用させるためのR&D活動と，現地の知識リソースから自らの競争優位を構築するためのR&D活動の2種類がある．前者のR&D活動に関しては，外国企業は現地企業への技術流出リスクを少なくするために，労働者に賃金プレミアムを支払ったり，R&D活動を地理的に分散させたりなどと様々な戦略を行うことが考えられる．このとき，外国企業から現地企業への技術のスピルオーバーが実現するのは，現地企業の技術吸収力が高く外国企業が技術流出を防ぐためのコストが高くなるときや，外国企業と現地企業の生産する製品が差別化されており，市場における競合度が少なく外国企業にとって技術流出が発生した時の損失がそれほど大きくない時である．また，技術獲得型のR&D活動は現地の知識リソースからのスピルオーバーを得ることを目的に行うため，技術流出リスクが存在したとしても，それを上回るスピルオーバーの利益を現地の知識リソースから得ることができるのであれば，外国企業はR&D拠点を新興国に設置しようとするだろう．

VI. 結論

　本稿では，近年多国籍企業の中国におけるR&D活動が活発になっている現状を踏まえて，外国企業のR&D拠点や生産拠点の設立が現地企業にもたらすスピルオーバー効果に関する研究と，現地企業へのスピルオーバー効果に対する多国籍企業の行動に関する研究について紹介してきた．

　中国をはじめとする新興工業国が，多国籍企業の生産拠点やR&D拠点を積極的に受け入れる目的の一つに，優れた技術を持つ多国籍企業から現地企業へ

のスピルオーバー効果を通じて，現地企業の技術力や研究開発力の向上を実現することがある．このため，スピルオーバー効果の存在やその経路に関する研究は，外国企業の誘致戦略を考える上で非常に重要なものとなる．特に，多国籍企業のR&D拠点が現地企業にもたらすスピルオーバー効果に関する研究は，生産拠点がもたらすスピルオーバーの研究に比べるとまだ少ないのが現状であるため，今後活発な研究が行われることが期待される．特に，企業間労働移動に伴うスピルオーバーや，現地企業や公共研究機関との共同研究がもたらすスピルオーバーなど，具体的なスピルオーバーの経路を考慮した研究は興味深いものだと考えられる．

現地企業へのスピルオーバー効果は，多国籍企業にとっては自らの競争力を弱めることから，国外で生産・R&D拠点を行う上でのリスク要因と考えられる．このため，多国籍企業は，技術流出リスクに対して，賃金プレミアムの支払いや，R&D活動の地理的分散によって対処している．外国企業の誘致戦略を考える場合には，このような多国籍企業の行動について考慮しなければならない．近年，知的財産権の保護が確立されていない中国のような新興工業国における多国籍企業のR&D活動が活発になっていることから，知的財産権という法的手段に頼らずに技術流出リスクを避けるための多国籍企業の行動に関する研究が増えてきており，今後ますます活発になるのではないかと考えられる．

技術流出リスクを避けようとする外国企業から技術を吸収するために必要な戦略とは何なのだろうか．それは，外国企業と競合的ではなく補完的・協調的な関係を如何に築けるのかということではないかと考えられる．スピルオーバー効果に関する多くの研究が示すように，スピルオーバー効果は外国企業と同業種の企業よりも，外国企業と垂直的連関の関係にある企業や異業種の企業へのものの方が大きい．これは，これらの企業へのスピルオーバー効果の多国籍企業にもたらす損失が小さいためである．特に，垂直的連関関係にある企業については，現地企業の技術力向上が外国企業の利益にもつながることを考えれば，積極的に現地企業への技術移転を行うことも考えられる．このようなことから，取引関係を通じた外国企業とのつながりがスピルオーバー効果を得る上で重要な要因となることがわかる．また，多国籍企業の行動に関する研究が示すように，現地企業との双方向のスピルオーバーが発生する時，多国籍企業は技術流出リスク以上の利益を得ることができるときに，現地企業とスピルオーバーを相互に与え合う関係を選択することがある．このことを考えると，外国企業のR&D拠点を誘致するためには，外国企業との双方向のスピルオーバーを実現できるようにする必要があるだろう．中国には，大きく成長の見込める国内市場と，安価で大量な知的熟練労働が存在するために，知的財産権の

保護が弱くても，多くの多国籍企業のR&D拠点を呼び寄せる地理的魅力があるが，今後外資企業のR&D活動を国内企業のR&D能力の向上に結びつけるためには，外資企業と技術の相互補完関係を結べるような国内の研究体制を整え，中国内の大学などの研究機関や中国企業と外資企業との共同研究を促すような政策が必要だと考えられる．

参考文献

金 (2006)「中国における外資企業のR&D活動と日系企業」『研究レポート』No.270，富士通総研経済研究所

財団法人産業研究所 (2007)「成長を遂げる中国・インド経済の現状分析とサービス産業を含む我が国企業の海外展開に関する調査研究」

戸堂 (2008)『技術伝播と経済成長：グローバル化時代の途上国経済分析』勁草書房

Acs, Audretsch and Feldman (1994), "R&D Spillovers and Recipient Firm Size", *The Review of Economics and Statistics* (76) pp.336-340

Aitken and Harrison (1999), "Do Domestic Firms Benefit from Direct Foreign Investment?", *American Economic Review* (89) pp.605-618

Alcacer and Chung (2007), "Location Strategies and Knowledge Spillovers", *Management Science* (53) pp.760-776

Almeida (1996), "Knowledge Sourcing by Foreign Multinationals: Patent Citation Analysis in the U.S. Semiconductor Industry", *Strategic Management Journal* (17) pp.155-165.

Almeida and Kogut (1999), "Localization of Knowledge and the Mobility of Engineers in Regional Networks", *Management Science* (45) pp.905-917

Asakawa and Som (2008), "Internationalization of R&D in China and India: Conventional wisdom versus reality", *Asia Pacific Journal of Management* (25) pp.375-394

Belderbos, Carree and Lokshin (2004), "Cooperative R&D and firm performance", *Research Policy* (33) pp.1477-1492

Belderbos, Lykogianni and Veugelers (2008a), "Strategic R&D location by multinational firms: Spillovers, technology sourcing and competition", *Journal of Economics and Management Strategy* (17) pp.759-779

Belderbos, Lykogianni and Veugelers (2008b), "Strategic R&D Location in European Manufacturing Industries", *Review of World Economics* (144) pp.183-206

Blalock and Gertler (2008), "Welfare Gains from Foreign Direct Investment through Technology Transfer to Local Suppliers", *Journal of International Economics* (74) pp.402-421

Blomstrom and Kokko (1998), "Multinational Corporations and Spillovers", *Journal of Economic Surveys* (12) pp.1-31

Blomström and Sjöholm (1999), "Technology transfer and spillovers: Does local participation with multinationals matter?", *European Economic Review* (43) pp.915-923

Branstetter (2006), "Is foreign direct investment a channel of knowledge spillovers? Evidence from Japan's FDI in the United States", *Journal of International Economics* (68) pp.325-344

Branstetter, Fisman and Foley (2006), "Do stronger intellectual property rights increase international knowledge transfer? Empirical evidence from U.S. firm-level panel data", *Quarterly Journal of Economics* (121) pp.321-349

Chuang and Hsu (2004), "FDI, trade, and spillover efficiency: evidence from China's manufacturing sector", *Applied Economics* (36) pp.1103-1115

Chuang and Lin (1999), "Foreign direct investment, R&D and spillover efficiency: evidence from Taiwan's manufacturing firms", *Journal of Development Studies* (35) pp.117-137

Cohen, Nelson and Walsh (2000), "Protecting their Intellectual Assets: Appropriability Conditions and Why U.S. Manufacturing Firms Patnt (or not)", NBER Working Paper No. 7532

Combes and Duranton (2006), "Labour Pooling, labour Poaching, and spatial clustering", *Regional Science and Urban Economics* (36) pp.1-28

Djankov and Hoekman (2000), "Foreign Investment and Productivity Growth in Czech Enterprises", *World Bank Economic Review* (14) pp.49-64

Faria and Sofka (2008), "Formal and Strategic Appropriability Strategies of Multinational Firms - A Cross Country Comparison", ZEW Discussion Paper No.080-030

Fosfuri and Motta (1999), "Multinationals without Advantages", *Scandinavian Journal of Economics* (101) pp.617-630

Fosfuri, Motta and Ronde (2001), "Foreign direct investment and spillovers through workers' mobility", *Journal of International Economics* (53) pp.205-222

Fosfuri and Ronde (2004), "High-tech Clusters, Technology Spillovers, and Trade Secret Laws", *International Journal of Industrial Organization* (22) pp.45-65

Gersbach and Schmutzler (1999), "External spillovers, internal spillovers and the geography of production and innovation", *Regional Science and Urban Economics* (29) pp.679-696

Gersbach and Schmutzler (2006), "Foreign Direct Investment and R&D offshoring", CEPR Discussion papers No.5766

Girma (2005), "Absorptive Capacity and Productivity Spillovers from FDI: A Threshold Regression Analysis", *Oxford Bulletin of Economics and Statistics* (67) pp.281-306

Glass and Saggi (2002), "Multinational Firms and Technology Transfer", *Scandinavian Journal of Economics* (104) pp.495-513

Gorg and Grrenaway (2004), "Much Ado about Nothing? Do Domestic Firms Really Benefit from Foreign Direct Investment?", *The World Bank Research Observer* (19) pp.171-197

Hale and Long (2007), "Is There Evidence of FDI Spillover on Chinese Firms' Productivity and Innovation", Yale University Economic Growth Center Discussion Papers No. 934

Harabi (1995), "Appropriability of Technological Innovations - an Empirical Analysis", *Research Policy* (24) pp.981-992

Ito and Wakasugi (2007), "What factors determine the mode of overseas R&D by multinationals? Empirical evidence", *Research Policy* (36) pp.1275-1287

Jaffe (1986), "Technological Opportunity and Spillovers of R&D: Evidence from Firms' Patents, Profits, and Market Value", *The American Economic review* (76) pp.984-1001

Jaffe, Trajtenberg and Henderson (1993), "Geographic Localization of Knowledge Spillovers as evidenced by Patent Citations", *The Quarterly Journal of Economics* (108) pp.577-598

Javorcik (2004a), "The composition of foreign direct investment and protection of intellectual property rights: Evidence from transition economies", *European Economic Review* (48) pp.39-62

Javorcik (2004b), "Does Foreign Direct Investment Increase the Productivity of Domestic Firms?: In Search of Spillovers Through Backward Linkages", *The American Economic Review*

(94) pp. 605-627

Kokko (1994), "Technology, market characteristics, and spillovers", *Journal of Development Economics* (43) pp.279-293

Kugler (2006), "Spillovers from foreign direct investment: Within or between industries?", *Journal of Development Economics* (80) pp.444-477

Kummerle (1999), "The Drivers of Foreign Direct Investment into Research and Development: An Empirical Investigation", *Journal of International Business Studies* (30) pp.1-24

Le Bas and Sierra (2002), " 'Location versus home country advantages' in R&D activities: some further results on multinationals' locational strategies", *Research Policy* (31) pp.589-609

Lee and Mansfield (1996), "Intellectual Property Protection and U.S. Foreign Direct Investment", *The Review of Economics and Statistics* (78) pp.181-186

Levin, Klevorick, Nelson and Winter (1987), "Appropriating the Returns from Industrial Research and Development", *Brookings Papers on Economic Activity* (3) pp.783-831

Liu (2008), "Foreign direct investment and technology spillovers: Theory and evidence", *Journal of Development Economics* (85) pp.176-193

Liu and Zou (2008), "The impact of Greenfield FDI and mergers and acquisitions on innovation in Chinese high-tech industries", *Journal of World Business* (43) pp.352-364

Lundin and Serger (2007), "Globalization of R&D and China - Empirical Observations and Policy Implications", IFN Working Paper No.710

Quan and Chesbrough (2008), "Hierarchical Segmentation of R&D Process and Intellectual Property Protection: Evidence from Multinational R&D labs in China", Massachusetts Institute of Technology, 2008 Industry Studies Annual Conference paper

Rosenkopf and Akmeida (2003), "Overcoming Local Search through Alliances and Mobility", *Management Science* (49) pp.751-766

Siegel, Westhead and Wright (2003), "Assessing the impact of university science parks on research productivity: exploratory firm-level evidence from the United Kingdom", *International Journal of Industrial Organization* (21) pp.1357-1369

Siotis (1999), "Foreign Direct Investment Strategies and Firms' Capabilities", *Journal of Economics and Management Strategies* (8) pp.251-270

Song, Almeida and Wu (2003), "Learning-by-Hiring: When is Mobility More Likely to Facilitate Interfirm Knowledge Transfer?", *Management Science* (49) pp.351-365

Takii (2005), "Productivity Spillovers and Characteristics of Foreign Multinational Plants in Indonesian Manufacturing 1990-1995", *Journal of Development Economics* (76) pp.521-542

Todo (2006), "Knowledge spillovers from foreign direct investment in R&D: Evidence from Japanese firm-level data", *Journal of Asian Economics* (17) pp.996-1013

Todo and Miyamoto (2006), "Knowledge Spillovers from Foreign Direct Investment and the Role of R&D Activities: Evidence from Indonesia", *Economic Development and Cultural Change* (55) pp.173-200

Todo, Zhang and Zhou (2006), "Intra-Industry Knowledge Spillovers from Foreign Direct Investment in R&D: Evidence from a Chinese Science Park", SSRN Working Paper No. 938079

UNCTAD (2005), *World Investment Report 2005*, New York and Geneva: UN

Yang and Jiang (2007), "Location advantages and subsidiaries' R&D activities in emerging economies: Exploring the effect of employee mobility", *Asia Pacific Journal of Management* (24) pp.341-358

Zhao (2006), "Conducting R&D in Countries with Weak Intellectual Property Rights Protection", *Management Science* (52) pp.1185-1199

第 2 部

第5章　財政リスクおよびその防御システムに関する研究
第6章　中国の財政移転支出制度改革の諸問題
第7章　中国の医療保障制度の軌跡と展望
第8章　少子高齢社会リスクと財政システム

第5章
財政リスクおよびその防御システムに関する研究

馬　　国　　強・張　　　海　　星

Ｉ．序言

　如何に財政リスクを防ぎ，財政の安定性と持続可能性を保つかということは，すでに世界的な課題となっている．近年，世界銀行，国際通貨基金組織，EUなどの国際組織は，財政リスクに関する研究を強化し，政府の財政報告の中で財政リスクを公表するように求めている．世界各国とも財政リスクに重大な関心を寄せており，いくつかの国はすでに実質的な一歩を踏み出している．例えば，アメリカ，ニュージーランド，カナダ，南アフリカ，ブラジル，コロンビアなどの国は一定の法律の枠組みを用いて財政リスクの累積と発生を阻止しようと努めている．

　中国の財政学界における財政リスク問題に関する研究の高まりは，1998年から始まった．当時，アジア金融危機，内需の不振が引き起こした経済不況に対処するため，中国では長期国債の発行，投資的財政支出の増加を中心内容とする積極的財政政策を発動させた．それにより必然的に国債発行の規模と累積残高は急速に上昇し，一部の国債負担評価指標は警戒線に近づき或いは警戒線を超えてしまい，財政の安定的運営が脅かされる結果となった．財政リスクの解釈，判定および緩和，解決策などをめぐって，多くの財政専門家は財政リスク問題に関する幅広い分析を行い，一定の成果を上げている．それと同時に，政府報告および中央と地方の予算決議案の中でも「財政リスクの防御に注意を払うように」と提起されることなど，各級政府の財政リスクに対する認識も大きな変化が見られた．しかし，財政リスクは一つの新しい研究領域と研究課題として，実践的な要求と比べると，その理論研究はまだ遅れており，多くの問題が残っている．

　本論文はまず財政リスクの基本的な問題から着手し，財政リスクの定義，特徴および類型を明確にした上で，政府の二重主体性，財政リスク・マトリックスおよび評価方法の三つの側面から財政リスク分析の枠組みを作り上げ，そしてその枠組みを使い中国の財政リスクの現状について考察を行った．考察を踏まえた上で，以下のような財政リスクを防御，解消する制度配置および管理措置を提起した．すなわち，社会全体を網羅するリスク責任規制システムを確立

すること，財政リスクを防御する制度的方法を構築すること，財政リスクを回避する管理システムを確立すること，財政リスクを予測警告する技術的方法を探求することである．

II．財政リスクの基本的な問題
1．財政リスクの定義
現有の文献を見ると，中国の学者は主に二つの角度から財政リスクの定義を行っている．

(1) 「リスク」の意味から財政リスクの定義を導き出す

『辞海』の解釈によると，リスクとは各種の不確実的な要素の影響によって行為主体に損失もしくは損害をもたらす可能性を指す．多くの文献では財政リスクのリスク属性（すなわち可能性と不確実性）を認めた上で，直接その中身を充実させている．

王聡(2000)によると，「財政リスクとは財政から必要な財力を提供できないために，国家の正常運営ができない可能性」を指す．邢俊英(2000)も「財政リスクとは財政が十分な財力を提供できないことによって，政府がその職能を遂行できない可能性である」と指摘した．高志立ほか(2001)によると，財政リスクとはもっぱら財政領域における各種の不確実要素の総合的影響によって生じる財政資金の損失もしくは財政運営の破綻の可能性のことである．

一方，陳学安・候孝国(2001)は，財政リスクとは現在執行している中国の財政政策が将来の財政運営にもたらす損失もしくは損害の可能性であると考えている．謝毅(2001)によると，財政リスクとは，国家が収入を集めたり配分したりする過程で，政府の財政制度や財政手段自身の欠陥および財政運営の過程で遭遇する各種の不確実な要因により，財政職能の正常発揮を阻害し，損失や困難をもたらす可能性のことであるとしている．

劉尚希(2003)は，より広い角度から財政リスクの定義を説明している．劉によると，財政リスクとは，政府がその負担すべき支出責任と義務を履行するための十分な公共資源を擁していないゆえに，経済，社会の安定と発展に損害を与える可能性のことである．この定義から，財政リスクは次のような形で発生すると彼は指摘している．まず最初に赤字が持続不可能になり，次に債務が持続不可能になり，さらに財政が持続不可能になり，そして財政危機が発生する．最終的にこのようなリスクもしくは危機は逆に経済，政治領域に浸透してくることで，経済の衰退と政治の不安定を引き起こしてしまう．

(2) 「財政困難」と「財政危機」から財政リスクを解釈する

『新パルグレイブ経済学大辞典』の中の関連語句の解説によると，財政リスクは財政危機が発生する可能性を指している．広義の財政危機は，国家財政，銀行信用および貨幣流通の混乱や不安が含まれる．狭義の財政危機は，国家財政収支の危機だけを指している．財政危機は，一般的に国家収支が相償わない，巨大な財政赤字，国家債務の大幅な増加，全部もしくは一部の国家債券の現金引換えの停止などの形で現れる．

ほかに以下の論者も，この角度から財政リスクを解釈している．「財政リスクとは財政危機が発生する隠れた危険性の存在を指している」(楊小軍1999)，「財政リスクについて言えば，財政が直面している収入減少や支出増大，およびそれによってもたらす財政危機の可能性を指している」(施青軍2000)，「いわゆる財政リスクとは，財政収入増加の惰性と財政支出増加の剛性および両者の合力によって財政的困難が生じ，財政危機を引き起こしうる状況のことである．この意味からみると，財政リスクを財政危機が発生する隠れた危険とも言うことができる」(孫国相2001)，「一般的に，財政リスクは財政が直面する支払い危機の可能性を指しており，主に赤字と債務の膨脹として表れる．一国の経済および社会の負荷能力を超過するまでに膨脹してしまうと，財政危機に転じ，経済，政治の全面的危機と社会の不安定を引き起こす」(叢明・胡哲一2001)．

2．財政リスクの特徴
(1) 総合性

内容的にみると財政リスクの包括性は極めて強く，ほかの多くのリスクは財政リスクの原因になりうる．洪水，旱魃，地震などの大自然のリスクも幾分財政リスクの源になっている．所得分配のアンバランス，社会秩序の混乱，信用体系の欠如，社会的貧困の悪化，失業者の増加などの社会的リスクも，一定程度財政リスクに転化しうる．収入の管理徴収システムの混乱，徴収管理効率の低下，財政分配総額と構造に関する決定の不合理，収支形式と社会経済環境の不適合などのような財政自身が招いた財政リスクもあれば，上述したような自然災害，社会リスクおよび他の経済領域で発生する諸々のリスクがもたらした外来の財政リスクもある．社会経済の制度的欠如が財政リスクに変わることはあり得るし，個人や家庭の日常的な営みも財政リスクになる可能性はある．これらのリスクは財政リスクに変わる時その程度およびタイムラグはそれぞれ異なっているが，どれも財政リスク体系の構成内容である．

(2) 終極性

　財政リスクは他のリスクの最終的な帰着点である．国家は最高レベルの社会主体として，他の社会主体は力が及ばない全ての責任を担っている．市場経済において，国家が担う職責の多くは資金分配の形で現れる．財政は国家を主体とする分配手段として当然，国家を代表し資金分配の最終責任を負う．分配領域における所有者の代表として，全ての国有企業の財務リスクは財政リスクとして現れ，社会利益の集中的代表として，国家財政は最終的に各種の社会リスクを解消する役割を果たさなければならない．環境汚染，物価上昇，交通渋滞，信用危機など，社会利益が損なわれることであれば，国家財政は必ず立ち向かい，問題を緩和する責任を担い，社会利益によい環境を回復，創出しなければならない．社会の各種のリスクで構成されるリスク連鎖の中で，財政リスクは最終の一環である．

(3) 制度性

　財政リスクの主な形成および解消過程は，すべて制度に制約されている．財政リスクは主にいくつかの不確実的な要因が国家財政にもたらした実質的な困難であるが，しかしリスクの種類や程度の測定，リスク対応基金の設置などは厳密な制度の枠組みの中で行われている．政府予算は財政運営状況を具体的に表しており，その中に財政リスクの状況が含まれている．政府の予算編成の全過程は「中華人民共和国憲法」，「中華人民共和国予算法」など厳密な法律規定に基づいて行われている．財政リスクの測定と防御には強い制度性があると言える．例えば，中国の社会経済制度の下では，国家財政は所有者権益の代表として，国有企業（国有銀行を含む）から転嫁される財務リスクと金融リスクを引き受けざるを得ない．社会保障基金支払いリスクが財政リスクに転化するのも，関連法律を転化根拠にしている．財政リスクの制度的特徴は，リスク形成の源が制度的要因であることを示している．同じ様に，財政リスクを防御し，解消するためにも，より整備された法律体系，より厳格な法律執行が求められている．

(4) 隠蔽性

　財政リスクの累積過程は表面上穏やかでありながら，徐々に加速していく過程である．各種のリスクの累積過程において，そのペースがゆっくりとしている間，財政リスクに転嫁させるために「水門」を開ける必要はない．しかし，累積が加速し，リスクがそれぞれ自身でコントロールできなくなった時，直ちに転嫁の「水門」を開け，そのリスクを財政部門に吐き出してしまう．そのため，短期間で財政リスクは急激に上昇し，抑制方法を少しでも間違えば，財政危機が発生する可能性がある．しかも，財政リスクは一部の人によって技術的な手段で隠れたリスクにされやすい．例えば，財政収入をよく見せるために，

いんちきをしてニセ帳簿を作ったり，翌年の税収を繰り上げて徴収したり，「虚収空転」（架空収入による粉飾経営）をしたりする．上級政府の現実離れした要求に迎合するために，人為的に財政赤字を調整し，必要な公共事務の支出を減らしたりする．諸々の原因によって財政リスクは隠蔽的になり，財政リスクの蓄積程度が分かりにくくなるので，政策決定者は源から財政リスクを取り除く機会を失ってしまう．

(5) **外部性**

財政リスクは一旦発生すると，大きな外部性があり，経済運営と政治に一連の影響を与え，最悪の場合,社会不安を引き起こしてしまう.現代社会において，政府と保険会社はリスクを防ぎ止める二つの障壁であり，それぞれの優位性を発揮している．保険会社は，主にリスクの組み合わせと分散を通じて事前的にリスク回避設計を行う．それ自身費用収益の試練を受けなければならず，市場の公平な取引方法が反映されている．他方，政府は事後的なリスクの転換や消化を通じて，市場が及ばないリスク分野に対して保険補償を提供する．政府自身は利益を追求せず，公平と正義を提供することで，国民に自分が遺棄されていないことを感じさせる．国家による費用の徴収は，あくまでも国家の存続を維持するための一つの手段にすぎない．つまり，保険会社に支払い責任が発生する時は一部の人の利益しか損なわないが，政府に支払い責任が発生する時は国民全体の利益を損なうことになる．保険会社が倒産しても最後に国家はリスクを遮るが，国家は保険会社の事前設計に頼ってリスクを埋めることはできない．故に，政府に財政リスクが発生すると，その波及範囲は非常に広く，小規模のリスク設計によって回避することはできない．

3．財政リスクの類型

財政運営は複雑である故に財政リスクも多様である．異なる角度，異なる基準から財政リスクを以下のように分類することができる．

(1) **財政リスクの範囲に基づく分類：狭義の財政リスクと広義の財政リスク**

狭義の財政リスクとは，財政自身の角度からのみ考察を行ったもので，政府の債務超過や債務不履行により，正常の機構運営を維持できないリスクのことを指す．それには二つの内容が含まれる．一つは，財政が国家機能を正常に稼動させるための財力を提供できない可能性であり，もう一つは，不適切な財政資源配分が引き起こした資源の浪費と損失である．広義の財政リスクとは，公共リスクを解消，回避するために発生する政府のリスクである．政府のあらゆる公共政策は最終的に財政に体現されるので，財政リスクはすなわち公共リスクである．財政は経済，自然，社会および政治の各方面のリスクの最終責任者

で，財政リスクは国家安全問題と同列に扱うことさえできる．

(2) **財政リスクの露呈程度に基づく分類：明示的な財政リスクと非明示的な財政リスク**

　世界銀行の専門家によると，明示的なリスク（直接リスク）とは特定の法律もしくは契約によって確認できる政府債務がもたらすリスクである．これらの債務は一般的に財政予算編成を通過しかつ一定の法定手続きを経て承認を受けたもので，予測，計算できるものである．非明示的なリスク（間接リスク）は政府の道義上の責任を指しており，主に公衆の期待や利益集団の圧力を反映している．それは財政が間接的に負わされる他の領域の債務で，政府の隠れた債務もしくは偶発債務である．一般的に財政予算以外で負わされる債務であるので，その額も事前に知ることはできない．

　また，一部の中国の学者によると，明示的なリスクとは，各種のリスク要因がはっきり露呈しており，損失もしくは損害を推計できるリスクのことである．例えば財政赤字，財政借入，財政運営困難度，財政職能の実現程度などである．非明示的なリスクとは，各種のリスク要因が隠蔽状態にあり，察知しにくいリスクのことである．例えば財政帳簿の「空転」（空回り）による「架空収入実支出」，非登記外債などである．

(3) **リスクの財政レベルによる分類：中央財政リスクと地方財政リスク**

　中国の財政は，予算レベルによって中央財政と地方財政に分けられている．従って，財政リスクも各財政レベルに存在している．中央財政リスクは以下の3つの面で現れる．一つには，中央財政の収支のバランスが取れず，赤字幅が大きいこと．二つには，中央財政の国債発行規模が過大であり，返済率と債務依存度が高すぎる状態で，期日に債務返済できない可能性があること．三つには，中央財政に隠れた負債がある，国家予算上に反映されない借金がある，もしくは財政と政府が担うべき職責を大量に減らして辛うじて国家予算の表面上の均衡を維持しているといったことなどである．

　政権機構のレベルに合わせ，中国の地方財政は省（自治区，直轄市）級財政，市（市轄区）級財政，県級財政，郷鎮財政で構成されている．これらの地方政府も中央政府と同様に地方財政リスクを負っている．中国予算法第二十八条に地方各級予算は「量入為出」（収入を量って支出を行う），収支均衡の原則に基づき編成し，赤字を出さないこと，法律および国務院の別途の規定を除けば，地方政府は地方政府債券を発行してはならないことを明確に規定している．しかし，財政収入弾力性の弱さ，重い財政負担，支出増加の圧力の増大，地方財政力のアンバランスなどの理由から，程度こそ異なるが多くの地方財政において「事実赤字」が発生している．財政事実赤字の発生と地方公債発行の禁止と

いう矛盾をごまかすために，地方政府は予算に組み入れない直接借金(例えば賃金未払いなど)をしたり，地方政府が担わなければならない職責の一部を放棄したりすることで，地方債務を隠蔽している．

　財政リスク体系全体において，中央財政リスクは財政リスクの主な存在形式であり，地方財政リスクを含む全ての財政リスクの最後の受け皿でもある．

(4) 財政リスクの表現形式による分類：収入リスク，支出リスク，赤字と債務リスク

　1996年に中国財政部は『国家財政困難とリスクおよび財政振興に関する対策研究報告』の中で初めて財政リスクに言及し，財政リスクの発生要因は主に四つあると指摘した．一つ目は，財政収入増加の弾力性が小さく，GDPに占める全国財政収入の比重および全国財政収入に占める中央財政収入の比重は下降傾向にあることである．二つ目は，国家財政力が不足しており，各種事業の発展需要を満たせないことである．三つ目は，財政赤字が拡大しつつあり，収支のアンバランス状況はさらに悪化していることである．四つ目は，政府債務が拡大しつつあり，財政リスクはますます際立つことである．この報告が出された後，一部の中国の学者の間で上述の四つの視点は財政リスク研究を行う際のモデルとなり，多くの研究論文や著作が発表された．

(5) 財政リスクの原因による分類：内生的リスクと外生的リスク

　内生的リスクとは，財政組織の内部要因(例えば，不適切な財政政策，財政制度の欠陥，予算管理体制の不合理および管理の非効率など)によって引き起こされる財政リスクのことである．外生的リスクとは，財政組織外部の要因によってもたらされるリスクのことであり，一般的に，経済や社会の運営システムが不健全な時に，不確実要素によって引き起こされ，最終的に財政が責任を負わされるリスクを指す．例えば，自然リスク，社会経済運営リスク，技術リスク，政治リスクおよび戦争リスクなどである．

Ⅲ．財政リスク分析の枠組み

1．政府の二重主体身分と財政リスク

　如何なるリスクもそれを受け持つ主体が存在する．主体の身分が異なると，受け持つリスクの内容も異なる．現代社会において，政府は経済主体でもあるし，公共主体でもあり，二重主体という身分を持っている．法律上経済主体としての政府は企業，個人などの経済主体と対等であり，相応の権利と義務を擁し，政府自身の公共財産権を守っている．経済主体という身分から論じられる財政リスクとは，既定の政府予算の枠組みの下で予算を執行する過程の中で生じるもので，「どうするのか」という操作レベルのリスクである．このレベルにおいて，

図5−1．政府の二重主体と財政支出責任

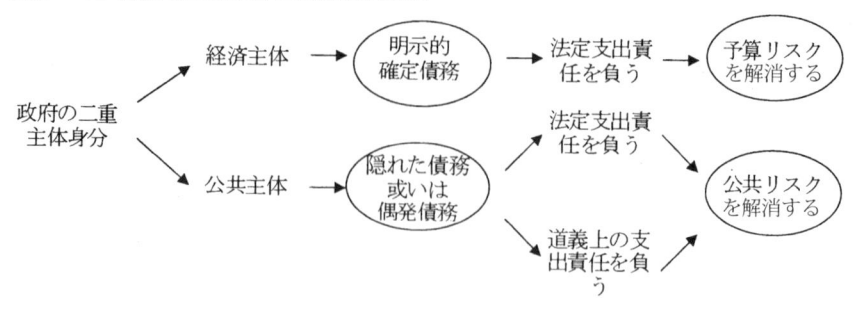

政府は経済主体に属する法定責任と義務しか負わず，その行為は私法による制約や調節を受ける．そのリスク管理の目標はリスクの最小化である．

　公共主体の身分で論じる政府の財政リスクは，政府の政策決定レベルのリスクのことを指している．つまり「何をするか」を決定する過程で負わされるリスクのことである．これは既定制度の枠組みの中における政府職能および政策目標と密接に関連する．例えば政府の公債発行リスク，企業融資担保リスクなど．この種のリスクはすべて政府の公共主体としての職能および具体的な政策目標と関係している．公共主体という身分から考えると，政府が担うべき支出責任と義務は，法定のものだけでなく，法律で規定，確定されていないが，社会公衆が認定した支出責任と義務（つまり推定の）も担わなければならない．このレベルにおいて政府がなすべきことは，公共リスクを負い，公共利益を守り，公法の調節と制約を受けることである．この時，政府が経済・社会運営の過程で生じる公共リスクに介入するにあたって，財政はその主な手段として力を発揮する．そのリスク管理目標は公共リスクの解消であり，そのために費やす財政コストは公共リスクを解消するための費用負担である．この費用負担は法律の形で，つまり予算に示される法定の支出責任によって決められる場合もあれば，社会秩序を維持するための支出や，重大自然災害の救護支出など，社会的道義の形，すなわちある政策に道義的支出責任を反映させる形で負わされる場合もある．例えば社会保障制度に関する各種の公約である．

　政府は二重の身分をもって支出責任を履行し，予算リスクと公共リスクを解消する過程において，しばしば財政リスクを引き起こしてしまう．

2．財政リスク・マトリックス

　伝統的な財政リスク研究は主に赤字，国債，外債などの政府直接債務領域に集中していた．20世紀80年代のラテンアメリカの債務危機，90年代の旧ソ連，

東欧など体制移行国の債務危機および東南アジアの金融危機以後，国際通貨基金や世界銀行の一部の経済学者は援助という機会を利用し，これらの国の政府債務資料を集め，政府債務について先駆的研究を行った．その代表的な人物である世界銀行の上級経済学者ハナ・ポラツコバ・ブリクシ（Hana Polackova Brixi）は，「政府偶発債務」という斬新な角度から財政リスク問題を研究し，しかも創造的に「財政リスク・マトリックス」という分析枠組みを提起した（表5－1参照）．政府債務を全面的に区分，評価するのにこのマトリックスは重要な理論的手法を提供してくれた．

表5－1の政府債務は広義的で，つまり政府が負うべきすべての支出責任を政府の債務と見なす．ハナ・ポラツコバ・ブリクシは異なる二つの角度から，政府債務を四種類に分類した．

第一に，法的根拠の有無から，政府債務を「明示的な債務」と「非明示的な債務」に分ける．前者は法律もしくは契約に明記されている債務であり，政府は返済期日に債務を返済する法定義務を負う．後者は道義上の債務であり，法律や契約に明記されているものではない．「非明示的な債務」は社会公衆の期待，

表5－1．中央政府の財政リスク・マトリックス

債務	確定債務 （常時支払い義務が発生する債務）	偶発債務 （特定事象の発生時に支払い義務が発生する債務）
明示的な債務 （法律や契約に明記されている政府債務）	1．国家債務（中央政府の借入や債券の発行） 2．予算上の支出（随意性のない支払わなければならないもの） 3．法制度上，長期にわたる支払いを要するもの（公務員の給与や年金）	1．地方政府や公共部門・民間企業（発展銀行）による借入れ等への保証 2．各種ローンに対する包括的な保証（モーゲージ貸付，学生ローン，農業貸付，中小企業貸付等） 3．貿易や為替相場等のリスクに対する保証 4．個人投資への保証 5．国が関与した保険スキーム（預金保険，企業年金基金，農産物保険，洪水保険，戦争リスク保険）
非明示的な債務 （国民や利益集団からの圧力を背景に生じた政府の道義上の負債）	1．将来における公的年金の給付（公務員年金とは対照的） 2．社会保障計画…法律で規定されていない場合 3．将来における医療保健融資計画…法律で規定されていない場合 4．公共投資の将来の維持コスト	1．地方政府や公的・民間企業による保証外の借入れの契約違反 2．銀行の倒産（政府保険を超える救済） 3．民営化された企業に関わる債務免除 4．非担保年金基金，就業基金や社会保障基金（小額投資家への保護）の破産 5．中央銀行の債務或いは義務（外国為替契約，通貨防衛，国際収支差額）不履行 6．その他の緊急財政援助（例えば個人資本が逃避した場合） 7．環境改善，災害救援，軍事割当金

出所：Brixi, Hana Polackova・馬駿編（2003），pp.46－47

利益集団の圧力およびそれが招いた社会的圧力や政治的圧力から生まれるものである.

第二に,不確実性の程度から,政府債務を「確定債務」と「偶発債務」に分ける.前者は如何なる状況においても支払い義務が常にあり,比較的確実で,いくつかの基本変数を用いれば予測できる債務である. 後者は特定事象発生時のみに支払い義務が発生する債務である.

上述二つの異なる角度からの分類を組み合わせると,政府債務を全部で四種類に分類できる. ①「明示的な確定債務」(表5－1の左上部分). 一般的に財政予算に列記されている債務を指す. ②「非明示的な確定債務」(表5－1の左下部分). 一般的に長期的で予測可能な公共支出政策がもたらす結果を指す. 例えば老齢年金債務. ③「明示的な偶発債務」(表5－1の右上部分). 一般的に特定事象の発生後,政府に支払い義務が発生するものを指す. 例えば政府が提供する各種形式の担保. ④「非明示的な偶発債務」(表5－1の右下部分). この種の負債は往々にして経済,社会情勢の変化がもたらす社会的圧力および政治的圧力,特に一部の利益集団の圧力によって引き起こされたものである. 例えば倒産銀行への救済などである.

政府債務を研究するに当たって財政リスク・マトリックスは非常に重要な意義を持っている. 第一の意義として,政府債務を伝統的な財政赤字,国債などの明示的な確定債務にとどまらず,政府債務研究の視野を広げた点である. 「明示的確定債務」,「非明示的確定債務」,「明示的偶発債務」,「非明示的偶発債務」の4種類に拡張し,政府債務を全面的に分析する上で重要な分析枠組みを提供した. 第二の意義として,「慎重原則」を重視し,「非明示的確定債務」,「明示的偶発債務」,「非明示的偶発債務」を政府債務に取り入れたことで,政府予算の政策決定時に各種の政府債務が招く財政リスク発生の可能性を十分に予測,防備する必要があるということを喚起した点である. しかし,財政リスク・マトリックスは政府債務規模の大きさを測定できるが,財政リスクの大きさを測定できない. この点を意識したのか,後になってハナ・ポラツコバ・ブリクシは財政リスクのヘッジ・マトリックスを提起した(表5－2参照). ヘッジ・マトリックスは政府の資産マトリックス図のようなもので,債務返済時に政府が使用できる明示的な資産,非明示的な資産および偶発資産を示すものである. 二つのマトリックスを結びつける目的は,財政リスクが臨界点に達した時に,ヘッジ・マトリックスに基づき債務の種類に応じて相応の政府資源を動員し,政府債務が招いた財政リスクを解消することである.

表5-2. 財政リスクのヘッジ・マトリックス

財政安全資源	確定的なもの (現有資産に基づく)	偶発的なもの (将来発生しうる事象に基づく)
明示的なもの(政府が直接支配している資源, 例えば所有権, 徴税権)	・現有資産の売却・国有企業の民営化・国有株の売却	・商品販売から得る政府収入 ・租税収入から下級政府への補助や徴税コストを引いたもの ・歳出抑制によってもたらす貯蓄 ・政府による他のヘッジ取引および再保険政策の実施
非明示的なもの(政府の道義上の責任, 主に国民予期および利益集団からの圧力などを背景とする)	・現有の安定的な基金や準備金を流用する・外貨準備は中央政府が所有するとは限らない)	・政府支配の国有企業の将来利益或いは信用供与者から得る融資承諾 ・銀行が獲得しうる正の財産純価値

出所:平新喬(2000)

3. 財政リスクの評価:二つの考え方

(1) 財政リスク・マトリックスに基づいて推計した政府の債務規模を,国際警戒線と比較することで,財政リスク状況を評価する.

(2) 財政リスク・マトリックスおよび政府の資産負債率を用いて財政リスク状況を評価する.劉尚希(2000)はブリクシの財政リスク・マトリックスとヘッジ・マトリックスを参考に,財政リスクを推定する際,政府が有している公共資源と政府が負うべき公共支出責任や義務の両面からアプローチしなければならないと指摘している.政府の公共支出責任や義務は,最終的に政府の各種債務として反映されるので,政府の公共支出責任や義務を表す指標として,政府の公的債務と政府が有している各種公共資源との比較分析を行い,財政リスクを推計することができる.具体的に以下の順に四つの段階に分けて分析を行う.

第一段階では,公的債務と公共ストック経済資源の比較分析を行う.これによって財政にリスクは存在するか否かが分かる.リスクがあれば第二段階の分析に進む.

第二段階では,公的債務と公共フロー経済資源の比較分析を行う.これによって財政リスクは拡散傾向にあるのかそれとも安定収束傾向にあるのかが分かる.拡散傾向にあるのであれば,第三段階の分析に進む.

第三段階では,公的債務と国家経済総規模の比較分析を行う.この分析を通じて,財政リスクはコントロール可能な範囲内に収まるかどうかが分かる.財政リスクは制御できない状態であれば,現有の経済資源では対処できない

ので，第四段階へと進む．

　第四段階では，公的債務と政府の無形資産（即ち政治資源と社会資源）の両者を比較分析する．これによって財政リスクは政治リスクおよび社会リスクに発展するか否かが分かる．もし政府が無形資産を全部果たし，公的債務が依然拡大しつつけるのであれば，財政リスクは最終的に国家の政治危機と社会危機に繋がる．

Ⅳ．中国の財政リスクの現状に関する考察
1．財政リスク状況の評価

　現在，政府債務の持続可能性を分析する際，国債を見るだけでは不十分で，中国に存在する大量の隠れた債務や偶発債務も視野に入れ，政府の総合負債規模を測定しなければならないということについて，しだいに多くの中国の学者が認識するようになった．ただ，測定時間と範囲の相違から，いくつかの異なる総合負債率の結果が出ている．

　樊綱（1999）は，最も早く「国家総合負債率」という概念を提起した．彼によると，国家総合負債率とは政府債務，銀行の不良債権，すべての外債という三項目の債務の合計が名目 GDP に占める割合であり，その比率はある国が直面している総体的な財務リスクの程度を表している．樊綱の計算によれば，1997年末中国の国家総合負債率は47％であった．

　張春霖（2000）は，中国の政府債務の持続可能性問題について以下のような指摘をした．中国の公共部門或いは国有部門の債務は，現在計算されている財政債務よりはるかに大きい．その差を構成する二大要因は，国有銀行システムの不良資産の潜在的損失と非明示的な老齢年金債務である．政府債務の持続可能性を測定する時に，これらの三つを合わせて総決算をしなければならない．彼は関係資料を基に推計した結果，1999年における中国の銀行系統の不良債権損失と非明示的な老齢年金債務の合計は当年 GDP の50 ～ 64％を占めており，当年の明示的債務負担率は13.75％であったことを考えると，中国の GDP に占める国家債務総額の比率は64 ～ 78％の間にあるとしている．

　馬拴友（2001）は，中国国内で最初にブリクシ（Brixi）の財政リスク・マトリックスを用いて明示的な確定債務，隠れ債務と偶発債務の三つの角度から中国の公的部門の債務額を推計した．中国の GDP に占める政府債務総額の比率はかなり高く，1999年に国内債務の負担率だけでも72.4％に達しており，財政の潜在的リスクはすでにかなり大きいと指摘した．

　劉尚希・趙全厚（2002）は財政リスク・マトリックスの枠組みを用い，中国政府の債務規模についてより全面的で緻密な推計を行った．彼らの推計よると，

2000年の中国政府の債務総額は11兆6,795億元に達し，その中で隠れ債務と偶発債務は9兆5,609億元である．

表5－3はHana Polackova Brixiの財政リスク・マトリックスに準じて2004年末までの中国の公的債務の規模と構成を示したものである．

多くの公的データは不透明であるため，表5－3の推算は大ざっぱなものである．データが全く得られない項目もあるが，全体像を示すために数値データのない項目も列挙した．偶発債務事項と確定債務事項に関しては，その外部性の大きさ及び公共リスクを引き起こす可能性に基づき認定を行うので，それぞれの項目は将来の財政資源の流出を必ず招くとは言えないし，流出を絶対招かないとも言えない．二つの可能性があるので，リスク理念から判断すると，偶

表5－3．公的債務の規模と構成　　　　　　　　　　　　　　単位：億元（人民元）

分　類	確定債務（無条件の支出義務）	偶発債務（特定条件下の支出義務）
法定負債（法律や政府との各種の契約に明記されている支払い義務）	1．国債　　　　　　　　21,477 2．特別国債　　　　　　2,700 3．国務院の各部署が借りた外債　　　　　　　　　2,778	1．その他の公的部門（政策性銀行，鉄道）が発行した債券　　　　14,962 2．外債（人民元に換算）　16,127 　　その内訳：登記外債　12,281 　　　　　　　未登記外債　3,846 3．国債投資のセット資金　18,000 4．政策性銀行の不良資産　3,361 5．政府部門が（融資のため）設立した融資機構の不良資産　　　－ 6．政策性担保会社の不良資産　　－ 7．資産管理会社が回収できなかった資産　　　　　　　　　　4,100 8．政府各部門の投資誘致の為に担保したその他の債務
小　計	26,955	56,550
推定負債（政府職能の中に隠されている政府が負うべき支払い義務）	1．賃金未払い　　　　　　14 2．郷鎮企業負債　　　　2,500 3．補填されていない政策的欠損　　　　　　　　7,456 　その内訳：食糧欠損　7,000 　　　　　　綿花欠損　456 4．社会年金保険基金不足分　　　　　　　　　　40,000 5．国債投資プロジェクト資金不足分　　　　　－	1．国有商業銀行の不良資産　19,168 2．国有企業の補填されていない欠損　　　　　　　　　　7,531 3．農村合作基金の不良資産　3,000 4．資産管理会社が残した不良資産　　　　　　　　　　8,838 5．企業在職者，一時帰休者や農民賃金の未払い分　　　　　　－
小　計	49,970	38,537
総　計	76,925	95,087

出所：劉尚希（2005）
注：本文は中国の実情に合わせ，元の表の中の債務区分に少し調整を加えたが，データはそのままである．

発債務から確定債務に転化する確率は0と1の間にある．ここで仮にその確率を0.5とすると[1]，調整後の政府負債規模は12兆4,468億5千万元になる．この推計結果から見ると，2004年の公的債務は当年のGDPの90.94％を占めており，中に隠れた債務と偶発債務は9兆7,513億5千万元で，GDPの71.24％を占めている．これは中国の公的債務は我々が表面で見たものよりはるかに高く，そして政府の債務リスクは隠れた債務と偶発債務に集中していることを示している．

次に政府の資産規模を計算してみよう．ここでいう資産規模は，三つのレベルに分けることができる．第一レベルは，政府資産の総規模，つまり政府の毎年の財政収入，国有企業経営および政府の自然独占によって形成してきた資産総額である．この中には経常的財政収入，寄贈収入と債務収入で形成された資産が含まれているし，すでに形成された経営的資産の付加価値額も含まれている．第二レベルは，経営的資産の総規模，つまり第一レベルの資産額の中から計測が難しい或いは使用できない非経営的資産額を差し引いたものである．第三レベルは，使用できる資産ストック，つまり債務に直面する際に政府はリスクを防御するために実際に使用できる資産のことである．これは，第二レベルから不良資産額および撤退による実質的な調整が短期的に望めない金融・保険業種の資産を差し引いたものである．「資産負債率＝負債／資産」という公式に基づき，上述の三つのレベルから中国現在の財政リスク状況を見ることができる．

表5－4の中の三つのレベルの指標はどれも財政リスクを反映しているが，しかし財政リスクを測る時，返済能力は資産の流動性と密接に関連しているので，実際の返済能力の大きさは流動性資産の規模によって決まる．この視点から考えると，使用できる政府資産ストックの最大値をベースに計算した資産負

表5－4．三つのレベルの資産負債率（2004年まで）　　単位％

計算基準	明示的な確定債務	明示的な隠れた債務及び偶発債務	政府総合債務規模
総資産ストックベース	19.46	70.41	89.87
経営的資産ストックベース	31.66	114.52	146.18
使用できる資産ストックの最大値ベース	46.55	168.41	214.96

1　偶発債務に大きな割合を占めている現在の不良債権の回収率を見ると，この0.5という仮説はかなり控えめなものであると言えよう．1999年に中国で四つの資産管理会社が設立された当初，不良資産の回収率は50％と予想していたが，実際は30％前後しかなかった．http://www.bicpa.org.cn/yndt/xgcixx/1226094056.htm を参照．

債率は最も正確に財政リスクの大きさを示していると言えよう。このベースで計算してみると，明示的な確定債務ベースの資産負債率は46.55％で，明示的な隠れた債務及び偶発債務ベースの資産負債率は168.41％で，全ての債務を合わせると，資産負債率は214.96％にも達している。第二，第三レベルで言うと，政府はすでに債務超過の状況に陥っている。故に，債務の持続可能性から見ると，中国の偶発債務リスクと財政リスクはかなり大きい。

2．財政リスクの成因

(1) 財政体制改革の不徹底が招いた財政リスク

1994年に中国で財政体制改革が行われ，中央と地方政府の間で事務権限，財政権限について初歩的な配分を行い，「分税制」財政制度の基本的枠組みを作り上げた。しかし，各級政府間の財政関係を決定する基本制度としての「分税制」は，その改革が不徹底であったがゆえに，地方政府債務拡張の圧力と原動力にある程度拍車をかけた。

まず，政府間の事務権限と支出義務区分の不明瞭とアンバランスは，地方政府の債務負担を悪化させた重要な要因の一つである。1994年の財税制度改革の中で省レベル以下の政府間の収支責任区分に関して明確な，制度的な規定がなかったため，各省の状況は大きく異なっている。総じて言えば，省，市（地）政府は押し並べて下級政府から財政権限を取り上げ，機動的財力を自分のところに留保するようにしたため，財政権限はますます上級政府に集約され，末端政府の制度内収入はますます少なくなった。上級政府が直下の下級政府の収支区分の決定権を持つという行政システムの下で，より多くの事務権限が下級政府に負わされ，下に行けば行くほど財政支出の圧力は大きくなり，末端政府の支配できる財政力とその公共サービス職責とのアンバランスは深刻である。「分税制」改革以降の大まかな収入分配構造を見ると，全国財政収入に占める比率は，中央財政は約50％，省級は約18％，市級は約12％，県郷級は約20％である。しかし県郷で扶養している人口は全国総人口の70％を占めており（李軍杰2006），財政力と事務権限のアンバランス問題は際立っている。

次に，地方政府の財政収入源が少なく，満足に支出義務を果たせないことも地方政府の債務増加を招いた重要な要因の一つである。1994年の「分税制」の実施により，かつて地方政府の基幹税種であった税種の多くは中央政府の財政収入に組み入れられたので，地方政府の予算内収入に残された主要財源である地方税は，大きい税種の小部分，小さい税種の大部分のようなもので，税源は分散的で，不安定なものが多い。故に，整備された地方税収システムは形成できず，地方税は各級地方政府の財政収入の主要収入源になりにくい。特に省級

以下の地方政府にとって，収入を上級政府に上納したにもかかわらず，支出職責がほとんど変わらない．しかも省級以下の「分税制」は下に行けばいくほど「分ける税がない」という局面を呈しており，地方税収入はたいてい地方政府の財政収入の主要収入源になれない．そのほか，農村の税費改革も実際には一部の郷鎮（特に農業を主とする郷鎮）の財政運営をより困難にした．

　第三に，「均等化」移転支出制度の実施規模が小さすぎることは，一部の未発達地域の政府債務増加の重要要因の一つである．現行の財政部基準の移転支出項目は三つある．一つ目は「体制的補助」であるが，総額の3％に過ぎない．二つ目は「税収返還」であり，総額の39％を占めている．三つ目は中央から地方への移転支出であり，「財力性移転支出」（総額の25％）と「専用移転支出」（総額の33％）が含まれる．この中で「財力性」移転支出だけが基準収入と基準支出を支出基準とする一般的移転支出で，広範な均等化機能を備えている．しかしその額は比較的少ないので，未だに地域の均等化に対して実質的な役割を果たすには至らない．つまり，中国のいまの移転支出システムの効果を総体的に見れば，均等化どころか，むしろ地域間の財政収入能力と基本公共サービス水準の格差を大きくした．故に一部の経済未発達地域は予算内収入と移転支出収入から十分な財源を得られず，本級政府の基本的職責を全うするには銀行貸付け，単位（工場，機関事業体など）貸付けなどの債務融資手段に頼らざるを得ない．そうしなければ財政帳簿上で隠れた財政赤字にするしかない．

(2) 国有企業競争の激化による財政救済需要の増加

　中国の国有企業の発展には多くの問題と矛盾が依然として存在し，同時にますます増大する生存と競争の圧力に直面しているため，国有企業従業員の処遇及びそれによって引き起こされる社会問題は無視できない．これまで長い間，政府は「企業を通して従業員を養う」という方法でこの問題を緩和してきた．企業の欠損がひどく，莫大な債務を負っていると分かっていても，各級政府は手を尽くして企業のために資金を集めたり，融資先を探したりして企業の経営を維持してきたのであるが，その目的の一つは，国有企業従業員を「養う」ことで公共リスクを減らし，社会安定を図ることである．そのため国有企業従業員は各級政府の「難題」となり，同時に経営者がリスクを転嫁するための最高の口実にもなっている．ある意味で経営者は企業従業員を人質に取り，絶えず政府に様々な要求を出すことができる．要求を受けた政府は，しばしば国有企業改革の目標を安定政策に変更し，国有企業に代わって様々なリスクを引き受けてしまう．国有企業はひとたび競争に負けると，政府の貸付け及び担保が顕在化し，潜在的な財政リスクは現実の財政負担に転化することになる．

(3) 金融操作による財政リスクの拡大

アジア金融危機勃発後,中国政府は金融リスク問題を重要視し始めた.国有商業銀行内部の金融リスクを解消するために,政府は主に二つの措置を取った.一つは,国有銀行への資金注入である.1998年に財政部は四大国有商業銀行に資本金を補充するために2,700億元の30年期特別国債を発行した.また2003年と2005年に政府は,中国建設銀行,中国銀行と中国工商銀行の株式制改造と財務再編を援助するために,600億ドルの外貨準備を使い資金注入を行った.もう一つは,国有銀行から不良資産を引き剥がすことである.1999年から四大資産管理会社を設立し,1.4兆元の国有銀行の不良資産を接収したが,処理できた資産額は不良資産総額の39％である(張躍文2002).つまり回収できていない1兆元近くの不良資産の損失は,最終的に財政が肩代わりしなければならない.国有銀行のシステム再編およびその財政コストは,回避しがたい財政のリスク源になるに違いない.2008年9月のアメリカのサブプライムローンに起因する金融恐慌において,中国国有銀行が保有している倒産したリーマン・ブラザーズの株と債券は人民元に換算すると約45億元であり,もしこれらの資産が回収できないもしくは予期収益率が得られないのであれば,同様に財政リスクの要因になってしまう.

(4) 社会保障体制の転換により蓄積した財政リスク

20世紀90年代半ば以来,中国の基本老齢年金保険制度は完全な賦課制から「社会統一計画と個人口座を結び付ける」という部分的積立制に転換してきた.伝統的な賦課制では基礎老齢年金の積立をしていないので,新体制では「老人」(すでに退職した従業員)の退職金,「中人」(やがて退職する従業員)の過渡的老齢年金を支払うための資金源を探さなければならない.事実上これは莫大な規模の非明示的債務の一つであり,老齢年金保険の体制転換を遂げるための転換コストである.2006年初め,旧労働・社会保障部は国務院に提出した報告の中で,中国今後30年の社会老齢年金基金の不足額は6兆元にのぼると指摘した.これは年金基金不足額のために財政が毎年2,000億元の債務を返済しなければならないことを意味する(北大商業評論2006).少し前の世界銀行の研究推計によると,1998年の中国の非明示的な老齢年金債務は当年GDPの94％を占める(Dorfman and Sin 2000).国家体制改革部門と国外保険機構が共同で行った研究予測によると,近年の中国の非明示的な老齢年金債務規模(関連要素の中間値を計算根拠に)は,3兆7,000億元前後に達している.非明示的な老齢年金債務は,すでに中国の財政リスクの一つの源になっている.

このほか,基礎教育の借金,所得分配格差の拡大,雇用情勢の悪化なども財政リスクを引き起こす誘因となっている.

Ⅴ. 財政リスクを防御及び解消するための制度配置と管理措置
1. 社会全体をカバーするリスク責任制約メカニズムの確立

政府の財政リスクを防御するための根本的な方法は改革の歩調を速めることである．これには経済体制改革と行政体制改革が含まれる．制度の新機軸を打ち出すことで現行体制の内在的欠陥を補う．インセンティブメカニズムをより一層整備すると同時に，社会経済生活の各方面をカバーできるリスク責任制約メカニズムを構築し，「大釜の飯を食う」式のリスク分担という悪平等を打破することによって，社会の各構成員，各機構，各級政府，各部門及び「単位」（工場，機関，事業体など）それぞれに明確なリスク責任を負わせ，法律的効力のあるリスク分担メカニズムを形成する．そうすれば，社会経済生活で生じる様々なリスクは相応な段階と相応な部署で解消され，モラル・ハザードを抑制し，リスクの蓄積と集中を減少させることで財政リスクをコントロールする目的を達成する．

(1) 政府と国有企業それぞれのリスク責任をはっきりさせる

国有企業と非営利団体に対して，明確な権限授与と操作可能なリスク責任を付与し，経営権のレベルにおいて利益とリスクが対称になるようなメカニズムを構築する必要がある．内部統制制度を確立し，所有者権益が「インサイダー」にコントロールされることを防ぐ．それと同時に，リスク制約を形成し経営者のリスク回避インセンティブを強化することで，経営者自身が盲目の融資と投資行為を控え，国有資産を濫用した無意味なリスクを避けることができる．ここで，所有者と経営者のそれぞれのリスク責任を明確にし，かつそれを法律に定めておくことは極めて重要である．

(2) 政府体系内部のリスク責任を明確にする

第一に，各級政府の間のリスク責任を明確に定め，下級政府が負うべき財政リスクを随意に上級政府に転嫁することを防ぐ．下級政府への避けられない最低限度の救済に関して，制度配置を通じて如何なる場合に上級政府の救助を受けられるのかを下級政府に十分理解させ，各級政府のリスク回避インセンティブを強化し，リスク防御への努力を向上させる．第二に，政府各部門の職責配置を最適化した上で，政府部門間の財政関係を改めて見極め，各部門のリスク責任を明確にする．融資，担保などの財政経済行為は統一的な制度の枠組みのもとで実施されるべきである．第三に，新しい政府評価システムを構築することによって，時間軸から各期政府間のリスク責任を明確にし，政府が任期内のリスクを隠したり，将来にリスクを転嫁したりすることを防ぐ．

2．財政リスクを防御する制度的方法の構築
(1) 「分税制」の更なる改善を図り，地方政府の債務返済能力を高める

　第一に，政府間の事務権限区分を明確にし，債務返済責任をはっきり見分ける．各級政府間の事務権限と支出職責を合理的に定めるために，原則として政策決定責任と資金調達責任が一致する必要がある．すなわち，制定，実施された公共政策に対して政策決定主体は少なくとも原則的に政策コストに責任を持つ必要がある．職責を明白に区分した上で，いわゆる「交錯的」事務権限の区分問題も無視できない．この類の問題を対処する時の基本的な原則は，中央と地方共有の職能について，地方政府の管轄範囲内の事務は地方が責任を持って行い，地方政府の管轄範囲を超える部分の事務は中央政府が適切な関与，協力をすることである．同時に，中央政府と地方政府間，及び地方各級政府間の事務配分を確定するとすぐに，それを明確化・法制化すべきである．各級政府はそれぞれが受け持つ事務権限に従い，関連政策を制定し，なるべく越権行為を避ける．上級政府から下級政府に事務を委託する場合，上級政府は資金提供を行う義務がある．そのほか，債務責任追及制度と任期内経済責任監査制度を打ち立て，債務返済を指導責任者の政治的業績を評価する項目に取り入れることで，各級指導責任者のリスク意識や信用意識を強化する．

　第二に，地方税システムを整備し，地方政府の安定的財源を築き上げる．地方政府債務増加の重要な体制的要因の一つは，地方政府の財政収入がその支出需要を満たすことができないところにある．故に，地方政府の債務融資圧力を収入面から根本的に解決するためには，地方政府が正常で，規範的な収入源から職能執行に必要な資金を獲得することを保証しなければならない．以下の方面から着手すべきである．①地方に一定の税収立法権を与える．多重政府体制は分権問題の存在を意味する．地方人民代表大会がある程度の税収立法権を持つことは，地方公共サービスの自主権を実現するための保障となる[2]．税収立法権の区分は中央立法を主とし，省級立法を補足的なものとし，二級立法が相互補完する立法構造を構築すべきである．地方税の税収立法権は税種ごと別々に処理することができる．②地方税収体制を整備する．短期的目標は現在主要財源となっている流通税を整備することである．営業税を主とし，その他の流通税種によって補完する地方税体系を確立する．長期的目標は財産税を主体とする税体系を確立することである．不動産税，車両船舶税，遺産税，耕地占有

---

[2] とりわけ税費改革を行った後，一部の費用徴収は徴税に改めた．また地方政府がかつて行った費用徴収の種類はきわめて多いので，中央政府による統一的な立法は困難があり，地方の立法機構で解決する必要がある．

税が主要税種となる財産税を中心に，営業税を補完とする．省級政府は営業税を，県級政府は財産税を財源の柱とする科学的，規範的な地方税システムを形成する．③地方政府の非税収入の整理と整備を行う．一つは，地方政府と事業体の予算外資金を廃止し，予算内に組み入れ，本級人民代表大会の審議，承認と監督を受けるようにすべきである．もうひとつは，地方政府が提供した公共サービスに対して正確に対価を定め，合理的に使用費用を徴収して公共支出コストを補い，税金への必要な補充とする．

第三に，移転支出制度を整備し，均等化移転支出の比重を引き上げる．中央から地方への移転支出制度は，各地域の公共サービスの均等化を実現するための重要な手段であり，非規範的な「税収返還」と「体制的補助」の支出額を徐々に減らして均等化移転支出を強化することは，貧困地域や末端財政の赤字債務を減らすのに役に立つ．同時に，中央対地方及び省以下の移転支出構造の最適化を図る必要がある．財政力移転支出の中に占める一般的移転支出の比率を高める．専用移転支出を縮小整合する．未発達地域の専用移転支出「補助裏」資金を免除する．末端行政の財政難を緩和するために，中央政府は省級を超えて，直接県級政府に移転支出を行うことで移転支出の効率を高めるのも検討すべき一つの方法である．

(2) 国有企業改革を深化させ，リスクと利益がマッチするメカニズムを確立する

国有企業は財政リスクの最大の源であり，国有企業改革を加速し，市場経済に適応する「財産の所有権が明確な，権限と責任が明確な，行政と企業が分離された，管理科学的な現代企業制度」を樹立しなければならない．リスク制約を強化することは，国有企業が国内・国際競争に立ち向かうために必要であるし，政府の偶発債務リスクを解消するための根本的な措置でもある．

第一に，国有企業の戦略的調整に力を入れる．一部の国有資産を譲渡することで一般の競争的業種から国有経済の撤退を徐々に実現させる．一方，国有企業が提供する生産品に対して性質ごとに分類改革を行う必要がある．公共財や公共サービスを提供している国有企業を，国家が所有し経営する．「私的財」を提供している国有大型企業に対して株式制改造を行い，市場法則と国際的慣例に従い企業運営を行う．一般的な中小企業に対して市場化改造を行い，一般企業の場合は民営化を実行し，ハイテク系中小企業の場合は市場経営に加えて，政府助成の形をとる．国有企業規模を圧縮することによって国有企業に対する政府の援助を減らすことができ，従って政府の偶発債務をある程度減らすことができる．

第二に，国有企業の権利構造とリスク構造がマッチするメカニズムを構築する．最後まで残っている国有企業に対して，まず，権限授与と操作可能なリス

ク責任を明確にし，企業の経営権レベルにおいて利益とリスクがマッチするメカニズムを構築する．企業は自主的に経営を行い，損益について自分で責任を負う真の企業法人になるようにする．内部統制制度を確立し，所有者権益が「インサイダー」にコントロールされることを防ぎながら，リスク制約を形成し，経営者のリスク回避インセンティブを強化し，経営者の盲目的な融資や投資行為を抑制するように促し，そうすることによって国有企業の不良資産と経営欠損が財政にもたらす圧力と負担を軽減する．

第三に，「三位一体」の国有経済構造を打破する．企業，銀行，政府が「三位一体」であるという国有経済の構造は，財政から銀行と国有企業に非明示的な債務担保を提供することを決定付けている．しかし，一部の国有企業は経営効率が悪く，資産の流動性や資産の現金化能力が弱く，その上リスク意識も希薄であるため，結果的に企業債務は銀行債務に，銀行債務は政府債務に転嫁されるに違いない．このような委託代理関係系統の内部において，財政は必ず社会的道義責任及びそれがもたらすリスクを負わなければならない．改革が進んだいま，この現状を変えなければならない．今後，国民経済の命脈に関わる国有企業だけに必要な資金援助を行う．それ以外の競争的業種の企業に対して，国家は社会管理者という身分で税を徴収し，資産所有者という身分で収益を受け取る以外，企業の具体的な経営活動に干渉してはならない．国有企業の債務について，企業が所有する資産を限度とする有限責任のみを負い，無制限に国有企業への銀行貸付けや政府融資担保を指示してはならない．

(3) 金融体制改革を推進し，銀行の不良資産を積極的に処理する

第一に，多元的なリスク制約メカニズムとリスク分担メカニズムを構築する．国有銀行の不良資産を主要内容とする中国の金融リスクは，国家財政リスクと密接に関連している．国有銀行の不良資産の形成原因をみると，それは国家財政リスクの金融領域への延伸の結果であり，国有銀行などの金融機構は，長期にわたって国家の第二財政として大規模な準財政的活動を請け負ったためである．将来的に，金融リスクが様々な形で財政リスクに変わり，国家財政の主要なリスク源の一つになるのであろう．その上，金融リスクの形成段階では監督制約メカニズムは欠乏しており，金融リスクの消化段階では分担メカニズムが欠乏しているため，必然的にリスクが膨張し，国家財政負担が増大する結果をもたらすであろう．故に，多元的なリスク制約メカニズムとリスク分担メカニズムを構築しなければならない．

第二に，金融監督管理を強化し，金融システムのリスクレベルを引き下げる．一つは金融業の監督管理を強化する必要がある．規定，規則に従っているかどうかを監督する一方，特にリスク管理を強化しなければならない．銀行の資産

に対するリスクコントロールを強化する一方，負債に対するコントロールも重視しなければならない．資本充足率，流動資金比率，資産品質及び内部統制などの審査評価を行うことによって，市場リスク，利子率リスク，外国為替リスク，操作リスクを防御できる監督管理制度を構築する．いまひとつは金融リスクを予測，警戒及び処理する有効的なメカニズムを確立することである．経済や金融指標を含んだ完備した合理的な予告警戒指標メカニズムを構築し，金融イノベーション，技術進歩などの環境的要素の変化に応じて適時に調整を行う．相応する法規体系や組織体制を作り，整備された金融安定報告制度によって，金融運営状況をタイムリーに，効果的に伝え，システム上の金融リスクの水準を提示する．危機を処理する組織制度や政策決定及び執行制度を確立整備し，最も適当な時機に最も効果的な形で危機を解決し，危機がもたらす損失を最低限に留める．

　第三に，金融機構の市場退出メカニズムを確立する．商業銀行の予算制約をハードにし，銀行の倒産がもたらす財政コストを減らすために，市場退出メカニズムは大変重要である．銀行に過度に寛容な態度をとったり，問題解決を遅らせたりすると，銀行の倒産によって生じた各種コストを膨らませてしまう．そのため，金融機構の市場からの撤退に関わる法律法規を整備する必要がある．経営管理が悪く，不良資産率が高く，不良債権による損失が多く，そして資本不足が深刻である金融機構に対して，銀行債務（主に各種の預金）を適切に処理した後，法律に基づいて清算，閉鎖しなければならない．

　第四に，国有金融機構改革を速め，金融リスクにおける内部統制メカニズムを整える．国有金融機構改革は財政の隠れたリスクを防御する基礎である．国有金融機構改革が成功すれば，金融システムのリスクレベルを引き下げ，金融リスクの自主規制メカニズムを確立ことができるし，また多様なチャンネルを通じ金融リスクを消化，分担することで，金融リスクが財政リスクに与える影響を減らすこともできる．それと同時に，新しいタイプの政府・銀行関係を築いていかなければならない．国有銀行の財産権改革を行い，国有銀行の管理統治構造を整備し，商業銀行の経営管理水準を高め，金融機構の内部統制メカニズムを健全にする必要がある．

(4)　社会保障制度を整備し，段取りよく移行コストを支払う

　中国の基本老齢年金保険制度を計画体制下の賦課制から「社会統一計画と個人口座を結び付ける」という一部積立制への転換を真に実現させるためには，体制転換がもたらした老齢年金の隠れた負債を解決することがキーポイントである．そのために政府が段取りよく移行コストを負担し，「老齢年金基金の赤字」を補填しなければならない．そのために，以下二つの点において努力する

必要があると考える．

　第一に，現行の老齢年金制度に対して調整を行い，収入増加，支出削減を図る．主な措置として，一つは，老齢年金保険制度のカバー範囲を非国有企業，都市農村の個人経営者及び必要条件が備わっている郷鎮企業まで広げること．二つは，徴収手続きを強化し，基金徴収率を引き上げること．三つは，退職や待遇の条件を厳しくする一方，徐々に法定の退職年齢を引き上げること（これは人口高齢化がもたらす年金基金圧力を緩和するためにいま世界中で取られている主な手段の一つである）．四つは，基金の規範的管理を強化し，積極的に基金価値の「保値増値」（資産保全と運用益の増大）を模索すること．

　第二に，様々なチャンネルを通じて保険基金を集め，老齢年金の個人口座を「空口座」から中身のある口座に変え，賦課制を基金積立制に変える．社会保障債券の発行，国有資産の売却，財政支出構造の調整によって，公共財政から老齢年金保険への補助支出比率を引き上げる．一部の国有資産，国有土地の賃貸，公的住宅の売却及び株式の発行などによって資金を集める．このほか，社会福祉宝くじの発行量を適切な水準に増大させ，自由参加という原則の下で，市場メカニズムを利用して大衆から社会保障資金を集めて老齢年金保険基金を充実させる．

3．財政リスクを解消する管理システムを構築する

(1) 統一的な政府債務管理システムを構築し，関連法律・法規を制定する

　政府債務融資の現状を全面的に把握することが政府財政リスクを防御，回避するための最も重要な条件である．そのために，統一的な政府債務管理システムを構築しなければならない．財政部門は政府債務の直接担保者と借り手当事者であり，政府債務の借入，使用，返済の全過程において責任逃れをすることはできない．しかも政府債務の規模や融資の効果及び利益は各級政府の財政収支と密接に関係しているので，政府の債務管理における財政の主体的地位を強化しなければならない．財政部門は政府債務に対して集中的な統一管理を行うことで，現在各部門の分散管理によって生じた弊害を正す．政府の債務管理を規範化し，各部門のリスク意識を強化するためには，条件が整った時，法に照らして処理できるように政府債務管理に関する法律法規を制定することが望ましい．この種の規定は，政府関係部門が制定した管理型の規則でもいいし，人民代表大会で可決された地方性法規でもよい．このような規則は現在中国の多くの地域ですでに作られている．

(2) 政府偶発債務の予算管理制度を確立する

　第一に，偶発債務コストを示す財政ローリング式中期予算を編成する．財政の中長期計画を編成することで，今後数年間の財政収支状況を推定，予測し，事前に各種要因の変化が財政に与える影響を考慮に入れ，単年度計画の欠陥を補うことができる．世界中の多くの国でローリング式の財政中期予算を編成している．計画期間は3～5年で，年毎に編成し，毎回1年ずつずらして一定期間の計画を編成する．この過程において，経済発展の各方面の情況の変化を見ながら，関連する経済指標や財政収支指標に対し必要な調整を行う．それゆえ，中国は多くの先進国のやり方を参考にして，できるだけ早く中期予算を編成する必要がある．中短期の偶発債務コストを反映させるために，「1＋4」というローリング編成モデルを設計することは望ましい[3]．

　第二に，偶発債務が含まれる政府の総合財務報告制度を確立する．公共会計制度は通常「偶発」という発生可能の事項を認めず，確定債務だけを認定し，すでに発生した現金流動の変化しか記録しない．国際会計士連合会（IFAC）が1998年に発布した『政府財政報告指導草案』の中で，「潜在的事項は当該定義と確認基準に合致しない」と考えており，偶発債務を政府の財政報告に記入してはならないとしている．しかし，IMFが出した『財政事務の透明度を引き上げる準則』は，逆に「財政報告表を公布する時に，年度予算の中で偶発負債，徴税支出，準財政的行為の性質およびその財政的重要性を説明する必要がある」と指摘している．その理由は簡単で，実際財政が偶発債務に直面しており，かつその債務を推計できるのであれば，この種の財政コストを予算内に示す必要があるということである．中国ではIMFの要求に従い，政府の財務報告の中で偶発債務の関連情況を示しておくことは望ましい．

　第三に，政府予算の技術的処理方法を改善する．世界銀行の専門家によると，適切な制度システムは，偶発財政リスクを含めた非現金項目に対して，予算内の経常項目や債務項目と同様に扱うことを政府に要求する．さらに重要なのは，このシステムは予算外項目の財政リスクを事前に示さなければならない．「権責発生制」を基礎とする予算および会計システムは財政制約を強化するのに役立つ．偶発政府負債が財政にもたらす影響はしだいに深刻になるにしたがって，IMFと世界銀行は偶発財政リスクを解決するために財政分析の範囲を広げている．プロジェクト支出を行う際の偶発政府負債に対して最低限度の注意を払

---

[3] 2003年から中国は三年ローリング財政計画を試み始めたが，しかしそれでも予算のタイムスパンは短いようで，多くの偶発負債の財政コストは映し出せない．「1＋4」のローリング編成モデルのタイムスパンは5年であり，ある程度上述のような欠陥を克服できる．

うように各国の政府を促すために，IMFと世界銀行は各国に対して，あらゆるタイプの財政リスク情報の公開を求め，各国の分析政策や体制枠組み改革の手助けをしている．中国も政府予算と会計の中で「権責発生制」を導入すべきである．そうすれば公共資源の監督および使用を制限することができるし，政府業績と業務効率を効果的に評価することもでき，そして政府の財政リスクを防御するための政策決定根拠を与えてくれる．

第四に，政府予算に含まれる偶発債務リスクの背景資料を提供する．予算のタイムスパンが短いため，偶発負債のコストを合理的に配分しにくいので，予算編成の中に偶発負債を反映させることは難しい．中期予算の枠組みを備えている国においても，予算計画は通常3～5年先までしか延ばさない．しかし財政リスクは往々にしてこの計画期間を越えてしまう．その対策として，予算の政策決定とは別に，予算の中に含まれる偶発債務およびその他の隠れた財政リスクの背景情報を示す資料を用意する．そうすれば，立法機関は確定財政支出と現存義務から生じる支払いに対して予算表決を行う際，関連する偶発債務の補足情報も参考にし配慮しなければならないので，背景資料は立法機構の科学的政策決定に貢献できる．そのほか，以下の三つの方法で偶発債務の予算管理を強化することができる(Schick 2000)．一般的予算と平行して偶発債務特別予算を編成するか，偶発債務を現実の収支予算の中に組み入れるか，または偶発債務コストに基づいて予算を編成するかのいずれかの方法である．

(3) 各級財政に債務返済準備金制度を確立する

各級政府は明示的確定債務と数量化できる偶発債務の規模に基づき，ある程度の債務返済準備基金を設け，政府債務の返済に充てることができるようにする．債務返済基金の資金源は以下の五つのルートが考えられる．①予算収入の一定の割合．②年度内未使用の総予備費．③債務返済準備金投資で上げた収益．④清算，回収した一部の財政回転資金．⑤毎年の一般的移転支出や自己資金の中からの一部の資金．準備金はほかの正常支出と同じ一種の財政支出であり，その役割は財政の安定性を維持し，財政リスクを予防することである．準備金の規模はある程度大きければ，偶発債務が確定債務に転化した際に生じる損失を減らすことができる．準備金の価値を保全し増やすためには，政府はそれを国債などの有価証券に投資することが望ましい．例えば，政府はある担保貸付けの準備金を使い貸付け期限と同じ期限の国債を購入することでヘッジ操作を行うことができる．

4．財政リスクを予告する技術的測定方法を探求する

(1) 政府債務の統計システムを整備し，基礎データベースを作り上げる

現在，政府債務の関係資料データは異なる部門もしくは同一部門内の異なる部署に分散しており，統一した統計システムはないので，政府債務の全体情況を有効に把握することは難しい．政府による債務管理を強化するために，統一的な，操作可能なデータ統計システムを築き上げることはかなり重要な基礎的作業である．Brixi の政府債務の定義と区分に基づき，各地域の具体的情況と結びつけながら，それぞれの地域に適合する政府債務反映システムを確立していく必要がある．まず，これまで多年の財政収入や割当金，財政支出，赤字，借款，期末現金残高，期末明示的債務残高，期末偶発債務残高（金融機構の資本金不足分，リスク加重後の各種政府担保，老齢年金基金赤字を含む）などのデータを収集記録し，地方政府債務の基礎データベースを作る必要がある．次に，政府債務の項目別指標と総合指標システムを確立しなければならない．主に以下のような指標が含まれる．財政環境類指標（GDP 成長率，一人当たり GDP，インフレ率），財政収支増加率類指標，政府収支均衡類指標，明示的な内債と外債類指標，政府担保類指標，社会保障類指標などである．

(2) 政府の債務情報を適時に公開し，財政の透明度を向上させる

現在，中央政府が持っている地方政府の債務規模を測るための情報は非常に少ない．情報がなければ相応する抑制措置の制定も難しい．国際的経験から見ると，政府の予測能力を高めるために規範的な情報公開制度の構築は有効な措置である．なぜなら，有用な政府の債務規模を示してくれる指標は，どれも信用できる十分なカバー範囲を持つ財政データを根拠にしなければならないからである．

情報公開は三つの形で行うことができる．第一は，下級政府は上級政府に情報を開示する．下級政府にその債務の具体的項目，種類，期限および金額などのあらゆる情報を提供するように求める．第二は，地方政府は立法機関に情報を開示する．毎年人民代表大会の開催時に，財政報告内容の一部として政府の債務情況を提出し，人民代表大会の代表からの質疑応答を受ける．第三は，地方政府の負債情況を社会に公開する．それによって，公衆や市場は政府の財政状況への監視が容易となり，投資者や信用評価機構も，投資決定や信用評定を行う時に政府の債務状況を視野に入れて判断することができる．

(3) 担保の登記記録制度を設け，担保の一元化管理を図る

現在，政府のいずれの部門も担保を行う権限を持っているため（「政出多門」），担保管理の混乱を招いた．担保は政府の偶発債務を生む主な要因ではあるが，回避できない経済現象でもある．担保に対して，政府はある種の担保登記記録

制度を設け,規範的な管理軌道に乗せる必要がある.財政はある意味で各級政府の財力管理人であり,政府の財力状況をよく理解しているので,担保制度の実施は財政部門に任せればよい.適当に一定の担保費の徴収を視野に入れてもよい.担保の登記制度に政府のあらゆる担保債務(外債も内債も含まれる)を記録することが求められる.登記内容は担保した政府債務の金額および未返済債務の金額,担保の受益者,債権者,担保の債務名称および返済スケジュールが含まれる.担保の管理業務をより一層強化するために,今後新しい担保の決定権を財政部門に集中させる必要がある.各方面の専門家が参加する諮問機関を設け,担保を希望する貸付けに対して審議を行い,専門家の意見を参考にしたうえ,担保の可否を決めるようにする.同時に,政府は担保金額に対し総量コントロールを行い,一定の財政収入ひいてはGDP指標とリンクさせる必要がある.

(4) 地方政府の債務リスクを監視測定する指標体系を構築する

債務リスクを示す基礎データに基づき,表5-5では国内外で使われている様々な債務リスク指標と評価方法をまとめ,政府の債務リスクを監視測定する指標体系を作った.そしてこれを政府の債務規模をコントロールするベースラインとする.

表5-5の説明:①政府の明示的確定債務の中で,三つの内債リスク指標と五つの外債リスク指標に適用する警戒線は国内外で公認されている基準である.例えば,アメリカなどの先進国の経験によると,地方政府の債務規模は中央政府債務規模の4分の1以内に抑えなければならず,地方政府の年間借金額は当

表5-5.政府債務リスクを監視測定する指標体系

債務種類		リスク指標	警戒線
明示的確定債務	内債	中央地方債務比率=地方債務残高÷中央債務残高×100% 地方借金率=当年債務収入÷当年財政収入×100% 負債率=債務残高÷GDP×100%	25% 10% 20%
	外債	債務返済率=当年元金及び利子返済額÷当年外貨収入×100% 債務率=外債残高÷当年外貨収入×100% 負債率=外債残高÷当年GDP×100% 短期外債率=短期外債÷外債総額×100% 最終完済率=外債残高÷金外貨準備高×100%	20% 100% 25% 20~30% 13%
偶発債務	明示的債務	明示的債務に転化する確率値	>50%
	非明示的債務	明示的債務に転化する確率値	>50%
総合的債務		総合負債率=(確定債務+偶発債務)÷GDP×100%	75%※

※注:馬駿(2000)

該年度の財政総収入の10分の1を超えてはならない．②審査に当たり，予算システムの中に非明示的確定債務が入っているならば，それを明示的偶発債務に組み入れてもよい．近年の中国におけるこの部分の資金管理状況を踏まえて，ここでは非明示的確定債務を予算システムから外した．しかし遅かれ早かれ非明示的確定債務は政府が返済しなければならない債務であり，明示的確定債務に転換するリスク確率は１であるので，将来発生しうる債務金額を各年度に分担させるべきである．③偶発債務はそのリスク水準に従い四つのランクに分けられている．すなわち，低リスク，中リスク，高リスクおよび特高リスクである．国外の経験から，四つのランクに設定された偶発債務は明示的の債務に転換するリスク確率がそれぞれ25％，50％，75％と95％である．ここでは50％を債務リスクコントロールの警戒線とする．担保型偶発債務にこの方法を使うとより有効であり，一部の国では実際使っている．但し，如何に適切な確率値を確定するかについては検討の余地がある．④総合負債率は様々な確定や偶発債務の総額に対する国民経済全体の負担能力を測るものである．現在総合負債率に関する統一された国際警戒基準はまだないので，我々は中国をいくつかの典型的な国と比較して判断を下すしかない．例えば，日本，タイ，インドネシアと韓国の総合負債率はそれぞれ131.5％，109.3％，92.7％，75.4％である．中国は現在（全国）120％に達している（賀忠厚2006）．この比率は日本より低いが，アジアの多くの国およびEUやアメリカ（60％）（趙暁ほか2002）をすでに超えている．政府債務とくに偶発債務の急速な増加に伴い，この指標は今後も早いスピードで上昇していくに違いないので，我々は厳重に警戒しなければならない．

参考文献

財政部財政科学研究所（2001）「わが国の財政リスク研究総論」『経済研究参考』第87期
叢明・胡哲一（2001）「財政リスクの若干の問題に関する分析」『経済研究参考』第26期
樊綱（1999）「国家総合負債について」『経済研究』第３期
Brixi, Hana Polackova・馬駿編（2003）『財政リスク管理―新しい理念と国際経験』中国財政出版社
賀忠厚（2006）「地方政府債務リスクの防御と予測」『財政研究』第１期
李軍杰（2006）「末端政府には事務権限と財政権限が等しく必要」『21世紀世界報道』１月26日
劉尚希（2003）『財政リスク及び防御問題に関する研究』経済科学出版社
劉尚希（2005）「財政リスク―経済総量の角度からの分析」『管理世界』７号
劉尚希・趙全厚（2002）「政府債務：リスク状況の初歩的分析」『管理世界』第５期
馬駿（2000）『地方の財政リスクに対する監督統制―関連する国際経験』世界銀行
馬拴友（2001）「中国公共セクターの債務と赤字の持続可能性に関する分析」『経済研究』第８期
平新喬（2000）「モラル・ハザードと政府の偶発債務」『財貿経済』第11期
単大棟・袁慶海（2005）「わが国における目下の財政リスクの主要問題及び対策」『マクロ経済研究』第８期

王燕・徐滇慶ほか(2001)「中国の老齢年金の隠れた債務,移行コスト,改革方式及びその影響―計算可能な一般均衡分析」『経済研究』第5期

武彦民(2004)『財政リスクの評価と解消』中国財政経済出版社

張春霖(2000)「わが国の政府債務の持続可能性を如何に測るのか」『経済研究』第2期

張明喜(2007)「わが国の財政リスクとリスク警告に関する研究総論」『上海財経大学学報』第2期

張躍文(2002)「四大資産管理会社の不良資産損失は一兆元に迫る」『全景ネット証券時報』1月26日

趙暁ほか(2002)「中国の財政危機:予言?危言?」『財政と税務』第6期

Brixi, Hana Polackova (1998), "Contingent Government Liabilities: A Hidden Risk for Fiscal Stability", Working Paper for Fiscal Stability and Policy Research, World Bank

Brixi, Hana Polackova and Allen Schick (2002), *Government at Risk: Contingent Liabilities and Fiscal Risk*, World Bank

Dorfman and Sin (2000), "China: Social Security Reform, Technical Analysis of Strategic Options", Human Development Network, World Bank

Schick, Allen (2000), *Budgeting for Fiscal Risk*, World Bank

第6章

中国の財政移転支出制度改革の諸問題

孫　　　開

　いま中国で実施されている政府間財政移転支出制度は，1994年の「分税制」財政体制改革のもとで発展形成されたものである．制度を実施する過程において，様々な形の財政移転はプラスの効果をもたらした．一方，移転支出制度は改善すべき点が依然として多い．そのため，全面的かつ系統的な分析と総括を行い，更なる改革を行うための考え方の道筋を明確にする必要がある．

I．現在の財政移転支出制度の基本的構造

　1994年は中国財政改革の分水嶺である．「分税制」を中心とする財政体制改革を実施した後，中国で10種類もの政府間財政移転方式が形成された（図6-1を参照）．その中で，大きな役割を果たしているのは主に「税収返還」，「体制的補助」（もしくは「体制的上納」），「財力性移転支出」および「専用移転支出」である．

1. 既得利益を維持するための移転支出方式，「税収返還」と「体制的補助」（もしくは「体制的上納」）を含む

　この中で，「税収返還」は「分税制」改革以降一貫して実行され，中国的特色を帯びている移転方式である．「分税制」改革の中で，もともと地方政府の収入であった税収の一部を中央政府の収入に組み入れたにもかかわらず，地方財政支出に関して調整を行わなかったため，地方政府は収入が減少し，正常な支出を賄いきれなくなった．そのため，地方の既得利益を維持する対策として「税収返還」を実施した．しかし，中央政府は歴史的要因によって生まれた地域間財源配分の不均衡，公共サービスの格差などを考慮せず，1993年の財政収入を基数にすべての地域に対して無差別に税収還付を行った．そのため，「税収還付」は財政移転の均衡原則にそぐわず，地域間財政の水平的均衡を調節する機能をもっていない．

　「体制的補助」（もしくは「体制的上納」）は中央財政から一部の地方政府に定額補助金を支給すること，もしくは一部の地方政府が中央政府に財政収入の一部を上納することを意味する．1994年に「分税制」が実施された後も，「分税制」以前の分配構造はしばらく変更されることはなく，中央政府から補助を

図6－1．中国現行の財政移転支出の基本的方式

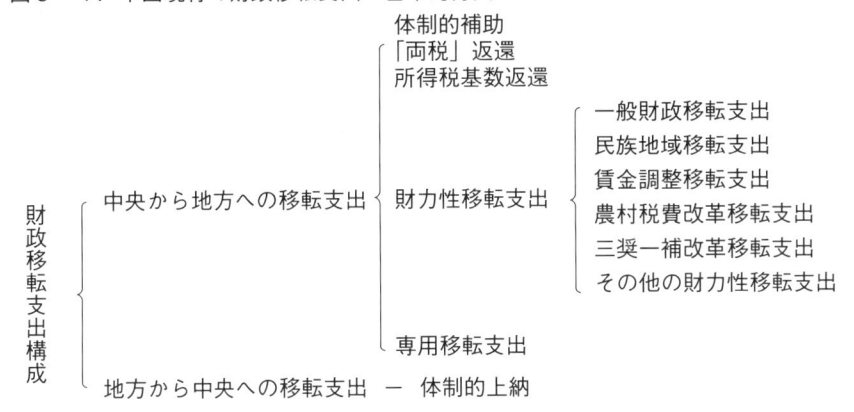

```
                                    ┌ 体制的補助
                                    │「両税」返還
                                    │ 所得税基数返還
                                    │                  ┌ 一般財政移転支出
                                    │                  │ 民族地域移転支出
          ┌ 中央から地方への移転支出 ┤ 財力性移転支出 ┤ 賃金調整移転支出
財政       │                         │                  │ 農村税費改革移転支出
移転       │                         │                  │ 三奨一補改革移転支出
支出 ─────┤                         │                  └ その他の財力性移転支出
構成       │                         │
           │                         └ 専用移転支出
           │
           └ 地方から中央への移転支出 ─ 体制的上納
```

受けている地域は引き続き補助金が支給され，豊かな地域は引き続き中央政府に上納金を支払った．「体制的上納」に関しては，1995年までは以前と同じように「遞増上納」，「定額上納」などに分類されていたが，1995年に「定額上納」に一本化された．

2. 地域間の財政力と公共サービスの均等化を目標とする財力性移転支出方式，「一般移転支出」，「民族地区移転支出」，「賃金調整移転支出」を含む

「分税制」が安定的な運営状態に入った後，財政移転支出制度を整備することは「分税制」をより完全なものにするために必要であり，また，健全な地方財政運営を図るためにも必要である．同時に「分税制」財政管理体制の基本的な枠組みが確立し，政策目標が実現されることにより，財政調整制度の規範化が可能となった．このような背景の下で，1995年に「過渡期財政移転支出方法」が制定され，実施された．過渡期移転支出の指導思想は3点ある．①地方の既得利益を調整しない．中央政府は財政収入の増加分から一部の資金を捻出し，地域間の利益分配調整に用いる．②公平と効率の両面に配慮を加える．努めて財政調整の公正さ，合理性，規範性を求める．同時に，地方政府の徴税努力も考慮する．③財政移転を行う際，地方財政運営の中の顕著な矛盾の解決と少数民族地域に重点を置く．「過渡期財政移転支出方法」は1995年に実験的に実施した後，各方面からの合理的な意見を聴取し，1996年，1997年，1998年の数回にわたり改善が図られた．2002年に所得税を中央と地方の共有税に変更した後，「過渡期移転支出」の代わりに「一般移転支出」という概念を使うようになった．現在の財力性移転支出方式の中に以下の項目が含まれている．

一つ目は「一般移転支出」である．その基本公式は以下の通りである．

$$\begin{matrix}\text{某行政区域の}\\\text{一般移転支出額}\end{matrix} = \left(\begin{matrix}\text{当該行政区域の}\\\text{基準財政支出}\end{matrix} - \begin{matrix}\text{当該行政区域の}\\\text{基準財政収入}\end{matrix}\right) \times \begin{matrix}\text{当該行政区域の}\\\text{移転支出係数}\end{matrix}$$

基準財政収入が基準財政支出よりも多い地域に対し移転支出を行わない．移転支出係数は当年の一般移転支出総額，各地方政府の基準財政支出に対する基準財政収入の不足額および各地方政府の財政困難の程度を参照して確定し，かつ財政収入の少ない地域に一定の配慮を加える．

二つ目は「民族地域移転支出」である．財政力の弱い少数民族地域の経済社会問題を解決するために，中央政府は民族地域(民族省区や非民族省区の民族自治州などを含む)に対して政策的移転支出を行っている．まず，「一般移転支出」，「賃金調整移転支出」および「農村税費改革移転支出」を確定する際，移転支出の補助係数をある程度引き上げた．次に，2000年から，少数民族地域に限定した「民族地区移転支出」を行うようになった．その資源源は中央政府の財政資金や民族地域付加価値税の増加分の80%部分から捻出する．具体的には，付加価値税の増加分の40%を徴収地の民族地区に返還し，残りの40%は中央政府が捻出した資金と合わせて要因法に基づき配分を行う．

三つ目は「農村税費改革移転支出」である．農村税費改革の推進，農民負担の軽減，郷鎮機構や村組織の正常運営および農村教育経費の確保などを図るために，2001年から，中央政府は各地が農業税率の引き上げに伴う収入増加，農業特産税率の引き下げに伴う収入減少，および屠宰税，郷鎮計画準備金の廃止，村の内部留保方法の調整などに伴う収入の変化を総合的に考慮したうえ，地方の純減収分を補うための財政移転を行った．2004年，農村税費改革を推進するために，タバコ以外の農業特産税をすべて廃止し，農業税率を全面的に引き下げた．これにより生じた地方財政収入の減少分については，沿海先進地域は原則的に自力で対処することを求められ，食糧生産地域および中西部地域は中央政府から適切な財政移転補助を受けられるようになった．農村税費改革は農民の負担を軽減したが，同時に郷鎮，村の減収にも繋がった．中央政府はこれらの末端組織が受けた影響の度合に応じて，「農村税費改革移転支出」という形で地方を支援することで，農村末端財政の圧力を緩和し，農村の税費改革を促進している．

四つ目は「賃金調整移転支出」である．近年，中国は数回にわたり機関事業部門職員(公務員)の給与水準と離退職者の退職金水準の引き上げを行った．国務院で採択された公文によると，賃金，退職金調整に伴う財政支出の増加分については，沿海先進地域は自力で賄わなければならないが，財政難に陥っている旧工業基地および中西部地域は中央財政から適正な補助を受けられる．ま

た民族地域にも配慮を加えることとなっている．中央政府は地方政府への移転支出をこれまで4回調整した．毎回新たに確定される補助金額を基数に定額補助を行う．

　五つ目は県・郷鎮の財政難を緩和するための財政移転支出である．2005年に国務院は総合的な政策措置によって三年前後で県・郷鎮の財政難を大幅に改善することを決めた．2005年に中央財政から150億元を捻出し，県・郷鎮の財政難を緩和するために「三奨一補」というインセンティブ・メカニズムを打ち出した．「三奨」とは，財政困難県の税収増加や省市級政府が困難県に対する財政移転の増加を奨励する，財政困難県・郷鎮において機構および人員の削減を奨励する，食糧生産量の多い県を奨励するということである．「一補」とは，以前に県・郷鎮の財政難をうまく解消した地域に補助金を与えるということである．「三奨一補」はいわゆる補助金の代わりに奨励金を与えるという形をとった移転支出資金を配分する一つの方法である．

　以上の五つの形以外に，中央政府が実施したマクロコントロール政策が地方財政収入の減少につながった場合も，中央政府は地方政府に対して財政力補助を行う．例えば，固定資産投資方向調節税徴税の一時停止，天然林保護プロジェクト，「退耕還林還草」（耕作をやめて林や草原に戻す）などを実施したことによる地方政府の収入減少に支払う補助金などである．

3．「専用移転支出」

　「専用移転支出」とは政府間の事務配分に基づき，委託事業，共同事業および上級政府の政策方針に合致する事業を行う際，上級政府から支給される特定補助金のことである．最近，「専用移転支出」の規模は年々増大し，中央政府から地方への補助支出に占める割合も増えている．補助金の使途から見ると，競争的領域への「専用移転支出」は減り，公共領域への支出比率がしだいに大きくなってきた．計画経済期には，「専用移転支出」の項目は少なく，項目ごとの金額も少なかった．主に企業発展支援など競争的領域に使われた．近年，現代公共財政の発展という基本的方向と原則に沿いながら調整や圧縮を図った結果，企業支援に用いる移転支出はしだいに減り，公共支出，地域の均衡発展に用いる補助金の比率が高くなりつつある．現在，中央政府が新たに行った「専用移転支出」は，主に政府が決めた梃入れすべき改革の貫徹履行や社会安定及び持続的発展を図るために用いられている．例えば，食糧リスク基金，天然林保護プロジェクトなどの生態環境建設支出，貧困地域義務教育プロジェクト支出，公共衛生体系の整備および経済発展後進地域の支援に関わる支出などがある．これらの支給金は地方財政管理体制で規定されている支出範囲の中に含ま

れておらず,中央政府は特定使途および地方の特殊状況に基づいて地方政府に支給する.これらの専用資金は予算編成時に中央予算の支出項目に組み入れられるが,予算執行時に地方政府に支給し,決められた使途に用いられる.

Ⅱ.財政移転支出制度改革の成果

継続的改善が図られた結果,中国の財政移転支出制度の規範化は進み,プラスの役割を果たしている.

1.財政移転支出資金の規模は拡大しつづけている

1994年の「分税制」改革は「存量不動,増量調整」(基数部分を温存させながら,増加分を再分配する)という方針を採った.その狙いは,漸進的改革を通じて中央政府がコントロールする財政収入の「増量」部分を増やしていき(図6-2参照),それをもって公共サービス水準の均衡化を目標とする財政調整を行い,徐々に科学的,規範的な財政調整制度を確立することである.政府間財政移転支出改革を漸進的に進めていくためには,中央財政収入の「増量」部分を増やしていくことが重要な条件となる.実際の状況から見ると,中央政府は地方への移転支出を1994年の4,836.14億元から2007年の1兆3,991.18億元に大幅に増やした(図6-3参照).

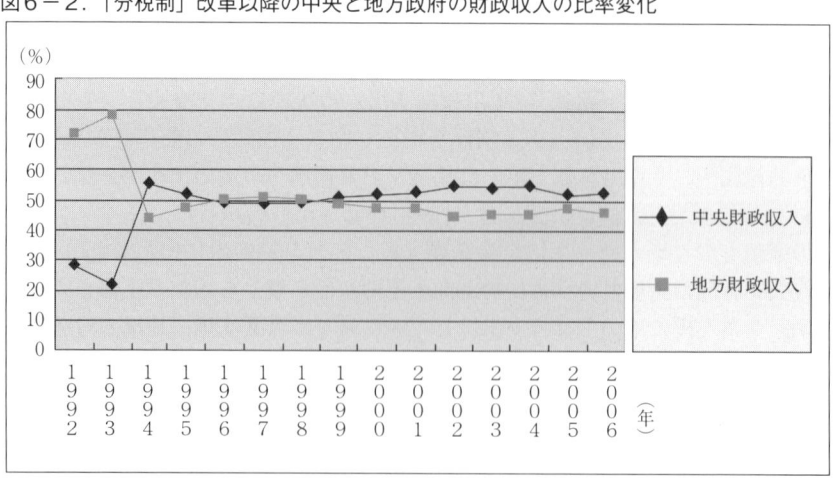

図6-2.「分税制」改革以降の中央と地方政府の財政収入の比率変化

出所:『2007年中国財政統計年鑑』中国財政雑誌社より計算作成.

図6－3．2003～2007年の中央政府の財政移転支出状況

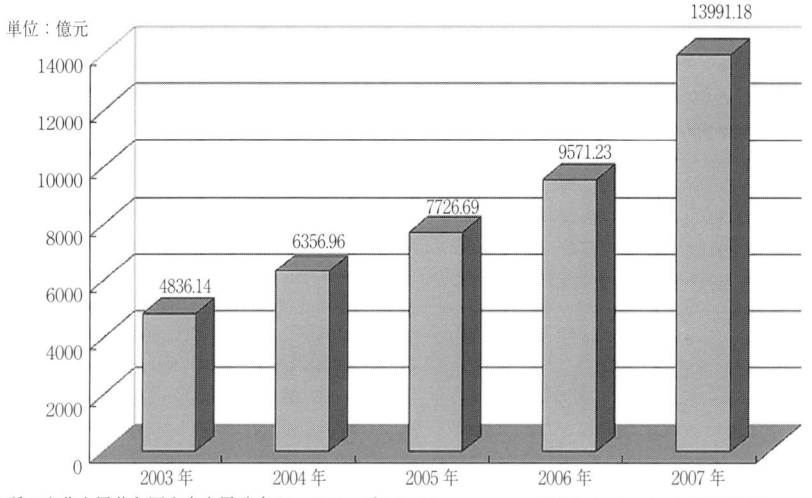

単位：億元

2003年	4836.14
2004年	6356.96
2005年	7726.69
2006年	9571.23
2007年	13991.18

出所：中華人民共和国中央人民政府ホームページ http//www.gov.cn/2008ysbg/content_929188.htm

2．移転支出の分配方式は規範化されつつある

　移転支出の分配方式は要因法に統一されつつある．要因法とは，移転支出を行う際，それぞれの地域の財政収入能力と財政支出需要に影響を与えている各種の要因変数を総合的に測量分析し，それを根拠にそれぞれの地域への移転支出を確定する方法である．定性分析の視点から見ると，要因法の核心は財政収入能力と財政支出需要に影響を与える各種の要素をいかにランク付けするかということである．定量分析の視点から見ると，重要なことは収入能力と支出需要を決定するプロセスの中でそれぞれの要因が占める比重を決めることである．一方，これまで中国で使われていた「基数」法則とは過去の収支状況に基づいて収支配分を行う方法である．その特徴は過去を重視し，未来を重視しない，歴史要因を重視し，発展要因を重視しないということである．中国では従来，移転支出の分配規定および方法は標準化されていないため，移転支出分配体系は整っておらず，移転支出の多くは「基数法」に基づいて行われていた．しかし，「分税制」財政管理体制改革以来，移転支出規模の拡大につれ，中央財政移転支出分配は科学性がしだいに向上し，標準的な要因法に転換しつつある．現在，中国の各種の移転支出の中で，「一般移転支出」，「民族地区移転支出」，「三奨一補移転支出」，「農村税費改革移転支出」などは基本的に要因法に基づいて分配を行っている．「専用移転支出」の中でも要因法公式が適用できるものには要因法を導入している．要因法の実行により，財政移転支出分配を「動態的」

に管理することができた．また，移転支出制度の規範性も高まった．

3. 省級以下政府間に比較的標準化された財政移転支出体系の原型が確立された

現在，各級政府の間で「分税制」財政管理体制に準じた政府間財政移転支出体系の基本枠組みが作られた．それは以下四つの基本的特徴がある．一つ目は，移転支出資金額は明確で安定的な資金源をもち，一定の規模を確保している．財政移転を行う際，中央政府の一般財政移転支出補助を受けている地方政府は，自身の財政力状況を考慮しながら補助金の一部を下級政府への移転支出に用いる．中央政府からの一般財政移転を受けていない地方政府は，自身の財政収入の一部を用いて下級政府に移転支出を行う．二つ目は，省級以下で行われている政府間財政移転の多くは，県級管轄区域を基礎とし，多段階の移転支出を実施している．省本級，地市本級から同時に県級管轄区域に対して財政移転を行うのが一般的である．一部の省は県に対して直接的な移転支出を行っていないにしても，県を測定対象にしている．いくつかの省では，一部の県級管轄区域が郷鎮に対して均等化傾向を持つ財政移転支出を行っている．三つ目は，多くの地域では，均等化（客観的要因）財政移転支出の短期的目標として，政府機関の正常な運営を維持すること，給料を遅配しないこと，および財政予算収支の均衡を保つことを定めた．長年に渡り中国の各級財政は主に「喫飯財政」（予算内収入の大部分が行政人員の給料に当てられていて，財政的余力がない状態の喩え）であるので，省以下特に県級財政運営の中の顕著な矛盾を緩和するために，現在省級以下の政府間で行われている財政移転支出は，主に給料支払いの保証や政府機関を運営するための最低限の財政力保障などに用いざるをえない．四つ目はインセンティブ・メカニズムを重視し，財政移転支出補助の受給地域が「増収節支」（収入を増やし支出を減らしていく）インセンティブを引き出し，財政収支均衡を促進するように働きかける．均等化財政移転支出の欠点の一つとして，平均主義的なものになり，一部の地方の「増収節支」のインセンティブを失わせる可能性がある．その救済措置として，各地方政府は一般財政移転支出プランを作成する際インセンティブ・メカニズムの役割を重要視している．基準財政収支（実際の収支ではない）を測定する際にインセンティブ要因を組み入れたり，地域によっては直接奨励性移転支出方式を設けたりしている．

III. 現行の財政移転支出制度の主な問題

中国の財政移転支出制度は一応形成され，一定の成果も収めたが，未だに標準化されておらず，調整の強度と調整機能が弱いという欠点がある．現行の財

政移転支出制度は，市場経済システムや全国各地域経済の協調均衡発展に求められているものとの間にかなりのひらきがあり，諸外国の規範的，安定的，科学的な財政調整制度とのひらきはさらに大きい．改革プロセスの中で改善，整備していく必要がある．

1. 移転支出方法は多すぎ，構造は合理的ではない

移転支出の合理的構造は中央政府の政策目標の優先順位によって確定すべきである．移転支出の目標が異なると，移転支出の方式も異なる．移転支出目標の多様性と移転支出方式の多様性との間に関連性があり，異なる目標の衝突を避け，既定目標を実現させるためには，互いに歩調を合わせなければならない．そのため，世界中の多くの国は2種類の財政移転支出を行っている．即ち均等化財政移転支出(一般補助金)と専用移転支出(特定補助金)である．それに比べ，中国では長年にわたり，移転支出目標は不明瞭であり，また目的が曖昧であることが原因となり，10種類もの移転支出方法が形成された．厳密に言うと，実際均等化財政移転支出と言えるのは「一般財政移転支出」だけで，その他の方法はすべて非均等化財政移転支出である．現行の財政移転支出体系の中で，均等化公式に基づいて行われている移転支出は少額で，多くの移転支出は「税収返還」，「増収返還」，「体制的補助」，「決算補助」などの形で行われ，均等化の役割を果たしていない．

2. 移転支出資金の分配方法を改善する必要がある

現行の財政移転支出方法の中で，全国で統一された公式に基づき実施されているのは「一般財政移転支出」だけである．しかし長年にわたり実践と修正を行ってきたにもかかわらず，この方法の構造と機能には依然いくつかの問題が残っている．例えば，財政移転支出規模の測定が標準化されておらず，予算編成の随意性が大きいなどである．現在の推計単位は省級政府に合わせており，レベルが異なる政府の支出基準の相違を考慮していないため，推計の正確度に悪影響を及ぼし，非合理的な分配結果を生みがちである．そのほかに，要因の選択に当たり地域の特殊要因への配慮は少ない，また一部の要因の選択と確定について根拠となるデータが不十分である．その他の移転支出方法の規範性はさらに欠乏している．

「税収返還」は中国の財政移転支出の重要な方法の一つである．各地域の既得利益を保護するため，「分税制」改革方案の中で中央から地方への税収還付は「基数法」に基づき確定するとともに，元の「体制的補助と上納」方法を維持すると規定した．このため「一省一率」，「一省一額」という非常に規範的でない

財政移転支出制度が形成された.「基数法」に基づく税収還付は地域間の収入能力と支出需要の差異を考慮しておらず，合理的で客観的な基準も欠いている．このことは非規範的な分配を招き，地方政府の駆け引き行為を駆り立て，長年蓄積してきた地域間の財政力のアンバランス問題を解決できていない．

「専用資金」の配分方法はさらに問題が多い．第一に，資金の配分に科学的根拠と基準を欠いている点である．一部の「専用資金」の配分は客観的基準に基づくものではなく，「胡椒を撒く」ように配分されている．第二に，「専用資金」の立案審査は標準化されておらず，プロジェクトの採択と範囲の選択は合理性を欠いているところがある．規範的な制度制約が不足しているために，「専用資金」を支給すべきでない一部のプロジェクトにも中央財政から地方に「専用資金」が支給された．例えば支給された一部の「専用資金」は本来事務配分により地方政府が負担すべきもの，もしくは申請機関が自ら解決すべきものである．また，審査批准時「専用資金」の支給期限を設けていたにもかかわらず，期限が来ても停止することができないことがある．このように，「専用資金」の「非規範化」「非制度化」的な配分により，中央と地方の事務権限と財政権限の不一致をもたらしただけでなく，財政資金の分散を招き，財政支出構造の調整と中央財政マクロコントロール能力の強化にもマイナスの影響を与えている．第三に，多くの「専用資金」は配分使用する際に，事務権限の行使に根拠が乏しく，また依拠できるインフラ建設法規や単項目事業法規もないので，費用負担基準や各地域での「専用資金」の配分方法は厳密な制度制約を欠いており，恣意性が大きく，客観的でないため，資金使用の分散，浪費と低効率は避けられない．

3．移転支出は規模が小さく，執行力が弱いため，移転支出の財政調整機能は比較的弱い

表6－1では2006年各省，直轄市，自治区の財政収入総額および順位，一人当たり財政収入および順位を示している．財政収入総額，一人当たり財政収入などの財政の視点からみて，中国大陸31の省，直轄市，自治区のおおよその財政力状況が分かる．またこのような財政力状況は各地域の経済発展の格差をある程度映し出していると言える．

表6－2では数カ国の中央地方間における財政収入，財政支出の配分状況を示している．これらの国の中で，先進国もあれば発展途上国もあり，さらに経済移行国もある．この中のいくつかの指標を比較してみると，中国の財政収入に占める中央政府収入の比率および財政支出に占める中央政府支出の比率はともに低い水準にあり，それゆえに中央財政収入から財政移転支出に充てられる

表6－1．2006年中国各地域の財政収支および順位

地　域	財政収入総額(億元)	順位	一人当たり財政収入(元／人)	順位	財政支出総額(億元)	順位	一人当たり財政支出(元／人)	順位
北　京	1,117.15	6	7,163.51	2	1,296.84	9	8,315.74	2
天　津	417.05	16	3,938.15	3	543.12	26	5,128.61	4
河　北	620.53	9	902.65	19	1,180.36	10	1,717.01	24
山　西	583.38	11	1,733.67	9	915.57	15	2,720.86	12
内モンゴル	343.83	20	1,435.84	12	812.13	18	3,395.90	6
遼　寧	817.67	7	1,925.74	7	1,422.75	7	3,350.80	7
吉　林	245.21	24	901.64	20	718.36	21	2,641.51	14
黒竜江	386.84	17	1,012.27	16	968.53	13	2,534.42	15
上　海	1,576.07	3	8,733.00	1	1,795.57	4	9,994.82	1
江　蘇	1,656.68	2	2,205.23	6	2,013.25	2	2,679.87	13
浙　江	1,298.20	5	2,628.47	4	1,471.86	5	2,980.08	10
安　徽	428.03	15	669.97	28	940.23	14	1,537.58	30
福　建	541.17	12	1,525.93	10	728.7	20	2,054.70	19
江　西	305.52	23	706.4	27	696.44	22	1,610.27	28
山　東	1,356.25	4	1,461.71	11	1,833.44	3	1,976.01	22
河　南	679.17	8	724.76	26	1,440.09	6	1,536.75	31
湖　北	476.08	14	835.01	22	1,047.00	12	1,836.36	23
湖　南	477.93	13	754.55	24	1,064.52	11	1,680.64	25
広　東	2,179.46	1	2,356.43	5	2,553.34	1	2,760.67	11
広　西	342.58	21	730.53	25	729.52	19	1,555.65	29
海　南	81.81	28	983.29	17	174.54	31	2,097.84	18
重　慶	317.72	22	1,133.50	13	594.25	25	2,120.05	17
四　川	607.59	10	1,799.04	8	1,347.39	8	1,645.08	26
貴　州	226.82	25	605.9	29	610.64	24	1,631.20	27
雲　南	379.97	18	850.71	21	893.58	16	2,000.63	21
チベット	14.56	31	521.86	31	200.2	29	7,175.63	3
陝　西	362.48	19	972.45	18	824.18	17	2,211.08	16
甘　粛	141.22	27	543.15	30	528.59	27	2,033.04	20
青　海	42.24	30	774.34	23	214.66	28	3,935.11	5
寧　夏	61.36	29	1,022.67	15	193.21	30	3,220.17	9
新　疆	219.46	26	1,081.08	14	678.47	23	3,342.22	8

出所：『2007年中国財政年鑑』中国財政雑誌社より整理作成

資金の比率も増えにくい状況にあることがわかる．このことからも現在の移転支出制度は地域間における基本的な公共サービスの均等化を促進し，地域間の財政力を調整する上で限界があると思われる．

163

表6－2．中央財政収入に占める移転支出の割合の国際比較　　　　　　　　　単位：％

国	年度	税収総収入 中央	税収総収入 地方	総支出 中央	総支出 地方	中央収入に占める移転支出の比率
アルゼンチン	2001	59.7	40.3	56.4	43.6	5.5
オーストラリア	1999	77.4	22.6	56.7	43.3	26.8
カナダ	1999	52.5	47.5	41.3	58.7	21.3
クロアチア	2001	92.5	7.5	87.9	12.1	4.9
フランス	1997	89.6	10.4	82.5	17.5	7.9
ドイツ	1998	70.7	29.3	59.6	40.4	15.7
インド	1999	62.6	37.4	53	47	15.4
リトアニア	2001	79.2	20.8	73.9	26.1	6.7
オランダ	1998	95.9	4.1	78.3	21.7	18.4
ロシア	2001	69.7	30.3	61.2	38.8	12.2
南アフリカ	1998	92.8	7.2	69.7	30.3	24.9
スペイン	1997	83	17	67.6	32.4	18.6
スイス	2000	66	34	52	48	21.2
イギリス	1999	96.1	3.9	77.9	22.1	18.9
アメリカ	2001	69.3	30.7	49.7	50.3	28.2
中国	2005	52.3	47.7	25.9	74.1	50.5
単純平均		75.6	24.4	62.1	37.9	18.6

出所：中国のデータは『2006年財政統計年鑑』より整理作成，その他の国のデータは『国際通貨基金政府財政統計』より整理作成．

4．省級以下の財政移転支出制度は更なる改善が必要

　1994年以降，各地で中央・省政府間の「分税制」の基本原則と方法を基準に，当該地域の実情を配慮しながら省級以下の「分税制」財政管理体制を実施してきた．これまで省級以下の財政移転支出制度を確立するために多大な労力を投入してきたが，各地域の努力と進展状況には大きな開きがあり，全体的には，省級以下の財政支出制度は依然整っておらず，「分税制」の総体的進行とその効果に一定のマイナスの影響を与えている．具体的に以下のような問題がある．一つ目は，多くの地域では省級以下の財政管理体制は「分税制」に準じておらず，旧体制の痕跡が色濃く残っていること．例えば，「財政請負制」を実施している地域もあれば，「総額割分」を実施している地域もある．地方各級財政は，事務権限と支出責任が明確で，本級収入と上級からの財政補助収入が安定的で，自ら財政収入を集め財政支出を行い，収支のバランスを保てるような分級財政管理体制を未だ確立していない．二つ目は，一部の地域では財政収入は下から上へ次々と集められていること．多くの財政収入は省級，市級政府に集められているので，県級，郷級政府は事務支出を行うための財源が不足しており，末

端財政の財政難をさらに激化させた．そのほか，各地で様々な財政力均衡措置が取られているが，やり方は標準化されておらず，各省轄区内の地域間には依然として大きな財政力格差が存在し，政府職能の発揮を妨げている．一部の地域では地域間の財政移転支出制度は未だに公式化されていない．公式に基づき移転支出を行っている地域の中でも，要因の選択，公式の設計，データの選択および具体的な計算などについて多くの問題が存在し，更なる改善が求められている．

IV．財政移転支出制度の政策目標

中国の国情を見ると，社会経済の発展において地域間の極端なアンバランス状態を呈している．それを是正するために，中央政府は経済社会発展戦略目標の重大施策として，地域間の均衡協調発展を実現させ，「主体功能区」建設を実施することを決めた．中西部地域と東部地域の格差を縮めるためには，中西部地域自身の資源的優位性と努力に頼るだけでなく，必要に応じ政策面，資金面における中央政府の支援も必要である．財政移転支出政策はその重要な政策手段の一つである．国家の安泰・社会の安定を維持し，国民経済の持続的・健康的・協調的発展を促進するためには，財政移転支出制度をしっかりと機能させることによって，中西部地域のインフラ建設と資源開発を速め，沿海先進地域との格差を縮め，各地域，各民族の共同繁栄を実現しなければならない．

1．財政移転支出制度の長期目標

長期的な視点から見ると中国の財政移転支出の目標は，各級政府における質の高い公共サービスを提供する能力の均等化を実現し，各地域の住民が就業，勉学（教育），交通，医療，社会保障などにおいて同様な機会とサービスを受けられ，全国民が地域格差，身分格差のない普遍的な意義を持った公共サービスを受けられることである．しかし，このような長期目標を実現するには条件がある．厳密に言えば，財政移転支出の長期目標を実現するために以下のような基本条件が前提となる．すなわち，社会主義市場経済と分級分税財政制度が整備されていること，中央政府は強いマクロコントロール能力を備えていること，均等化移転支出体系が整備できていること，財政支出構造の最適化が実現していること（財政支出は本当の財政需要を反映すること），財政支出の効率が向上していること，財政資金が主に国家経済と人民生活に関わる公共サービス領域に投入されていること，および徐々に市場メカニズムを通じて地域間の経済発展のアンバランスを抑制できていることである．

中国の実情を見ると，公共サービスの均等化に関して二つの問題がある．一

つは，地域間の財政収入能力に大きな格差があることであり，もう一つは，都市農村間に公共サービスの激しい不公平が存在することである．都市農村間の公共サービスの格差は東部，中部，西部の間に存在するだけではなく，東部，中部，西部それぞれの内部にも存在する．たとえ豊かな東部地域でも同じである．地域間公共サービスの不公平と都市農村間公共サービスの不公平は原因が異なり，解決方法も異なる．財政力の格差が地域間の公共サービスの不公平を生んでいるので，その不公平を解決するために，総収入に占める中央財政収入の比率を引き上げることによって地域間の財政収入能力格差を縮小すること，地域間の均衡発展を配慮した財政政策を実行することで地域間の経済格差を軽減すること，財政均等化移転支出を増やすことなどの方法を採るべきである．一方，都市農村間財政の不公平を是正するためには，都市と農村の財政発展を統一計画する財政政策の実施が必要である．

　地域間の公共サービスの不公平と都市農村間の公共サービスの不公平を解決するための方法は同じではないが，しかし両者は完全に分けられるものではなく，共通する部分がある．地域間の公共サービスの不公平を是正するには，中央財政の均等化移転支出は重要な政策手段である．都市農村間の公共サービスの不公平を是正するには，中央政府が移転支出を通じて財政資金を農村住民に投入するように地方政府を誘導することは重要な政策手段である．両者を結びつけると，以下のような結論に至る．今後，中央財政の均等化財政移転支出は主に農村地域の公共サービスの不公平を是正するために用いるべきであり，その是正プロセスは地域間の公共サービスの均等化を実現するプロセスであるし，都市農村間の公共サービスの不公平を縮小させるプロセスでもある．中国の地域間財政格差と都市農村間財政格差は非常に大きいので，問題を解決するために，今後の均等化移転支出規模をさらに拡大する必要がある．

　公共サービスの均等化水準をどのように判断すべきなのかについても，より深く議論する必要がある．中国にとって絶対的な均等化目標は現実的でなく，採用すべきではないが，しかし高水準の公共サービスは可能である．西側の先進国でも移転支出の均等化目標として，各地方政府の財政収入能力の概ねの一致，すなわち各地方政府はほぼ同じ公共サービスを提供するとしか定めていない．均等化が図られた後は地域間の財政収入能力格差が大幅に是正されるが，格差そのものは依然として存在する．つまり均等化は地区間の財政収入能力の完全一致と公共サービスの結果の無差別化を追求するものではないし，地域経済発展の均等あるいは全国一人当たり財政収入水準の均等を追求するものでもない．また，先進国では国家公平や生存条件の均等性を示す教育，医療と社会福祉などの面で普遍的な，地域間差別のない，実施可能な公共サービスを提供している．

中国の地域間経済格差と財政格差を縮めるためには，長いプロセスを辿らなければならない．公共サービスの均等化も，最低基準の基本公共サービスの均等化を保障することから高水準の基本公共サービスの均等化の達成へと絶えず上昇するプロセスであり，低水準の公共サービスの地域間公平や都市農村間公平から高水準の地域間公平や都市農村間公平に徐々に近づくプロセスである．故に，財政移転支出の長期目標の実現は相当長い時間を要し，その実現プロセスにおいて，異なる条件の下では財政移転支出の目標も同じではない．

2．財政移転支出制度の短期目標

中国の現状から言うと，短期間で移転支出の長期目標を実現させることは難しい．長期目標を最終目標に据えた上で，歴史段階に応じて移転支出の段階的目標を決める必要がある．財政の水平的均衡から見ると，現在の中国では東部と西部，都市と農村の格差は拡大しつつある．このような格差は，市場メカニズムおよび経済的要因によってもたらされ今後さらに拡大する傾向がある．経済格差の拡大は財政格差の拡大を意味するので，このような時期に政府財政は高水準で普遍的意義を持つ公共サービスを均等に提供することはできない．水平的不均衡を縮めるためには，均等化移転支出の規模を拡大させることはもちろん重要であるが，それよりも市場メカニズムがもたらす地域間格差を徐々に縮小させることがより大切である．財政の均等化に必要な移転支出規模と地域間財政格差との間は正比例関係である．地域格差が依然として大きい場合，財政の水平的均衡を図る上で，財政均等化移転支出の効果はわずかである．中国は未だに経済移行期にある発展途上国であり，生産力水準が低いため，高水準の公共サービスの均等化を現実目標にすることはできない．故に，目標水準を下げ，均等化目標を最低基準の基本公共サービスの均等化と定め，各地域，各級政府が最低基準の公共サービスを提供できるように保障すべきである．つまり，富裕地域だけではなく貧困地域でも，都市だけではなく農村でも，最低基準の基本公共サービスを提供できることが望ましい．

最低基準の公共サービスの内容から見ると，今の中国では衛生保健，教育と社会福祉などにおいて供給は不足しており，特に都市と農村間の格差は大きい．衛生保健，義務教育と社会福祉などは公平目標を実現するための重要な項目であり，公平な再分配を行うための重要な手段でもある．国家の角度から言うと，これらのサービスの提供は国家公平の実現に役に立つので，国が定めた最低基準を満たすように確保すべきである．中央財政も公平な再分配目標の実現を促進するために，一定の措置を採り全国各地で共通する最低基準のサービスの提供を保証する必要がある．つまり，中国の最低基準の基本公共サービスは主に

義務教育，医療衛生と社会保障制度が含まれる．

　最低基準の公共サービスという提供水準を考える時に，都市と農村の間にある程度の格差を容認せざるを得ないが，しかし少なくとも義務教育，医療と社会保障に関して大きな格差は存在すべきでない．故に，都市と農村間の不公平問題を徐々に是正できるように，基本公共サービスの最低基準を設定する際，少なくとも農村部住民への比較的高い保障を確保しなければならない．

　各地域，各級政府における高水準の公共サービスの均等化を実現することは極めて困難な任務であり，長いプロセスを要するといわざるを得ないのであるが，最低基準の基本公共サービスの提供であれば短期間に実行可能である．中国の財政収入は長年高い成長を遂げており，各級政府の財政収入能力も大きく引き上げられたので，最低基準の基本公共サービスの提供を実現するための経済力を備えている．

　垂直的財政均衡の場合，もし地方財政の基準財政収入と基準財政支出を正確に測定でき，中央財政は一般的移転支出を行いその差額を補うことができれば，垂直的財政均衡の実現を意味する．中国の地域間の巨大な水平的財政不均衡を是正するには長いプロセスを要すると言えるが，垂直的財政均衡であれば比較的早く実現できるのであろう．水平的不均衡と垂直的不均衡は理論依拠が異なっており，定義の違いもはっきりしている．水平的財政不均衡は政府間の財政収入能力と支出需要のアンバランスから生まれる．一方，垂直的財政不均衡は地方政府間における支出職能を履行するための財政収入能力の差異から生まれる．しかし両者とも収入能力と支出需要の測定に関わっている．垂直的財政不均衡を是正することと一水平的財政不均衡を是正することは，二つの相互に関連する政策目標であり，垂直的財政均衡を実現するプロセスは，同時に水平的財政不均衡を縮小，解消していくプロセスでもある．

V．財政移転支出制度改革の基本的政策方向

　今後しばらくは，移転支出制度改革の全体の筋道は以下のようなものになるのであろう．既存の財政移転支出政策を基礎としたうえで，構造転換を中心に，現行の「一般的財政移転支出」と「専用移転支出」に対して大幅な調整を行い，徐々に「均等化移転支出」と特定の政策目標と関連する「専用資金」の規模を拡大していき，税収還付など非規範的な補助を削減する．それと同時に，省以下の財政移転支出制度の構築を強化し，そして財政移転支出を監督評価するメカニズムを徐々に打ち立てていく．

1．適切な移転支出手段を選択する

　国際経験から見ると，既定の政策目標を達成するために，多くの国ではひとつの方法に限定するのではなく，具体的な国情に応じて，様々な移転支出手段を総合的に運用している．また，入り交じる様々な手段の中から，中心となる移転支出手段をひとつ選択する．具体的な実践過程において，多くの国は一般移転支出と条件付き移転支出の二つを中心手段として使っている．歴史や経済，自然状況など多くの要因の影響により，ある国では専用移転支出（特定移転支出）を主としている．たとえばアメリカである．またある国では均等化移転支出を主としている．例えばオーストラリアやカナダ，ドイツなどである．しかし総じて言えば，ほとんどの国は一般的移転支出を移転支出の主体にしている．

　国際経験を参考にしながら，移転支出方式を統合・簡素化することは，「分税制」の更なる改善を図るための必要条件である．個々の移転支出方式の特徴を踏まえて移転支出制度の整備の方向性を考えれば，中国の財政移転支出制度改革の最終目標は現行の多様な財政移転支出方式を「一般移転支出」と「専用移転支出」の二種類に統合することであろう．①「一般移転支出」は，主に地方政府予算のバランスを保つために用いる．地方の政府職能を履行するための基本的な財政需要を満たさなければならないし，また全国の地方政府の最低限の公共サービス水準の均等化も保証しなければならない．中国の国情からすると，「一般移転支出」補助金は移転支出総額の大部分を占めなければならない．この分の補助金は使途を限定せず，地方政府は自由に使用することができる．配分方法については，主に要因法に基づいて計算する．すなわち，中央政府は各地域の自然状況，人口，面積，一人当たりGNPなどの要素総額および構造の客観的相違に基づき，それぞれの助変数，変数を確定した上，関連法定方式によって各地域の補助額を推計する．「一般移転支出」補助金額は地方政府の財政力と反比例をなしている．つまり財政力の強い政府ほど支給される補助金が少なく，逆に財政力の弱い地方政府ほど得られる補助金が多い．②「専用移転支出」，すなわち中央政府は地方政府に対して，農業開発，交通運輸，通信，エネルギー，原材料および教育，科学技術など，地方の経済発展と社会事業特定プロジェクトのために支給する補助金である．配分方法については，費用分担という方法が考えられる．地方政府が負担しきれない或いは社会的効果と利益が大きいプロジェクトに高い補助率を，地方政府が負担できるプロジェクトに低い補助率をという原則に基づき，それぞれのプロジェクトに相応する負担比率を確定し，法律を制定して標準化を図る．「専用移転支出」は，政府の資源配分の履行や経済「外部性」のあるプロジェクトを支援するなどにおいて重要な役割を果たすことになろう．

2. いくつかの財政移転支出方法を改めて整理統合する

　中国現在の移転支出方法の多くはこれまでの財政管理体制改革を踏襲したものである．例えば「体制的補助」，「体制的上納」，「その他の財政力移転支出」の中の「定額決算補助」，「固定額の専用上納」などである．「分税制」財政管理体制の実施や地域間の経済情勢の変化につれ，多様な移転支出方法は移転支出構造を複雑にしており，整理統合を行う必要がある．「体制的補助」および「一般移転支出」を受けられる地域からの「体制的上納」を「一般移転支出」に統合し，「一般移転支出」を受けられない地域からの「体制的上納」を「税収返還移転支出」に統合することができる．「定額決算補助」は，性質によって無条件の補助と条件付きの補助の二種類に分けることができる．今後，条件付きの部分を「専用移転支出」に，条件なしの部分を「一般移転支出」に統合すべきである．「農村税費改革移転支出」は，農村地域の税費改革に合わせて打ち出した臨時的な措置なので，農村税費改革を終了した後に廃止し，「一般移転支出」に織り込むべきである．また，「一般移転支出」の中の民族的要因移転支出部分を，「民族地域移転支出」に統合する必要がある．そして，「賃金調整移転支出」は地域間の資源配分を乱しやすいので，「一般移転支出」に組み入れ，「賃金調整移転支出」の影響を徐々に弱めていくことが望ましい．

3. 合理的で適度の移転支出規模を確定する

　政府間の財政力移転は多ければ多いほどよいというものではなく，財政移転支出額も大きければ大きいほどよいというわけではない．移転規模は地域間の経済発展の不均衡度，国家によるマクロコントロールの強度および目標の実現程度によって決まる．同時に財政管理体制の設計とも密接に関係している．中国の経済発展は極めてアンバランスで，比較的発展している東南沿海経済開発区もあれば，発展途上，未発展の中西部内陸地域もある．そのため，財政移転制度をもって区域内全体の財政状況の改善を図り，効率を優先しながら公平さも配慮するという原則の下で，適度の移転支出規模を確定する必要がある．現段階の実情から言うと，政府間移転支出の度合を確定する時に，各級政府間の税収区分に合わせながら，地方財政の自給率を引き上げることは重要である．各級政府間で行われる税収区分は，初期分配後の各級政府の財政力の大きさを決める基本的根拠であり，政府間財政移転規模を決める基礎にもなっている．政府間移転支出額の大きさは，各級政府間における財政力の初期分配構造によって大きく制約される．一般的に，財政力の初期配分において上級政府に財政力が集中すればするほど，下級政府への垂直的移転支出額は多くなる．逆も同じである．中国の現段階の財政支出水準の実状に基づき，各地域間の財政経

済発展格差を調整すると同時に，地方の自主的発展を追求するインセンティブを引き出すのにも役に立つように，移転支出の規模を確定することが望ましい．中国では地域間および都市農村間に大きな財政格差が存在するため，比較的規模の大きい「一般均等化移転支出」は必要である．そのために，中央政府はすでに2002年に行われた所得税改革で集めた所得税の増加分の全額を「一般移転支出」に充てることに決めた．「一般移転支出」の資金源の安定性を確保するために，今後，所得税増加分の全額，付加価値税と消費税増加分の一定の割合を「一般移転支出」に充てることを明確に規定する必要があり，それによって「一般移転支出」制度の主導的役割が確立されるであろう．

4．省級以下の政府間財政移転支出制度の標準化を推進する

　一般的に，政府レベルの多い国では，政府間の財政移転も多くの部分によって構成される多段階の体系をなしている．国土が広く，人口が多い中国では，政府組織は縦割りで5級に分けられている．地域間の財政経済水準はアンバランスで，各省間だけではなく，各市間，各県（区）間，各郷鎮間の格差もかなり深刻である．省級以下政府の財政移転支出の制度設計に当たり，当該地域の実情を配慮した上で，できるだけ中央対地方の移転支出制度に歩調をあわせる必要がある．当面の状況から見ると，以下のことに力を入れるべきである．第一に，省級以下で未だに標準的な移転支出制度を確立していない地域では，「一般移転支出」資金補助を受けているか否かに関わらず，早急に移転支出制度の確立に着手し，できるだけ早く移転支出方法を決め，それを根拠に資金配分を行うように努力する必要がある．中央政府からの「一般移転支出」を受けている地域はその下級政府に対して移転支出を行う際，少なくとも中央政府からもらった「一般移転支出」資金分を，要因法に基づき下級政府に配分しなければならない．これに対して財政部は毎年専門検査を行うべきである．原則的に各省は配分方法や配分結果を財政部に報告し，記録を残さなければならない．第二に，移転支出制度の確立は予算管理の強化と結びつける必要がある．規範的な移転支出制度を構築することを財政管理の中心に据え，財政部門の腐敗を根絶する重要な施策とする．財政管理を改善し，財政透明度を増強することは世界的な趨勢である．財政の透明度を高めるためには政府間財政移転の規範化が重要である．

5．財政移転支出制度建設と「主体功能区」建設とを結びつける

　中国の第11回5ヵ年発展計画『綱要』の中で，全国の「主体功能区」計画を編成し，「主体功能区」を確立するという重大な戦略的任務を推進することを

表6－3．「主体功能区」協調発展するための財政政策

開発区域分類	発展潜在力	環境分類	成長方式分類	財政政策分類
優化開発区	発展潜在力は比較的高い	環境負荷能力は弱まる	成長方式を転換させ、効果と利益を引き上げる	創造的で新しい型の財政政策の実施
重点開発区	発展潜在力は高い	環境負荷能力は比較的強い	振興中心地域になりつつある	インセンティブ刺激型財政政策の実施
制限開発区	発展潜在力は中レベル	資源環境負荷能力は比較的弱い	秩序正しい人口移動、重要な生態功能区域	支援―補償型財政政策の実施
禁止開発区	発展潜在力は低い	法律に基づいて設立した自然保護地域	法に基づく強制的保護を行い、人為的要素の妨害を抑制する	保障―補償型の財政政策の実施

打ち出した．『綱要』の中で，資源環境の負荷能力，現在の開発密度および発展潜在力に基づき，将来中国の人口分布，経済構造，国土利用と都市農村構造を全面的に考慮したうえで，国土空間を「優化開発」，「重点開発」，「制限開発」，「禁止開発」という四種類の「主体功能区」に区分し，それに基づいて地域政策や業績審査の調整，改善を行い，空間開発を秩序だて，合理的な空間開発構造を確立することを提起した．「主体功能区」の確立を推進することは，次のことに有効である．地域間格差を縮め，地域間の協調発展を促進すること，資源環境の負荷能力に応じた経済構造，人口分布を導き，人口，経済，資源環境の空間的均衡を促進すること，生態環境悪化の趨勢を根本的に断ち切り，気候変動の速度を緩め，資源節約と環境保護を実現すること，行政区画に拘らず，それぞれの地域の特徴に合わせた政策措置と業績審査システムを制定実施し，コントロールを強化，改善することである．今後，地域開発の財政政策を実施する際，「主体功能区」建設の政策構想を反映させなければならない（表6－3参照）．財政移転支出制度の設計も国土功能区分と結びつける必要がある．次のようなことが含まれる．

① 「一般移転支出」係数を格付け，確定する時に，「主体功能区」という要素を考慮し，制限と禁止開発区域に対して移転支出係数を適度に引き上げ，重点開発区域の移転支出係数を引き下げることで，異なる種類の開発区域に対する政策の相違を反映させる．② 一部の「制限開発区」と「禁止開発区」の生態破壊の厳しい現状を踏まえ，これらの区域に対して環境保護と生態建設投入を重点的に増やし，生態建設と環境保護の持続可能性を確保することで，最終的にこれらの区域の生態環境の改善および経済社会と自然の

協調的発展を実現させる．③「三奨一補」の移転支出方法を参照しながら，「主体功能区」を推進するためにインセンティブ・メカニズムを活用し，「主体功能区」の発展方向に合致する施策を奨励する．「補助の代わりに奨励を，奨励と補助の結合」という方法を通じて，各級政府のインセンティブを引き出し，「主体功能区」の特徴に合わせた政策措置を採るように誘導する．④「民族地域移転支出」，「退耕還林移転支出」と「天然林保護移転支出」の方法を参照し，新たに「制限開発区移転支出」，「禁止開発区移転支出」という区分を作り，「制限開発区」と「禁止開発区」への移転支出を強化する．開発の制限や禁止によって生じる財政収入の減収分を補填することによって，これらの地域の基本公共サービスを提供する能力を保障する．

6．財政移転支出の法律体系を整備する

西側の市場経済先進国を概観すると，各国の財政管理体制は一定程度の相違があるにもかかわらず，各国共通の特徴として，政府間財政移転支出制度の法制化水準は比較的高いことが挙げられる．一般的に，移転支出制度の基本的原則を法律の形で決めており，移転支出の実施も健全な法律体系によって保障されている．移転支出制度そのものと制度運営の外部環境における法制化の実現は，人為的要素の妨害と影響を減らしている．一方，具体的な計算公式あるいは補助基準については，財政部もしくは専門委員会が実際の状況に基づき改正する権限をもつことで，法制化と弾力性の融合が図られている．中国現行の財政移転支出制度は明確で規範的な法律規定を欠いており，かなり恣意的である．政府間財政移転支出制度を真に標準化した制度として確立するためには，法制化原則に従い，財政移転支出に関連する法規の更なる改善を図らなければならない．例えば『予算法』，『移転支出法』などにおいて，移転支出制度の内容，形式，依拠，用途と監督などについて立法の形で規範化し，財政移転支出制度を整備する際に根拠とする法律を確立しなければならない．移転支出方策の公開性，安定性と権威性を強化するために，移転支出収支予算を単独に編制し，各級権力機構によって審査された後に実施に移すことが望ましい．

7．財政移転支出の管理と業績審査を強化する

現在，業績審査が各国政府の「中心的な管理手段」になりつつある中，市場経済の下で財政支出の業績審査もしだいに財政科学管理の重要な内容と手段になってきている．財政移転支出も一種の移転支出であるため必然的に支出効果が問われる．財政移転支出の全過程（特に資金配分と資金使用）の監督管理を強化し，財政移転支出の効果を審査評価するシステムを確立し，移転支出の効

果を高めていかなければならない．次のことを留意すべきである．移転支出を単純に地方の財政力不足を補うための手段であると理解してはならない．また，基本公共サービスの提供を保証することは単なる財政平均主義を意味しない．そして財政移転支出は市場による資源配分の基礎的役割に取って代わることはできない．移転支出を進めると同時に，地方政府の「増収節支」を促進し，資金の使用効果を高めていかなければならない．

参考文献

財政部予算局(2004)「中央から地方への移転支出」『経済研究参考』第14期
杜牧著(2001)『政府間財政移転支出制度の理論と実践』経済科学出版社
黄佩華著(2003)『中国—国家発展と地方財政』中信出版社
賈康・閻坤著(2000)『中国財政—移行と変革』上海遠東出版社
李萍・許宏才編(2006)『中国政府間財政関係図解』中国財政経済出版社
李万慧・景宏軍(2008)「中国とOECD諸国の財政均等化移転支出の比較研究及びその啓発」『税務研究』第5期
馬海濤編(2004)『財政移転支出制度』中国財政経済出版社
沙安文・濤春麗編(2005)『地方政府と地方財政建設』中信出版社
沙安文・濤春麗編(2005)『財政連邦制と財政管理』中信出版社
上海財経大学公共政策研究センター(2007)『2007中国財政発展報告』上海財経大学出版社
孫開(1996)「政府間移転支出の要因法問題について」『財政研究』第3期
孫開編(2004)『財政体制改革問題研究』経済科学出版社
孫開(2005)「わが国の地方財政が直面している問題と改革構想」『改革』第6期
楊燦明編(2000)『政府間財政移転支出制度研究文集』経済科学出版社
楊君昌編(2000)『財税体制改革研究文集』経済科学出版社
中国社会科学院財政と貿易経済研究所(2005)『「共贏」（ともに利益を得る）に向かう中国の多級財政』中国財政経済出版社
Bergvall, Daniel, Claire Charbit, Dirk-Jan Kraan and Olaf Merk (2006), "Intergovernmental Transfers and Decentralized Public Spending", *OECD Journal on Budgeting*, Volume 5-No.4.
Boex, Jamie and Jorge Martinez-vazquez (2004), "Designing Intergovernmental Equalization Transfers with Imperfect Data: Concepts, Practices, and Lessons", International Studies Program, Andrew Young School of Policy Studies, Georgia State University, Working Paper.
Shah, Anwar (2007), "A Practitioner's to Intergovernmental Fiscal Transfers", in Robin Boadway and Anwar Shah (eds), *Intergovernmental Fiscal Transfers: Principles and Practice*, World Bank.

第7章

中国の医療保障制度の軌跡と展望

劉　　暁　梅

Ⅰ．はじめに

　2005年7月末，国務院発展研究センターと世界保健機関WHOは『中国医療体制改革への評価および提言に関する報告』(以下『報告』という)を出した[1]．報告によると，中国医療衛生体制改革の基本的な志向は商業化，市場化である．体制改革の結果として，医療サービスの公共性の引き下げと医療資源投入のマクロ的な効率の低下をもたらした．問題の根源は，医療改革の商業化と市場化という志向が，医療衛生事業の発展法則に違反したことにある．報告は「中国の医療衛生の改革は全体的に基本的には失敗した」という評価結果を下した．また，2006年度の人民代表大会と政治協商会議において，国民が病院へ通うことは費用が高くて難しいという問題が議論の焦点になった．本論文では，中国の医療保障制度を中心にして，その展開軌跡を見たうえ，現行医療保障制度を評価し，これからの改革の行方を探りたい．

Ⅱ．改革開放前の医療保障制度

　中国の医療保障制度は，1949年に中華人民共和国が成立した後逐次に整備され，「公費医療制度」，「労働保険医療制度」及び「農村合作医療制度」が盛り込まれていた．

1．仕組み

　建国後，唯一の政権党となった共産党は社会主義による改造を通じて共産主義社会を目指すことを宣言した．しかし，農村から都市に活動領域を移した共産党が直面したのは，国民党が支配してきた都市の著しく荒廃した状況だった．経済の復興を建国初期の主要な任務とした共産党は，社会福祉政策の実施を通

---

[1] 2003年の初めごろ，国務院発展研究センター社会発展研究部と世界保健機関(WHO)と協力し，研究チームを作って，「中国医療保健体制」の研究課題を確立した．課題チームは，国務院発展研究センター，衛生部衛生経済研究所，北京市疾病制御センター，北京大学公共衛生学院及び労働と社会保障部などの国家機関の専門学者からなる．この報告はこのチームが2005年7月に完成した報告である．『中国青年報』2005年7月29日

表7-1. 改革開放前の医療保障制度

	労働保険医療制度 (1951年)	公費医療制度 (1952年)	農村合作医療制度 (1960年代)
適用対象	国有企業・都市一部の集団所有制企業の従業員及びその退職者．従業員の扶養家族	政府機関・事業体の職員及び退職者，大学在校生及び在宅休養の二等乙級以上の革命障害軍人	農村住民
財　源	企業の福利基金	財政予算	農村住民＋村集団
給　付	従業員と退職者は全額を，扶養家族は医療費の半額を支給	医療費の全額を支給	村で受診するときは無料，病院で受けるときは補助を受ける
管理機構	企業行政	政府の衛生部門	郷・村の幹部および医者，農民，病院の代表からなる管理委員会
保険性格	企業福祉	社会福祉	農村の互助的保険

して，労働者の労働意欲を高めることを図った．また，同時期，農村から都市への移住が盛んになった．農村からの途切れることのない移動は，都市の失業率を上昇させた[2]．この状況に，農村重視の毛沢東も「全国解放後，農地改革を通して，農民達が土地を得た．我々は都市に入って，都市の従業員達に何をしてやれるか，給与をアップすることはできないが，労働保険を整備しよう」と発言した[3]．

さらに，建国当初，共産主義と相対する帝国主義，旧国民党政権およびその残存勢力は台湾の蔣介石政権と結託し，必死に新政権に抵抗していた．政権を取得したばかりの共産党は政権を強化する為に，都市労働者の支持を得ることが必要であった．

1951年2月26日，政務院(国務院の前身)は『労働保険条例(草案)』を公布した．これは，中国で最初の基礎的な社会保障法規であり[4]，労働者を国家の主人公として位置付けるものと言われた．『労働保険条例(草案)』は「改革開放」の1978年まで殆ど唯一の社会保障制度を定める基本法源であって，社会保障の基本法として，個別に制定される関係行政法規・規則・地方政府の行政規則などの根拠となった．

『労働保険条例(草案)』は，企業従業員の医療待遇について関連規定を定めた．そこに定められた医療給付水準は低いものとは言え，それにより企業従業員の

---

[2] J・K・フェアバンク著，大谷敏夫・太田秀夫訳(1996)『中国の歴史』ミネルヴァ書房，p.472
[3] 郝雨(1999)「労働保険条例制定修改二三事」『中国社会保障』10期　pp.18-19
[4] 信春鷹(1999)「建立中国特色的社会保障制度」『科学時報』1月20日

労働保険医療制度(「労働保険医療制度」は「保険」ではなく「個人の負担のない福祉」を意味する)が発足した.

(1) 労働保険医療制度

「労働保険医療制度」は,1951年に「中華人民共和国労働保険条例」の公布,実施及びその後の関連の法律と政策の実施によって制度化された.その給付対象は,主に国有企業・都市一部の集団所有制企業の従業員及びその退職者である.従業員の扶養家族にたいしても,部分的な給付(半額)が行われている.受給者の人数は,1991年の時点で13,700万人である[5].その財源は,企業の福利基金及び営業外支出からなるが,不足部分は企業利潤から繰り入れる.これは従業員の医療費を全額企業負担する個人無料医療制度であり,企業福利といえる.

(2) 公費医療制度

1951年の労働保険条例における労働保険医療制度は従業員のみに適用していた.1952年6月,政務院は『全国各級人民政府・党派・団体及び所属部門の国家機関職員に公費医療予防措置を実施することに関する指示』を公布し,国家機関と事業体の職員の公費医療制度を正式に発足した.

その給付対象は,主に中国政府機関・事業体の職員及び退職者,大学の在校生及び在宅休養の二等乙級以上の革命障害軍人である.公費医療の適用者の人数は,1952年の時点は400万人であった.ちなみに制度が変わる1991年の時点では2,800万人(大学生を含む)で,医療費の支出は60億元で,ひとりあたり平均支出は220元である.公費医療の原資は,政府分担分については国家財政予算の中から単独にその項目が設けられている.この予算は各級財政担当部門の分配案に沿って,中国衛生省,財政省を通じて公費医療管理機構に支給し運用されることになっている.給付としては診察費,手術費,薬代のすべてである.入院時の給食費,通院時の交通費は患者の自己負担とするが,経済的な困難があって,負担できない場合には勤務先に申請して困難補助金の支給が可能である.つまり,公費医療は個人負担がない「政府福利」の無料医療でもある.

(3) 農村合作医療制度

農村合作医療制度は,1950年代後半に現れはじめた大変ユニークな医療制度である.当時,農村互助合作運動の進展につれて,一部地域の農民は病気治療難を解決するために農業生産協同組合に保健ステーションをつくり,毎年1人あたりわずかな金額零点数元(元以下の単位)の資金を出し合って,病気治療の時に薬代だけは個人が支払い,受付料,往診料,薬交換料などは無料とした.このやり方は,1959年11月山西省稷県で開かれた全国農村活動会議で推奨され

---

[5] 劉学民主編(1998)『医療保険291問』人民法院出版社 p.20を参照

た．1960年代から全国で推し広められたが，本格的な普及は文化大革命期間であった．1968年，毛沢東が湖北省長陽県楽園公社の合作医療運営経験を「合作医療好(素晴らしい)」と賞賛したのがきっかけで，全国各地の人民公社は当時熱狂的政治雰囲気の中でそれを一気に普及させた[6]．

農村合作医療制度は，農村住民が自主的に作った農村互助共済医療保険であり，1956年の「高級農業生産合作社模範章程」によって，打立てて来たものである．それは伝統的な医療保障制度の重要な構成部分をなし，農村の主要な社会保障項目である．保険対象となるのは，農村合作保険に加入している農村社会構成員であり，その基金は主に集団と個人の共同拠出による形が多い．70年代，村，郷レベルに実施された無料あるいは低費用を特徴とした農村医療保険に，1976年時点で，全国で90％の農民が参加したことによって，農村の基本的な医療需要問題が解決された．しかし，80年代改革開放後，農村合作医療保険組織が減少してきて，1985年には農村合作医療保険に参加している人数が，農民総人口の9.6％しかいなかった[7]．

2．特徴
(1) ほぼ皆保険
上述のように，「公費医療制度」，「労働保険医療制度」及び「農村合作医療制度」という三つの医療保障制度でほぼ全国民をカバーした．労働保険医療と公費医療は都市の従業員とその扶養家族(両親と子供，ただし，公費医療対象者の扶養家族が除外され)を対象とし，農村合作医療制度は，農村のすべての構成員を対象としていた．

(2) 福祉の色合いが濃い無料医療
都市部の労働保険医療費は企業が負担し，また企業の病院あるいは診療所で受診を受けるとき無料であるので，労働保険医療は企業福祉の一つといえる．公費医療は国家財政により負担し，受診するとき無料なので，国家の福祉といってもいい．農村合作医療制度は，個人負担はわずかで，大部分は集団つまり人民公社による負担である．受診するとき，薬代だけ負担するが，診療費は無料である．

(3) 格差が大きい
中国には都市と農村の二元構造があるが，それは医療保障制度も同じ様な構造となっている．都市部の「公費医療制度」，「労働保険医療制度」は無拠出の

6　王文亮(2001)『21世紀に向ける中国の社会保障』日本僑報社，p.75．
7　鄭功成(1997)『論中国特色的社会保障道路』武漢大学出版社，pp.324-325を参照．

無料医療(福祉)に対して,「農村合作医療制度」は保険方式の医療保険制度である．また，従業員は病気の間，有給休暇が付与されるとともに，医療費も無料である．さらに，扶養家族も医療費の半額を給付されていた．しかし，農村では，個人への給与の補助もなく，本人も一部分の医療費を負担しなければならなかった．

3．評価

改革開放前の医療保障制度は，建国当初，経済発展と国民の健康状態や医療水準の向上に大きく貢献した．特に国民の体質の改善，死亡率の低下，公害病や伝染病の抑制及び医療衛生事業の発展などに役立った[8]．実は，医療，年金制度を含む計画経済時代の国家保障は，政治，経済，社会との統合をよく把握できたため，社会基盤と一体化して，社会の安定を守ったと考えられる．

(1) 評価できる点

まず，建国初期，全国医療衛生機関はわずか3,670ヵ所，医療病床は8.64万床，医療衛生技術者は50.5万人であった．人口千人あたりの医療病床は0.15床，医療衛生技術者は0.93人，医者は0.67人，看護婦は0.06人に過ぎなかった．1998年末，全国に医療機関(診療所を含む)は29.69万ヵ所，医療病床数が314.3万床あり，医療衛生技術者総数が442.37万人であった．人口千人あたりの医療病床は2.04床，医療衛生技術者は3.64人，医者は1.65人，看護婦は1.00人になった[9]．

次に，死亡率は大幅に下がり，平均予期寿命は延びた(表7－2参照)．人口死亡率は1949年の2％から1995年には0.66％に下がった．また，国民の平均予期寿命は建国前の35歳から1995年の70歳に延び，嬰児死亡率は建国初期の20.00％から1997年の3.31％に，妊産婦死亡率は建国初期の1,500/10万から1997年の63.6/10万に下がった[10]．これはいずれも発展途上国のトップレベルである．

農村では，保健医療供給体制の整備は都市より遅れており，診療所(衛生所)など一次的な医療サービス供給ポイントが整備されているのは郷・村総数の90％を占め，1998年末，全国の県級衛生機関は6,391ヵ所で，郷・鎮衛生院と村衛生室はそれぞれ5万ヵ所と73万ヵ所を超えた．郷と村の医師と衛生人員は

表7－2．1949～1995年中国人口死亡率の変化　　　　　　　　　　単位：％

年	1949	1950	1955	1960	1965	1970	1975	1980	1985	1990	1995
死亡率	2	1.8	1.23	2.54	0.95	0.76	0.73	0.63	0.68	0.67	0.66

8　劉暁梅(2002)『中国の改革開放と社会保障』汐文社．
9　王文亮(2001)『21世紀に向ける中国の社会保障』日本僑報社，pp.78-79
10　同上書，p.79

133万人に達した．これは最低限の保健・医療サービスを確保する程度の設備水準である．

(2) 医療保障制度の問題点
(i) 構造上の欠点

　第一に，医療保障制度が三つの制度から構成されており，それぞれの給付条件が違うので，人材流動の妨げになる．また，企業が医療保障の担い手であり，自ら病院あるいは医療所を作らなければならないなど，企業の負担が大きい．

　第二に，「無料医療」を特徴とする医療制度は，有効な制約メカニズムが欠けているため，医療費，医療サービスの無駄使いを引き起こす．医療機関では，利潤を求めるため，高額な医薬品や栄養補助食品，医薬部外品を大量投入し，新しい医療技術や施設をやみくもに導入し，また，患者の入院期間を作為的に延ばしたりする現象がみられる．他方，患者の側も自己負担がないため，過剰に医療サービスを求める傾向にある．旧来の医療保障制度の下において，「家族の中に医療保障を受ける人がいたら，家族全員の薬がまかなえる．」[11]という言い方があるほどである．さらに，入院患者のなかには，大量の薬をもらって売却し，お金を稼ぐ者もいる．労働保険医療の場合，医療費用の総額と一人当たり医療費は，1978年にはそれぞれ28.3億元と37.98元であったものが，1990年では226.4億元と218.83元，1996年には615.7億元と547.58元に増加した．1996年は1978年よりそれぞれ21倍と14倍に増加した．（表7－3参照）

　第三に，企業が医療費の全額を負担するため，一部の国有企業は，経営の悪化により，医療費の負担に耐えられないため，従業員や定年退職者に対する医療費の還付も遅れがちになり，その結果社会保障を受ける権利が侵害されてい

表7－3．労働保険医療の医療費支出状況

年	医療費 （億元）	医療費／賃金 総額（％）	医療費／保険 福利費用総額 （％）	医費用／ GDP（％）	一人あたり年 医療費用（元）
1978	28.3	6.04	42.30	0.78	37.98
1980	36.4	5.9	31.38	0.81	45.39
1985	64.6	6.07	24.21	0.72	71.86
1987	107.5	7.19	26.43	0.90	111.35
1990	226.4	9.74	29.40	1.22	218.83
1992	318.2	10.30	29.28	1.19	292.22
1994	472.8	9.13	29.03	1.01	421.62
1995	554.7	9.12	28.29	0.95	492.59
1996	615.7	9.09	27.05	0.91	547.58

中国社会保険編集部（1998）「職工医療保障費用支出与控制述評」『中国社会保険』10期を参照．

11　呉遠村・王仲文（1998）「医療浪費十大原因」『中国社会保険』6期，p.26

る場合もある.

(ii) 市場経済改革との不適合

　第一に,企業間の医療負担の格差により,平等な競争の基礎が失われる.企業が定年退職者を含む従業員の医療費を全額負担し,医療サービスを提供しているため,特に定年退職者が多い企業は,医療費の膨張により,市場での競争力を失った.それゆえ,企業間に営業外の要因による不平等が生じて,個々の企業は対等な条件のもとでの競争ができない.特に古くからある伝統的な国有企業と新生個人企業,私企業と外資企業の間に医療費の負担の差が大きい.

　第二に,市場経済下の人材流動の妨げになる.業績が良い企業は,その従業員のためによい医療サービスを提供することができる.一方,経営不振の企業では,医療費の還付が完全に実施されないおそれがあるなど,十分な医療サービスを提供することができない.企業間の医療サービスの格差が大きくなることにより,労働力の移動が妨げられるという問題が生じている.

　第三に,非国有企業の医療保障問題も顕在化している.国有企業の民営化と個人企業,私営企業及び外資企業の創設に伴い,非国有企業が増えてきた.非国有企業の従業員数は1997年の時点で3,902.5万人[12],全体の約三分の一を占めており,今後も一層増加することが推測される.こうした企業の従業員は,制度的な医療保障の対象となっていない.そのため,この部門の従業員を含む新たな医療保障制度が急務とされる.

　第四に,社会主義市場経済の進展にしたがって,旧制度のもとでの「完全雇用」あるいは「終身雇用制度」がある意味で崩壊したと言える.国有企業の民営化と競争の激化による企業淘汰の結果,余剰人員の問題が顕在化し,「一時帰休」の従業員も増大した.2000年の一時帰休者は1,098万人で,再就職できた人口は441万人,残る657万人が就職できなかった.登録済み失業者は595万人で,登録済み失業率は3.1％であるが企業福利である医療保障制度ではカバーできない[13].国有企業改革を円滑に進め,社会の安定化をはかるためにも,雇用政策とともに社会保障制度の整備が必要とされる.

　要するに,改革開放前の医療保障制度は建国当初,経済発展,国民の健康状態と医療水準の向上に大きく貢献した[14].しかし,高度集権的計画経済体制の時代につくられた医療保障制度は,社会主義市場経済体制のもとでは,様々な

12　国家統計局人口和社会科技統計司(1998)『中国労働統計年鑑』p.3
13　労働・社会保障部(2001)「関与完善社会保障制度及下岡職工再就職問題」3月,労働・社会保障部のホームページより.
14　特に国民の体質の改善,死亡率の低下,公害病と伝染病の抑制及び医療衛生事業の発展などに役立った(鄭功成(1997)『論中国特色的社会保障道路』武漢大学出版社 pp.326-329を参照).

問題が表面化し，改革の必要に迫られている．

Ⅲ．改革開放後の医療保障制度

改革解放後，市場経済の導入にしたがって，中国の医療保障制度の改革に大きな変化が見られた．医療保障制度の改革は20世紀80年代から始まり，今日まで，ほぼ全国民カバーする医療保障制度を形成した．この制度は「都市部従業員の基本医療保険制度」，「城鎮居民（都市住民）基本医療保険」と「新型農村合作医療保険制度」という三つの制度からなる．

表7－4．改革開放後の医療保障制度

	都市部の従業員の基本医療保険制度（1998年）	都市居民医療保険制度（2007年）	新型農村合作医療保険制度（2003年）
適用対象	都市部の従業員，公務員と個人経営者など	都市部の基本医療保険制度に入っていない都市部の人	農民住民
財源	個人＋企業	個人＋地方政府	個人＋地方政府＋中央政府
給付	入院医療費の70％（社会プール基金）＋外来（医療カード額まで）	入院医療費の50％（地域により違う）	入院医療費の20－50％（地域により異なる）
管理機構	社会保険センター	社会保険センター	衛生部
保険の性格	社会保険	民間保険に近い	民間保険に近い

1．都市部の従業員の基本医療保険制度（1998年）

(1) 成立

1984年10月中国共産党第12期中央委員会第2回全体会議の開催後，医療保険制度改革の実践は全面的に展開された．十数年にわたる医療保障制度の改革の試みは，個人負担の導入に始まり，企業保険から社会保険への変遷を辿ってきている．各地での試行は，貴重な教訓を与えると同時に，なお多くの解決すべき課題をも浮き彫りにした．国務院は各地域での改革の経験に基づいて，1998年12月14日，「都市従業員の基本医療保険制度の整備に関する国務院の決定」（以下「決定」という）を公布した[15]．これによって，50年代初頭から制度化されてきた従来の公費医療，労働保険制度に代って，全国的に統一された都市部の従業員の基本医療保険制度が実施されることになった．

15　中国社会保険編集部（1998）「中国医改面臨的挑戦」『中国社会保険』6期，p.4

(2) 仕組

適用者 都市部の従業員の基本医療保険制度の適用者は，都市部のすべての企業（国有企業，集団所有制企業，外資企業，私営企業など含む），行政機関，事業団体，社会団体，民間の非企業団体及びそれらの従業員である．それ以外にも，個人経営者，郷鎮企業とその従業員にも適用することができる．

一方，保険者は，原則的には市レベルの政府となるが，県政府のレベルでも実施することもできる．直轄市では，全市で統一的に実施する．

財源 新医療保険の保険料については，事業主と従業員が共に負担することになっている．企業は従業員の賃金総額の6％を，個人は賃金支給額の2％をそれぞれ医療保険金として所属する市政府或いは県政府の社会保険機構に納付する．ただし，経済の発展状況によって，事業主と個人の納入比率は調整することができる．新医療保険基金は社会プール医療保険基金と個人医療保険口座からなる．個人の納入部分は，すべて個人医療保険口座に入る．企業の納入部分は30％を個人医療保険口座に入れ，残る部分（70％）を社会プール基金に積立てる．国家負担部分は医療保険基金の救済と税金の免除及び医療保険管理部門の費用と想定している．

図7-1．都市部の従業員の基本医療保険制度のイメージ図

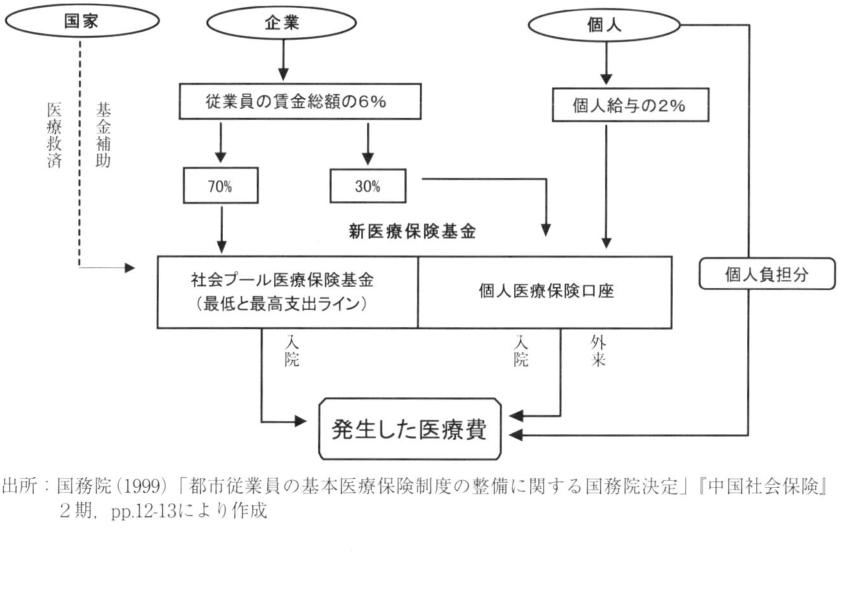

出所：国務院（1999）「都市従業員の基本医療保険制度の整備に関する国務院決定」『中国社会保険』2期，pp.12-13により作成

社会プール医療保険基金と個人の医療保険口座による医療費の支出

　社会プール医療保険基金と個人医療保険口座との使途についても，明確に規定されている．つまり，外来の医療費は自己負担とし，入院の医療費は社会プール医療保険基金から拠出するということである．また，社会プール医療保険基金と個人医療保険口座を別々に運営し，相互の流用を行うことは禁止されている．医療費が発生した際には，まず個人の医療保険口座から支払い，口座の残高を超える部分は患者の個人負担となる．個人負担の額が当該地区の年平均賃金の10％[16]を超えた場合には，社会プール医療保険基金から支払われるが，個人も一部負担する．社会プール医療保険基金の最高支出額は，当該地区の年平均賃金の400％[17]となっている．400％を超えた部分は，民間保険により補填するものとされている．個人負担と社会プール基金の負担額及び比率は，各地域が収支均衡の原則にしたがって，定められている．

(3)　**医療サービスの管理**

　都市部の従業員の基本医療保険制度をうまく実施するため，労働・社会保障省と中央関連部門は，1999年4月「都市従業員基本医療保険の指定小売薬店管理暫定方法」，1999年5月「都市従業員基本医療保険の指定医療機関管理暫定方法」，1999年5月「都市従業員基本医療保険の薬品使用範囲管理暫定方法」を公布した[18]．さらに，99年7月「都市従業員の基本医療保険診療項目の範囲に関する意見」，「都市従業員の基本医療保険医療サービス施設の範囲と費用支出基準の確定に関する意見」，「都市従業員の基本医療保険費用決算管理の強化に関する意見」を配布した[19]．これらの一連の規定により，医療サービスの制度化を図った．

　関連規定の具体的内容は以下のようにまとめることができる．①医療保険サービスの範囲と基準を明らかにすることである．国の新医療保険の対象となる薬剤のリスト，診察項目及び使用する検査の基準とその管理方法を定める．②新医療保険の適用は，指定医療機関と指定薬局で実施すると共に，競争原理

---

[16] 1997年における全国従業員の年平均賃金6,470元をもとに計算すれば，賃金の10％（647元）は従業員が負担できる金額であると労働・社会保障省の医療保険司司長烏日図は説明した．『工人日報』1998年12月29日

[17] この最高支出額は高額医療人数の分布状況によって算出された．全国40あまりの都市を対象としたサンプル調査によると，1997年の従業員の年間医療費が3万元を超える人数は従業員総数の0.5％を超えなかった．全国平均賃金の400％は2.6万元であるので，最高支出額は，平均賃金の4倍にしたことにより，大多数の従業員の高額医療費を解決することができるからである．『工人日報』1998年12月29日

[18] 関連部門：国家計画委員会，国家経済貿易委員会，財政部，国家薬品監督管理局．中国社会保険編集部（1999）『中国社会保険』7期，p.38

[19] 『光明日報』1999年7月23日

を導入し，指定医療行為を標準化して，医療衛生資源の利用効率を高める．③科学的で合理的な方法で行った場合の基準医療費を示すことによって，医療費の総額をコントロールする．④医療サービスシステムの構造的な調整を行い，いわゆる医薬分業を進めることによって，医療行為の規範化を促進する．

(4) 基金の管理と監督

都市部の従業員の基本医療保険基金は，勤労者の健康にかかわるものであるだけに，その安全と合理性かつ効率的な利用が求められ，確固たる基金の管理と監督の体制を整えることが必要である．これはまさに都市部の従業員の基本医療保険制度の成否に深くかかわっているといえる．「決定」によると，新医療保険基金の管理と監督を強化するために，基金管理機関には次のことが必要とされている．①都市部の従業員の基本医療保険の行政管理と事業を分離すること．②医療保険基金は財政専門口座での管理を行い，従業員の医療以外の目的には使用しない．③保険機構の事務的経費は，当該地区の一般会計によって賄い，医療保険基金から引き出すことを禁止する．④社会プール医療保険基金は，収支均衡の原則に従って，収入額により支出額が決まる．⑤保険機構は予算と決算を計上する財務会計制度及び内部監査制度を完備する．⑥監査部門は，定期に医療保険基金の収支状況及び医療保険機構の管理状況を監査する．⑦行政，従業員，医療機関，労働組合及びこの分野の専門家からなる監督組織を設立する．

(5) 例外人員の医療保障

すでに定年を迎えている「幹部退職者」「老紅軍」（建国前革命に参加した老幹部）は，都市部の従業員の基本医療保険制度の対象から除外されており，従来の医療保障制度を適用する．支出の財源が足りない場合は，地方政府が負担する．その具体的な医療管理方法は政府が決定する．

二等乙級以上の革命障害軍人の医療保障も従来制度を適用する．そして，市政府の社会保険部門によって，単独管理する．財源が足りない部分は地方政府が負担する．

一般退職した人は，「幹部退職者」と異なり新医療保険に加入するが，個人としては保険料を納入しない．彼らは在職者より医療費の負担が軽くなっている．

国有企業をレイオフされた従業員の企業負担分と個人負担分を合わせ，再就職サービスセンターが，所轄地域従業員の平均賃金の60％をもとにして，彼らのために社会保険部門に医療保険料を納付する．

(6) 特徴

　改革開放前の都市部の「公費医療制度」,「労働保険医療制度」に比べて,改革開放後の都市部従業員基本医療制度は以下のような特徴を挙げることができる.

　①公務員と労働者に分かれていた都市部の医療保険制度をひとつに統合し,その適用範囲を非国有セクターまで広げて,適用者がすべての都市従業員に拡大され,扶養家族は適用対象から除外された.②財源は企業と個人がともに負担する.③都市部の従業員の基本医療保険制度は社会プール医療保険基金と個人医療保険口座により構成され,医療費の支出もこの二つの部分からなる.④社会プール医療保険基金の支出の上限が規定され,それを超える部分は民間保険に任せる.最低支出ラインも規定し,入院する場合,一定金額を自己負担する.⑤医療保険基金の管理とサービスは社会化する.⑥医療保険の基本的な考え方を「低水準」,「広範囲」とする.⑦企業は医療保障の提供者から保険料の拠出者へとその役割が質的に転換した

　要するに,政府はいままでの個人負担がない「無料医療」を根本的に改正して,医療保険金の個人負担を導入した.また,限られた新医療保険基金がより大きな役割を発揮させるために,社会プール基金の管理を強化し,医療サービス体制の整備にも力を入れたことを窺うことができる.

(7) 新動向

　2005年7月末,国務院発展研究センターと世界保健機関(WHO)は『中国医療体制改革への評価および提言に関する報告』(以下『報告』という)を出した[20].報告は「中国の医療衛生の改革は全体的に基本的には失敗した」という評価結果を下した.

　また,2006年度の人民代表大会と政治協商会議において,国民が病院へ通うことは費用が高くて難しいという問題が議論の焦点になった.医療に対する苦情に対応するため,2006年2月10日に,衛生部は『「社区」つまりコミュニティー衛生医療サービスを都市部の医療サービス事業のもっとも大事な事」とし,また病院に通うことにより費用が高くなるという難問を解決する突破口として位置づけられた.さらに,2006年3月5日に,温家宝総理の政府の年次報告書(政府工作報告書)で,以下のことが明らかにされた.コミュニティーを基

20　2003年の初めごろ,国務院発展研究センター社会発展研究部と世界保健機関(WHO)と協力し,研究チームを作って,「中国医療保健体制」の研究課題を確立した.課題チームは,国務院発展研究センター,衛生部衛生経済研究所,北京市疾病制御センター,北京大学公共衛生学院及び労働と社会保障部などの国家機関の専門学者からなる.この報告はこのチームが2005年7月に完成した報告である.『中国青年報』2005年7月29日

本とする新型都市医療サービスシステムの構築を促進し，条件を備えるコミュニティー医療サービス機構に医療保険の指定医療機関の資格を与えるという事である．つまり，初診はコミュニティー「社区」診療所で行うことを試み，軽い病気は社区で治療し，重い病気は正式の病院で受診する方向性を明らかにした[21]．これによると，今後5年間，コミュニティー医療サービスは問題解決の最前線としての役割を果すようになっている．

さらに，2006年の中国共産党第16回六中全会では，2020年までに全国民を対象とする社会保障制度を確立することが明示された．つまり，日本のような皆保険制度という目標が立てられた．中国政府の第17回人民代表大会の報告書にも，「2020年まで，すべての国民が基本医療サービスを受けることができる」という医療衛生事業発展の目標を強調した．それを目指して，中国政府は，2007年から，すでに実行している「都市部の従業員の基本医療保険制度」と「新型農村合作医療制度」と「医療救済」を改革し，「城鎮居民（都市住民）基本医療保険制度」を整備し，これで，すべての国民の医療保障を保障しようとしている．

2．新型農村合作医療制度と農村医療救助制度

改革開放後，人民公社の解体により，旧（改革開放前）農村合作医療制度が崩壊した．農民の医療保障はすべて自己負担になり，農民が医療費を払えないため治療放棄問題が深刻になりつつある．それを解決するため，中央政府は農村地区で新型医療合作制度を確立し，2003年下半期からモデル地域で試行した．

旧農村合作医療制度の財源は個人と集団の出資によるものであったのに対して，新型農村合作医療制度の趣旨は，「農民の医療互助共済」を農村に導入し，農民，集団（村），政府3者から資金を集める形で農民が独力で負担できない医療の費用を解決することである．

設立当時，一般に加入者一人当たりの年間加入料は30元であるが，そのうち，個人負担は10元で，残りの20元は中央政府と地方政府（省，市，県）がそれぞれ10元ずつ拠出する．

しかし，全国の統計データによれば，2004年，農村の一人当たりの医療保健支出額は130.6元であり，一人当たり30元の新型農村合作医療の資金調達合計額では明らかに，保険加入者のために良好な医療保障を提供しうる額ではないと言える[22]．このように，中央や地方財政が保険料の3分の2を負担したとし

---

21 社会保障網 http://www.cnss.cn/
22 顧昕（2006）「中国医療体制改革──現状と挑戦」『2006年中国社会情勢分析と予測』

ても，資金調達水準が低いために，農民の保険加入への意欲は，依然として低く，彼らはこのわずかなお金だけでは医療問題は解決できないと認識している．そこで，2006年，財政出資率を引き上げ，中央財政は新型農村合作医療に加入する農民一人当たりに対し20元を，省・市・県財政も計20元の補助金を出し，農民個人の出資については10元のままとし，合計50元とした．

　保障水準の引き上げにより，多くの農民から歓迎され，加入率が高くなった．試行県数は2003年，全国の21％の304県（市，区）から，2007年9月末，2,448の県に拡大され，全国総数の85.5％を占め，農民の加入者数は2003年の1億3千万人から，2007年9月末まで，7.3億人に上り，86％の加入率になった[23]．

　新型農村合作医療制度は県単位で管理運営され，そのために，制度を導入した各県では合作医療管理弁公室（またはセンター）が設立されている．

　制度への加入は個人の意思によるもので，強制的ではないため，加入できない貧困層の農民が取り残されるという問題があり，また高額の費用がかかる重病への対応ができないとの問題も残る．そこで，当該制度の発足と同時に，これに対する補完措置として，農村医療救助制度も立ち上げられた．これは衛生部の管轄範囲に入った新型農村合作医療と異なって，民政部の管轄範囲に入っている．この制度の趣旨は，農民が病気で貧困の状態に陥るか，または貧困の状態に戻ることを防ぐために，政府からの拠出と宝くじからの公益収入を主とする社会的な贈与をベースに基金を設置して病気にかかった貧困層農民を救済することである．その救済金の使途は三つに分けている．一つは最低生活（生活保護）保障を受ける人の自己負担分の10元を補助する．二つ目は，入院費用の自己負担分の一部を補助する．三つ目は，外来費用の一部分（100元超えない）を補助する．

　新型農村合作医療制度は「大病・重病保険を中心とした」農民の医療互助共済制度に相当する．つまり，大病・重病にかかって，入院するときにだけ，保険を使える．入院医療費の40％ぐらいしか保険金から支払われない．外来医療費は，すべて，農民自己負担になる．これは日本の皆保険制度と根本的に違うところである．

　本来の基本医療保険は，強制加入で，国民の基本的な医療保障を保障するものでなければならない．外来の医療費を保障するのが当然である．しかし，中国の農村では，資金調達水準が低いため，入院と外来の両者をともに配慮することは財政的に難しい．一人につき毎年100元という資金調達水準を実現して

23　唐鈞（2008）「為什幺要譲人人享有基本医療衛生服務」『中国社会保障』11月

こそ，大病・重病と外来診察医療との間に一定の資金比率を割り振りすることができるであろう．

しかし，農民の一般疾病，多発病の外来診察の医療費問題を解決しないかぎり，公的医療制度とはいえない．農民にとって，一般疾病，多発病を患う比率は明らかに大病・重病を患う比率よりも大幅に高い．また，一般疾病，多発病は大病・重病のもとで，一般疾病，多発病にかかったら，直ちに治すのが極めて重要である．つまり外来診療の医療費の保障は農民の基本医療ニーズで，これからは，この新型農村合作医療制度の保障対象を外来に拡大しなければならない．

さらに，大病・重病保険を中心とすれば，加入に対して逆選択の問題が生じてくるであろう．つまり，健常者，とりわけ若者，おそらく短期間では大病・重病を患わないと思う人はこの保険に対する加入意欲は高くないであろうし，もし，大病・重病保険だけを対象として，外来診察医療を対象としないならば，彼らは不公平感を持つであろう．高齢で体の弱い人は加入したいと考えるが，彼らは病気を患う比率が高く，基金への圧力が大きくなる．基金の赤字を防ぐために，給付ラインを上げ，上限ラインを低く抑えなければならないが，このようにすれば，農民の大病・重病治療にかかった費用の払戻し率は極めて小さくなり，彼らは自己負担費用を支払うことができない．よって，多くの農民の加入意欲に影響を与えることになる[24]．

3．城鎮居民（都市住民）基本医療保険制度

改革開放後，1998年より全国で都市部の従業員の基本医療保険制度を開始し，2003年には新型農村合作医療制度のモデル地区テストを開始するとともに，城郷医療救助制度を中国国民の大多数に適用させた．これらの措置は市民の医療問題の解決に積極的な役割を果たしてきたが，都市部の高齢者，未成年者，大学生，家庭主婦などを含む都市の非就業者は，これまで社会医療保険の対象とはなっていなかった．2007年7月，国務院は『城鎮居民基本医療保険の試行に関する指導意見』を打ち出した．これは，中国の医療保障体系を完全に整備するための重要措置である．2020年までに日本のような皆保険皆年金を実現するのが，医療衛生事業の目標からである．

城鎮居民基本医療保険制度の実施は07年から，条件を満たす省から2～3都市を選びモデル地区に指定，08年よりモデル地区を拡大し，09年には全都市の

---

[24] 景天魁(2008)「農民の健康問題をめぐって：政府，市場，社会の相互機能」『転換期中国における社会保障と社会福祉』明石書店

80％以上，2010年には全都市をカバーするという計画である．この計画が予定通りに実現できれば，2010年まで2億人余りの仕事を持たない都市住民が恩恵を受けることになる．この制度に加え，都市部の従業員の基本医療保険・新型農村合作医療・城郷医療救助制度が普及すれば，第11次5ヵ年規画（2006～2010年）末期には，中国国民の基本医療保障体系は完成されると，中国の関連指導部が期待している．

城鎮居民基本医療保険の保険者は，各市レベル以上の政府であることが規定されている．保険料は個人負担と各レベルの政府の財政補助からなる．保険料の基準と給付額は保険者が決まるが，なお，加入対象ごとに，異なる基準が設定されている．

表7-5．寧波市と大連市の城鎮居民基本医療保険の仕組み

対象者		高齢者（60歳以上男性，50歳以下女性）	未成年者（18歳以下青少年，児童，乳幼児）	非雇用者（60歳以下男性，50歳以上女性）	障害者・低所得者
保険料負担方式	寧波市	個人：250元 財政：200元	個人：50元 財政：50元	個人：350元 財政：100元	財政全額負担
	大連市	個人：前年度在職者平均賃金の2.5％（363元）． 財政：納入すべき額の40％（242元）	個人：40 財政：40		
医療給付基準	寧波市	600元以下全額個人負担，年間医療費用が2000元～10万元未満の場合は，65％負担（個人35％） 最高支給額：10万	600元以下全額個人負担，年間医療費用が2000元～10万元未満の場合は，65％負担（個人35％） 最高支給額：10万	600元以下全額個人負担，年間医療費費用が2000元～10万元未満の場合は，65％負担（個人35％） 最高支給額：10万	財政全額負担
	大連市	支給開始ライン： 三級病院：850 二級病院：500 一級病院：300 支給額： 三級病院：45％ 二級病院：50％ 一級病院：55％ 最高支給額：5万	支給開始ライン： 三級病院：300 二級病院：200 一級病院：100 支給額： 三級病院：60％ 二級病院：65％ 一級病院：70％ 最高支給額：10万		支給開始ライン：100元． 65％支給．特別困窮者：財政全額負担 最高支給額：5万

注：中国では，病院の医療水準，機能，規模などの要素により，三つのレベルに分けている．三級病院のレベルが一番高い．二級はその次，一級は一番簡単な医療で，非常に身近な地域で設置されている．
出所：寧波市政府（2007）『寧波市市区城鎮住民基本医療保険臨時条例』
　　　大連市政府（2007）『大連市市区城鎮住民基本医療保険実施方法』

城鎮居民基本医療保険制度は表7-5のように，保険料と支給額は各地域における格差が大きい．しかし，共通点として，以下のようにまとめることができる．第一，主に重病と大病を保障する．第二，支給ラインを設定している．つまり，発生した医療費用に対して，個人がまず一定額を負担する．寧波の場合は600元，大連の場合は病院レベルにより異なる．保険はそれを超えた額に対して，一定比率を給付する．第三，保険給付の最高額を設けている．つまり，その額を超えた部分は自己負担になる．たとえ，寧波は10万元，大連は5万元である．大連の場合，居民医療保険のほか，重病保険という補充医療保険も整備され，最高額を越えた医療費はその補充医療保険から，一部を賄うことができる．第四，社会的弱者に対して，保険料を財政が全額負担し，保険給付も優遇されている．第五，保険の性格は民間保険に近い．

Ⅳ．現行医療保障制度に対する評価

1．改革開放前後の変化

　改革開放後，中国の医療保障制度は根本的な改革を行った．改革開放前後の仕組み比較図（表7-6）で示したように，さまざまな変化をしてきた．

　第一に，「無料医療」から，「社会保険」に転換した．医療保険基金の社会統一プールと共済を実現し，病院，患者，保険機構三者の制約メカニズムを構築し，以前の国と企業が一手に引き受けた従業員の医療費を所属部門と個人が共同で納めることに改め，個人の自己保障責任を増強し，権利と義務の統一を実現した．

　第二に，三つの制度で，すべての国民に医療保障を得られるようにするが，なお改革前後の仕組みが異なる．改革開放前の従業員，公務員，農民という対象区別に対して，改革開放後は雇用者，非雇用者，農民という対象分け方に変

表7-6．改革開放前後医療保障制度の比較

改革開放前	労働保険医療制度 対象：従業員と家族 財源：企業	公費医療制度 対象：公務員など 財源：財政	農村合作医療 対象：農民 財源：農民＋集団
改革開放後	都市部従業員基本医療保険制度 対象：都市部の従業員，公務員，自営業者 財源：個人＋所属部門の保険金 管理機構：市社会保障	城鎮居民基本医療保険 対象：都市部の高齢者，未成年者など非雇用者 財源：個人＋財政 管理機構：市社会保障部門（社会保険センター）	新型農村合作医療制度 対象：農民と農民工 財源：個人＋財政 管理機構：政府の衛生部門 任意加入

更した．しかし，雇用者が強制加入で，非雇用者と農民の医療保険は任意加入であるため，制度のメリットがなければ，逆選択問題が生じる．

第三に，改革開放前後の仕組みが変わったが，制度とサービスにおける格差が相変わらず大きい．

第四に，国民皆保険を実現するため，中国政府は低所得者への保険料免除制度を導入した．いわゆる医療救済制度を取って，低所得者の医療問題の解決をはかった．

第五に，改革前の医療保障は外来から，入院まで，すべての基本医療サービスを無料で提供したが，改革解放後の医療制度は基本的に大病・重病と入院医療費しか保障しない．つまり，医療保障の中心は基本医療保障から大病・重病医療保障へ移転した．

改革開放後，都市部の従業員基本医療保障制度の改革が先行して，1998年に全国統一制度が形成された後，2003年に新型農村合作医療制度が整備され，最後に2007年に城鎮居民基本医療保険制度が打ち出され，この三つの柱で国民皆保険の雛形を構築した．しかし，この雛形は決して，満足できるのもではなく，多大な問題を抱えている．

2．問題点

2005年7月末，国務院発展研究センターと世界保健機関（WHO）が『中国医療体制改革への評価および提言に関する報告』で「中国の医療衛生の改革は全体的に基本的には失敗した」という評価結果を下した後，中国政府は積極的に，医療衛生体制改革案を検討し，医療衛生体制の再構築に努力している．しかし，現行医療保障制度は依然として，以下のような問題点が存在している．

第一に，医療改革全体のプロセスから見れば，漸進的な手法をとって，実験しながら改革していくようなプロセスを経過したため，医療保障制度の整合性が欠如し，条件があるところ，あるいは問題が深刻になったところから着手したので，限定された対象に対する改革にしかならない．結果として，性格が違う三つの制度で，それぞれ限定された対象を保障することになった．

第二に，三つの制度には格差がある．都市部従業員の基本医療保険制度は社会保険であり，強制加入であるのに対して，城鎮居民基本医療保険制度と新型農村合作医療制度は任意加入で，民間保険に近い．財政は城鎮居民基本医療保険制度と新型農村合作医療制度に予算を出しているが，都市部従業員の基本医療保険制度に対してはまったく負担しない．保険の支出について，都市部従業員の基本医療保険制度は比較的厚く保障するのにたいして，城鎮居民基本医療保険制度と新型農村合作医療制度の支出は少ない．前者は医療費の8割程度給

付するが，後者は医療費の半分程度しか給付しない．

　第三に，保障レベルが低い．加入者にとって，医療保険のリスクヘッジ機能は効果的な役割を充分に果たしていない．医療保険に加入したものの，保障には給付金額に限りがあるため，個人負担の医療費用が以前の無料医療と比べて増加した．したがって，病気にかかっても，病院にいけない人が増えてきた（図7－2，図7－3参考）．

　第四に，医療保険と医療サービスは治療に重点をおく．医療保険制度は，被保険者が病気にかかった時，事後的な経済的補償として位置づけられている．すなわち，医療保険制度の主な役割は，病気になった人に治療にかかる費用を

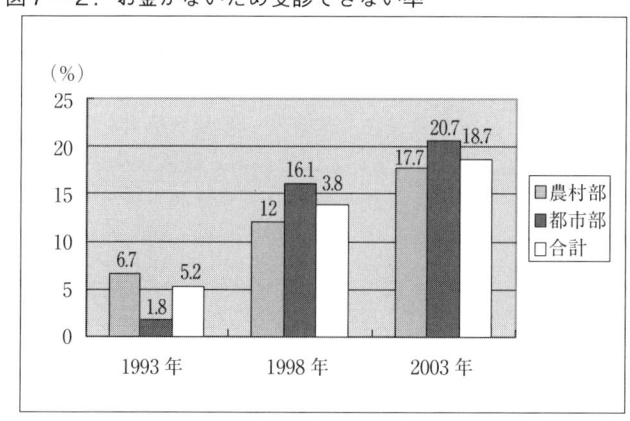

図7－2．お金がないため受診できない率

年	農村部	都市部	合計
1993年	6.7	1.8	5.2
1998年	12	16.1	3.8
2003年	17.7	20.7	18.7

出所：中国国務院衛生部（1993，1998，2003）『国家衛生サービス調査』

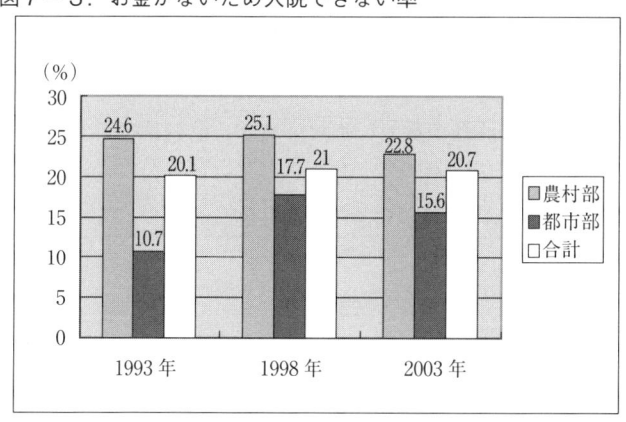

図7－3．お金がないため入院できない率

年	農村部	都市部	合計
1993年	24.6	10.7	20.1
1998年	25.1	17.7	21
2003年	22.8	15.6	20.7

出所：中国国務院衛生部（1993，1998，2003）『国家衛生サービス調査』

支給する単純なリスク分散の役割を果たしている．健康な人が病気にならないようにする，あるいは健康づくりのための予防には適用されない．病院での健康診断費用が高いため，診断を受ける人が少ない．このような結果は医療保険改革の当初の意図から外れている．

　第五に，医療保険制度の構造から見れば，公平性を欠き，効率も悪い．「小病は保護せずに，大病も保護できない」とは，改革開放後の医療保険制度に対して，最も多く聞かれる評価である．たとえば，都市部従業員基本医療制度は社会プール医療保険と個人医療保険口座を結合させる医療保険システムである．個人医療保険口座のつくりが医療保険制度の特徴として見られているが，制度構造上の欠陥にもなりうる．若者は個人医療保険口座に蓄積されるものが多いが，年輩，特に退職する人は医療保険に対する需要が高く，ゆえに支出が多い．従って，「無病の人は必要がなく，有病の人はお金が足らず」という局面となって，不平等な状態を生みだす．他方では，医療費用の浪費現象は目に余り，薬局で個人医療保険口座の残高で，公然と化粧品，健康食，穀物を購入し，元々医療消費としての資源が別の用途に用いられていることが多く報道されている．

　このような制度により，制限された医療資源を分散させ，人々の健康と基金の支出に対してマイナスの影響を与えている．現在，個人医療保険口座の導入に対して，否定的な意見をもつ研究者が多い．

　第六に，医療資源と医療サービスの配分が不公平，不平等である．医療資源の配分において，地域間と病院間の不平等感と不公平感が強い．国務院開発研究センターの研究報告によると，全国80％の医療資源が大都市に集中しており，その中でも30％が数少ない大病院に集中している．したがって，大病院の医療設備と技術がますます高くなる一方，診療所や初級医療機関，特に農村部の郷・鎮病院，都市部のコミュニティー医療サービスセンターなどの医療機能が徐々に衰退し，維持さえもできないところが多くなってきた（表7－7，表7－8，図7－4）．公共医療資源の配分も合理的ではない．その資源の三分の二は人口の三分の一しか占めない都市部人口に配分され，農村部はあまりにも公共医療

表7－7．2002～2004年医療機構別の外来割合（％）

年	病院	郷鎮診療所	都市部コミュニティー（社区）医療機構	婦人子供保健所	診療所	専門疾病治療所と療養所
2002	56.5	34.4	2.7	3.5	2.1	0.8
2003	56.3	34.4	2.8	3.6	2.0	0.9
2004	58.0	31.9	3.2	3.9	2.1	0.9

出所：中国衛生部編（2003，2004，2005）『中国衛生統計年鑑』

表7-8. 2002～2004年医療機構別の入院割合（%）

年	病院	郷鎮診療所	婦人子供保健所	その他
2002	66.7	27.1	4.3	1.9
2003	68.3	26.4	4.3	1.1
2004	70.0	24.0	4.6	1.4

出所：中国衛生部編（2003，2004，2005）『中国衛生統計年鑑』

図7-4. 医療資源配置の格差

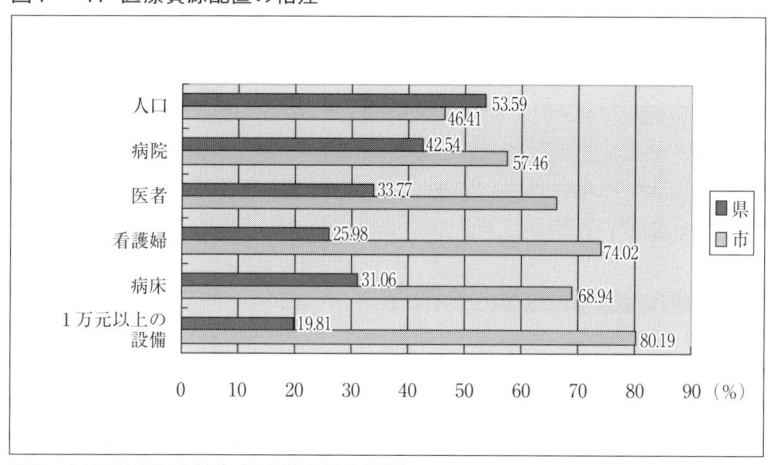

項目	県	市
人口	53.59	46.41
病院	42.54	57.46
医者	33.77	—
看護婦	25.98	74.02
病床	31.06	68.94
1万元以上の設備	19.81	80.19

出所：中国衛生部編（2005）『中国衛生統計年鑑』

資源の恩恵に預かるところが少ない．さらに，医療資源の68%は，専門病院の臨床治療に使われ，予防のような公共衛生事業に使われる額が少ない[25]．

V．今後の展望

1．中国における医療改革の最新動向

　2006年9月，国務院の許可を得て，国家発展委員会，衛生部，財政部，労働と社会保障部，民政部などの関連中央部門により構成された医療改革協議グループが成立した．事務所は国家発展委員会に設置されており，グループ長は国家発展委員会の主任と衛生部長二人により運営されている．2008年10月にようやく医療制度改革案を策定し，全国民に意見を求めていた．
　改革案は国が責任を持って，全国民が平等に基本的な医療サービスを受ける

25　葛軍（2005）「"旁観"中国医改」，『社会保障制度』12期

医療システムと公衆衛生システムをつくり，国民の健康水準を高めるという医療改革目標を明白にしている．この基本医療サービスの提供機関は基本的にコミュニティー（社区）になる見込みである．

また，基本医療による国民の保健衛生水準の向上とともに，新たな医療保険制度の確立によって，すべての勤労者が新医療保険に加入する改革も進める方針で，疾病による社会生活に対するリスクを引き下げる．さらに民間保険会社の医療保険も普及させるほか，公立病院など医療機関の公益性も高めることにより，国民の健康増進を図っていくのが，中国医療改革の方針である．

要するに，進展が早く，成長が安定している経済の発展に比較して，社会保障の整備は相対的に遅れている．それゆえに，経済発展のプロセスで発生した貧富の差，そして，医療，教育，住宅，保険などの改革の中で現れてきた社会問題は，社会保障体制をさらに整備することによって，解決を図り，そのために，医療保障制度の再構築は今日の中国の改革の緊急課題となっている．

2．中国医療保障制度再構築のポイント

健康は，国民の基本的な権利で，国民の平等を保障し，医療保障の提供は政府が当然負うべき責任である．中国の医療保障制度再構築の方向性は医療制度の普遍性と公平性にあり，すべての国民に医療保障を享受させることである．今後の再構築構想について，医療保障制度に対する正確な価値判断をして，正確な編制理念を構築することであり，その上で，合理的な医療保険を計画して，完全な保障制度を作り上げるものとしている．さらに，医療サービスの最も適切なプラットフォームを見つけるのが，医療保障の目標を実現する条件である．このような再構築を進めるポイントとして，以下のようなことを指摘したい．

第一に，普遍性と公平性という医療制度の理念を確立し，すべての国民に基本的な医療保障を享受させることである．

第二に，医療保障制度の理念を是正する．つまり今までの「病気を治すという消極的な医療保険理念」から「病気を防ぐ」という積極的な健康保険理念への転換である．調和の取れた社会の基本的な理念，「人本主義」（人間を本位とする）に基づいて，積極的な健康保険計画を完成するのが極めて重要であると考えられる．この積極的な健康保険計画は予防＋保健＋保険という計画である．市場指向の米国であろうと公平指向のイギリスであろうと，すべて経済学の利益の最大化と最適化の原則に従って，医療領域で予防と保健の経済効用を重視する．これからは，中国政府は予防と保健を医療保険の重要な内容とし，予防と保健に対する財政支出を増大させるとともに，個人医療保険口座の予防と保健の機能を発揮させることができる．例えば，個人医療保険口座の資金を健康

診断と予防接種などの保健サービスに用いることを認めることである.

　第三に, 医療保障制度の改革と同時に, 比較的に整備された医療衛生体系と医療サービス体系, 規範化された薬品供給保障体系, 科学的な医療衛生機構管理体制と運営体制を整備しなければならない.

　第四に, 三つの制度を段階的に統合していくのが正しい選択だろう. 現在, 三つの制度の性格は違うため, 労働者の流動性を阻害し, さらに制度の平等性を失わせている. これからは, まず性格が近い城鎮居民基本医療保険制度と新型農村合作医療制度を統合し, 強制加入と社会保険の性格を持たせ, 段階的に都市部の従業員医療保障制度と統合していく. あるいは, まず, 三つの保険制度の性格を統合し, 保障レベルの差はつくものの, 国民は自分の経済力により, 自由に三つの制度からひとつを選ぶ. 将来, 収入の増加に従って, 三つの制度の統合を期待する.

　第五に, 医療保障制度の目標を実現する最善のプラットフォームを見つける. よい理念, よい計画, よいプラットフォームが医療制度の目標の実現を保証する三大条件である. コミュニティー (農村の診療所を含む) 医療サービスはすでに国民医療サービスにおいて, 大きな役割を果たしている. 基本医療サービスはコミュニティー (農村の診療所を含む) まで延ばし, 公衆衛生を接合し, 病気の予防の任務を担い, 健康に関わる教育, リハビリテーション, 慢性病の監視測定と疾病基本治療の機能を担うのがよい選択だと思われる. イギリスの経験により, 80％以上の疾病が「社区」コミュニティー (農村の診療所を含む) で治療を得ることができるであろう. たとえ重病になって大病院で治療しても, 回復段階は「社区」コミュニティー (農村の診療所を含む) で解決することが可能である.

　これまで, コミュニティー (農村の診療所を含む) の医療サービス機能が十分に発揮できなかったことも事実である. 政府に重視されていないため, 機構の規模が小さく, サービス能力の弱いことが原因であるが, これからは, 政府の政策の改善により, サービスの質と量を高めることが期待できる.

　その他に, 米国とイギリスの経験を参考にして, 商業医療保険の補完的な役割を生かし, 多様なニーズに対応するのも大事である. また, 医療制度の持続的な発展のため, 科学的な医療制度の評価体系が必要である. さらに, 医療救済と医療補助システムを改善し, 社会的な弱者の医療保障を保証するのも中国医療改革の重要な点である.

VI. おわりに

　中国は20年余り時間をかけた医療制度改革が失敗に終わり, 新たな医療制度

を再構築する必要性に迫られている．そのためには，過去の失敗の原因が何であったかを十分に分析し，新たな課題を克服する必要がある．解決の鍵を握っているのは，中央政府である．政府は，自ら責任を持って，国民のために，医療制度の理念を確立し，知らせるとともに，限られた医療資源を整合し，医療保険制度の設計・運用から，医療サービス提供体制まで，果たすべき役割をしっかりと見極めなければならない．現在，最終的な目標である平等かつ普遍的な日本の医療制度のような「国民皆保険制度」の確立のための一歩を踏み出したが，なお，多大な問題を抱えているため，政府は自ら責任をもって，基本医療を保障した上で，市場原理を導入し，政府と市場の役割分担を明確にし，医療効率を高めることが大切であろう．

参考文献

中国国務院衛生部(1993, 1998, 2003)『国家衛生サービス調査』
中国衛生部編(2005, 2004, 2003)『中国衛生統計年鑑』
中国社会保険編集部(1998a)「職工医療保障費用支出与控制述評」『中国社会保険』10月
中国社会保険編集部(1998b)「中国医改面臨的挑戦」『中国社会保険』6期
中国国務院(1999)「都市従業員の基本医療保険制度の整備に関する国務院決定」『中国社会保険』2期
中国社会保険編集部(1999)『中国社会保険』7期
中国国家統計局人口和社会科技統計司(1998)『中国労働統計年鑑』
大連市政府(2007)『大連市市区城鎮住民基本医療保険実施方法』
J・K・フェアバンク著，大谷敏夫・太田秀夫訳(1996)『中国の歴史』ミネルヴァ書房，7月
郝雨(1999)「労働保険条例制定修改二三事」『中国社会保障』10月
呉遠村・王仲文(1998)「医療浪費十大原因」『中国社会保険』6期
景天魁(2008)「農民の健康問題をめぐって：政府，市場，社会の相互機能」『転換期中国における社会保障と社会福祉』明石書店
顧昕(2006)「中国医療体制改革—現状と挑戦」『2006年中国社会情勢分析と予測』
寧波市政府(2007)『寧波市市区城鎮住民基本医療保険臨時条例』
王文亮(2001)『21世紀に向ける中国の社会保障』日本僑報社顧
劉学民主編(1998)『医療保険291問』人民法院出版社
劉暁梅(2002)『中国の改革開放と社会保障』汐文社
鄭功成(1997)『論中国特色的社会保障道路』武漢大学出版社

第8章

少子高齢社会リスクと財政システム

北 村 裕 明

Ⅰ．はじめに

　『平成20年版高齢社会白書』では，日本の65歳以上の高齢者人口は，1950年には総人口の5％に満たなかったが，1970年に7％を超えて，国連の報告書において「高齢化社会」と定義された水準となり，1994年にはその倍化水準である14％を超えた「高齢社会」に達し，2007年には21％を超え，5人に1人が高齢者，10人に1人が後期高齢者という「本格的な高齢社会」となったと指摘している（内閣府2008）．

　2000年初頭以降の，公的年金の制度改革と将来の持続可能性への不安，老人医療費の抑制と新たな後期高齢者医療制度の導入，介護保険費用の増大と介護給付の制限等，高齢社会を支える主要な政策の展開と矛盾の顕在化は，こうした急速な高齢社会の進展を基礎としている．

　他方，こうした高齢化のメダルの裏側で，急速な少子化が進展している．1970年代初頭までは合計特殊出生率が人口を維持するために必要な水準2.1前後を維持し，1973年の第2次ベビーブーム時に子供の出生数は209万人とピークとなるが，その後出生数は急速に減少し，2005年には109万人，合計特殊出生率1.26と戦後最低を記録し，人口減少社会に突入したのである．さらに，急速な雇用不安と非正規労働者の増大に伴う晩婚者・非婚者の増大や，保育所等子育て環境整備の遅れ等により，少子化傾向への有効な反転策がとれずにいるのである．

　このように急速な少子高齢社会の進展が社会経済リスクを高め，それへの対応が持続可能な社会を設計するために優先度の高い政策課題となっている．

　本論文は，少子高齢社会の進展に伴う社会経済リスクとそれへの対応を概観した上で，高齢社会に対する主要な政策領域である公的年金制度，医療保険制度，介護保険制度について近年の制度改革を検討しながら，少子高齢社会に対応する財政システムの課題を明らかにすることを目的とする．我が国では，年金・医療・介護の3領域はいずれも社会保険によって運営されており，急速な高齢社会の進展が社会保険制度にどのようなインパクトを与えることになるかが主たる検討の課題となる．

II. 少子高齢社会リスク

1. 少子高齢社会の進展

図8-1「わが国の人口の推移」の左側は，少子高齢社会・人口減少社会の現在までの推移を明示しているが，右側は，少子高齢化の傾向は今後も継続し続けるであろうことを示している．生産年齢人口の比率は，2005年の66％から，2055年には51％に低下し，高齢化率が2055年には40％を超えると予測されているのである．

急速な少子高齢化の進展は，社会に様々なリスクをもたらすことになる．

生産年齢人口の減少は，労働力の減少を招き，高齢化の進展は，貯蓄の減少をもたらした．1970年代に20％台であった家計貯蓄率は，1990年代後半に10％台となり，2006年には3.3％に減少しているのである．こうした労働力の減少や貯蓄の減少は，戦後日本の経済成長の要因であった豊富な労働力と高い家計貯蓄率に支えられた投資拡大を活用できないばかりではなく，放置すれば経済成長の足かせとなることを示している．労働生産性の向上，女性や高齢者の雇用の拡大，海外からの労働力や資金の受け入れ等，少子高齢社会に対応した経済政策が必要とされているのである．

他方，高齢社会の進展は，社会保障給付費における高齢者関係給付の急増を

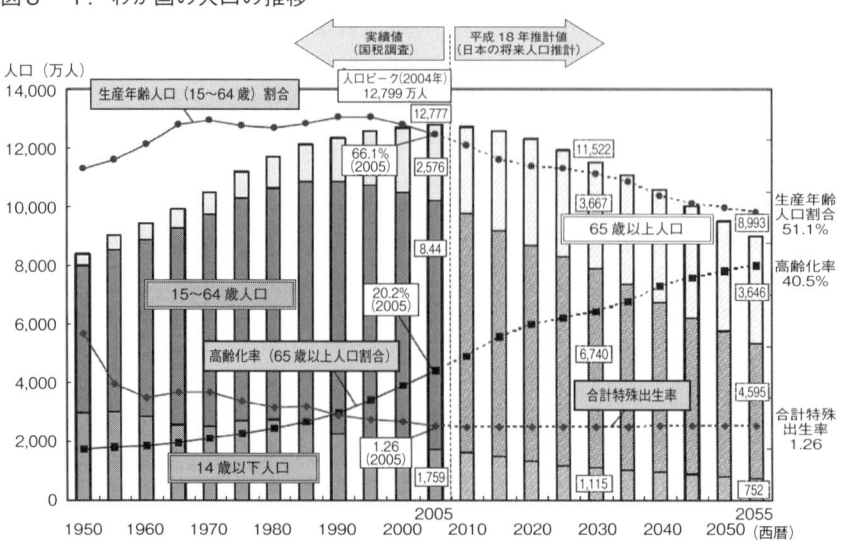

図8-1．わが国の人口の推移

出所：社会保障・人口問題研究所（2006）

もたらし，財政システムに大きな転換を迫っている（石2008）．表8－1「社会保障の給付と負担の見通し」が示しているように，2006年度社会保障給付費89.8兆円の内，高齢者関係給付は，年金給付，老人保健医療分，介護保険給付を中心とした老人福祉等で，70％をしめている．国民所得に占める社会保障給付費は，1970年度5.6％であったものが，1980年度12.2％，1990年13.6％，2000年度21.2％，2006年度23.9％と急速に増大し，2025年には26.1％に達すると予測されている．年金・医療・介護という三つの主要な給付は，2006年度から2015年度にかけて，年金給付では，47.4兆円が59兆円へと24％増大し，医療給付では，27.5兆円が37兆円へと34％増大し，介護給付では，6.6兆円が10兆円へと51％増大すると予測されている．他方，社会保障給付増大に対応する社会保障負担については，2006年度から2015年度にかけて，社会保険料で，54兆円から73兆円へと35％増大し，税による公費負担は，28.8兆円から41兆円へと42％増大すると予測している．高齢社会進展に伴うこうした増大する費用を，上述したような減少する生産年齢人口で負担しなければならないのである．

　2000年以降の社会保障制度改革は，こうした急速な高齢化の進行を前にした給付と負担の増大への対応であった．同時に，膨大な財政赤字からの脱却を目指してすすめられた財政構造改革により，社会保障関係費の毎年の自然増7,200億円を5,000億円に抑えるという小泉政権以降の政策をも反映している．公的

表8－1．社会保障の給付と負担の見通し

		2006年度 (平成18) 兆円	%	2011年度 (平成23) 兆円	%	2015年度 (平成27) 兆円	%	(参考)2025年度 (平成37) 兆円	%
社会保障給付費		89.8 (91.0)	23.9 (24.2)	105 (110)	24.2 (25.3)	116 (126)	25.3 (27.4)	141 (162)	26.1 (30.0)
	年金	47.4 (47.3)	12.6 (12.6)	54 (56)	12.5 (12.9)	59 (64)	12.8 (13.8)	65 (75)	12.0 (13.8)
	医療	27.5 (28.5)	7.3 (7.6)	32 (34)	7.5 (8.0)	37 (40)	8.0 (8.7)	48 (56)	8.8 (10.3)
	福祉等	14.9 (15.2)	4.0 (4.1)	18 (20)	4.2 (4.5)	21 (23)	4.5 (4.9)	28 (32)	5.3 (5.8)
	うち介護	6.6 (6.9)	1.8 (1.8)	9 (10)	2.0 (2.3)	10 (12)	2.3 (2.7)	17 (20)	3.1 (3.7)
社会保障に係る負担		82.8 (84.3)	22.0 (22.4)	101 (105)	23.3 (24.3)	114 (121)	24.8 (26.3)	143 (165)	26.5 (30.5)
	保険料負担	54.0 (54.8)	14.4 (14.6)	65 (67)	14.9 (15.4)	73 (77)	15.9 (16.6)	—	—
	公費負担	28.8 (29.5)	7.7 (7.8)	36 (38)	8.4 (8.9)	41 (45)	8.9 (9.7)	—	—
国民所得		375.6	—	433	—	461	—	540	—

注1）％は対国民所得．額は，各年度の名目額（将来の額は現在価格ではない）．
注2）公費は，2009年度に基礎年金国庫負担割合が1/2に引き上げられたものとしている．
注3）カッコ外の数値は改革反映，カッコ内の数値は改革前のもの．

出所：厚生労働省（2006a）

介護保険制度は2000年度に発足したが，二度にわたる改定（2003・2006年度）で，保険料の増額と給付抑制のための介護認定の厳格化と介護報酬単価の引き下げ等が実施された．2004年の公的年金改革は，従来の給付建てから拠出建て制度に大きく転換し，保険料の増大は2017年度までとすると共に，給付水準の自動調整制度により給付額増大抑制のメカニズムを導入したのである．医療費抑制政策は，75歳以上の高齢者を別枠の制度とした後期高齢者医療制度を，2008年度に導入するに至ったのである．

　しかし，日本の社会保障給付費は，国際比較からすれば先進国の中で依然として低位であることを確認しておかねばならない．表8−2「政策分野別社会支出の対国民所得比の国際比較（2005年）」が示しているように，国民所得比にしめる社会支出の割合は，日本26.24％で，アメリカに優るものの，ドイツやフランスやスウェーデンにくらべると10％以上低い．しかも日本の場合，高齢者関係がその中心を占め，表8−2で示される家族・積極的労働政策・失業という子供や若年層への社会支出の割合は1.92％にとどまり，イギリス5.22％，ドイツ6.30％，フランス7.48％，スウェーデン8.42％に比べると，極端に低いのである．なお，社会支出とはOECD基準の社会保障関係費の用語であり，社会保障給付費よりやや範囲が広く，施設整備費や公共住宅費等を含んでいる．

　こうした日本の社会保障費の相対的低さは，社会保障制度の遅れという側面だけでなく，これまでは家族と企業が社会保障機能を代替してきたことを示している．しかし，少子高齢化とグローバリゼーションの急速な進展のなかで，3世代家族形態が大幅に減少し（一世帯平均人員は，1955年5人弱であったが，1975年3.45人，2005年2.58人に低下した），非正規労働者の増大で企業内福利を利用できる被雇用者が減少する等，家族や企業による従来型の社会保障代替機能の基盤が掘り崩されているのである．

表8−2．政策分野別社会支出の対国民所得比の国際比較（2005年）

	高齢	遺族	障害、業務災害、傷病	保健	家族	積極的労働政策	失業	住宅	生活保護その他	合計
日　本	12.31%	1.77%	1.21%	8.67%	1.11%	0.35%	0.46%	-	0.36%	26.24%
アメリカ	6.59%	0.94%	1.83%	8.92%	0.79%	0.15%	0.37%	-	0.71%	20.31%
イギリス	8.48%	0.26%	3.10%	9.04%	3.90%	0.67%	0.65%	1.85%	0.24%	28.20%
ドイツ	15.15%	0.51%	3.96%	10.35%	2.78%	1.31%	2.23%	0.10%	0.28%	36.65%
フランス	15.15%	2.59%	2.74%	10.73%	4.24%	1.24%	2.36%	1.12%	0.50%	40.65%
スウェーデン	13.47%	0.88%	8.46%	9.51%	4.91%	1.82%	1.69%	0.76%	0.84%	42.34%

出所：社会保障・人口問題研究所（2008）

2. 少子高齢社会リスクへの対応

　したがって，少子高齢社会リスクへの対応として，社会保障費用担の増大を抑制することは，逆に少子高齢社会への不安を高めることにつながる．問題のポイントは，少子高齢社会におけるリスクに対応する制度設計を，社会的な費用負担のあり方を中心に考えることであろう．本論文では，高齢社会への対応として主要な政策である，年金・医療・介護の各制度改革の現状と課題を財政のあり方を中心に概観するが，その前に以下の3点を確認しておきたい．

　第一に，公的年金制度，医療保険制度，介護保険制度は，高齢期を支える重要な制度であるが，それらについて相互の役割を確認しながらトータルに制度設計する必要がある．年金問題が現在大きくクローズアップされているが，表8－1が示しているように，中期的に見た場合，年金給付より，医療給付及び介護給付の伸びが大きいのである．公的年金制度は老後の所得保障の柱であり続けるが，今後高齢社会が進展するにつれて，医療や介護等のサービス給付の充実が高齢社会のリスクへの対応を考えると重要性を増してくる（駒村2007）．また，医療と介護や福祉の連携は，地域生活リスクに対応するには不可欠となっている．

　第二に，高齢期における生活の質（QOL）を高める制度設計を行いながら，費用の管理をはかることである．高齢社会の進展に伴い，世界保健機構等では，日常生活を自立して元気に過ごせる期間として「健康寿命」の重要性が指摘されている．医療・保健・介護の政策分野では，生活習慣病の予防や健康増進に力点を置き，健康寿命を平均寿命に近づけることができれば，高齢期のQOLの向上とともに医療や介護の費用を節約できる．さらに，適切な経済政策を展開する中で，若年層の雇用を減らすことなく高齢者の働く場を拡大することによって，労働寿命（働き続けられる期間）を健康寿命に近づけることができれば，年金への需要を減少させることができるのである（宮島2004）．

　第三に，高齢社会対応の政策は，少子化対応の政策とも平行して進めなければならい．端的な事例をあげれば，公的年金財政の持続可能性を支えるのは，出生率の一定レベルの確保である．日本の現在の合計特殊出生率は1.3前後であるが，ヨーロッパの少子化政策にある程度成功している国々のように，出生率を1.6～1.8程度にまで回復することができれば，年金・医療・介護のような世代間移転の費用負担は現在より容易となる．

　今日のような出生率の低下を，日本人が望んでいるわけではない．いくつかの調査が明らかにしているように，結婚している世帯でも単身者でも，希望する子供の数は平均で2名を上回っている．出生率1.3前後というのは，子供を持ちたいがその条件が整わないからである．子供は，将来社会の労働力を確保し，世代間の所得分配を担う層の厚みを増し，社会の活力の源である等の外部

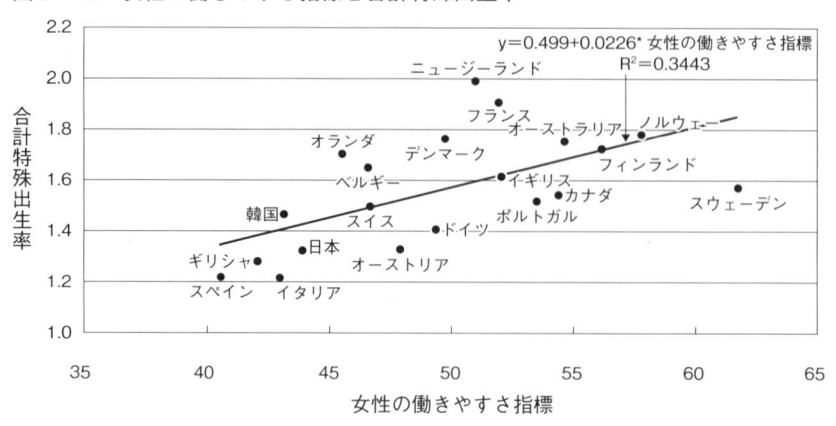

図8-2. 女性の働きやすさ指標と合計特殊出生率

```
y=0.499+0.0226* 女性の働きやすさ指標
R²=0.3443
```

注) 女性の働きやすさ指標の値は、1995年推計. 合計特殊出生率は、カナダは1998年、日本、フランス、ドイツ、オランダ、ノルウェー、スウェーデン、イギリスは2001年、その他の国は2000年のデータを使用。

出所:樋口・財務省財務総合政策研究所(2006)

性を持っている．こうした状況をふまえた少子化対応政策の展開が必要とされるのである(玉井・久本2008)．

　少子化対策をすすめるには，一方で，保育サービスの拡充，児童手当の増額，家族の教育費負担の削減等の子育て支援政策の展開と，他方で，若年世代や女性の雇用環境や雇用慣行の改善を進めることが必要である．図8-2「女性の働きやすさ指標と合計特殊出生率」が示すように，女性の働きやすさ(「女性の働きやすさ指標」とは，女性労働力率や女性の管理職の数等に基づく)と出生率については，正の相関関係があることが近年では実証されているのである．こうした政策の展開は，表8-2が示しているように，現在の日本の社会保障給付が高齢者中心である状況を改善し，少なくとも西欧諸国なみに，子育てや雇用を中心とした若年層への社会保障給付を拡大することにならざるをえないであろう．そうした方向での社会保障改革を，積極的に主張する研究者も少なくない(広井2006)．

　公的年金制度，医療保険制度，介護保険制度は，社会保障制度および公共政策全体の中で位置づけられなければ有効ではないことを確認した上で，個別政策課題を検討することにしよう．

Ⅲ．年金制度と財政

1．公的年金の役割と制度

　公的年金制度は，高齢期の生活費用を社会的にまかなう所得保障制度であり，

世代間の扶養を家族内ではなく社会全体で行う機能を持つ．現在公的年金は高齢者世帯の収入の7割を占め，6割の世帯が年金収入だけで生活を営んでいる．このように公的年金制度は，老後の所得保障を基本とするが，遺族年金や障害年金という形で生命保険や障害保険の機能をも果たしている．表8－1が示しているように，今日の我が国で，公的年金は国家財政を通じる最大の所得再分配制度であり，2006年度で47.4兆円に達し，社会保障給付の52.2%を占めている．

公的年金制度は，軍人や公務員への恩給制度を経て，1880年代末のドイツの老齢年金制度（社会保険）が嚆矢とされる．我が国でも，戦前に恩給制度や各種の職域年金が発展するが，1941年に厚生年金の原型ともいうべき労働者年金保険法が施行された．戦後は恩給制度が共済制度に統合された．そして，年金制度の外に置かれていた農民や自営業者等の国民に対する国民年金法が1961年に施行され，国民皆年金の体制が成立したのである．そして，1985年の基礎年金制度の導入によって現在の制度となっている．

日本の公的年金制度は，図8－3「年金制度の体系」に示すようにサラリーマンや公務員が加入する厚生年金や共済年金等の報酬比例被用者年金と，20～59歳までの全国民が加入する国民年金（基礎年金）から構成される．

サラリーマンや公務員等でない人（第1号保険者）は，2008年度で1ヶ月あたり14,410円の国民年金保険料を支払い，25年以上保険料を払い続けた場合に，年金を受ける権利を手に入れ，40年払い続けると月額66,000円の給付を受けることができる．国民年金は，85年にサラリーマンも含めた基礎年金に再編された際に，保険料に加えて3分の1の国庫負担が行われるようになった．2009年度

図8－3．年金制度の体系

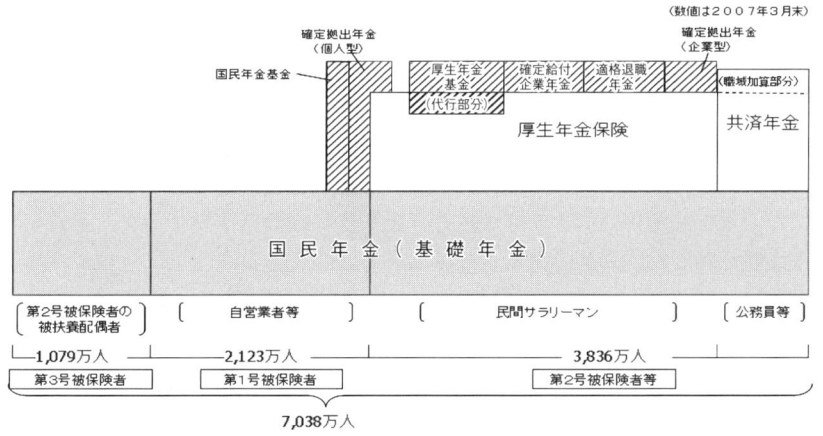

出所：厚生労働省ホームページ　http://www.mhlw.go.jp/topics/nenkin/zaisei/01/index.html

より国庫負担の割合は，2分の1に引き上げられることになっている．厚生年金の加入者（第2号保険者）は，賃金（実際には月収を基礎とした標準報酬月額）に比例した保険料を支払い，国民年金に加えて厚生年金の給付を受けることができる．厚生年金には，本人負担に加えて，同額の雇用者負担がある．2008年度の厚生年金保険料率は14.996％であるが，それを本人と雇用者でそれぞれ半額負担するのである．サラリーマン家族の専業主婦（第3号保険者）は，本人が保険料を支払う必要はなく，夫の厚生年金制度が負担することになっている．

2．年金財政と2004年年金改革

　年金の財政方式として，積立方式と賦課方式とがある．積立方式とは，将来必要とされる給付額を保険料の徴収によって積み立て，その原資に基づいて給付を行う方式であり，同一世代内で年金の責任を負う制度である．賦課方式とは，その年度に必要な給付額を，当該年度の保険料で賄う方式であり，世代を超えて費用を負担する制度である．世界の年金制度は，当初は積立方式の考え方で始まるが，1950～60年代に賦課方式の考え方へ移行したと評価されている．その理由は，老年世代を現役世代が扶養するという世代間扶養の考え方が広がり，積立方式が大不況や急激なインフレや，賃金等の上昇に伴う生活水準の向上への対応が十分にできなかったからである．しかし賦課方式は，少子高齢社会が進展し人口構成が変化すると，若年世代の費用負担が増大し，各国で年金財政の改革が進められたのであった（高山2004）．

　我が国では1973年の制度改正で，実質賦課方式に移行したといわれている．老後経済保障の理念を明確にし，給付水準を引き上げ，世代間扶養の制度とし，公的年金給付に物価スライドや賃金再評価制度を導入したのである．しかしこの改革は，今日から評価すると，保険料の低さにもかかわらず過大な年金支給額となっていた．その後高齢化の進展に対応して，保険料の引き上げと給付水準の引き下げが実施された．こうした見直しが，5年ごとの年金再計算の際に繰り返し行われてきた．また給付開始年齢も，当初の60歳から65歳に引き上げられたのである．

　このような保険料の引き上げが続く年金制度に転機を与えたのが，2004年の年金改革であった．改革のポイントは以下の3点である．

　第一は，従来は給付水準を決めた上で保険料を設定していた方式（給付建て）を，保険料の上限を決める方式（拠出建て）に変更したのである．保険料は2017年度までは増加するがそれ以降は上昇しないこととされた．厚生年金の保険料率は，労使双方で18.30％，基礎年金の保険料は月額16,900円が上限に設定されたのである．

第二は，マクロ経済スライドによる自動安定化装置が導入され，保険料上限固定方式の下での給付水準調整が行われることになった．成人人口の減少と，平均余命の増大を給付水準マイナスの指標に設定することにしたのである．そして，出生率中位の人口推計に基づく年金財政見通しでは，2023年までマクロ経済スライド調整を行えば，標準的な年金給付の水準として，現役サラリーマン世帯の平均所得の50.2％は保証できると推計しているのであった．

　第三は，基礎年金への国庫負担の割合を，2009年度より2分の1へ引き上げることである．

　2004年改革は，欧米における年金改革の動向をふまえながら，放置すれば財政破綻するか，大幅な保険料負担増かという年金財政の危機的状況を，拠出建てと給付水準のマクロ経済スライド調整による引き下げによって乗り切ろうとしたのであった．

3．年金制度の諸問題

　では2004年改革は，高齢期の所得保障としての公的年金制度の諸問題に対応できているのであろうか．

　第一は，年金財政の持続可能性についてである．2004年改革は，経済成長率，賃金上昇率，運用利回り，出生率，平均余命等いくつかの前提で成立している．それらの予測が実現可能かどうかが，年金財政の持続可能性評価のポイントとなる．表8-3「厚生年金の標準的な年金額（夫婦二人の基礎年金額を含む）の見通し」が示すように，出生率中位という状況が実現できず，出生率低位となった場合，1966年生まれの世代には現役世代の50％という水準は確保できないのである．また，経済成長率が低下した場合には，出生率が中位であったとしても，1966年生まれの世代には現役世代の50％という水準は確保できないのである．このように2004年改革によって年金財政の持続可能性が確保できるかどうかは，推計の実現可能性にかかっているのである．推計の前提が楽観的であり，標準世帯の設定に問題があり，マクロ経済スライドを2023年で終えるという想定等が，2004年改革の持続可能性に問題を投げかけていると指摘されている．さらに，図8-1が示しているように，2020年頃までの少子高齢化の第1段階はある程度乗り切れても，2033年以降の少子化の第2段階に対応するには，受給年齢の引き上げ等の新たな方策が必要とされるともいわれている（盛山2007）．

　しかし，2004年改革のポイントは，年金そのものの制度設計と同時に，年金制度が機能する社会的な環境をどのように作り出せるかが重要であることを明らかにした点である．安定的な経済成長を実現し雇用を拡大する経済政策，少子化に歯止めをかける少子化政策等が重要となってくるのである（宮島2004,

表8－3．厚生年金の標準的な年金額（夫婦二人の基礎年金額を含む）の見通し

生年度		昭和16年度 (1941) 生まれ	昭和21年度 (1946) 生まれ	昭和31年度 (1956) 生まれ	昭和41年度 (1966) 生まれ	昭和51年度 (1976) 生まれ	昭和61年度 (1986) 生まれ
平成18(2006)年度の年齢		65歳	60歳	50歳	40歳	30歳	20歳
65歳到達年度		平成18年度 (2006)	平成23年度 (2011)	平成33年度 (2021)	平成43年度 (2031)	平成53年度 (2041)	平成63年度 (2051)
経済前提 基本ケース (最近の経済動向を踏まえた設定)	出生高位	22.7万円 (59.7%)	23.5万円 (58.1%)	25.2万円 (54.2%)	29.2万円 (54.2%)	33.8万円 (54.2%)	39.2万円 (54.2%)
	出生中位	22.7万円 (59.7%)	23.5万円 (58.1%)	24.5万円 (52.7%)	27.8万円 (51.6%)	32.2万円 (51.6%)	37.3万円 (51.6%)
	出生低位	22.7万円 (59.7%)	23.5万円 (58.1%)	24.2万円 (51.9%)	26.6万円 (49.4%)	30.9万円 (49.4%)	35.8万円 (49.4%)
経済前提 参考ケース (平成13～14年頃の経済動向を踏まえた設定)	出生高位	22.7万円 (59.7%)	23.5万円 (58.2%)	23.4万円 (52.2%)	25.2万円 (50.3%)	28.0万円 (50.3%)	31.3万円 (50.3%)
	出生中位	22.7万円 (59.7%)	23.5万円 (58.2%)	23.4万円 (52.2%)	24.1万円 (48.1%)	26.1万円 (46.9%)	29.1万円 (46.9%)
	出生低位	22.7万円 (59.7%)	23.5万円 (58.2%)	23.4万円 (52.2%)	23.6万円 (47.2%)	24.5万円 (43.9%)	27.3万円 (43.9%)

(注1) 夫が平均的収入で40年間就業し，妻がその期間全て専業主婦であった世帯（標準世帯）。
(注2) 年金を受け取り始める時点（65歳）における年金額を，物価で現在価値（平成18年度）に割り戻したもの。
(注3) 括弧内は所得代替率である。
(注4) 物価スライド特例が解消したとした場合の数値である。
(注5) 人口はいずれも死亡中位の場合。

出所：2007年4月26日開催の第4回社会保障審議会年金部会への厚生労働省年金局数理課からの資料
http://www.mhlw.go.jp/topics/2007/04/tp0427-9.html

権丈2006)．

　第二には，公的年金の給付と負担についての世代間不公平の問題である．表8－4「2004年改革後の世代間格差（厚生年金）」が示すように，保険料負担に対して年金給付額の倍率は，1935年生まれが8.3倍にもかかわらず，1955年生まれ3.2倍，1975年2.4倍となっており，公的年金をめぐる負担と給付には世代間に大きな格差がある．しかし，この批判にはいくつかの誤解が存在する．世代間の負担と給付の違いを評価する場合には，以下の視点は欠かせない．①1935年生まれの公的年金未整備の世代は，親の世代を私的に扶養していることを考慮に入れなければならない．②1973年のやや杜撰な制度設計に大きな格差の原因があり，しかも給付額は厚生年金にフルに加入した恵まれたモデル賃金家計を基準としていることである．③世代間の公平問題は年金や社会保障制度だけでなく，教育制度の普及や相続等トータルな視点が必要である．④2004年改革で，1975年生まれ以降では，世代間格差はほぼなくなっていることにこそ注目すべきである．

　第三には，国民年金の未納率上昇と厚生年金の空洞化により，国民皆年金の実態が掘り崩されていることである．国民年金の未納率が上昇し，それは40％

表8-4. 2004年改革後の世代間格差（厚生年金）

平成17（2005）年における年齢（生年）	厚生年金（基礎年金を含む）			65歳以降給付分（再掲）	
	保険料負担額 ① 万円	年金給付額 ② 万円	倍率 ②／①	年金給付額 ②' 万円	倍率 ②'／①
70歳 （1935年生）[2000年度時点で換算]	680 (670)	5,600 (5,500)	8.3	4,400 (4,300)	6.4
60歳 （1945年生）[2010年度時点で換算]	1,200 (1,100)	5,400 (5,100)	4.6	4,500 (4,200)	3.8
50歳 （1955年生）[2020年度時点で換算]	1,900 (1,600)	6,000 (5,100)	3.2	5,600 (4,800)	3.0
40歳 （1965年生）[2030年度時点で換算]	2,800 (2,200)	7,600 (5,900)	2.7	7,600 (5,900)	2.7
30歳 （1975年生）[2040年度時点で換算]	3,900 (2,800)	9,600 (6,700)	2.4	9,600 (6,700)	2.4
20歳 （1985年生）[2050年度時点で換算]	5,100 (3,300)	12,000 (7,600)	2.3	12,000 (7,600)	2.3
10歳 （1995年生）[2060年度時点で換算]	6,500 (3,700)	14,900 (8,500)	2.3	14,900 (8,500)	2.3
0歳 （2005年生）[2070年度時点で換算]	8,000 (4,100)	18,300 (9,500)	2.3	18,300 (9,500)	2.3

出所：厚生労働省（2005）

近くに至ったと報道されている．確かに，1号保険者のみの未納率（本来納付されるべき保険料収入に占める未納額）は，2003年度で35.9％に達している．しかし，1～3号保険者を含めた基礎年金会計での未納率は10.3％にとどまっているのである（盛山2007）．未納者増大の背景には，国民年金が自営業や農業者を対象とする制度から，現在では，アルバイトやパートや派遣等の非正規労働者や無業者の受け皿となっている実態がある．実際未納者の43％が，非正規労働者と厚生年金に加入できない常用雇用者なのである．さらに国民年金が，低所得者には重い定額負担となっていることも，非正規労働者や無業者の未納増大の要因でもある．他方で，厚生年金の空洞化も進展している．非正規雇用の増大は，厚生年金加入者を国民年金に，さらに年金未納者へと追いやることになっているが，厚生年金保険制度に加入していない事業所の数も増大している．総務省の調査によれば，2004年度末で本来厚生年金保険を適用すべき220万～233万事業所の内，未適用のおそれがある事業所が63万～70万にのぼるとされているのである（西沢2008）．

このような状況下で，未納者を少なくするためには，本来厚生年金に加入すべき事業所に加入を促すと同時に，非正規労働者の厚生年金適用拡大を進める政策と，それを実効可能にする企業・事業所への対策が必要とされよう．

第四は，基礎年金の消費税化である．すなわち，年金財政の持続可能性を高め，未納問題を解決し，世代間格差を是正するために，基礎年金に必要な額を消費

図8-4. 基礎年金の消費税化による家計と負担の変化(過去の納付状況に関わりなく一律給付する場合)

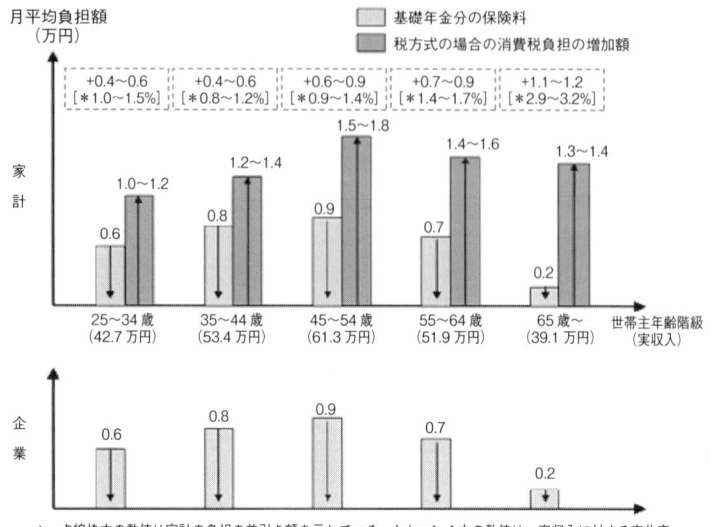

世帯主年齢階級	家計：基礎年金分の保険料	税方式の場合の消費税負担の増加額	差引き[*実収入に対する変化率]	企業負担
25～34歳 (42.7万円)	0.6	1.0～1.2	+0.4～0.6 [*1.0～1.5%]	0.6
35～44歳 (53.4万円)	0.8	1.2～1.4	+0.4～0.6 [*0.8～1.2%]	0.8
45～54歳 (61.3万円)	0.9	1.5～1.8	+0.6～0.9 [*0.9～1.4%]	0.9
55～64歳 (51.9万円)	0.7	1.4～1.6	+0.7～0.9 [*1.4～1.7%]	0.7
65歳～ (39.1万円)	0.2	1.3～1.4	+1.1～1.2 [*2.9～3.2%]	0.2

＊ 点線枠内の数値は家計の負担の差引き額を示している．なお，[ ]内の数値は，実収入に対する変化率．
出所：社会保障国民会議(2008)

税で賄うことという主張であり，今日有力な年金改革案となっている．この問題を取り扱う場合に，まず確認しておくべきことは，基礎年金の消費税化と税支援の拡大との違いである．消費税化の主張は，基礎年金支給について，拠出額と受給額の関係を断ち切るという提案である．社会保険制度における拠出と負担の明確化は，公的年金の所得制限なしの権利性を認めている．そして，人々に就業や勤労努力を，企業に雇用努力を，政府に就業支援策を促すことになるのである．現状で国民年金や厚生年金の基盤が掘り崩されている主要な要因は，雇用環境の悪化にあるといえよう．それを基礎年金の消費税化で対応するのはやや解決の処方箋が異なっているといわざるをえない．税を基礎とする最低保障年金制度の導入は，生活保護制度や他の所得保障制度との総合的な検討の中で議論されるべきであろう．さらに，消費税化は，厚生年金保険料基礎年金分の事業主負担の免除を意味する．図8-4「基礎年金の消費税化による家計と企業の負担の変化」が示しているように，消費税化は，企業負担の軽減と個人負担の増大に帰結するのである．また，消費税化には移行期をどのように扱うかというやっかいな問題がある．すなわち過去の拠出履歴をどのように扱うかである．過去の拠出を無視することは困難であり，長期の移行期間を要することになる(権丈2007)．

基礎年金を消費税で対応するという案のさらに大きな問題は，そのために必要とされる額が巨額であるが故に，財源を必要としている政策間での優先順位に大きな影響を与えることである．社会保障国民会議の試算によれば，基礎年金を全額税方式で対応した場合，2015年度における追加所要額は，12～28兆円で消費税換算で3.5%～8.5%程度である（社会保障国民会議2008）．表8－1が示しているように，年金という現金給付より，医療や介護等の現物給付の伸びが今後増大すると予測される中で，基礎年金の財源に優先的に巨額の資金を振り向けるかどうかは慎重に検討されねばならない．

4．年金改革の方向

　ではどのような年金改革を目指すべきなのであろうか．

　今日先進国の年金改革として，スウェーデンで1999年から始まった新しい年金制度が注目されている．図8－5「スウェーデンにおける公的年金制度体系の再編」が示すように，スウェーデンの年金改革は，持続可能な制度設計を目指して，給付建て賦課方式から拠出建て賦課方式へ移行し，自動安定化装置の導入によって給付額の抑制をはかったのである．しかも，保険料納付総額がわかる概念上の確定拠出制度（NDC）をもうけ，拠出と給付の関係をより明確にするようにしたのである．さらに，国庫負担を見直し，制度本体への国庫負担を廃止し，最低保障額を下回る低所得者への差額分を全額国庫負担とすることにしたのである．また，就労形態に中立的な仕組みを導入し，支給開始年齢を選ぶことができ，長く働くほど年金が増える仕組みとしたのである．同様の改革は，イタリア，ポーランド，チェコ，ラトビア等で導入された（高山2004）．

　日本の2004年改革は，給付建てから拠出建てに移行し，マクロ経済

図8－5．スウェーデンにおける公的年金制度体系の再編

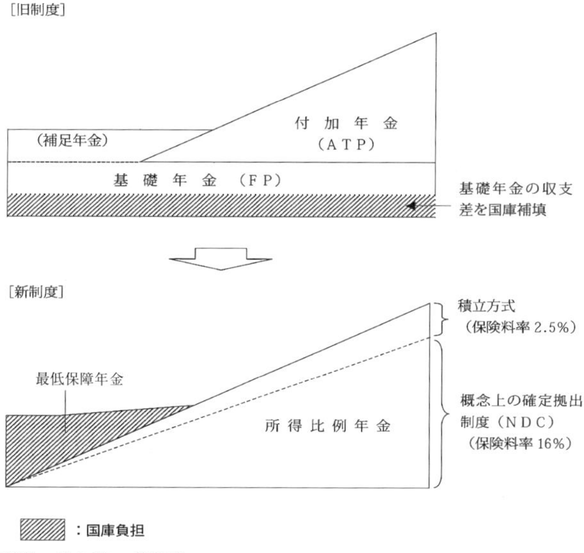

出所：井上誠一（2003）

スライドという給付水準の自動安定化装置を導入したという点ではスウェーデン型を踏襲している．しかし税方式の最低保障年金を導入しているわけではない．スウェーデンでは，改革以前でも各種の制度を活用して過去の拠出履歴を反映した無年金者や低年金者は存在しなかったのであり，移行期の問題がなかったのである．またこうした最低保障年金と所得比例年金とに公的年金を整理できた背景には，1.6～1.7程度の高い出生率，未就学児を持つ母親の80％程度の高い就業率，勤労世帯への手厚い所得保障，税務当局による正確な所得補足等があったことを忘れてはならない（西沢2008）．現状の日本は，こうした条件を欠いているのである．

したがって公的年金改革の方向として，所得比例年金への一元化と税による最低保障年金の導入を理想型としながらも（神野・井手2006），2004年改革が持続可能な制度となるような社会経済環境を創りだしつつ，必要な改革を行うことが大切である．すなわち，年金記録問題等公的年金行政の抜本的な改善を図るとともに，非正規労働者の厚生年金への加入の促進，定額制の国民年金保険料のより一層の改良，年金受給資格期間の短縮等の年金制度改革が必要とされる．そして，少子化の流れを変える社会政策，雇用を拡大する経済政策，健康寿命をのばす医療福祉政策を展開しながら，人口構成や経済成長等の年金制度を持続可能とする社会経済環境をつくりだしてゆくことが求められているのである．

Ⅳ．医療保険制度と財政

1．日本の医療制度と医療費

日本の医療制度は，1961年の国民健康保険制度で，国民皆保険の体制となり，患者が自由に医療機関を選ぶことができるフリーアクセスの制度と，全国どこでもほぼ均質の医療サービスが受けられる医療供給制度を実現してきた．

図8－6「国民医療費の内訳」が示しているように，2005年度国民医療費は33.1兆円で，国民所得の9％を占めている．1985年度に4.1兆円で6.1％，1995年度に8.9兆円で7.2％であったことに比べると急速な増大である．さらに，表8－1が示しているように，社会保障給付費に占める医療費も増大し，2006年度には27.5兆円であったものが，2015年には37兆円に増大すると予測されている．そしてこうした医療費の増大は，高齢社会の進展と密接に関係している．図8－6が示すように，国民医療費の内，52％が65歳以上の高齢者への医療費であり，75歳以上でみると29％を占めているのである．高齢社会の進展は医療に対する需要を強め，医療供給体制を高齢社会の安心の制度づくりの重要な柱としているのである．

図8－6．国民医療費（2006年度33.1兆円）の内訳

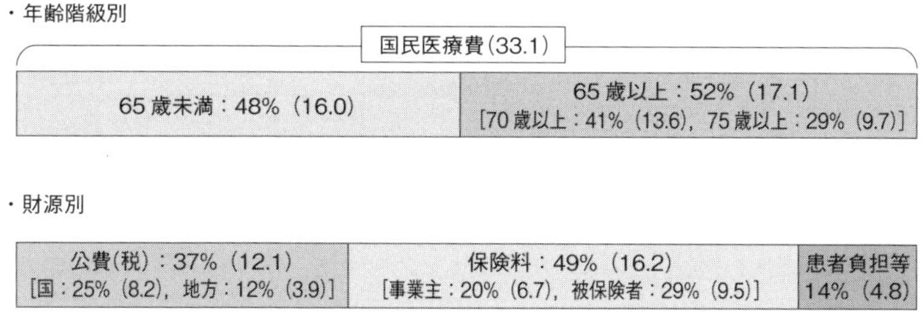

・年齢階級別

国民医療費(33.1)	
65歳未満：48%（16.0）	65歳以上：52%（17.1） [70歳以上：41%（13.6），75歳以上：29%（9.7）]

・財源別

公費(税)：37%（12.1） [国：25%（8.2），地方：12%（3.9）]	保険料：49%（16.2） [事業主：20%（6.7），被保険者：29%（9.5）]	患者負担等 14%（4.8）

（注）数字は2006年度ベース　[（　）内は金額（兆円）]
出所：財務省ホームページ　http://www.mof.go.jp/jouhou/syukei/sy014/sy014q.htm

　日本の医療保険制度は，三つの制度に分かれている．第一は，サラリーマンとその家族が加入する各種の被用者保険である．被用者保険には，大企業が個別に設立する健康保険組合（組合健保），中小企業が加入する全国健康保険協会（協会けんぽ，2008年9月までは政府管掌健康保険：政管健保），公務員等のための共済組合がある．第二は，被用者以外の人が加入する国民健康保険（国保）である．市町村単位で運営される国民健康保険がほとんどであるが，同業者の設立する国民健康保険組合もある．第三が，高齢者を対象とした老人保健制度である．1983年の老人保健制度に始まり，2008年4月より，後期高齢者医療制度という新たな制度が開始された．

　健保組合はほとんど保険料で賄われているが，他の医療保険には，国と地方から税負担がある．医療給付費に対する比率でみると，政管健保へは13%，国保へは50%，老人保健へは50%（国33%，地方17%）の税が投入されている．医療費財源全体でみると，図8－6が示すように，2006年度で，税が37%（国25%・地方12%），社会保険料が49%（事業主20%・被保険者29%），患者負担が14%となっている．

2．医療保険制度の問題点と今後の方向

　日本の医療保険制度は，少子高齢化の進展の中でどのような問題をかかえているのであろうか．

　第一は，国民健康保険への矛盾の集中である．高齢化に伴い退職者や高齢者が，市町村国保へ流入し，国保加入の世帯主に占める無職者の割合は，2001年度に50%を超えている．その結果表8－5「医療費（市町村国保）の推移」が示しているように，国保の医療費給付の3分の2が，退職者・高齢者となっている．また有職者であっても非正規労働者は，多くの場合国保に加入せざるを

表8－5．医療費（市町村国保）の推移　　　　　　　　　　　　　　　　　　（単位：億円）

	市町村				【参考】70歳以上
	合計 (一般・退職・老人)	一般	退職	老人 （現制度区分）	（旧制度区分）
2001年度	159,619	51,716	19,274	88,629	88,629
対前年比	5.4	2.4	4.3	7.4	7.4
2002年度	161,631	51,943	19,817	90,070	90,580
対前年比	1.3	0.4	1.8	1.5	2.2
2003年度	169,701	56,007	22,169	91,525	96,253
対前年比	5.0	7.8	13.0	1.5	6.3
2004年度	175,184	58,333	25,300	91,522	101,203
対前年比	3.2	4.2	14.1	0.0	5.1
2005年度	182,742	60,890	29,059	92,793	108,076
対前年比	4.3	4.4	14.9	1.4	6.8
2006年度	183,613	61,320	31,935	90,359	110,938
対前年比	0.5	0.7	9.9	▲2.5	2.5
2007年度	190,497	63,459	35,476	91,561	117,880
対前年比	3.7	3.5	11.1	1.3	6.3

出所：国民健康保険協会中央会（2008）

得ず，非正規雇用の増大は国保加入者に占める低所得者の比率を高めている．国保における高齢者・低所得者の増大は，国保料未納者を増大させ，2008年6月には保険料未納世帯が20％を超えたのである．こうした状況下で，市町村国保財政は慢性的に赤字傾向で，2007年度で市町村全体の7割強が赤字で，赤字総額は3,787億円となった．さらに保険料は市町村単位ごとに異なり，同じ都道府県でも平均1.88倍の格差があるのである．

　第二は，高齢社会の進展の中で，適切な高齢者への医療制度を確立できていないことである．我が国のような各種被用者保険と国民健康保険の2本立ての枠組みは，高齢化の進展で，各保険間の高齢者比率に大きな違いをもたらすことになった．すでに述べたように国民健康保険の高齢者比率は，他の保険に比べて格段に大きく，国保財政に過重な負担を課すことになった．1973年の老人医療費無料化は高齢社会への対応であったが，医療費の急増と国庫負担増を招き，また医療保険制度の分立構造を残していたが故にその矛盾を深めることにもなった．

　1983年から始まる老人保健制度は，各保険間での老人医療費のアンバランスを調整する方式を導入したのである．それは図8－7「高齢者医療制度の変化」の左側の型であり，国庫負担を導入しつつ，国保に集中する高齢者の医療費を，各保険者が老人医療費拠出金を公平に負担することによって対応しようとしたのである．この制度は当初70歳から適用され，75歳まで年齢が繰り上げられた．

図8-7．高齢者医療制度の変化

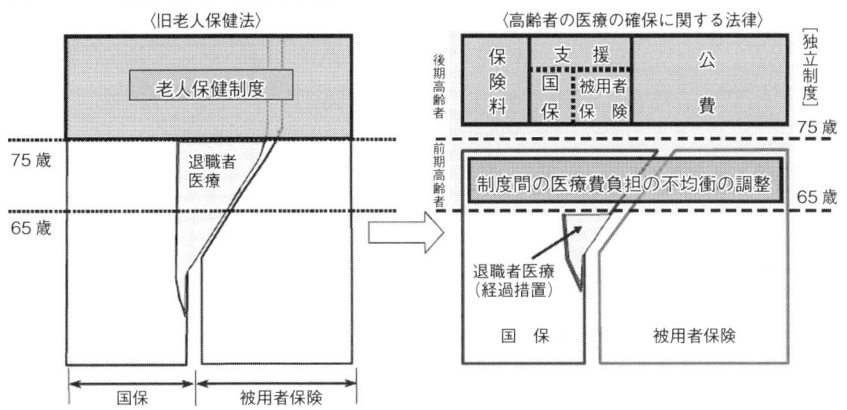

出所：厚生労働省ホームページ　http://www.mhlw.go.jp/shingi/2006/10/dl/s1005-4c.pdf

しかし老人保健制度は，被用者保険からの拠出額を増大させ保険料の引き上げを招き，各保険で老人医療費拠出額が，被保険者への給付額を上回る場合も出てきた．2000年発足の介護保険は，医療保険から高齢者介護を切り離し，医療費の効率化を図る側面を持っていた．

そして，2006年医療制度改革によって，2008年から新しい高齢者医療制度が始まった．図8-7の右側の型が，2008年度以降の制度である．65歳から74歳までの前期高齢者は，旧老人保健制度をほぼ受け継ぐことになるが，75歳以上の高齢者は，独立した後期高齢者医療制度に移行することになった．75歳以上の高齢者は，これまで属していた健康保険を離れ，1割の保険料を支払わねばならない．公費負担が5割，現役世代からの支援金が4割程度となっている．後期高齢者医療制度は，75歳以上という健康リスクを最も多く抱え医療費を多く使わざるを得ないハイリスク集団を，別枠として取り出し保険料負担を求める制度である．高齢者医療を社会全体で支えるというよりは，彼らに負担と給付の関係について明示することで医療費抑制をはかろうとする意図があったと評価されている（伊藤2008）．これには多くの批判が寄せられ，開始直後から見直しが始まり，保険料に大幅な減免措置が施されたのである．

第三は，医療費抑制策が，医療の荒廃をもたらしていることである．1982年の医師養成数抑制策に始まる医療費抑制策は，小泉政権下の医療構造改革によって加速され，自治体病院の赤字と閉鎖，産科・小児科医の不足，救急患者のたらい回し等，急速に医療供給体制の矛盾が露呈している．しかし，日本の医療費の水準は，国際比較をした場合に決して高くはなく，むしろ低位であることに注意しておかねばならない．GDPに占める国民医療費の水準は2005年で，

アメリカ15.1%，フランス11.1%，ドイツ10.7%，イギリス8.3%に対して，日本はOECD諸国の平均を下回る8.0%にすぎないのである（厚生労働省2008a）．また表8－2が示しているように，2005年度の医療保健に関する社会支出の国民所得比では，日本は8.67%であり，アメリカ8.92%，イギリス9.04%，ドイツ10.35%，フランス10.73%，スウェーデン9.51%のいずれの国をも下回っているのである．

したがって少子高齢社会リスクに対応する，医療保険財政を確立するには，第一に，医療費抑制施策を転換し，主要OECD諸国並みの水準にまで財源を医療に振り向けることが必要となる（権丈2006）．第二は，高齢者や低所得者等のハイリスク集団に社会保険原理の枠内で対応することは困難であり，こうした分野に一層の公費負担の拡大が必要とされる．第三には，地域で安心して医療を受けられる地域医療体制の再構築が必要である．医療諸機関，介護福祉サービスの提供者との連携が必要とされるのである．

V．介護保険制度と財政
1．介護保険制度の概要と現状

急速な高齢社会の進展の中で，日本における高齢者福祉政策は，1989年の「高齢者保健福祉推進十か年戦略（ゴールドプラン）」を画期に大きく展開する．しかし「介護地獄」という言葉に端的に象徴されたように，高齢者の介護サービスの基盤整備とそれを支える財源の早急な確保が，高齢社会のリスクに対応するために重要な課題となった．90年代の検討を経て，介護保険制度が2000年4月から始まったのである．

介護保険は，従来家族で私的に対応してきた高齢期の介護を，社会全体で支えるという点で「介護の社会化」をめざしたものである．介護保険は，社会保険であるが税によって補完された制度である．介護保険料という形で新たな負担を求め財源を確保しつつ，負担と給付の関係をつくりだすことによって，介護サービスを従来の措置制度の枠から解放し，介護認定が行われれば誰でも同程度のサービスが受けられる市民型の契約制度へと移行させようとしたのである．保険者は，市町村であり，国は制度の大枠を決めるが，介護保険事業計画を作り，1号保険者の保険料を決め，介護認定等を行うのは市町村であるという点で分権型の仕組みを採用している．さらに，介護サービスの供給主体を，自治体や社会福祉法人や医療法人以外に，営利法人やNPO法人等広く民間に開放しようとしたという点でも，日本の公的福祉制度にとっては画期となる制度であった．

制度の概要は，図8－8「介護保険制度の仕組み」に示すとおりである．65

歳以上の1号保険者と，40歳～64歳までの2号保険者が保険料を支払い，保険料と同額の税を加えて財源とする．市町村の介護認定委員会の審査で要介護認定されれば，認定された等級（要支援1.2，要介護1～5）に応じて，決められた種類と範囲（金額）の介護給付を，作成されたケアプランにしたがって受けることができる．利用者の負担は1割である．

制度開始の2000年度から2006年度までの介護保険事業の推移をみることにしよう．65歳以上の1号保険者は2,242万人が2,673万人となったが，要介護認定者は218万人から440万人（前期高齢者15.5％・後期高齢者84.5％）へと倍増し，1号保険者に占める介護認定者の割合は11.0％から15.9％へと，5ポイント増大した．介護給付費は3.2兆円から6.3兆円に倍増したのである．そのうち居宅

図8-8．介護保険制度の仕組み（2006年度改正後）

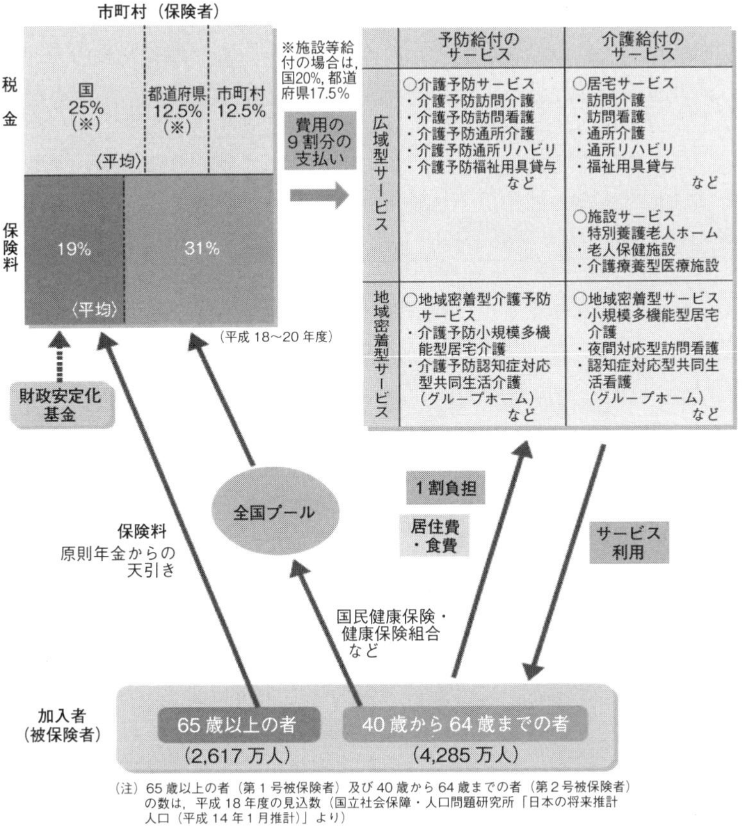

出所：厚生労働省（2006b）

サービス受給者数の比率は67.2％から72.8％に増大したが，施設サービス給付額の比率でみると33.9％から49.3％となり，施設給付額の比率は低下せずむしろ増加したのであった．1号保険者保険料月平均額は2,911円から4,090円と1.4倍に増大した．都道府県単位での被保険者一人あたり給付額は，1.7倍の地域差（最低：埼玉県16万円，最高：徳島県27万円）が生じている．（厚生労働省2008b）

2. 介護保険制度の問題点と今後の方向

　介護保険は，高齢期のリスクを社会的に支える制度としてどのような問題を抱えているのであろうか．

　最大の問題は，介護受給者と給付費の急増に対応するために給付抑制を優先し，介護サービスの効果的な供給ができていないことである（坂本・住居2006）．2006年度からの介護保険改革は，そうした方向を端的に示しており，矛盾が顕在化している．すなわち，施設介護から在宅・地域介護の方向への誘導は，地域密着型サービスという新しい展開を示しているが，施設介護の多様な展開を妨げている．施設建設の抑制により，特別養護老人ホームへの入居待機者は，都市部を中心に増加しているのである．また，居住費用・食費を中心とする施設給付範囲の縮小は，施設入所者に新たな負担を課し，さらに，軽度認定者の介護サービス利用を制限したのである．そして，2003年2.3％，2006年2.4％と二度にわたる介護報酬の引き下げは，介護事業者の経営を圧迫し，介護労働者の労働条件を悪化させ，多くの事業所で介護労働者の確保を困難にしているのである．このように介護保険制度は発足間もないにもかかわらず，「使えない介護保険，使わせない介護保険」となっているのである（金子・高端2008）．

　介護保険制度は，介護のための新たな財源を確保し，負担と給付の関係を明確にして受給の権利を確立するという点ではある程度の効果を発揮した．しかし，公的年金を主たる生活の糧にしている高齢者に，一定額以上の保険料の負担を求めることには限度がある．2009年度からの保険料は，準備基金の取り崩し等で小規模に収まると予測されているが，これでは持続可能ではない．社会保険型財政から，さらなる租税負担型への移行の検討が必要とされている．当面の必要とされる施策として，介護報酬の引き上げによる介護労働者の確保，地域密着型サービスの強化，1号保険者保険料の格差を是正し上昇を止める施策，介護と医療の連携によって安心した在宅サービスを享受できる制度の確立等が必要である．

Ⅵ. 年金・医療・介護改革と財政システム

　少子高齢社会における安心のシステムを支える重要な柱である,「現金給付」としての公的年金制度と,「サービス給付」としての医療制度と介護制度を検討してきた.

　日本ではこれら三つの制度が,ともに社会保険によって提供されている.社会保険は,保険原理の「収支相当の原則」と「給付反対給付の原則」を採用している.しかし,給付財源は保険料以外に税負担が入っていること,リスクに応じた保険料設定ではなく,被用者保険では所得比例負担と事業主負担が行われていること,強制加入であるが,所得状況に応じて保険料納付の免除と減額の制度を持っていることが,民間の保険と異なっている.しかし,これまで検討してきたように,非正規労働者の増大等により増加する低所得者と,高齢社会の進展によって増加する高齢者というハイリスク集団に,一定額以上の保険料の負担を求めることに限界がきているのである.したがって,社会保険料の本人負担だけではなく,雇用主負担や,租税負担の増大が必要となってくる.少子高齢社会リスクに対応するためには,それを支える税制改革と歳出政策の組み替えが求められるのである.

　図8-9「国民負担率の国際比較」が示すように,租税負担と社会保険料等の社会保障負担の国民所得に占める比率では,日本はアメリカを上回っているもの,イギリス,ドイツ,フランス,スウェーデンに比べ8ポイントから27ポイント下回り,かなり低位な水準にある.したがって,表8-2に示したような日本の社会保障関係費の国際的な低さに,図8-9に示す低い国民負担率が対応しているといえよう.少子高齢社会リスクに対応し,社会保障関係費の拡大を図ろうとする場合,歳出の組み替えや行政の無駄を省くだけでは限度があり,粗税負担や社会保障負担の増大が避けて通ることはできない.

　では,どのような税目や社会保障負担の増加が見込めるのだろうか.主要税目・社会保障負担のGDPに占める割合を,2005年の数値で主要国別に比較してみよう(OECD 2007).個人所得税額のGDPに占める比率は,日本5.0%,アメリカ9.6%,イギリス10.6%,ドイツ8.1%,フランス7.6%,スウェーデン16.0%であり,主要国の中での日本の水準は最も低い.法人所得税額のGDPに占める比率は,日本4.3%,アメリカ3.1%,イギリス3.4%,ドイツ1.7%,フランス2.8%,スウェーデン3.8%であり,主要国の中で日本は最も高い.しかし,社会保障拠出金の雇用主負担額のGDPに占める比率は,日本4.6%,アメリカ3.4%,イギリス3.8%,ドイツ6.7%,フランス11.5%,スウェーデン13.5%であり,日本は,フランスやドイツやスウェーデンに比べて低い.消費税額のGDPに

図8−9．国民負担率の国際比較

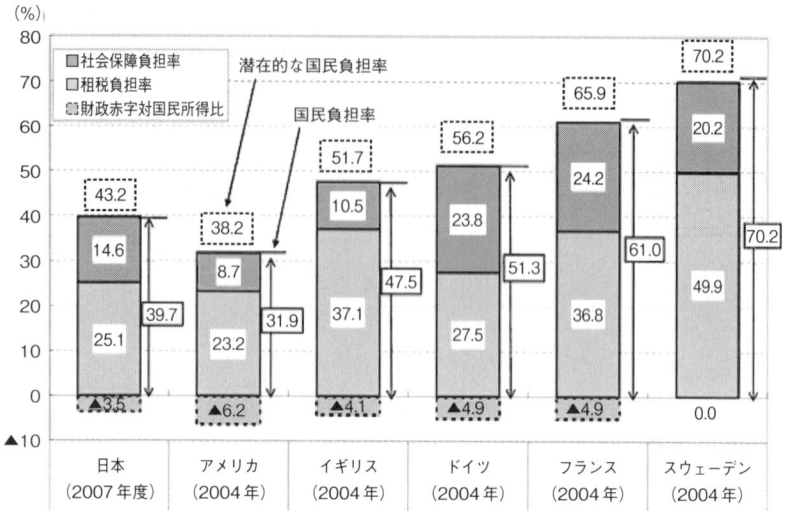

	日本 (2007年度)	アメリカ (2004年)	イギリス (2004年)	ドイツ (2004年)	フランス (2004年)	スウェーデン (2004年)
社会保障負担率	14.6	8.7	10.5	23.8	24.2	20.2
租税負担率	25.1	23.2	37.1	27.5	36.8	49.9
国民負担率	39.7	31.9	47.5	51.3	61.0	70.2
財政赤字対国民所得比	▲3.5	▲6.2	▲4.1	▲4.9	▲4.9	0.0
潜在的な国民負担率	43.2	38.2	51.7	56.2	65.9	70.2

出所：財務省ホームページ　http://www.mof.go.jp/jouhou/syuzei/zeisei/03.htm#035

占める比率は，日本5.3％，アメリカ4.8％，イギリス11.1％，ドイツ10.1％，フランス11.2％，スウェーデン13.2％であり，主要国の中での日本の水準は，アメリカに次いで低い．したがって，税制改革や社会保険料負担水準を議論する場合に，消費税増税のみに対象を限定することなく，個人所得税，社会保険料の事業主負担等の企業負担を含めたトータルな改革が求められているのである．

　少子高齢社会リスクの進展のもとで，検討した3制度については，個別の検討とともに一体的な改革が必要である．年金改革は，いくつかの改革すべき重要な課題は残されているが，2004年改革で大きな論点は提示されている．必要とされるのは，2004年改革を機能させる社会経済環境をつくりあげることであり，所得保障制度を含む社会保障全般の改革の着手である．個別政策でいえば，今後需要が年金以上に増大すると予測される，医療・介護等，サービス給付制度の整備により一層の力点を置く必要があろう．

　さらに，制度運営の意思決定システムの改革が必要とされる．社会保険制度への保険者・加入者の参加と，医療・介護制度における分権型意志決定の拡大及びそれを支える財政調整制度の改革が必要とされるのである．

参考文献

石弘光(2008)『税制改革の渦中にあって』岩波書店
伊藤周一(2008)『後期高齢者医療制度』平凡社新書
井上誠一(2003)『高福祉・高負担国家スウェーデンの分析』中央法規
金子勝・高端正幸編(2008)『地域切り捨て―生きてゆけない現実―』岩波書店
権丈善一(2006)『医療年金問題の考え方―再分配政策の政治経済学Ⅲ―』慶應義塾大学出版会
厚生労働書(2005)『厚生年金・国民年金・平成16年財政再計算結果』
厚生労働省(2006a)『社会保障の給付と負担の見通し』
厚生労働省(2006b)『介護保険制度改革の概要』
厚生労働省(2008a)『平成20年版厚生労働白書』
厚生労働省(2008b)『平成18年度版介護保険事業報告(年報)』
国民健康保険協会中央会(2008)『医療費(市町村国保)の推移』
駒村康平(2007)「医療・介護と年金とリスク」橘木俊詔編『経済からみたリスク』岩波書店
坂本忠次・住居広士編(2006)『介護保険の経済と財政』勁草書房
社会保障国民会議(2008)『社会保障国民会議最終報告』
社会保障・人口問題研究所(2006)『日本の将来推計人口(平成18年12月推計)』
社会保障・人口問題研究所(2008)『平成18年度社会保障給付費』
神野直彦・井手英策編(2006)『希望の構想―分権・社会保障・財政改革のトータルプラン―』岩波書店
盛山和夫(2007)『年金問題の正しい考え方』中公新書
高山憲之(2004)『信頼と安心の年金改革』東洋経済新報社
玉井金五・久本憲夫編(2008)『少子高齢化と社会政策』法律文化社
内閣府(2008)『平成20年版高齢社会白書』
西沢和彦(2008)『年金制度は誰のものか』日本経済新聞社
樋口美雄・財務省財務総合政策研究所編(2006)『少子化と日本の経済社会』日本評論社
広井良典(2006)『持続可能な福祉社会』ちくま新書
宮島洋(2004)「年金改革から社会保障改革へ」(日本記者クラブ講演録)
OECD(2007), *Revenue Statistics 1965-2006*

第 3 部

第9章 中国の投資信託のパフォーマンス研究
第10章 大連日系企業における日本語人材の活用と課題
第11章 環境経営が中小企業にもたらす可能性―戦略構築と競争優位に関する一試論―
第12章 中国自動車販売の制限最低価格と独占禁止法
第13章 日本のエネルギー資源問題
　　　　―石油危機への対応とエネルギーの現状―

第9章

中国の投資信託のパフォーマンス研究

二上季代司・張　文遠

Ｉ．はじめに

　本論文は，中国の投資信託を対象としたパフォーマンス評価に関する研究である．あらかじめ，このテーマを取り上げることの意義について述べておきたい．

　いうまでもなく，証券市場では証券価格をシグナルとする資源配分が行われている．しかしこの価格メカニズムが適正に機能するためには，適切な価格付けが行われていることが前提である．それには，合理的な投資家が価格形成において主導性を発揮しなければならない．すなわち，資金力があり，情報収集・分析能力を備えた機関投資家の存在が期待されるのである．そして，中国においてもし機関投資家といえるものがあるとすれば，それは，現状，投資信託だけであろう．

　ところが投資信託もまた，証券商品である．すなわち，投資信託の資金が，ファンド・マネジャーによる証券取引を通じて効率的に各産業・企業に配分されるためには，優れたパフォーマンスを体現する投資信託に出来るだけ資金が集まるような仕組みができていなければならない．すなわち，①投資信託のパフォーマンスを適正に評価できていること，②その比較評価に基づいて優れたパフォーマンスを体現する投資信託に出来るだけ多くの資金が集まるように，投信販売面における市場メカニズムが働いていることが必要である（②は投信販売市場の産業組織にかかわる論点であり，機会があれば別途，取り上げてみたい）．したがって，中国の証券市場が効率的な資源配分市場であるためには，投信のパフォーマンス評価は必要不可欠なのである．

　第二に，パフォーマンス評価による各投信の優劣比較は，投資信託の運用会社（ならびにファンド・マネジャー）の比較評価につながり，その取捨選択を通じて資産運用業界自体の効率性向上につながるであろう．あるいはまた，運用会社にとって，投資プロセスにおける弱点を明確にして，改善するためのメカニズムを示すことができる．資産運用業界の質的向上のためにも，パフォーマンス評価は必要不可欠なのである．

　証券市場における投信評価の意義は，大まかに言えば以上のようである．し

かし，中国における投信パフォーマンス評価それ自体の試みが極めて少ないのが実情である．

そこで以下では，最初に，アメリカ等の先進資本主義国において行われてきた投信パフォーマンス評価に関する先行研究を踏まえ，投資信託のパフォーマンス評価モデルの比較検討をおこなって，本稿で用いる評価モデルの精緻化を試みた．第二に，中国の唯一の機関投資家といえる投資信託が，個人投資家よりも優れた運用スキルを持った投資家であるかどうか，全体的なパフォーマンス評価を行った．第三に，パフォーマンスの要素分解を行って，運用スキルを「銘柄選択能力」，「タイミング能力」にわけ，それぞれについて，どの程度の能力があったのか，評価してみた．第四に，パフォーマンスの格差が「運」や外部の事情によるものではなく，マネジャーのスキルによるものであるかどうか，「持続性」の検定を行った．

II. 研究手法とデータ

本稿では，1998年から2006年12月まで存在している中国のクローズド・エンド型投資信託と2001年から2006年12月まで存在しているオープン・エンド型投資信託を研究対象とする．ファンド及びベンチマークのリターンのデータは，主として中国基金網ホーム・ページ，中国和訊ホーム・ページ，国泰君安証券研究所のデータベース及び各投資信託会社のホーム・ページから入手し，計算している．

パフォーマンス評価方法については，1960年代後半から，ポートフォリオ理論の進展に伴うリスク概念の導入により，リスク調整収益率の考え方が普及するようになった．その中で，ジャック・トレイナー(Jack Traynor)，ウィリアム・シャープ，及びマイケル・ジェンセン(Michael Jenson)の3人は，資本資産評価モデル(CAPM)の考え方を用いて，それぞれにやや異なるパフォーマンス評価の方法を展開した．1980年代に入ってからは，APTや，マルチファクター・モデルの考え方が実務界にも浸透するようになってきた．ポートフォリオの運用成果を様々なファンダメンタル要因やセクター要因に分解する評価アプローチである．

しかし，本稿では，全体的なパフォーマンス評価だけではなく，より詳しいパフォーマンス評価モデルを作ってみたい．そのため，ファンド・マネジャーの能力及びパフォーマンスの持続性についても評価を行ってみた．すなわちファンド・マネジャーの能力を評価するために，パフォーマンスの要素を分解し，銘柄選択能力とタイミング能力について評価し，及びパフォーマンスの持続性を評価してみた．銘柄選択とタイミング能力を適切に評価するために，伝

統的なパフォーマンス評価モデルだけではなく，Sizeファクターと Book-to-market ファクターをも考慮し，新しい評価モデルを使って評価を行ってみた．

1. 全体的なパフォーマンス評価手法

全体的なパフォーマンス評価では多面的な視点からファンドのパフォーマンスを評価するため，次の異なる代表的な指標（収益率，ジェンセン・アルファ，トレイナー測度及び3ファクターモデルなど）を使って評価してみた．

①収益率（$R_{p,t}$）を次の式(1)で計算した．

$$R_{p,t} = \frac{P_{p,t} - P_{p,t-1} + D_{p,t}}{P_{p,t-1}} \quad ; p = 1,\cdots 43 \tag{1}$$

である．$P_{p,t}$はファンドpのt期の期末基準価格であり，$D_{p,t}$はファンドpのt期の分配金である．

②ジェンセン・アルファは，次式(2)の切片α_pである．事後的に推定されるα_iはファンドの超過収益であると考える．もし，α_iが有意にプラスであれば，当該ファンドのパフォーマンスがベンチマークを上回っていることを意味する．

$$R_{p,t} - R_{f,t} = \alpha_p + \beta_p(R_{m,t} - R_{f,t}) + U_{p,t} \tag{2}$$

ここで，$R_{m,t}$はt期における市場ポートフォリオの収益率であり，$R_{f,t}$は無危険資産の収益率である．

③トレイナー測度は，ベータ係数というリスク概念を前提にして下の式(3)のように定義される．

$$TR_p = \frac{E(R_p) - R_f}{\beta_p} \tag{3}$$

トレイナー測度は，β係数をリスク尺度とするときのポートフォリオのリスク1単位当たりの超過収益性を示している．(3)式右辺の各項の推定値により計算される．

④もうひとつの尺度として，代表的な指標，シャープ・レシオがある．CAPMを前提としない指標であり，次式(4)のように計算される．

$$SR_p = \frac{E(R_p) - R_f}{\sigma_p} \tag{4}$$

⑤3ファクターモデル（FF3モデル）のアルファは，Fama & French (1993)の3ファクター・モデルにおいて開発されたものである．FF3モデルは，

CAPMの市場ファクターに加え，Sizeファクター(SMB)，Book-to-marketファクター(HML)といった二つのリスクファクターを取り入れた3ファクターモデルである．

$$R_{p,t} - R_{f,t} = \alpha_p + \beta_p(R_{m,t} - R_{f,t}) + \delta_p(SMB_p) + \gamma_p(HML_p) + u_{p,t} \quad (5)$$

2．銘柄選択とタイミング測定

銘柄選択とタイミング能力については，TMモデル(Treynor & Mazuy 1966)，HMモデル(Henriksson & Merton 1981)，及びCLモデル(Chang & Lewellen 1984)という三つの方法で，中国の株式オープン・エンド型ファンドの銘柄選択とタイミング能力について測定した．

① TMモデルは，Treynor & Mazuy (1966)によって提唱された2次回帰式である．

$$R_{p,t} - R_{f,t} = \alpha + \beta_1(R_{m,t} - R_{f,t}) + \beta_2(R_{m,t} - R_{f,t})^2 + \varepsilon \quad (6)$$

式(6)において，αはファンド・マネジャーの銘柄選択能力の測定指標であり，β_2はタイミング能力の測定指標である．β_2が正なら，タイミングよく売買していることになる．αは銘柄選択能力であり，αが正ならば，銘柄選択能力を持っていることになる．

② H-Mモデルは，Henriksson & Merton (1975)によって提唱されている．式(7)のようである．

$$R_{p,t} - R_{f,t} = \alpha + \beta_1(R_{m,t} - R_{f,t}) + \beta_2 Max(0, R_{f,t} - R_{m,t}) + \varepsilon \quad (7)$$

市場がアウトパフォームすると期待されるとき，リスク水準であるベータ係数は大きな値をとり，そうでない場合には小さな値をとるとするのである．したがって，弱気の市場ではポートフォリオのベータはβ_1となり，強気の市場では$(\beta_1 + \beta_2)$となる．ここでは，β_2が正ならばタイミング能力があるということになる．αは，銘柄選択能力であり，αは正ならば，銘柄選択能力を持っていることになる．

③ C-Lモデルは下の式(8)であり，Chang & Lewellen (1984)によって提唱されている．

$$R_{p,t} - R_{f,t} = \alpha + \beta_1 Min(0, R_{m,t} - R_{f,t}) + \beta_2 Max(0, R_{m,t} - R_{f,t}) + \varepsilon \quad (8)$$

β_1とβ_2はそれぞれ，弱気と強気の市場での係数である．$(\beta_2 - \beta_1)$は正ならばタイミング能力を持っていることになる．しかし，この式(8)では，市場のイ

ンデックス・ポートフォリオが入れられていないため，バイアスが生じると考えられる．本稿では，式(8)を改善し，次の式(9)を適用した．

$$R_{p,t} - R_{f,t} = \alpha + \beta_1(R_{m,t} - R_{f,t}) + \beta_2 Min(0, R_{m,t} - R_{f,t}) + \beta_3 Max(0, R_{m,t} - R_{f,t}) + \varepsilon \quad (9)$$

つまり，α は，銘柄選択能力の測定指標であるが，$(\beta_3 - \beta_2)$ はタイミング能力についての測定指標である．

以上の３つのアプローチは，CAPMの立場からパフォーマンス評価するものである．本稿では，Sizeファクター(SMB)，Book-to-marketファクター(HML)のリスクファクターを取り入れ，タイミング能力を測定する．

④ TM-FF3モデルは，CAPMの市場ファクターに加え，Sizeファクター(SMB)，Book-to-marketファクター(HML)といった二つのリスクファクターを取り入れ，式(6)のようになる．銘柄選択要因は，切片 α であり，タイミング要因は $\beta_4(R_{mt} - R_{ft})$ である．もし，β_4 が正なら，うまくタイミングを捉えていることになる．

$$R_{p,t} - R_{f,t} = \alpha + \beta_1(R_{m,t} - R_{f,t}) + \beta_2 SMB_p + \beta_3 HML_p + \beta_4(R_{m,t} - R_{f,t})^2 + \varepsilon \quad (10)$$

⑤ H-Mモデルにも，SMBファクターとHMLファクターを入れると，次の式(7)のようになる．ここでは，α は，銘柄選択能力の測定指標であるが，β_4 はタイミング能力の測定指標である．

$$R_{p,t} - R_{f,t} = \alpha + \beta_1(R_{m,t} - R_{f,t}) + \beta_2 SMB_p + \beta_3 HML_p + \beta_4 Max(0, R_{m,t} - R_{f,t}) + \varepsilon \quad (11)$$

⑥ C-Lモデル(式9)に，SMBファクターとHMLファクターを入れると，次の式(12)のようになる．α は，銘柄選択能力の測定指標であるが，$(\beta_5 - \beta_4)$ はタイミング能力の測定指標である．$(\beta_5 - \beta_4)$ は正になれば，うまくタイミングをとらえていることになる．

$$R_{p,t} - R_{f,t} = \alpha + \beta_1(R_{m,t} - R_{f,t}) + \beta_2 SMB_p + \beta_3 HML_p + \beta_4 Min(0, R_{m,t} - R_{f,t}) + \beta_5 Max(0, R_{m,t} - R_{f,t}) + \varepsilon \quad (12)$$

3．パフォーマンスの持続性

(1) 分割表(Contingency Table)

ファンドのパフォーマンスの持続性を検証するために，連続的な二つの期間に基づく勝者と敗者の数量を統計する分割表を作った．勝者と敗者の定義については，t 期のファンドのパフォーマンスのランキングに基づいて，勝者は上位1〜21位のファンドになり，敗者は下位22〜43位のファンドとなる．

この分割表に基づいて，パフォーマンスの持続性を検証することができる．ファンドにパフォーマンスの持続性がなければ，勝者から勝者への個数(WW)

は勝者から敗者への個数(WL)と平均的に一致する．同様に，敗者から勝者への個数(LW)は敗者から敗者への個数(LL)と平均的に一致する．逆に，パフォーマンスの持続性があれば，勝者から勝者への個数(WW)は勝者から敗者への個数(WL)より多くなり，敗者から敗者への個数(LL)は敗者から勝者への個数(LW)より多くなる．

ここでは，パフォーマンスの持続性を検証するために，クロス積比率(CPR)とカイ2乗を利用する．クロス積比率CPR(Cross Product Ratio)は，次式(13)である．

$$CPR = \frac{WW \times LL}{WL \times LW} \tag{13}$$

分割表は記述統計であるが，その表より客観的に判断を下すためには，ピアソンのカイ2乗検定などの独立性の検定が欠かせない．カイ2乗検定統計量は，次式(14)で計算される．

$$X^2 = \frac{(WW - n/4)^2 + (WL - n/4)^2 + (LW - n/4)^2 + (LL - n/4)^2}{n} \tag{14}$$

Brown & Goetzmann (1995) は，CPR の自然対数を用いて有意性検定を行っている．式(15)である．

$$Z = \frac{Ln(CPR)}{\sigma_{Ln(CPR)}} \tag{15}$$

$$\sigma_{Ln(CPR)} = \sqrt{\frac{1}{WW} + \frac{1}{WL} + \frac{1}{LW} + \frac{1}{LL}}$$

(2) クロス・セクション法

ファンドのパフォーマンスの持続性を検証するとき，もう一つのアプローチはクロス・セクション検定である．クロス・セクション法は，後期のパフォーマンスと前期のそれとのクロス・セクション回帰の係数が有意であるかどうかによって判断を下す．まず，サンプル期間は次の二つ，即ち，観察期間(Ranking Period)と評価期間(Evaluation Period)に分けられる．次に，後述の異なる超過収益計算方法でそれぞれの超過収益指標が計算される．さらに，観察期間と評価期間の超過収益指標に対してクロス・セクション回帰を行う．クロス・セクションの係数が有意なプラスになれば，前期に良いパフォーマンスのファンドは後期にも良いパフォーマンスが得られることを意味し，パフォーマンスの

持続性が存在する．超過収益指標として，シャープ・レシオ，トレイナー測度，ジェンセン・アルファ，3ファクターモデルのアルファそして平均収益率を採用する．

$$I_{i,t+s} = \lambda_{o,t} + \lambda_{1,t}I_{i,t} + \varepsilon_{i,t+s} \tag{16}$$

ここでは，$I_{i,t+s}$ はある評価期間の超過収益指標であり，$I_{i,t}$ は観察期間の超過収益指標である．そして，$\varepsilon_{i,t+s}$ は誤差項である．

III. 全体的なパフォーマンス研究

クローズド・エンド型とオープン・エンド型ファンドは，解約と追加投資の有無において異なるため，分けて分析する必要がある．相場が上昇あるいは下落する場合，ファンドのパフォーマンスが変化する可能性があるため，全期間の1つだけではなく，小期間に分けて分析する必要がある．そのために，クローズド・エンド型に対しては，1998年から2005年まで2年毎に区切って四つの小期間ケースを作り，オープン・エンド型に対しては，2002年から2005年まで1年毎に4つの小期間ケースを作った．

1．単一ベンチマーク

ベンチマークを上回っているかどうか，確認するため，ベンチマークと比較する必要がある．$\bar{R}_p - \bar{R}_m$ がプラスであれば，ファンドの収益率はベンチマークを上回っているといえる．$SR_p - SR_m$，$TR_p - TR_m$ 及びジェンセン・アルファがプラスであれば，ファンドのリスク調整後リターンはベンチマークを上回っていることを意味する．表9－1は，収益率，シャープ・レシオ，トレイナー測度及びジェンセン・アルファで中国の投資信託のパフォーマンス評価を行い，ベンチマークと比較した結果について，統計処理したものである．

①クローズド・エンド型投資信託：1998年から2005年12月までの全期間においては，収益率からみれば，9本のファンドとベンチマークの収益率の差 ($\bar{R}_p - \bar{R}_m$) はすべてプラスであり，平均値は0.0069である．リスク調整後リターンから見れば，シャープ・レシオ ($SR_p - SR_m$)，トレイナー測度 ($TR_p - TR_m$) 及びジェンセン・アルファの平均値はそれぞれ，0.1366，0.0095及び0.0057であり，すべてプラスである．結果をまとめると，全期間においてはいずれの指標でもプラスである．全期間においては，サンプル数が少ないものの，ファンドのパフォーマンスがベンチマークを上回っていることが分かる．

表9-1. 全体的なパフォーマンス評価

期間	サンプル数	収益率 ($\bar{R}_p - \bar{R}_m$) 平均	>0/<0	シャープレシオ ($SR_p - SR_m$) 平均	>0/<0	ジェンセンアルファ α_p 平均	>0/<0	トレイナー測度 ($TR_p - TR_m$) 平均	>0/<0
				クローズド・エンド型					
1998-2005	9	0.0069	9/0	0.1366	9/0	0.0057	9/0	0.0095	9/0
1998-1999	9	0.017	9/0	0.1951	9/0	0.0125	9/0	0.0233	9/0
2000-2001	33	-0.0023	16/17	-0.0411	16/17	0.0025	27/6	-0.0019	20/13
2002-2003	54	0.0056	49/5	0.0933	43/11	0.0033	43/11	0.0059	43/13
2004-2005	54	0.0111	54/0	0.1611	53/1	0.0048	52/2	0.0076	52/2
				オープン・エンド型					
2001~2005	4	0.011	4/0	0.174	4/0	0.004	4/0	0.0101	4/0
2002	4	0.0067	3/1	-0.32	2/2	-0.0006	1/3	-0.0093	1/3
2003	23	-0.0011	12/11	0.0094	12/11	0.0035	18/5	0.002	13/10
2004	57	0.0099	57/0	0.1096	41/16	0.0039	52/19	0.0057	41/16
2005	93	0.0117	93/0	0.1721	83/10	0.0035	93/16	0.0089	80/13

次に，各小期間を見よう．期間2000～2001においては，$\bar{R}_p - \bar{R}_m$，$SR_p - SR_m$ 及び $TR_p - TR_m$ という指標については，半分以上のサンプルはプラスであるが，平均値はマイナスである．しかし，ジェンセン・アルファについては，サンプル数の4/5がプラスであり，平均値がプラスである．その以外のケースでは，いずれの指標の平均値がプラスであり，プラスのサンプルが4/5を占めている．

②オープン・エンド型投資信託：2002年から2005年12月までの全期間においては，収益率からみれば，4本のファンドとベンチマークの収益率の差 ($\bar{R}_p - \bar{R}_m$) はすべてプラスであり，平均値は0.011である．リスク調整後リターンは，すなわち $SR_p - SR_m$，$TR_p - TR_m$ 及びジェンセン・アルファの平均値はそれぞれ，0.174，0.0101及び0.004であり，すべてプラスである．全期間においてはいずれの指標でもプラスである．

各小期間を見れば，期間2002においては，$\bar{R}_p - \bar{R}_m$ はプラスであるが，$SR_p - SR_m$，$TR_p - TR_m$ 及びジェンセン・アルファはマイナスである．それ以外のケースでは，いずれの指標平均値もすべてプラスである．期間2003においては，$\bar{R}_p - \bar{R}_m$ はマイナスであるが，$SR_p - SR_m$，$TR_p - TR_m$ 及びジェンセン・アルファはすべてプラスである．

2. 複数ベンチマーク

表9-2は，2004年から2006年までの観察期間において，43本のオープン・エンド型ファンドの週次データを使って，3ファクターモデルでアルファを計

表9－2．複数ベンチマークモデル

	個数	平均	max	min	標準偏差	10%有意	5%有意	1%有意
$\alpha>0$	43	0.2219	0.4095	0.052	0.0806	41	38	30
$\alpha<0$	0	0	0	0	0	0	0	0
R^2	0	0.7996	0.985	0.2351	0.1279			

算して，集計したものである．

結果によれば，アルファはすべてプラスであり，平均値は0.2219であり，最大値は0.4095であり，最小値は0.0520である．統計的には41本が10％有意，38本が5％有意，30本が1％有意である．

以上の全体的なパフォーマンス評価により，中国の投資信託は全体として，パフォーマンスが優れ，市場ポートフォリオを上回っていることが分かる．パフォーマンス要因を分けると，銘柄選択とタイミングという二つの要因がある．分析をさらに進め，パフォーマンスを上げるための二つの主要な投資手法について評価したい．

Ⅳ．銘柄選択とタイミング測定

1．TMモデルによる測定

TMモデルには，式(6)のように，切片 α が銘柄選択能力についての測定指標，β_2 がタイミング能力についての測定指標である．もし，β_2 が正なら，うまくタイミングを捉えたことになる．α が正ならば，銘柄選択能力を持っていることになる．下の表9－3は，2003年から2006年までの週次データで銘柄選択とタイミング能力を測定した統計結果である．

結果を見ると，切片の α 値がすべて正であるため，帰無仮説Hco は棄却される．これはすべてのファンドが銘柄選択能力を持っていることを意味する．また，43本のサンプルの中では，統計的には，10％レベルで有意なものは35本であり，5％レベルで有意なものは31本であり，1％レベルで有意なものは24本である．

β_2 は32本が正である．一部のファンドはタイミング能力を持っていること

表9－3．T－Mモデル

	個数	平均	max	min	標準偏差	10%有意	5%有意	1%有意
$\beta_2>0$	32	0.0097	0.0306	0	0.0075	7	5	2
$\beta_2<0$	11	-0.0051	-0.0016	-0.0145	0.0039	0	0	0
$\alpha>0$	43	0.2586	0.4484	0.0854	0.0934	35	31	24
$\alpha<0$	0	0	0	0	0	0	0	0
R^2	43	0.7198	0.9247	0.4577	0.082			

を意味する．しかし，プラスの有意な係数は少ない．統計的には，10％レベル，5％レベル，1％レベルで有意なものはそれぞれ，7本，5本及び2本である．マイナスの有意な係数は一つもない．タイミング係数は，平均値が0.0097であり，最大値がわずか0.0306である．これはタイミング能力がたとえあったとしてもたいしたものでもないことを意味する．

2．H-M モデルによる測定

先行研究としては，Connor & Koraiczyk (1991)，Kon (1983)，及び Kon & Jen (1979) が，同じような考えから，パフォーマンスの推計を行ったが，ファンド全体ではタイミングのパフォーマンスが認められるという証拠はなかった．

ここでは，HMモデルを利用し，43のファンドの銘柄選択とタイミング能力について評価した．測定した結果は表9-4にまとめてある．アルファ値は，マイナスのものはわずか1本しかない．そのほかはプラスである．そして，プラスである42本のファンドには，統計的に，10％レベル，5％レベル，1％レベルで有意なものはそれぞれ，15本，9本，7本である．結局，帰無仮説 Hcoは棄却される．約98％のファンドについては，銘柄選択能力を持っていることが実証された．

β_2値は，38のファンドがプラスであり，わずか5本のファンドしかマイナスではない．これは，88％のファンドがタイミング能力を持っていることを意味する．ただし，5％レベルで有意なものは，2本しかない．中国におけるファンド全体でタイミング能力を持っていることについては，明確な根拠がなかった．

TMモデルの結果と比較すると，プラスのβ_2の個数はより多く，β_2の値はより大きい．しかし，決定係数 R^2はすべて72％であるため，説明力はほぼ同じである．

表9-4．H-M モデル

	個数	平均	max	min	標準偏差	10％有意	5％有意	1％有意
$\beta_2 > 0$	38	0.119	0.3228	0.0032	0.0806	5	2	0
$\beta_2 < 0$	5	-0.0596	-0.0253	-0.0803	0.0196	0	0	0
$\alpha > 0$	42	0.2072	0.428	0.0298	0.1098	15	9	7
$\alpha < 0$	1	-0.0195	-0.0195	-0.0195	0	0	0	0
R^2	43	0.7194	0.9248	0.4581	0.0823			

3．CLモデルによる測定

　ここでは，CLモデルに市場のインデックス要因を取り入れる式(9)で，中国のファンドの銘柄選択とタイミング能力について評価する．測定した結果は表9－5にまとめてある．

　表9－5を見ると，銘柄選択能力であるアルファの値は，T-Mモデル及びH-Mモデルによる結果と同じように，ほとんど正である．銘柄選択能力についての帰無仮説Hcoは棄却される．銘柄選択能力を持っていることが分かる．タイミング能力についての測定も，大体同じである．$(\beta_3 - \beta_2)$は38本がプラスであるが，わずか5本しかマイナスではない．88％のファンドがタイミング能力を持っている．

4．TM-FF3モデルによる測定

　Comer(2003)は，このモデルをミューチュアル・ファンドのサンプルに適用したが，ファンドがうまくタイミングを捉えているという結果が得られなかった．汪光成(2003)は，TM-FF3モデルを使って，8本のクローズド・エンド型ファンドを対象として，観察期間が2000年1月から2002年12月までの週次データで，タイミング能力を評価した．β_4の値は正であるが，統計的に有意なものはなかった．

　ここでは，TM-FF3モデルを使って，中国のファンドの銘柄選択とタイミング能力について評価する．測定した結果は表9－6にまとめてある．

表9－5．C－Lモデル

	個数	平均	max	min	標準偏差	10％有意	5％有意	1％有意
$\beta_3-\beta_2>0$	38	0.1416	0.388	0.0027	0.0935			
$\beta_3-\beta_2<0$	5	-0.0585	-0.004	-0.0756	0.0273			
$\alpha>0$	41	0.1947	0.4272	0.0209	0.1111	10	8	4
$\alpha<0$	2	-0.0831	-0.0643	-0.1019	0.0188	0	0	0
R^2	43	0.7203	0.9248	0.4582	0.0823			

表9－6．TM－FF3モデル

	個数	平均	max	min	標準偏差	10％有意	5％有意	1％有意
$\beta_4>0$	23	0.0079	0.0252	0.0011	0.0067	5	2	1
$\beta_4<0$	20	-0.0055	-0.0005	-0.0177	0.0045	2	0	0
$\alpha>0$	43	0.2232	0.4237	0.0424	0.0933	35	32	20
$\alpha<0$	0	0	0	0	0	0	0	0
R^2	43	0.8113	0.985	0.5307	0.0786			

表9－6の結果を見ると，アルファはすべてプラスであるため，銘柄選択能力についての帰無仮説 Hco は棄却される．銘柄選択能力を持っていることが分かる．アルファの値は，統計的には，10%レベルで有意なものは35本であり，5%レベルで有意なものは32本であり，1%レベルで有意なものは20本である．
　ベータの値は，23のファンドはプラスであるが，20のファンドはマイナスである．半分以上のファンドは，タイミング能力を持っていることを意味する．プラスのベータの値は，統計的には，10%レベルで有意なものは5本であり，5%レベルで有意なものは2本であり，1%レベルで有意なものは1本である．マイナスのベータの値は，統計的には，10%レベルで有意なものは2本である．決定係数 R^2 は，81%に達したため，単一のベンチマークファクター・モデル（即ち，TM モデル，HM モデルあるいは CL モデル）より，説明力が高くなる．

5．HM-FF3モデルによる測定

　H-M モデルにも，SMB ファクターと HML ファクターを入れると，式(11)である．切片 α は，銘柄選択についての測定指標であるが，β_4 はタイミングについての測定指標である．ここでは，HM-FF3モデルを使って，中国のファンドの銘柄選択とタイミング能力について評価する．測定した結果は表9－7にまとめてある．
　結果を見ると，アルファの値は，42のファンドでプラスである．銘柄選択能力についての帰無仮説 Hco は棄却される．ファンドのほとんどは銘柄選択能力を持っていることが分かる．アルファの値は，統計的には，10%レベルで有意なものは27本であり，5%レベルで有意なものは20本であり，1%レベルで有意なものは10本である．
　ベータの値は，25のファンドはプラスであるが，18のファンドはマイナスである．つまり，帰無仮説は棄却することができない．半分以上のファンドは，タイミング能力を持っていることを意味する．しかし，統計的にはほとんど有意ではなかった．決定係数 R^2 は，81%である．HM-FF3モデルは，TM-FF3モ

表9－7．HM － FF3モデル

	個数	平均	max	min	標準偏差	10%有意	5%有意	1%有意
$\beta_4>0$	25	0.0749	0.2234	0.0038	0.0585	1	1	0
$\beta_4<0$	18	-0.0663	-0.0017	-0.1768	0.0464	0	0	0
$\alpha>0$	42	0.2247	0.4316	0.0434	0.1054	27	20	10
$\alpha<0$	1	-0.005	-0.005	-0.005	0	0	0	0
R^2	43	0.8104	0.8131	0.5324	0.0789			

デルと同じように，単一のベンチマークファクター・モデルより，説明力が高くなる．

6．CL-FF3モデルによる測定

ここでは，CL-FF3モデル式(12)を使って，ファンドの銘柄選択とタイミング能力について評価した．測定した結果は表9-8にまとめてある．結果を見ると，アルファの値は，以上の結果と同じようにほとんどプラスであるが，統計的には有意なものが少なくなる．銘柄選択能力についての帰無仮説Hcoは棄却され，銘柄選択能力を持っていることが分かる．

ベータの値は，24のファンドではプラスであるが，19のファンドはマイナスである．つまり，帰無仮説は棄却することができない．56%のファンドは，タイミング能力を持っていることを意味する．

決定係数R^2は，81%である．CL-FF3モデルは，TM-FF3モデル及びHM-FF3モデルと同じように，単一のベンチマークファクター・モデルより，説明力が高くなる．

表9-8．CL-FF3モデル

	個数	平均	max	min	標準偏差	10%有意	5%有意	1%有意
$\beta_5-\beta_4>0$	24	0.0993	0.2759	0.0155	0.0685			
$\beta_5-\beta_5<0$	19	-0.0616	-0.0018	-0.1766	0.0506			
$\alpha>0$	41	0.2165	0.4305	0.0386	0.1095	22	15	8
$\alpha<0$	2	-0.0574	-0.0441	-0.0706	0.0133	0	0	0
R^2	43	0.811	0.985	0.5324	0.0787			

7．銘柄選択とタイミング能力の結果

銘柄選択能力については，切片アルファがほとんど統計的に有意なプラスであるため，中国のファンドがほとんど銘柄選択能力を持っていることを意味する．タイミング能力については，ほぼ半分以上のファンドでプラスの結果が得られたが，統計的に有意な結果は少なかった．また，タイミング能力についての測定指標の値は小さいため，タイミング能力はたとえあったとしてもたいしたものではないという結論が得られた．

6つのモデルによる測定の結果を見ると，3ファクターモデルによる銘柄選択及びタイミング測定であるTM-FF3モデル，HM-FF3モデル及びCL-FF3モデルの決定係数R^2はほとんど81%であるが，単一のベンチマーク・ファクター・モデルによる測定であるT-MモデルとH-Mモデル及びC-Lモデルはわ

ずか72%である．銘柄選択及びタイミング能力についての評価では，SMBファクターとHMLファクターを入れたTM-FF3モデル，HM-FF3モデル及びCL-FF3モデルが実際の観察値をよく説明することができる．

V．パフォーマンスの持続性研究
1．分割表による検定

　ここでは，前四半期に勝者に入るファンドは，後の四半期に引き続き勝者に入れるどうかについて評価する．サンプル期間は2004年から2006年までであるため，12の四半期を含む．勝者と敗者については，サンプル数が43であるため，t期のファンドのパフォーマンスのランキングに基づいて，勝者は上位1～21位のファンドになり，敗者は下位22～43位のファンドになることと定義する．

　それぞれの四半期の平均収益率を計算すると，統計結果は表9－9のようになる．帰無仮説をCPR＝1，対立仮説をCPR＞1，とする時，2006年第1四半期－2006年第2四半期のケース（2006Q1-2006Q2）には，CPRが4.2857であり，Z値とカイ2乗はそれぞれ，2.235と1.32である．統計的に有意であるため，持続性が存在すると考えられる．2004Q4-2005Q1及び2005Q1-2005Q2では，CPRが2.844であるが，Z値とカイ2乗はそれぞれ，1.656と0.715であり，臨界値は大きくない．統計的に有意とは言えない．2004Q2-2004Q3と2006Q3-2006Q4にはCPRが1.32で，2004Q3-2004Q4，2005Q2-2005Q3及び2005Q3-2005Q4にはCPRが0.909である．持続性が存在しないものと判断される．

表9－9．分割表での持続性の検定（四半期平均収益率）

	LL	LW	WL	WW	LL & WW	LW & WL	CPR	Z	
2004Q1-2004Q2	9	12	12	10	0.442	0.558	0.625	-0.765	0.157
2004Q2-2004Q3	11	10	10	12	0.535	0.465	1.32	0.454	0.064
2004Q3-2004Q4	10	11	11	11	0.488	0.512	0.909	-0.156	0.017
2004Q4-2005Q1	13	8	8	14	0.628	0.372	2.844	1.656	0.715
2005Q1-2005Q2	13	8	8	14	0.628	0.372	2.844	1.656	0.715
2005Q2-2005Q3	10	11	11	11	0.488	0.512	0.909	-0.156	0.017
2005Q3-2005Q4	10	11	11	11	0.488	0.512	0.909	-0.156	0.017
2005Q4-2006Q1	9	12	12	10	0.442	0.558	0.625	-0.765	0.157
2006Q1-2006Q2	14	7	7	15	0.674	0.326	4.286	2.235	1.32
2006Q2-2006Q3	8	13	13	9	0.395	0.605	0.426	-1.366	0.483
2006Q3-2006Q4	11	10	10	12	0.535	0.465	1.32	0.454	0.064

2．クロス・セクション

サンプル期間は2004年1月から2006年12月までである．観察期間と評価期間はすべて1年間とする．そのため，最初の観察期間は2004年1月2日から2004年12月31日までであるが，対応する最初の評価期間は2005年1月7日から2005年12月30日までである．その次から，観察期間と評価期間は1週ずつ後ろに移動させ，それぞれ2004年1月7日から2005年1月7日と2005年1月14日から2006年1月13日までになる．そのように移動して，47の観察期間と評価期間が得られる．ベンチマークは，80％の中信総合指数と20％中信債券指数のポートフォリオを採用した．そして，安全資産利子率は1年の預金利子率を利用した．

クロス・セクション回帰を行った結果を集計すれば，表9-10のような結果が得られる．

ジェンセン・アルファをパフォーマンス指標としたものは，係数$\lambda_{1,t}$はすべて正であり，5％有意水準で80％の割合で帰無仮説を棄却することができる．また，47のうち，統計的には，10％レベルで有意なものは43であり，これはファンドのパフォーマンスに持続性があることの証左となる．

FF3モデルで計算された観察期間と評価期間のアルファを用いて，クロス・セクション回帰を行うと，係数λ_1は，三つが例外，他はプラスである．47のサンプルのうち，統計的には，10％レベル及び5％レベルで有意なものは30であり，1％レベルで有意なものは29である．これは，全体の60％以上の値である．ジェンセン・アルファ程高くはないが，ファンドのパフォーマンスに持続性があるものと判断される．

観察期間と評価期間のトレイナー測度を用いて，クロス・セクション回帰を行うと，係数λ_1は全てプラスであるが，統計的には有意ではないため，帰無仮説を棄却することができない．すなわち，持続性は存在するとは言えないことになる．

表9-10．クロス・セクションでの持続性検定

		個数	平均	max	min	標準偏差	10%有意	5%有意	1%有意
ジェンセンα	$\lambda_1 > 0$	47	0.488	1.021	0.085	0.336	43	37	19
	$\lambda_1 < 0$	0	0	0	0	0	0	0	0
FF3のα	$\lambda_1 > 0$	44	0.133	0.239	0.01	0.068	30	30	29
	$\lambda_1 < 0$	3	-0.011	-0.008	-0.015	0.003	0	0	0
トレイナー測度	$\lambda_1 > 0$	47	0.436	0.745	0.099	0.203	0	0	0
	$\lambda_1 < 0$	0	0	0	0	0	0	0	0
シャープレシオ	$\lambda_1 > 0$	13	0.215	2.427	0	0.64	0	0	0
	$\lambda_1 < 0$	34	-0.25	0	-1.616	0.418	0	0	0
平均収益率	$\lambda_1 > 0$	31	0.246	0.704	0.013	0.175	10	9	4
	$\lambda_1 < 0$	16	-0.114	-0.005	-0.451	0.124	0	0	0

計算された観察期間と評価期間のシャープ・レシオを用いて，クロス・セクション回帰を行うと，係数λ_1について統計的に有意な結果は存在せず，帰無仮説を棄却させることができない．すなわち,持続性を支持するものではない．

計算された観察期間と評価期間の平均週収益率を用いて，クロス・セクション回帰を行ったら,係数λ_1は，16個のマイナスの結果以外，他はプラスであるが，有意な結果は少数であり，帰無仮説を棄却するまでには至らない．これは収益率の持続性がさほど無いことを意味する．

以上の結果を比較すると，統計的に有意な視点から見れば，中国では基準期間を1年として，ジェンセン・アルファとFF3モデルのアルファには持続性があるものの，トレイナー測度，シャープ・レシオ及び平均収益率には持続性は存在しないという結論になる．

3．パフォーマンスの持続性についての結果

本稿においては，分割表とクロス・セクションという二つの分析アプローチを用いて，中国の投資信託のオープン・エンド型投資信託におけるパフォーマンスの持続性について分析した．

分割表による検定では，パフォーマンスの持続性は見出されなかった．一方，クロス・セクション法による検定では，採用されるパフォーマンス指標により異なる結果がもたらされた．すなわち，ジェンセン及びFF3モデルのアルファについては持続性の証拠が見出されるものの，トレイナー測度，シャープ・レシオそして平均収益率のパフォーマンス指標からは，持続性を支持する統計的結果が得られなかった．

パフォーマンス評価の難しさは，本稿の分析結果にも表れている．様々な角度からの情報提供とパフォーマンス評価が必要であり，その分析視点と実証結果の絶えざる確認のみが効率的投資の世界を開くことになるのであろう．

Ⅵ．評価結果
1．全体的なパフォーマンス評価

本稿では，パフォーマンス評価に関する先行研究を踏まえ，異なる分析アプローチを比較したが,これを踏まえ，単一ベンチマークモデルと複数ベンチマークモデルを採用して個人投資家にとって優れた投資対象であるかどうかについて分析した．異なるアプローチから得られた結論は，いずれも中国の投資信託が個人投資家にとって優れた投資対象であることを示している．

2．銘柄選択とタイミング能力評価

　評価モデルについては，伝統的な銘柄選択とタイミング評価モデルであるTMモデル，HMモデル及びCLモデル以外に，SizeファクターとBook-to-marketファクターを組入れたTM-FF3モデル，HM-FF3モデル及びCL-FF3モデルを作成した．これらの六つのモデルを使った結果から，中国のファンド・マネジャーが銘柄選択能力を持っていることが実証された．タイミング能力については，たとえあったとしてもたいしたものではないという結論である．これらの六つのモデルについて比較すると，TM-FF3モデル，HM-FF3モデル及びCL-FF3モデルは，SizeファクターとBook-to-marketファクターが組入れられているため，説明力が相対的に高いことが分かる．

3．パフォーマンスの持続性評価

　分割表のアプローチで測定した結果によると，平均収益率の持続性は認められなかった．他方，クロス・セクション分析では，収益指標として，シャープ・レシオ，トレイナー測度，ジェンセン・アルファ，及び3ファクターモデルのアルファを採用している．結論は，オープン・エンド型ファンドについて，3ファクターモデルのアルファやジェンセン・アルファに持続性があることがわかった．これらのことはジェンセン・アルファやFF3モデルを使ったファンドのパフォーマンス評価が適切であることを意味すると考えられる．

4．パフォーマンス評価モデル

　本論文では，投資信託のパフォーマンス評価に関するいくつかのアプローチについて検討してきた．これらの評価モデルは，投資信託の投資戦略は同じリスク水準のパッシブな戦略より高いパフォーマンスを上げているかどうかを評価することを目的としている．ベンチマークポートフォリオの選択は，パフォーマンス評価でもっとも議論のある問題である．ポートフォリオの中身が分からないときは，資産評価モデルを利用してベンチマークポートフォリオを定め，それとリスクフリーからパッシブなポートフォリオを決定することが必要となる．本論文の実証研究によると，複数のベンチマークのほうが単一のベンチマークより信頼性が高いと考えられる．

5．政策提案

　世界の投資信託140年の歴史に対して，中国の投資信託は，わずか十数年間の歴史しかない．測定されたパフォーマンスは良好であるが，銘柄選択能力とタイミング能力についての結果を見れば，銘柄選択能力を持っているが，タイ

ミング能力を持っていなかったことが分かる．パフォーマンスが良好であった要因は，銘柄選択能力を持っているからである．パフォーマンスの持続性はさほど見られなかったが，このことは過去のパフォーマンスが将来において持続できないことを意味している．パフォーマンスの改善のために，情報収集と分析に優れている投資専門家としてのファンド・マネジャーのタイミング能力を高める必要がある．

　次に，投資信託が投資家の間で有力な投資の手段として発展し定着していくためには，投資信託の適切な評価が必要不可欠である．ファンドの比較情報が行き渡れば，評価の高いファンドに資金が集中するという市場原理が働くはずである．適切な投資信託のパフォーマンス評価によって，投資家は，運用の上手なファンドを購入し，下手なファンドを解約することができる．この活動を通じて，資金の選択と実力のあるファンド・マネジャーの選択が効率的になされ，ひいては資本市場の効率化を促進することになる．また，第3者からの公正的な評価によってファンド・マネジャーが資産運用の目的をどれだけ達成できたか，つまり，絶対的な投資収益率の目標をどの程度達成できたか，さらに，その際にリスクをどの程度抑制できたか，を評価できる．投資プロセスにおける弱点が明確となり，改善するためのメカニズムを示すことができる．

　最後に，個人投資家が投資理論・市場性商品の知識を欠いたまま，適切な判断をせずにファンドを購入すれば，結果として投資信託に対する信頼を失う恐れがある．個人投資家サイドで問題になるのは，情報入手が受け身であること，基本的な証券投資知識が不足していること，投資目的を明確にさせていないこと，などである．これらの問題を克服するために，運用会社サイドでは，投資家に説明できる人材，分かりやすい目論見書などが欠かせない．投資家とのコミュニケーション能力は投資信託が成功するために重要なポイントとなる．

参考文献

ツヴィ・ボディ，アレックス・ケイン，アラン・J・マーカス，堀内昭義 (2004)『証券投資』東洋経済新報社　2月

藤林宏，岡村孝，矢野学 (2001)『証券投資分析』金融財政事情研究会

蝋山昌一 (1999)『投資信託と資産運用』日本経済新聞社　3月

Almira Biglova, Sergio Ortobelli, Svetlozar Rachev, and Stoyan Stoyanov (2004), "Different Approaches to Risk Estimation in Portfolio Theory," *The Journal of Portofolio Management*, 103.

Brown S. J., William N. Goetzmann, W. N., Hiraki, T., Otsuki, T., Shiraishi, N.(2001), "The Japanese Open-End Fund Puzzle", *Journal of Business*, 74, pp.59-77.

Ferson, W.E., and K. Khang (2002), "Conditional performance measurement using portfolio weights: evidence for pension funds", *Journal of financial Economics* 65, pp.249-282.

Kothart S.P. and Warner J. B. (2001), "Evaluating Mutual Fund Performance", *Journal of Finance*, 5,

Lu Zheng (1999), "Is Money Smart? A Study of Mutual Fund Investors' Fund Selection Ability", *Journal of Finance*, 54, pp.901-933.

Magnus Dahlquist and Paul Soderlind (1999), "Evaluating Portfolio Performance with Stochastic Discount Factors" *Journal of Business*, 72, pp.347-383.

Mark Grinblatt and Sheridan Titman (1993), " Performance Measurement without Benchmarks: An Examination of Mutual Fund Returns", *Journal of Business*, 66, pp.47-68.

S.P. Kothari and Jerold Warner (Oct., 2001), 'Evaluating Mutual Fund Performance' *The Journal of Finance*, Vol. 56, No. 5, pp. 1985-2010

第10章
大連日系企業における日本語人材の活用と課題

澤 木 聖 子

Ⅰ．はじめに

　中国の経済発展段階において，大連は，東北三省（遼寧省・黒龍江省・吉林省）の復興政策の一環として，1990年代後半からソフトウェア産業や情報サービス業に重点をおき，国の政策的な方向と呼応する形で発展を続けてきている．

　本稿では，近年増加傾向にあるソフトウェアのオフショア開発や情報サービス産業のBPO（Business Process Outsourcing）業務を大連で行う日系企業をとりあげ，日本語人材の課題に焦点をあてている．日本企業の海外進出と言語に関する研究は，現地人材の管理職登用や本国親会社とのコミュニケーションに焦点を当てたものが多い．当該国のマーケティング業務や人事労務管理の業務と言語の適合性についてもしばしば言及される．しかし，大連のIT産業に求められる日本語は，例えばGPS機能に搭載される組み込みソフトの開発技術や，コールセンター業務など，「技術力としての言語」であるという性質をも備えている．これらは，市場における製品やサービス価値に，消費者の評価が直接的にかかわることを示すだけに，組織内コミュニケーションとしての言語の問題に加え，外部市場に向けたより高い日本語能力の要求水準が課せられる．

　大連の日本語人材の育成は，市政府と日本のODAによって創設された日中友好大連人材育成センターや，地元企業との産学連携教育機関，日系企業の教育プログラム，各種語学学校などにおいて，様々な形で強化されている．小論では，大連におけるBPOの動向について概観し，日本語人材をめぐる今後の育成や活用のための取り組み課題について整理することを目的としたい．

Ⅱ．IT産業基地としての大連
1．大連市政府の産業政策

　2003年，中国国務院は，大連を「一つのセンター，四つの基地」と位置づけたグレーター大連計画を発表した．シンガポールをモデルとした北東アジアのハブを指向した国際港運物流センターと，①石油化学工業基地，②ソフトウェア・電子部品生産基地，③設備・装備機械生産基地，④造船技術基地の確立がその骨子である．その中でも，大連市政府は，大連ソフトウェアパークを1998

年に設立し，IT産業を中心としたソフトウェア産業国際化模範都市として，日本，米国，韓国などから外資導入を積極的にはかってきた[1]．大連ソフトウェアパークは，2007年の第二期に，シンガポールのアセンダス社（Ascendas Pte. Ltd.）との合弁企業を完成させた．新日鉄，損保ジャパンなど日系も続々と入団している．

2．製造業からIT・情報サービス産業へ

日本の製造業は，1985年のプラザ合意による円高を契機として，海外進出を加速化させた．1980年代から，大連にも電機，家電・電子部品メーカーが進出し，マブチモーターやサンヨーなど，大連での操業が中国での現地化を促進させたモデルケースとして扱われる例も多い．多様な業種にわたる中小企業の進出も多い．しかし，香港や台湾からのアクセスに有利な立地優位性のある中国華南地域の経済特区に比べ，大連の加工組み立てを中心とする製造業の周辺には，現地の部品や素材メーカーによるサポーティング・インダストリーの産業集積に限界が見られる[2]．

そこで，インフラ整備の上で環境負荷の低いソフトウェア産業や情報サービス産業へのシフトが本格始動した．2009年の今日，日本企業が大連に進出する業態は，知識集約型進出の典型であるソフトウェアのオフショア開発から，総務や経理などのホワイトカラー層のバックオフィス機能の移転へと拡大している[3]．

Ⅲ．大連におけるBPOの意義
1．オフショア開発とBPOの定義

大連は，1984年に中国初の経済技術開発区に指定されて以来，製造業を中心に外資導入を積極的に推進してきた．大連は，まぎれもなく「日本企業進出の深い経験」（関2007）の地である．

そのなかで，大連では，ソフトウェア開発やコールセンター業務を行う日本企業の登録件数が年々増加し，さらに，日本本社の事務処理機能のバックオフィ

---

[1] 中国では，2008年1月より，企業所得税法，労働契約法が改正され，税制上の恩典の見直しや全企業に対して労働集約的な雇用を制限するなど，外資導入に慎重な動きがみられるようになった．

[2] 国立大学法人 滋賀大学 経済学部附属リスク研究センター『アジア域内の国際資本移動と産業集積地形成に関する研究 調査研究報告書』（平成16年度内閣府委託調査）2005年3月 pp.183-184．

[3] 一方で，大連から日本に進出する企業はこれまでソフトウェアが中心であったが，大連金型工業パークのテコ入れから，金型でも日本進出を検討する企業が現われてきたという．JETRO通商弘報 https://www.jetro.go.jp/biznews/asia/48c0a05a25d78 2008年9月8日

スを目的とした進出傾向もみられる．本稿では，総務省(2007)に倣い，オフショア開発とBPOを次のように定義する[4]．①オフショア開発：システムやソフトウェア開発を，海外の事業者や海外子会社等に委託して，海外で開発すること．但し，国内の自社内等（オンサイト）で外国人技術者を活用するような形態は除く．②海外へのBPO：国内のICT (Information and Communications Technology) 運用業務や間接業務等（コールセンター，顧客管理，設計，人事・給与，会計・経理，法務・税務等）を，ICTを活用して海外に移すこと．

上記の定義に基づいて，次に日本のオフショア開発の特徴を確認してみたい．

2．日本企業のオフショア開発の動向

総務省(2007)が日米のそれぞれの企業を対象に実施したオフショアリングに関する調査では，日米間で選定国の競合関係は深刻ではないことがわかる[5]．つまり，米国からみた上位3位はインド(94.3%)，中国(24.5%)，カナダ，中南米(14.2%)であるのに対して，日本からみた選定国は中国(79.2%)，インド(25.0%)，ベトナム(16.7%)が挙げられる．日本のオフショア開発選定国がアジア数カ国に集中しているのに対して，米国では様々な国に分散進出する可能性が示唆される結果となっている（図10-1）．

さらに，オフショア開発の委託企業先の選定要件について尋ねた結果からは，日米の企業共に，総じて似たような傾向が示されている（図10-2）．日本は，とくに日本語（英語）ができる人材の確保(70.8%)と委託価格のコスト(59.4%)をポイントとしていることがわかる．ソフト技術の高さを重視する傾向は，日米で大きな差は見られないものの，米国は，高いソフト技術力(62.3%)や，オフショア開発の実績や評価の高さ(51.9%)，継続的な取引関係(27.4%)を選定のポイントとしている．言語とコストに着目した日本と，技術力や長期的取引をより重視する米国との違いが浮かび上がってくるようである．

日本企業のオフショア開発は，ソフトウェアの高い技術力に求められる．その点は，米国企業も同様である．しかし，開発拠点をどこに選定するかに関しては，製品技術に日本語を使用できる環境であるか否かが問われる．その結果，英語が中心のインドへの進出は，米国に比べて言語の上で障壁があり，日本企業のオフショア開発は中国に集中した[6]．

---

[4] 総務省情報通信政策局情報通信経済室（委託先 三菱ＵＦＪリサーチ＆コンサルティング株式会社）『我が国企業の海外企業活用の実態把握に関する調査報告書』2007年3月 p.1.
[5] 総務省情報通信政策局情報通信経済室（委託先 三菱UFJリサーチ＆コンサルティング株式会社）『オフショアリングの進展とその影響に関する調査研究報告書』2007年 p.11. http://www.johotsusintokei.soumu.go.jp/linkdata/other017_200707_hokoku.pdf

図10-1. オフショア開発の相手先国・地域　(複数回答) 日本n＝96社　米国n＝106社

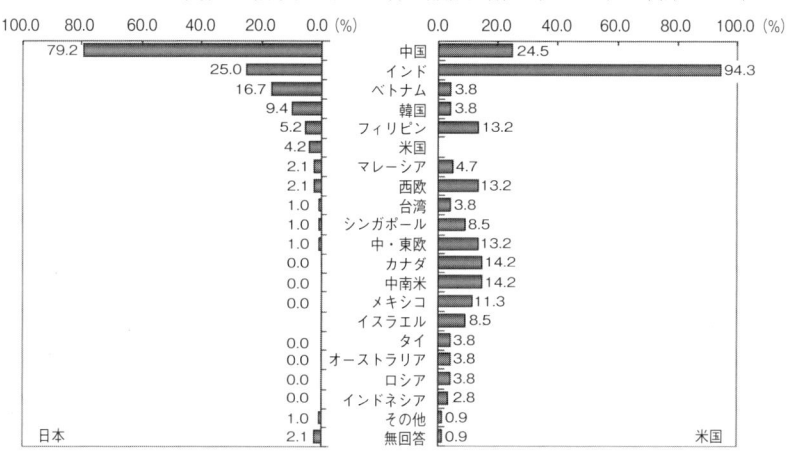

国・地域	日本 (%)	米国 (%)
中国	79.2	24.5
インド	25.0	94.3
ベトナム	16.7	3.8
韓国	9.4	3.8
フィリピン	5.2	13.2
米国	4.2	—
マレーシア	2.1	4.7
西欧	2.1	13.2
台湾	1.0	3.8
シンガポール	1.0	8.5
中・東欧	1.0	13.2
カナダ	0.0	14.2
中南米	0.0	14.2
メキシコ	0.0	11.3
イスラエル	0.0	8.5
タイ	0.0	3.8
オーストラリア	0.0	3.8
ロシア	0.0	3.8
インドネシア	0.0	2.8
その他	1.0	0.9
無回答	2.1	0.9

出所：総務省情報通信政策局情報通信経済室『オフショアリングの進展とその影響に関する調査研究報告書』2007年　p.11.

図10-2. 日米におけるオフショア開発の委託企業先選定ポイント（3つまで）
日本n＝96社　米国n＝106社

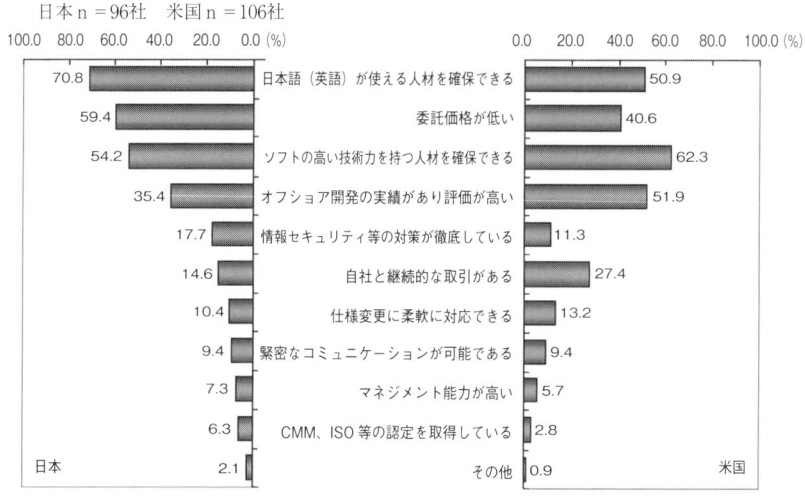

選定ポイント	日本 (%)	米国 (%)
日本語（英語）が使える人材を確保できる	70.8	50.9
委託価格が低い	59.4	40.6
ソフトの高い技術力を持つ人材を確保できる	54.2	62.3
オフショア開発の実績があり評価が高い	35.4	51.9
情報セキュリティ等の対策が徹底している	17.7	11.3
自社と継続的な取引がある	14.6	27.4
仕様変更に柔軟に対応できる	10.4	13.2
緊密なコミュニケーションが可能である	9.4	9.4
マネジメント能力が高い	7.3	5.7
CMM、ISO等の認定を取得している	6.3	2.8
その他	2.1	0.9

出所：総務省情報通信政策局情報通信経済室『オフショアリングの進展とその影響に関する調査研究報告書』2007年　p.12.

6　インドでも中国の人材の評価は高く，英語で仕事のできるSE（システム・エンジニア）の育成も急速に進むことが予測される．日本が中国にオフショア開発を集中させる中，中国各地の政府，大学はインドのソフトウェア・情報サービス産業への視察を盛んに行っている．「ジェトロ大連ニューズレター」第39号　2009年1月20日　pp.8-9.

しかし，中国では，大連を始めとしてITバンガロールの成功モデルの移植を目指している．英語人材が増えると，米国企業のオフショア開発が今まで以上に中国に拡大されることも予想される．

このように，オフショア開発と言語の関係は，国内で不足しているといわれる組み込みソフトの技術者の能力に直結する．つまり，GPS機能を搭載したカーナビゲーションや携帯電話，デジタルカメラなどの家電製品に組み込まれるソフトには，特に日本語を用いた情報処理能力が必要とされる．中国全土のオフショア開発地域の中でも，大連が注目される理由は，他に類を見ない豊富な日本語人材の存在にある．

3. 大連に拡大するBPO

日本企業のオフショアリングは，国内ではコスト面や技術者不足で対応しきれないソフトウェア開発業務を，アウトソーシングによって委託することに始まった．中国政府がアウトソーシング産業の振興拠点として指定した地域は11都市に及ぶ[7]．

大連は，日本語人材が多いこと，日本と比べて1/10とも言われる安価な労働コストを優位性として，日本企業の進出も多くみられたが，近年の人件費の上昇により，中国全体の労働市場におけるコスト競争力は低下しつつある．都市別に労働者平均月間給与の順位をみると，1位は広州の3,064元である．2位北京（3,008元）までが3,000元台である．3位深圳（2,976元），4位上海（2,717元）以下，2,000元台が続き，大連は，西安に次ぐ第13位で2,017元にまで上昇してきている．この平均月間給与額は，2001年の1,124元から，約年間12%の伸び率で高騰している[8]．

中国国内における人件費の相対的優位性が失われつつあるからこそ，大連がアウトソーシング業務によって存続するためには技術力の要求水準もより高くなり，アウトソーシングの新たな業態が模索されてきている．その一つの答えがBPOである．

横井（2007）によれば，アウトソーシングは次のように類型化できるという（表10-1）[9]．大連は，この類型に倣えば，オフショア開発を中心としたITO（IT

---

[7] 第1期（2006年10月指定）大連，上海，済南，成都，西安，深圳，第2期（2006年12月指定）北京，天津，南京，武漢，坑州の11都市を「国家軟件服務外包基地」として指定．日本経済新聞2007年6月6日

[8] JETRO大連事務所『大連市概況』2008年4月 pp.2-3．中国統計年鑑，大連統計年鑑に基づき，2006年ジェトロが調べたデータによる．

[9] 横井正紀「コスト抑制から価値の共有へ動き続ける中国ダイナミズム」『日経ソリューションビジネス』2007年12月30日号 pp.52-58．

表10-1. アウトソーシングの類型

	アウトソーシング
ITO（ITアウトソーシング）	運用管理サービス・システムインテグレーション（ソフトウェアのオフショア開発）
BPO（BPアウトソーシング）	業務フローのモジュール化「バック業務（人事経理等）」,「ミドル業務（物流等）」,「フロント業務（コールセンター等）」

出所：横井正紀「コスト抑制から価値の共有へ動き続ける中国ダイナミズム」
『日経ソリューションビジネス』2007年12月30日号　p53本文に基づき筆者作成.

Outsourcing）から，BPO業務の拡大へとアウトソーシング受け入れ戦略をシフトさせている．

　ITOとは，本稿で先述してきたソフトウェア開発のオフショアリングやシステム構築を指している．日常の業務で必要とされる言語能力は，組織内部での意思疎通，コミュニケーション上の会話能力よりは，言語を記号や音声で認識して，製品に作りこむ技術としての日本語である．ところが，BPOは，日本の本社や国内の事業所において，定型業務として行われているスタッフ組織の仕事や日本人社員の管理業務を，国境を越えた中国において中国人スタッフにソーシングすることを意味する．また，コールセンターの「フロント業務」には，インバウンド（顧客の新規開拓），アウトバウンド（リピーター，クレーム処理，顧客管理）のテレコミュニケーターを，中国人スタッフが日本語で務めることも含まれる．ここ数年では，このようなテレコミュニケーター職に就くため，大連の情報サービス企業のインターンシップを利用して越境する日本人の若者も増えてきている[10]．製品技術としての高品質な日本語が求められる点では，ITOもBPO業務ともに共通している．

　しかし，日本企業の人事管理部門の仕事や，回線上で顧客にサービス価値を提供するテレワークにおいては，言語としての日本語だけではなく，日本企業のCS（顧客満足）に対する考え方や，組織文化に対する習熟が求められるであろう．言葉の背後に隠れた文脈や本意をどう理解するか，母語を異にする人々に求められる要求は低くないはずである．

　それでもBPOが中国で拡大するのはなぜであろうか．それは，中国政府の関心を得たビジネスモデルであるからとも伝えられている．2007年9月，大連

---

[10] DELL, HPなどの米国企業の日本市場向けコールセンターは，大連に集積している．中国人だけではなく，日本の若者が，「働きながら語学が学べる」インターンシップを利用して業務に就く例も多い．NHK「クローズアップ現代」"日本語人材"を育てろ～中国・大連のＩＴ戦略～ 2004年7月22日㈭放送，"就職氷河期世代"夢はつかめるか 2007年10月4日放送において詳しく紹介された．

で世界経済フォーラム（通称サマー・ダボス）が開催された．この時，温家宝首相は，大連華信計算機公司を視察した際，大連市のソフト業界の功績に賛辞を送り，アウトソーシング産業の地としてマニラやバンガロールを越えて，中国一，世界一の座を獲得するよう奨励したといわれている[11]．筆者は，同時期に大連を訪れており，街の至るところで「From Davos to Dalian」の文字が踊る横断幕を見かけた[12]．政府要人の一声は，中国が国家戦略として，BPOの先駆けであるフィリピンやソフトウェア産業のオフショア開発地の競合国であるインドを強く意識している証左でもある．

次に，これらのアウトソーシングビジネスと，大連の日本語人材の関係はどのような特徴を有しているのかについて概観してみることとする．

Ⅳ．日本語人材の需給と育成
1．言語優位性に現れる日・韓企業の増加

大連では，日本から越境する日本人がここ数年増加傾向にある（表10-2）[13]．2003年から3年間の間で，約2倍の勢いで増加していることがわかる．この中には，日本本社からの日本人派遣社員とその帯同家族だけではなく，前述したように，インターンシップの契約形態を活用した大連で働く若い日本人も含まれている．海外でのキャリアアップや語学留学に関心のある若者を，インターンとして活用するビジネスモデルが，IT業界で新たに浸透してきているのである[14]．

大連にある外資系企業もここ数年全体で増えている（表10-3）[15]．日本企業

表10-2．大連における在留邦人数　　　　　　　　　　　　　　　（人）

	2003年	2004年	2005年	2006年
邦人数	2,312	2,823	3,145	4,020

出所：JETRO大連事務所『大連市概況』2008年4月　p.4.
注：各年の10月1日時点で，大連に3カ月以上滞在している人を指す．

11　「大連，国際ソフト都市へ（1）」「人民網日本語版」2008年6月12日 http://j.peopledaily.com.cn/2008/06/12/jp20080612_89585.html
12　国立民族学博物館中牧弘允教授研究代表，科学研究費補助金「産業と文化の経営人類学的研究」の環黄海経済圏の企業調査の一環として大連調査に参加．
13　在瀋陽日本国総領事館在大連（駐）事務所のデータに基づきJETRO大連事務所が公表したもの．http://www.jetro.go.jp/world/asia/cn/northeast/pdf/dalian_0804.pdf#search='大連市概況 2007'
14　しかし，IT日本語人材は，規模において現地の中国人に依存しなくてはならないのが事実である．日本人のインターンシップによる大連のIT人材の活用については別稿で取り扱うこととする．
15　大連市対外貿易経済合作局HPよりJETRO大連事務所が作成．脚注13に同じ．

表10−3．大連における外資系企業数（登記件数累計）

国・地域別	2001年	2002年	2003年	2004年	2005年	2006年	2007年
合計	7,396	8,228	9,107	10,070	11,129	11,981	12,661
日本	1,876	2,145	2,476	2,809	3,184	3,486	3,711
香港・マカオ	1,817	1,911	2,030	2,147	2,300	2,425	2,516
韓国	1,065	1,259	1,428	1,648	1,874	2,041	2,242
米国	1,005	1,108	1,207	1,299	1,407	1,475	1,510
台湾	559	603	641	678	705	731	746

出所：JETRO大連事務所『大連市概況』2008年4月　p.16．

の進出件数は，韓国企業に並び，その他の外資系企業に比べて増加率が高いことが窺われる．大連市とその郊外には，東北三省出身の朝鮮族系中国人が多く居住している．日本企業と韓国企業は，これら人的資源のそれぞれの言語（日本語，韓国・朝鮮語）優位性をビジネスに活用すべく，大連に進出している．前出の横井（2007）は，インドのバンガロールと中国の代表的な都市の言語能力とコストに関する興味深い比較を行っている．生活費，インフラ・コスト，平均給与などに基づいて指数を算出し，上海を1とした場合，大連の競争力は0.7である．競争の激化度もバンガロール，北京，上海に比べて中程度と評価されている[16]．

　そして，何よりも特徴的なのは，大連が，日本語・韓国語の語学力において競争優位を見いだせる唯一の都市であるという点である．しかし，これらの語学力を，IT産業のアウトソーシング業務に対応可能なレベルを維持し，技術力の進化に併せて高めるためには，継続的な教育投資が必要なのも事実である．

2．東北三省における日本語教育

　大連市を含む東北三省の各都市には，日本語教育機関が多い．大連は，日中現代史において，日本との縁が深い地域である．日露戦争以降日本が遼東半島を租借した時代の名残が，今日でも市内に残された建造物を通じて感じられる．日本企業の対外進出先という視点でみれば，日本文化や言語に対する知日的素地がある立地特殊性を備えているともいえる．

　表4は，東北三省の大学における日本語専攻設置大学の割合と日本人教員率を示したデータである．全体的な大学数や在校生数は大連市のある遼寧省に集中しているが，吉林省は全大学数の4割近くもの大学に日本語教育課程を設置

---

[16] 横井（2007）前掲脚注9に同じ．

表10－4．東北三省の大学における日本語教育の状況（2006年・2007年）

省・市 （年）	日本語設置大学／総大学数（％）		日本人教員／日本語教員数（％）		在校生（名）		複合人材*17 （校）	
	2006	2007	2006	2007	2006	2007	2006	2007
黒龍江省	14/77 (18)	16/79 (20)	39/224 (16)	36/284 (13)	3,989	5,566		
ハルビン市	9	10	25/161 (16)	23/170 (14)	2,569	3,130		
佳木斯市	1	1	3/20 (15)	3/38 (8)	240	771		
牡丹江市	1	1	0/10 (0)	1/20 (5)	60	210		
鶏西市	1	1	0/10 (0)	2/30 (7)	800	850		
チチハル市	2	2	3/16 (19)	5/26 (19)	280	470		
吉林省	22/56 (39)	21/57 (37)	74/351 (21)	54/320 (17)	5,008	5,640		
長春市	15	14	58/250 (23)	39/221 (18)	3,688	4,003	1	
吉林市	3	3	6/31 (19)	6/32 (19)	600	870		1
四平市	2	2	4/40 (9)	4/35 (11)	200	352		
通化市	1	1	3/10 (30)	2/9 (22)	150	155		
延吉市	1	1	3/20 (15)	3/23 (13)	370	260		
遼寧省	25/101 (24)	28/101 (28) (28)	76/483 (16)	92/596 (15)	9,039	11,550		
瀋陽市	6	6	17/78 (22)	17/82 (20)	1,405	1,311		
大連市	15	17	60/382 (16)	72/447 (15)	7,273	9,559	6	7
撫順市	2	2	1/14 (7)	2/20 (10)	260	360		
鞍山市	1	1	0/5 (0)	1/6 (17)	58	120		
遼陽市	1	1	0/4 (0)	0/7 (0)	43	120		
錦州市	—	1	—	0/4 (0)	—	80		
三省合計	61/234 (26)	65/237 (27)	189/1,058 (18)	182/1,200 (15)	18,036	22,756		

出所：JETRO大連事務所「東北三省の日本語専攻のある大学と学生数」2006年版および2007年版
注：大学別日本語人材数，東北三省の日本語専攻のある大学の各年度発表の4つの基礎資料に基づき，筆者作成．

していることがわかる．

　JETRO大連事務所が2009年1月に公表した直近の同調査結果によれば，日本語専攻設置校は，吉林省を除き二省で増加傾向が見て取れる．同省長春市では，総大学数における日本語専攻設置校の割合は他省に比べて高く，日本人の教員の割合も高いことがわかる．在学生数は，三省合計で22,756人と前年比で1.26倍増となっている．黒龍江省や遼寧省では，1年間で日本語教員数や在学生の数が著しく増加している．遼寧省大連市は，ほとんどの大学に日本語に関連する教育課程があり，日本語を学ぶ在学生も1万人に達しようとしている．

　大連市政府と日本のODAによって設立された日中友好大連人材育成センター（中日友好大連人才培訓中心）では，日本語によるソフトウェア開発業務

17　複合人材とは，JICA（独立行政法人国際協力機構）の中国東北三省における日本語教育の人材育成プロジェクトにおいて，日本語とIT，ソフトウェア開発技術の双方を備えた人材の資質を指す概念である．

ができる能力開発を重視している[18]．JICA の教育プログラムを導入し，日本語と IT 技能を備えた「複合人材」の育成を謳っている．この動向は，東北三省の大学にも普及し，遼寧対外経貿学院，大連理工大学城市学院，大連外国語学院，大連海事大学，大連交通大学，大連東軟情報技術学院，大連理工大学，北華大学などで取り入れられている．

大連の日本語人材の育成は，中国地元企業のソフトウェア・情報サービス業の発展に呼応して急がれている．日本との取引関係が盛んな企業には，東軟集団，大連華信計算機，大連環宇陽光集団などの企業集団の名が挙げられる．東軟集団では，会社の敷地内にブリッジで結ばれた東北大学東軟信息学院を持ち，日本語と IT を教育しながら，日本企業から受注した仕事を学生の IT ベンチャービジネスとして活用しながら人材育成を図っている．民間企業においても，奨学金制度などを通じた日本語人材の育成に投資が行われている[19]．

3．大連における日中友好大連人材育成センター(中日友好大連人才培訓中心)の役割

上述したように，大連における日本語教育の強化は，官民合わせて積極的に展開されている．その一例として JICA 技術協力プロジェクトについて言及しておきたい．

中華人民共和国は，大連ビジネス人材育成計画の一環として，JICA 技術協力プロジェクト（2006.2 〜 2009.1）のなかで日中友好大連人材育成センターを開設した．この設立背景には，東北地域振興における国有企業の改革期の中，中国における経済的地位が相対的に低下しつつある東北地方の経済発展と中日経済の緊密化の目標がある．同センターは，大連市科学技術局の管轄下の独立法人である．JICA の報告では，日本語能力を必要とする年間需要は，50,000人を数えるのに対して，供給能力は34,000人であり，労働市場における複合人材不足への対応として IT ＋日本語人材の育成が強調されている[20]．つまり，日

---

18 日本文化を伝承する茶道の同好会や，日本語教師会などの活動拠点としての役割も担っている．
19 多くの日系企業が教育支援事業を行う中で，例えばキヤノン大連（佳能大連事務機有限公司）では，1990年より日本語弁論大会キヤノン杯を開催し，日本語専攻の学生の金賞に5,000元，社会人に10,000元の高額賞金やカメラ，日本研修などの特典を与え日本語学習を奨励している．また，大連理工大学に奨学金制度を設立し優秀な人材の就学支援に力を入れている．2005年には大連市人民対外友好協会との共同開催で3,400人が参加し，日中文化交流事業として認知されている．
　キヤノン株式会社 http://web.canon.jp/scsa/education/oratorical_contest/index.html，晨晃「大連の日本人社会」国立民族学博物館共同研究会2009年３月１日報告
20 「中日友好大連人才培訓中心」http://www.cjdhc.cn/j-docc/zj.asp 日中友好大連人材育成センター概要

本語を身につけた人材の就職率は高いが，企業の要求に適合する人材は質量ともに不足しているというのが現状認識であるといえる．

JICAの教育プログラムは，日本語＋専門技術を柱に，①ソフトウェア開発，プロセス管理　②生産管理　③経営管理　④ビジネス日本語の4つの重点コースから構成されている．社会人学生が週3回，退勤後に2時間ずつ受講し，2カ月（計48時間）を1コースとして学べるように設計されている．

大連市政府が目指すオフショア開発基地，BPO集積地に即した人材育成を図るうえでは，本プロジェクトに寄せられた期待は設立以前から大きいものであった．しかし，既に問題点も点在している．まず，2006年のプロジェクト開始時は，各回3時間（計72時間）1コースで運営されていたが，社会人の要望に応えて開始時間を遅らせ，2008年時点では開講形態の変更を余儀なくされた．その結果，教育効果が懸念される動きが出始めている．

また，教員の確保も常に課題となっている．プロジェクトの期間内は，国際交流基金からの日本人派遣専門家1名を中心とした指導体制にある．しかし，本プロジェクトの期間終了後も，日本語人材の育成を継続的に運営させていくためには，現地中国人の指導者育成が必須となる．現実には，日本人講師による教育を望む受講生が多く，質の高い事業を展開していくための人材の現地化を志向した自立化が模索されている．

労働市場における複合人材不足への対応は，依然として供給が追いつかない．この背景には，日本企業の要求水準を満たす教育効果の点でのギャップが存在する上に，中国人の指導者の育成に時間を要すという現実がある．実際には，大連交通大学，大連理工大学，東北財経大学，大連外国語院の教師陣が指導にあたり，専門分野に対応した日本語指導が可能であったとしても，受講者が同国人からの教えに納得しないという風土も見え始めてきているという[21]．

同センターは，東芝大連など特定の日系企業の日本語研修のOFF-JTの機会としても活用されている．大連市政府のIT産業政策と，日系をはじめとする外資系企業の人材育成戦略の相互ニーズが合致した中で，この人材育成センターに求められる役割期待は大きいと評価できる．

V．大連における日本語人材をめぐるリスクと課題

上述してきたとおり，大連は，日本のバックオフィスとしてのビジネスモデルを掲げ，日本語人材を活用したコールセンターなどの業務委託を拡大しながら，産業政策の転換を図りつつあることが市政府要人によっても強調されてい

---

21 「事前事業評価表」http://www.jica.go.jp/evaluation/before/

る[22]．企業内人材育成や政府機関の支援による技術系高等教育機関，日本語専攻を有する高等教育機関など，教育環境は整備の一途にある．しかし，今一度，大連におけるこのような日本語人材をとりまく現状について，リスクという視点から今後の課題を提示してみたい．

1．日本親企業の BPO による権限委譲と処遇の不均衡

　IT 産業のコールセンターや通信販売業，保険業界など，テレワークを中心とする業務を大連に移転する例は，日本国内の東北地方や沖縄よりもコスト競争力を有しているという点において近年増加している．このほか，総務や経理部門の業務を海外に移管する事例も増えつつある．たとえばカタログ通販の株式会社ニッセンは，国内で日本人が担当していた人事や経理部門の職務を大連に移したことで話題になった[23]．非製造業が，本国の管理事務部門を海外に移管する例は，比較的新しい国際ビジネスの形である．前述したとおり，顧客からのクレーム処理では高度な日本語能力が必要とされる．現地中国人の対応によるトラブルの増幅を危惧し，越境する日本人をあえてローカル基準で採用するインターンシップが，新たなビジネス形態として波及している例もある．しかし，日本人の採用には限度があり，日本語人材の供給は中国人のコスト競争力に牽引されている．

　製造業の現業部門を現地化していく事例は，経営の国際化の歴史において蓄積されているが，日本国内においても90年代に産業空洞化の議論が起こったように，BPO の促進には仕事が奪われるという危機感から，中国の人材に対する教育に抵抗を示す日本人社員も少なからず存在すると考えるのが自然であろう．また，一方で，仕事を教える日本人と職務を委譲される現地社員との間には，処遇をめぐるダブルスタンダードが介在し，現地社員の職務満足の低下や離職に繋がることも懸念されている．

　オフショア開発に携わる人材の処遇という観点では，陳腐化のスピードが速い技術特性から，ソフトウェア開発技術者の賃金上昇や，その評価基準が困難であるという報告もされている（梅澤2000）[24]．日本からのホワイトカラー業務を移管することによって，日本人も現地中国人も，ともに職務満足が高まるような職務分掌や処遇の仕組みを確立することが急がれる．

22　中国遼寧省大連市の夏徳仁市長の言では，日本からの新たな誘致分野として物流・研究開発施設や環境・省エネ関連企業，産業のすそ野を支える中小企業を重視する姿勢を示している．2008年3月31日「日本経済新聞」朝刊　p.6.
23　NHK スペシャル「人事も経理も中国へ」NHK 総合2007年9月3日放送
24　梅澤隆『情報サービス産業の人的資源管理』2000年　ミネルヴァ書房　pp.53-215.

2．英語人材市場の脅威と人材コストへの対応

　次に挙げられるリスクは，大連の労働市場における日本企業の競争優位性に関するものである．国家ソフトウェア産業都市である大連には，日本以外の国々も注目をしている．米国と韓国もその例に漏れない．本稿「Ⅲ．大連におけるBPOの意義」で言及したように，米国のオフショア開発を目的とした進出先国は，英語で業務が可能なバンガロールに集中している．大連市政府も，日本企業のBPO基地としての発展を標榜している．しかし，実は，米国のDELLやHPなどは，日本語の業務，つまり日本の市場に向けた顧客対応のみならず，英語業務も拡大しつつある．大連では，バンガロールやシンガポールをモデルにした英語人材市場が着実に台頭してきている．韓国企業サムスンも，英語対応を視野に入れて大連に進出している[25]．

　日本企業が，日本語だけに特化した人材を求めるうえでは人材争奪は起こりにくいものの，IT技能を併せ持った複合人材の獲得を求めるということになると，他の外資系企業に人材が流動化していく現象も早晩急展開していくことが懸念される．ことに，東北三省は，朝鮮族の中国人が多く居住する立地であることから，韓国企業も日本と同じように規模の差はあっても韓国語人材のメリットを享受している．また，韓国が国家戦略としてITと英語に注力した人材育成を展開したことは記憶に新しい．

　中国全土では，英語を重視した国際経営戦略を展開する企業が多勢を占め，大連をはじめとする遼寧省は，寧ろ日本語人材の集積地として例外的な存在である．その特長に起因する潤沢な日本語人材のメリットを永続的に享受できるか否かは，日本企業の対中戦略において，どれほどの競争優位性を発揮できるかにかかっているのである．

　複合人材の需給のギャップ，人材のコストをどのように考えるかがリスク回避のカギになると筆者は考える．つまり，労働集約的な低賃金労働を期待したBPOやオフショア開発への目算を払拭しなければ，中国の日本語人材もやがて離れていくことは想像に易い．数値化が可能な賃金コストに加えて，可視化できないコストに対する考え方が問われる．それは，複合人材の育成にかかる時間や，日本企業の職務や組織に対する当事者間のコンテクストの違いによる解釈の齟齬，日中間の職務意識や業務に対する認知ギャップなど，無形の人材コストである．

　大連における日本語人材のスケールメリットを有意に発展させるためには，日本企業にどのような経営行動が求められるべきであろうか．今後は，英語人

25　2007年9月　大連経済技術開発区　招商一局本部担当　蘇暢氏へのヒアリングによる．

材の動向を注視しながら，本稿でとりあげたリスクへの対応について考えていきたい．

主要参考文献（文中の注釈引用文献，URL を除く）

今野浩一郎・佐藤博樹(1990)『ソフトウェア産業における経営―人材育成と開発戦略』東洋経済新報社

大前研一(2002)『チャイナ・インパクト』講談社

大和田尚孝(2005)「みなぎる中印 IT パワー，日本を飲み込む105万人のエリート集団」『日経コンピュータ』5月2日号

何徳倫(2005)『大連は燃えている，大連のソフトウェア開発実情』 エスシーシー

佐藤博樹監修 電機総研編(2001)『IT 時代の雇用システム』日本評論社

白木三秀編(2005)『チャイナ・シフトの人的資源管理』白桃書房

関満博編・範建亭編(2008)『現地化する中国進出日本企業』新評論

関満博編(2006)『現代中国の民営中小企業』新評論

関満博編(2007)『中国の産学連携』新評論

大連日本商工会(2007) 「大連日本経済会議 ―大連における今後の日系企業のあり方および日系企業と大連市の関係を考える―」『中国経済』12月号

田島俊雄・古谷眞介編(2008)『中国のソフトウェア産業とオフショア開発・人材派遣・職業教育』現代中国研究拠点 研究シリーズ No. 2 東京大学社会科学研究所

村上直樹・劉岩(2008)「企業調査データに見る大連ソフトウェア産業の実態―採用・育成など人事面を中心に―」『中国経営管理研究』第7号 pp.55-75.

劉岩・村上直樹(2007)「大連・ソフトウェア企業の人材戦略」『現代中国事情』日本大学国際関係学部中国情報センター 第12号 pp.14-18.

第11章

環境経営が中小企業にもたらす可能性
―戦略構築と競争優位に関する一試論―[1]

弘 中 史 子

Ⅰ．はじめに

　本論文では，日本の中小企業，とりわけモノづくりに関わる企業が「環境経営」に向き合うことで，マネジメントに何がもたらされたのかを，筆者が調査した事例に基づきながら，考察していく．

　中小企業が環境経営を実践するための手法，あるいはそれを高度化するためのプロセスを明らかにするといったことは意図しておらず，マネジメントにどのような変化が生まれたのかを検討していくこととする．

　はじめに，環境経営という語について，便宜的に定義しておきたい．近年,「環境経営」という語が一般的に用いられるようになった．しかしながら研究者およびその分析視角によって，定義や扱いがやや異なる．まず，環境経営を「企業経営の隅々にまで環境の意識を浸透させた経営」ととらえ，購買・製造・物流・販売などのライン活動から，資金調達や投資さらには人事にいたるまで，あらゆる企業活動まで射程に入れている研究がある（國部克彦・伊坪徳宏・水口剛2007）．他方で，「環境保護に配慮した企業活動を目指す企業経営」というように簡潔に定義されているものもある（天野明弘・國部克彦・松村寛一郎・玄場公規2006）．

　本論文では自然環境の保全を企業経営と結びつけて考えるという，環境経営のごく基本的なところから議論を出発させているため，後者の定義を援用したい．

　近年，日本でも，大企業を中心に環境に配慮した経営が浸透してきたが，中小企業において，環境経営は，規制・法令の遵守，あるいはグリーン購入を推進する顧客への対応といった側面から取り組まれることが多かった．

　一方で，日本のモノづくりに眼を転じると，特に中小企業は，競争のグロー

---

[1] 本稿は，拙稿 (2008)「地域の歴史と風土から学ぶ滋賀県下の企業―新たなマネジメントスタイルの発信に向けて」『彦根論叢』第370号，pp.47-63および拙稿 (2008)「中小企業と戦略の構築―環境経営という視角からの試論―」『日本中小企業学会論集』第27巻，pp.224-237，拙稿 (2009)「環境経営と中小企業」『調査月報（日本政策金融公庫）』2009年6月号，pp.36-41をベースに，加筆・再構成したものである．また平成20年度科学研究費補助金による研究成果の一部である．

バル化,東アジア諸国の技術のキャッチアップ,国内市場・産地の衰退など,様々な課題への対応に苦慮しているのが現実である.こうした苦境を乗り越えるために,中小企業は事業を再構築したり,既存の競争の軸から脱却したりする必要に迫られるが,環境経営に向き合うことで,こうした状況への対応も可能になりうるというのが,本論文での一つの主張である.

II. 中小企業のモノづくりとグローバル化・競争優位
1. 日本のモノづくりと中小企業

内閣府経済社会総合研究所国民経済計算部企画調査課「国民経済計算確報（平成18年）」によれば,日本の国内総生産（名目）508兆9,251億円のうち,製造業は108兆6,028億円となっている.つまりおよそ5分の1を製造業が占めていることになる.

また総務省「事業所・企業統計調査」（2006年）によれば,製造業においては,日本の企業数（会社数に個人事業所を加えたもの）455,621社のうち,99.6％が中小企業である.依然として製造業は日本経済で重要な位置を占めており,それを中小企業が支えていることが窺える.

こうした背景を考えると,モノづくりを行う中小企業が,環境経営によって何を得るのかを考察することは,一定の意義があると考えられよう.

企業が存続するためには,競争に勝つことが暗黙の前提となっている.モノづくりを行う中小企業にとって,直接競合する相手は,同じ顧客に自社と同様の製品・加工を納入する企業といえるであろう.しかし現実には,競合相手の存在はそれにとどまらない.

系列色の残る業界でも,その構成企業が固定的ではないため,他の系列から参入する企業とも競争せねばならない.同じことが異業種から参入する企業に対しても言える.とりわけ,グローバル化の影響は見過ごすことはできない.

経済産業省の「海外事業活動基本実態調査」によれば,2006年度の製造業における国内全法人ベースの海外生産比率[2]は18.1％,前年度に比べ1.4ポイント上昇し過去最高となった.これは,国内法人（製造業）売上高が景気回復を反映して同3.5％増加したものの,現地法人（製造業）の売上高が同14.0％と国内法人を上回る伸びを見せたことによるものであるという.

もちろん海外に進出しなければ,企業の存続が難しくなるというケースばかりではない.国内での操業を続けて成長していくという戦略もありえるであろう.

---

2 国内全法人ベースの海外生産比率＝現地法人（製造業）売上高／（現地法人（製造業）売上高＋国内法人（製造業）売上高）×100である.

しかしながら，製造業で言えば，たとえ日本でのみ生産していたとしても，その製品はグローバルなスタンダードという観点から比較されることが多い．大企業の海外生産が加速し，現地企業の技術水準もキャッチアップしてきたことで，部品の調達源が日本に限定されなくなっているからである．

　たとえ伝統産業であっても，グローバルな競争に関わらざるを得ない場合がある．ここで和風小物を手がける A 社[3]（従業員20名，資本金1,250万円）の事例を紹介しよう．同社は国内向けの和装にまつわる小物（袱紗など）の開発・生産・販売を行っている．

　和風小物の業界では，以前は当然ながら，その生産・販売先がほとんど国内に限られていた．しかしながら近年，アジアを中心に中国など，海外でも和風小物の生産が行われるようになった．日本企業が価格競争力をつけるため海外で加工したものを国内で販売するだけでなく，中国の企業が日本の流通業に売り込んでいる場合も出てきた．

　そのため同業界では，生産・販売面の競合相手として，国内の企業に加えて海外の企業も意識せざるを得なくなったのである．

　自動車や家電など，金属・機械産業では，さらに大企業の海外進出が加速している．調達も国内から海外へとシフト，ローカル企業からの調達も増加している．つまり日本に拠点のある中小企業の競合相手が，海外にも広がったのである．こうした状況ゆえに，業種や立地（ロケーション）に関わらず，グローバルな競争を意識せざるを得なくなっているのである．

　モノづくりにおいては，その企業が持つ競争力の判断基準は，長らく製品のQ（品質），C（コスト），D（納期）の総合力におかれてきた．単純な例で考えてみよう．「Aという形状・品質のネジは，日本のどの業者でもおよそ1円であり，納期は1日である」というのが，日本の中小企業の一般的な状況であったとする．しかし「Aという形状・品質のネジが東南アジアではおよそ0.6円で市場に出回っており，納期は1日である」ということになれば，後者の競争力が高いということになる．

2．グローバル競争の激化がもたらすもの

　グローバル化の中では，QCDの総合力での競争にますます焦点があたることになる．QCDは，客観的に判断しやすく，たとえ異なる国の製品であっても，比較しやすいからである．

　さらに考慮すべき点は，QCDの総合力における競争は，果てなきものにな

3　筆者による2004年6月17日の面接調査による．

るということである.

なぜなら競争のレベルが常に刻々とアップしていくからである.たとえば,現在は「Aという形状・品質のネジの加工は1円,納期は1日」を自社が実現しており,それが最高のレベルであったとしても,「同様のものを0.5円」で製造する企業が現れれば,その時点で自社は競争力を失うことになる.

競争がグローバル化している現在では,国内だけではなく世界の同業他社が競争する.

そのため,中小企業は,広く海外も含めて他社の技術レベル,つまりQCDの総合力を認識しなければならなくなる.さらにいえば,自社の顧客に,同じ業種だけではなく異業種の企業が売り込んでくる可能性も十分考えられる.たとえば切削加工や,成形加工といったものは,どの業界にでも適用できる技術である.家電部品をてがけていた企業が,自動車部品に進出することも不可能ではない.つまり異業種であっても,いつ自社の競合相手になるかわからないのである.そうなれば,異業種の企業も,常に意識しなければならないということになる.

中小企業が他社のQCDに関する状況を把握するためには,情報収集が必要となる.すなわち,どの企業が最高レベルにあり,どのあたりが平均的なレベルなのかといったことを国内・海外を問わず,さらに異業種も含めて探索することが求められる.他社のQCDに関する情報を把握するだけでも,求められる努力量は相当なものになる.

この他社のQCDに関する情報の把握が,不正確であったりタイミングが遅れたりすると,競争上大きなマイナスになる.自社が対応するための時間が不足してしまうこともあるからである.そのため,慎重かつ継続的な努力が求められることになる.

しかしながら,抱える人員が少なく,また情報収集に大きな時間的・金銭的投資をすることが困難な中小企業にとって,これは大きな負担となってしまうのである.

III. 環境経営と戦略・競争優位

本報告では,環境経営を,こうした一義的・果てしない競争から,中小企業が脱却するための一つの手法としてもとらえている.

もちろん企業において,本格的に環境に配慮した経営を行うことは,コストがかかるため財務的に負担となり,企業の業績や効率に悪影響を与えるとする見方もある(Walley & Whitehead 1994).

とりわけ経営資源に制約のある中小企業には負担が大きいと考えられるかも

しれない．この点に関連し，金原・金子（2005）の研究では，環境経営は企業規模が大きいほうが進展していること，つまり環境経営への取り組みは規模と明白な関係があることを大量サンプル調査で明らかにしている（金原達夫・金子慎治2005）．

しかしながら他方では，環境規制への対応は企業にとって効率化や財務的なプラスをもたらすとする研究もあり，近年はそうした主張が脚光を浴びている（Porter & Linde 1995や，中尾・天野2006などがある）．

とりわけ注目すべきは，環境経営を，企業の競争力や能力と結びつけて論じる研究が目立つようになったということである．

企業が持つ能力が，環境対応に好影響を与えるとするのがFlorida（1996）の研究である．彼は，不良ゼロや在庫ゼロといった製造戦略を実行できるのであれば，それは環境への対応にも利益となるため，廃棄物削減や汚染防止などの革新的なアプローチをもたらすと主張している．

また環境に対応していくことで，能力が向上することを示唆する研究がSharma & Vredenburg（1998）である．ここではカナダの石油・ガス業界を対象に，環境対応と組織能力，競争優位の関係が定量的に分析されている．その結果，環境対応の戦略のスコアが高い企業は，組織能力も高いこと，さらに競争下において高い利潤をあげている企業は，組織能力も高いということが導き出されている．

そして，環境への対応から生み出される具体的な能力として，次の3つをあげている．第一が利害関係者を統合する能力である．たとえば環境の分野で，株主や地域住民など広い範囲の利害関係者と，円滑にコミュニケーションできる能力である．第二が高次の学習をする能力である．たとえば経営のパフォーマンスと自然環境保全の両立について，継続的に知識を拡充したり，ある問題についてフレッシュな視点から解決策を探ったりする能力が生まれるという．第三が継続的なイノベーションを実行する能力である．経営と自然環境の保全を両立する中で，試行錯誤する能力，環境負荷を減少させつつ業務を継続的改善・革新する能力が生まれるという．

さらに，Aragon-Correa & Sharma（2003）は，環境経営において長期的かつ首尾一貫した戦略を採用する重要性をといている．企業の環境戦略は，それぞれの企業をとりまく経営環境に影響を受けるゆえに，業績との関係は必ずしもポジティブになるとは限らない．しかしながら長期的に，首尾一貫した戦略を採用している企業は，複雑な経営環境に直面しながら，経営と環境保全を両立させようと不確実性を削減する努力を継続するため，能力が向上していくというのである．

本論文では，Florida(1996)の指摘にあるように，既存の能力・経験が環境への対応を決定していくというより，さらに積極的に環境経営をとらえ，環境への対応を通じて企業の競争力が高まっていくという側面を明らかにしたい．その意味では Sharma & Vredenburg(1998)，Aragon-Correa &Sharma(2003) らの研究に通ずるものがある．
　しかし，環境経営は経営学の分野の中でも，近年になって取り扱われてきた比較的新しい分野であり，特に中小企業の環境経営についての研究は多くはないのが実情である．そのため，留意すべき点が2点ある．
　まず，中小企業においては顧客や仕入先が限定されていたり，株を公開していなかったりといった理由で，利害関係者を統合する以前に，利害関係者そのものを認識できる機会が多くない．つまり，Sharma & Vredenburg(1998)，Aragon-Correa &Sharma(2003)らの議論をそのまま応用することはできない．
　また前述のように，環境経営の進展が規模にも関係するという既存研究をふまえると，中小企業が拙速に高いレベルでの環境経営に取り組むことは，財務的に負担になるという危険性がある．そのため，環境経営に取り組む初期的な段階では，コスト負担をかけないかたちを考慮しなければならない．当然，長期的な競争力強化だけではなく，新事業の構築という短期的な成果にも着目する必要がある．
　本論文で，環境経営によって中小企業のマネジメントに何がもたらされるのかという点に絞って検討する意図は，そこにある．
　Mintzberg(1987)は戦略の計画的な側面ではなく，創発的な側面に着目した．彼は，戦略は完全に計画できるものではなく，行動が思考を触発し戦略が創発される側面があることを強調した．日本の中小企業も，環境経営に向き合う中で，いくつかの戦略が創発され，新たな競争優位を見出そうとしている．以下では，いくつかの中小企業の事例をもとに，分析を進める[4]．

IV. 環境経営が中小企業にもたらす変化
1. 新たな事業展開
　環境経営に着目することで，まず，新たな事業展開が可能となる事例が見受けられる．
　B社[5]（従業員15名，資本金1,000万円）は，各種陶磁器製品の製造・販売や，

---

[4] 本論文でとりあげた中小企業の事例は，産業分類という点では製造業ではない企業も含まれている．しかし中小企業が環境経営によって何がもたらされたかを示すために，ファブレスで製品開発を行うD社，建築業であるE社も，広くモノづくりに関わる事例としてとりあげることとする．

環境関連機器の販売・保守点検等を手がける企業である．同社が立地する地域は有名な陶磁器産地である．しかし円高や安価な中国製品の台頭で，産地の工業生産高はピーク時の約5分の1以下にまで激減した．つまり，従来型の QCD における競争では，特にコスト面で同地域の陶磁器産業は不利になったのである．

B社もほぼ輸出100％の陶磁器業者であり，その影響は深刻であった．それがきっかけで，同社は付加価値の高いビジネスを目指すようになる．そして地元大学の教授が開発した「世界一，割れにくい強化磁器食器」技術に出会う．

同社は，その技術をもとに，230MPa 以上と強力な曲げ強度を持つ「高」強度磁器食器を開発し，割れにくい食器を必要とする学校給食現場に目を向ける．しかし当時，学校給食現場では「強化磁器食器はよく割れる」というイメージが根強かった．他メーカーの強化磁器食器の曲げ強度は，150-200MPa と低かったこともあり，学校での食器の破損率が年間平均20％を超えていたからである．そのため，同社は販路拡大に苦闘した．

その頃，世間では環境保全に対する意識が強まっていた．同社が試算したところ，磁器食器採用が進んでいた東京23区では，毎年廃食器30トン以上が東京湾内に埋立てされていることがわかった．そのため，同社も当事者として廃食器の処理を問題視するようになる．一方で，食器の強度増強のために使用されている原料のアルミナが，中国特需もあり価格が高騰し始めていた．

そこで，同社は高強度磁器食器のリサイクルシステムを考案した．まず割れた食器を自社製・他社製を問わず，専用の回収箱回収し，これを粉砕処理して陶土に配合し含有アルミナを再利用する．その陶土で再び高強度磁器食器を生産し，補充品として再び学校に納入する．回収に際しては他社製品も受け入れる．このリサイクルシステムを確立したことで，同社の食器販売は伸びていった．この学校給食食器シリーズは，2005年にエコマークの使用が認可され，2007年には「グリーン購入大賞」優秀賞も受賞した．

C社[6]（従業員110名，資本金2億900万円）は，建築養生材・産業資材・加工紙・包装資材・容器・成型品等の企画・販売・製造，商品の企画・デザイン，Web関連，オンデマンドダイレクト印刷，バイオビジネス支援，循環型社会システムの研究など，多様な事業を手がける企業である．

同社は紙販売業に端を発し，その後，地元の大手製造業の勧めでダンボール素材生産を手がけるようになる．80年代半ばから，建築養生資材・包装資材に進出し，この事業が順調に成長をとげて高いシェアを獲得した．しかし年商

5 　筆者による2007年8月6日の面接調査をはじめ，以後の情報収集による．

6 　筆者による2006年7月18日の面接調査をはじめ，以後の情報収集による．

100億円になったころ，当時の社長がゴミの体積の80％が包装紙だと知り，自社の事業を再考するようになる．そして，大量生産・大量消費に関わる自社のビジネスには限界があり，これからは循環型社会に対応した戦略を講じなければならないと考えるようになった．

しかし企業存続という面から考えると，現在の事業を急速に縮小することはできない．そこでまず，現在行っている事業において，環境に配慮するようになった．たとえば包装資材に関する事業では，環境に配慮した製品の取り扱いや開発を強化した．さらに，社内に展示場を設け，全国から環境に配慮した包装資材を集めて展示し，自社の顧客に提案した．また，環境に負荷をかけないビジネスにも目を向け，商品の企画・デザイン，IT関連，バイオなどの新規事業にも着手した．

さらに，生活者団体の理事長がこの展示場を視察したことをきっかけに，法人顧客だけでなく，最終消費者である生活者の視点をとりいれる必要性を意識するようになった．そして2001年には，環境に対する意識を高めることを目的として社内に研究所を設立し，情報誌発行，各種のイベントなどを企画・共催し，一般消費者ともネットワークを築いていった．

このように環境経営は，2社に新事業を構築するための示唆を与えている．B社は陶磁器の輸出が打撃を受ける中で，付加価値の高い商品として高強度磁器食器に着目し，廃食器のリサイクルシステムを確立したことで，その市場開拓が進展した．

C社の場合は，住宅資材・包装資材の環境負荷削減を実現し，顧客に梱包から物流までトータルでのコストダウンを提案したことで，高く評価されるようになった．また環境に負荷をかけない新規事業の開拓や，環境倫理の浸透のための活動に乗り出すことができた．

以上の事例は，いずれも既存の事業が成長の限界を迎えたり，産業の構造不況に直面したりする中で，新たな戦略を構築できた事例である．2社は同業他社の中小企業と比べて，特に有利な経営資源を持っていたとは言いがたい．また，当初から自然環境保全への意識が特別強かったわけでもない．それが，環境経営に目を向ける中で，徐々に新たな戦略が構築されていったのである．

2．ネットワークの構築

環境経営を志す場合に中小企業にもたらされるのは，新事業の構築といった直接的な利益だけではない．様々な企業や人と新たなネットワークが構築でき，それらの組織と共生することを意識するようになっていることにも着目すべきである．環境問題への対応は，一つの企業の努力だけでは限界がある．そこか

ら自ずとネットワークづくりや，共生の発想が生まれてくると考えられる．

D社[7]（従業員6名，資本金1,000万円）は，家電機器の販売，および自然エネルギーの活用にかかる商品の研究開発・製造・販売を手がける企業である．同社は創業後，いわゆる便利屋的サービスを経た後，家電店を展開する．電化製品を販売するだけでなく，顧客の家に電池1個から配達したり，いつでも修理にかけつけたりすることで，地元の住民に親しまれるようになった．その後，県内にいくつかの店舗を出店するなど順調に成長していた．

しかし90年代はじめに，大手家電量販店が同地方に進出したことで過度の低価格競争がおこった．そのため，一部店舗の閉鎖を余儀なくされる．同社社長は，自然豊かな地域で育ったため，自然のめぐみを活かしたビジネスができないかと模索した．農業や飲料生産などにチャレンジしたが，販路の確保等に難航する．

その時に，家電店の業務で訪問する顧客の家に，昼間でも暗い場所・部屋があることに気づき，太陽光を利用した照明器具の開発に取り組む．そして，太陽の光を屋根からとりこんでアルミチューブによって室内まで運び，光を拡散させて部屋の中を照らすという器具の開発に成功した．特殊な反射鏡で集光するため，天候が悪くても明るさを確保でき，窓がない廊下や階段なども照らすことができるという利点もある．しかも昼間の電気代が節約でき，同時にCO_2の削減にも役立つ．

だがこの照明器具は，設置する際に屋根に穴をあける必要があるため，当初は販売が苦戦するのではないかと思われた．しかし家電店の顧客が，有料にもかかわらずモニターとして自宅への設置に協力してくれ，販売をスタートさせることができた．つまり，環境経営をきっかけとして，これまで以上に，顧客とのネットワークを強く意識するようになったのである．

D社は，照明器具の施工においても，積極的にネットワークを活用している．全国展開に際しては，各地の中小の工務店・建築関係業者と積極的に連携した．地域を元気にするためには，中小企業が活性化することが必要と考えたためである．また中小の工務店とパートナーになることで，自社の商品を顧客に届けるための最適なルートが確立できると考えたからである．地域の工務店であれば，どのような顧客がどのような場所に製品を設置しているのか，どのように利用しているのかなど，きめ細かに把握することができる．万が一問題が起こったときにも，顧客のところに迅速にかけつけて対応することができる．同社はファブレス形態をとっているため，照明器具の生産においても，中小の加工，

---

[7] 筆者による2006年4月18日の面接調査をはじめ，以後の情報収集による．

組立業者とのネットワークが構築されている.

　前述のC社は,地元大学の教授らとともに,99年に環境に配慮した容器や包装を考える研究会を設立した.包装材を生産するメーカーだけでなく,容器を使用するスーパーなどの小売店や食品会社,さらにそれらを最終的に使用する生活者もメンバーとして参加した.つまり自社だけでなく,そこに関わる様々な企業・人々との立場を理解したうえで,よりよい包装のあり方を模索しようとしたのである.

　この会の活動は終了したが,主として法人向けビジネスを手がけてきた同社にとっては最終消費者とネットワークが構築でき,共生を意識できる機会となり,後の事業活動にも影響を与えたと考えられる.

　B社も,廃食器のリサイクルシステム構築にあたって,地元の中小企業2社と協力している.

　このように,中小企業が環境経営に取り組むことで,ネットワーク構築が大きく進展しているのである.

3. 地域への着目と生活者という視点の導入

　環境経営は,中小企業にローカル志向をもたらす.地元への愛着が深まり,貢献意識も高まっているのである.環境問題というのはきわめてグローバルな問題であると同時に,身近な生活上の問題ということも影響しているであろう.

　たとえばD社では,新しい形態の照明器具の販売において,地元からの発信を強く意識している.同社の立地が,自社の環境保全意識を育んだことを重視するからである.さらに家電店事業についても,単に家電製品を販売する場ではなく,地域住民が気軽に立ち寄り世間話ができるようなコミュニティ活性化の場としたいという意欲も生まれてきた.

　B社は,リサイクル食器の全国的認知度を向上させることで地場産業の育成に貢献したい,という思いを抱いている.今後,このリサイクルシステムが成長して,地元業者に「我々が携わっているこの食器が環境に貢献している」ということが浸透していくならば,産地の活性化にもつながる可能性がある.

　C社は,既存のビジネスだけでなく,環境保全に貢献するかたちで地域の経済活性化を実現したいと考えるようになり,バイオビジネスへ進出した.そして2003年には,地元企業によびかけてバイオビジネスに関する研究会も設立しているほか,地域のNPO活動支援にも乗り出したりしている.

　さらに着目すべきは,地域との関わりを通じて,企業に「生活者」という視点がもたらされるということであろう.環境保全の意識が高まるにつれ,「地域」というかたまりだけでなく,そこに暮らす「生活者」がクローズアップさ

れるようになるのである．

　E社[8]（従業員15名，資本金2,000万円）は，自然素材と伝統工法にこだわった木造住宅・店舗の設計・施工や，オリジナル家具・木製おもちゃ・遊具の製作を手がけている．E社では，川上で木を伐って，川下で家をつくるという暮らし方を提案しているが，それは地域で伐った木をその地域の家の素材として使えば，風土に合った家づくりが可能になると考えるためである．

　同社は，木の住宅設計・施工を行っている県内の企業・造園業者が中心となったグループのメンバーとして活動し，ローカルな視点も持ち合わせている．そこでは，環境に配慮し，丈夫で長持ちする木の家づくりに，地元の企業が一体となって取り組み，持続可能な生活スタイルまでも積極的に提案しているという．山や林業に関わる仕事を顧客に紹介したり，県産材で家をつくったりなど，森を守る動きにも貢献している．

　地域に着目したE社は，さらに生活者という視点を持つようになる．地域の福祉共同作業所と連携し，自社の端材を使ったおもちゃづくり事業を活かして，障がい者の仕事確保に貢献しようと努力している．また，地元の中学生や高校生を就業体験のため受け入れたり，親子の木工教室を開催したりするようになった．

　とりわけ法人ビジネスを展開する企業にとっては，法人顧客を相手に取引しているがゆえに，生活者の存在は実感しにくいものである．しかしながら，環境経営に携わることは，生活者とのパイプを築くことにもつながるようである．C社は，法人向けのビジネスを展開しているが，前述のように社内にある研究所での活動を通して，生活者にも常に目を向けられるようになったのである．

4．一義的な競争から脱却するための気づき

　環境経営に取り組む中小企業を観察すると，中小企業がこれまでの競争の方法から脱却し，新たな価値観に気づき，それが新たな競争優位の源泉になるというプロセスが見えてくる．

　B社の場合には，環境経営を進める中で，汚れや茶渋などがついた食器の表面を再加工するサービスも行うなど，環境保全というキーワードのもとに，業務が拡大している．

　E社は，自社によるゼロ・エミッションという新たなビジネスモデルを構想し，実践に向けて努力するようになった．そのモデルは，①まず山で育てた木を使って家をつくる．②その際に発生した端材を，おもちゃや家具などのクラ

---

[8] 筆者による2006年5月26日の面接調査をはじめ，以後の情報収集による．

フトとして再利用する．③さらに，家を建てた顧客とともに，住宅の建設で伐った分だけの苗木を植え，④百年後に再び材木として使えるように育成するというものである．つまり，自社のビジネス・プロセスの中でゴミを発生させず，さらに山林の環境もよみがえらせることができるモデルになっており，業界の中でも珍しい取り組みといえる．おもちゃやクラフトづくりは同社の新事業ともなっており，ネットショップで販売しているほか，地元の公園・保育園などにも納入している．

G社[9]（従業員43名，資本金2,000万円）は，自動販売機や自動車部品，家電部品などの塗装を手がける企業である．産業用の塗装は，表面の保護や機能性の付加を目的として行われる．たとえば錆や塵を防ぐことができるだけでなく，絶縁性，耐熱性など様々な機能を付加することができる．

1994年に産業廃棄物処理業者と処理契約を締結して以来，同社は一貫して環境経営に取りくんできた．ISO14000シリーズの認証も取得済みである．そのような中で，同社は，現在，カラーコーディネートという観点をとりいれた新たな事業展開を模索するようになった．

同社のトップは，アメリカ・ヨーロッパで研究が進む，色による心理的効果などの基礎理論を学んだ．そして，工場・オフィスや機械装置などのロケーション・目的（生産性改善・購買力向上等）に応じたカラーコーディネートを通じて，顧客の効率向上やイメージ戦略に貢献したいと，考えるにいたったのである．

個人向けの事業ではカラーコーディネートを意識した塗装というのは一般的になりつつある．しかし産業向けで，しかも機械への塗装でこうした発想をとりいれることは，国内では稀有といえる．これは従来のQCDという競争の枠から，一歩踏み出した発想である．同社によれば，このカラーコーディネートも，周りの環境を形成する一環と考えたため，環境経営とつながっているのだという．

こうした事例からは，環境経営が，中小企業がQCDという一義的な競争から脱却し，自らの競争優位の源泉を見つめなおすきっかけとなっていることが窺える．

V．むすび

本論文では，環境経営が中小企業にもたらす可能性について議論した．

まず環境保全という視角を持つことで，「新たな事業展開」への着眼点が得られる．環境保全に関心が高まった日本社会を考えれば，環境経営はそれだけ

---

9 筆者による2008年9月19日の面接調査をはじめ，以後の情報収集による．

でマーケティング的な価値を持つといえる．しかし環境経営の真価は，そこのみに着目すべきではない．そこから生まれる間接的効果にも大いに着目すべきであろう．

たとえ自社の事業展開に直接的に役立つ示唆が得られない場合でも，「ネットワークの構築」「地域への着目と生活者という視点の導入」「一義的な競争から脱却するための気づき」がもたらされる．それゆえに，中小企業は，当初から高いレベルでの環境経営を志す必要はない．むしろ自社の既存ビジネスの状況に応じて，可能な範囲から対応していけばよいと思われる．

また環境経営によってもたらされる要素は，とりわけ中小企業の経営に有用であることに留意する必要がある．

まず，社外とのネットワーク構築は，経営資源が稀少な中小企業にとって，外部資源の活用を可能にするものである．また中小企業が，地域やそこに住まう生活者へ着目することは，中小企業同士の連携や，域内の活性化という可能性を拓くであろう．一義的な競争から脱却するための示唆は，QCDという視点での競争に追われ，疲弊しつつある中小企業にとって，新たな戦略を構築するきっかけとなることであろう．

これまで，中小企業の環境経営においては，EMS（環境マネジメントシステム）への対応や，コスト・時間的負担がクローズアップされることが多かった．だが，環境経営がマネジメントにもたらす効果をもっと広くとらえなおすべきであろう．

もちろん，環境経営を追求する中で，企業利益と環境保全が対立する構図になることもあるであろう．しかし社内にそうした軋轢が生まれること自体が，戦略の見直しを促進し，戦略を洗練させていく可能性がある．

C社の場合は，現在も住宅資材や包装資材事業を存続している．これらは，純粋に考えれば，環境負荷になるものである．しかし企業の存続を考えれば，こうした事業も継続せざるを得ない．同社ではこうした矛盾をあえてかかえこむことで，IT分野やバイオなど新規事業に次々にチャレンジしていく意欲が生まれているのである．

本論文で紹介した，日本の中小企業の取り組みは，中国の企業にも示唆を与えうると考えられる．中国でも，政府は大気汚染や水使用という観点を中心に，環境対策にますます注力するようになっている．当然，企業に対しても，環境保全という観点からの要請が高まっていくであろう．しかし企業側が，規制への対応やコスト負担といった側面だけでなく，環境経営がマネジメントにもたらす便益を広く理解しておくことで，企業自身の成長にもつながり，また国としての環境保全対策もより一層効果をあげることができよう．

なお，本研究にはいくつかの課題が残されている．まず，環境経営によってもたらされる能力や競争優位が，他の手段でもたらされるものとどのような差異があるのかについて，検討が必要であろう．Sharma & Vredenburg (1998) も，環境経営だけではなく，他の組織戦略も同様に企業の能力を開発し，長期的な競争力につながる可能性があることを指摘している．

また「企業とのネットワーク構築」「地域への着目と生活者という視点の導入」「一義的な競争から脱却するための気づき」という三つの要素間にどのような関係があるのか，他の要素が存在する可能性についても，大量サンプル調査も含めた実証研究で明らかにしていかなければならない．

こうした点を精緻化して，今後研究を深めていきたいと考えている．

参考文献

天野明弘・國部克彦・松村寛一郎・玄場公規編著 (2006)『環境経営のイノベーション』生産性出版.
遠藤真紀 (2006)「中小企業の環境経営」『中小企業季報』第137号 pp. 8-18.
弘中史子 (2007)『中小企業の技術マネジメント』中央経済社.
弘中史子 (2006)「地域が中小企業にもたらす可能性─近江の企業の事例から─」『中小企業季報』第139号 pp.13-22.
谷本寛治編著 (2004)『ＣＳＲ経営』中央経済社.
金原達夫・金子慎治 (2005)『環境経営の分析』白桃書房.
國部克彦・伊坪徳宏・水口剛 (2007)『環境経営・会計』有斐閣.
中尾悠利子・天野明弘 (2006)「環境パフォーマンスと財務パフォーマンスの関連性：日本企業についての実証分析」『環境経営のイノベーション』生産性出版 pp.33-55.
Aragon-Correa, J. & S. Sharma (2003), "A Contingent Resource-Based View of Proactive Corporate Environmental Strategy," *Academy of Management Review*, Vol. 28, No. 1, pp.71-88.
Bruce, G. & J. Kahn (2005), "All Strategy Is Local", *Harvard Business Review*, Vol. 83, No. 12, pp.145-146.
Florida, R. (1996), "Lean and Green: The Move to Environmentally Conscious Manufacturing," *California Management Review*, Vol. 39, No. 1, pp.80-105.
Hart, S. L. (1995), "Natural-Resourced-Based View of the Firm," *Academy of Management Review*, Vol. 20, No.4, pp.986-1014.
Mintzberg, H. (1987), "Crafting Strategy" *Harvard Business Review*, Vol. 65, No.4 pp.66-75.
Porter, M. & C. van der Linde (1995), "Green and Competitive: Ending the Stalemate," *Harvard Business Review*, Vol. 73, No. 5, pp.120-134.
Sharma, S. & H. Vredenburg (1998), "Proactive Corporate Environmental Strategy and the Development of Competitively Valuable Organizational Capabilities," *Strategic Management Journal*, Vol. 19, No. 8, pp. 729-753.
Walley, N. & B. Whitehead (1994), "It's Not Easy Being Green," *Harvard Business Review*, Vol. 72, Issue 3, pp.46-51.

第12章
中国自動車販売の制限最低価格と独占禁止法

孫　　亜　鋒

I．はじめに

「中国人民共和国反壟断[1]法」（以下は独占禁止として表示）の施行が2008年8月1日から開始された．中国は独占禁止法を有する世界の百ほどの国の一つに加わったことになる．この法律は，「独占的行為を予防・防止し，市場の公平な競争を保護し，経済の運営効率を高め，消費者の利益及び社会公共の利益を保護し，社会主義市場経済の健全な発展を促進する」ことを目的として実施されることになった．この法制の導入によって，企業活動の健全な発展を促し，中国の今後の経済成長に多大な影響を与えるものと見込まれている．中国史上初めてとなる独禁法が，中国経済にどのような影響をもたらすことになるかが注目されている．

中国独占禁止法が実施される前の2008年7月，中国国内のポータルサイトである新浪ネットが独占禁止法に関する世論調査を実施した．8月1日から実施する独禁法に関心があるかという質問にたいして，関心があると答えた人は94.36％に達した．独禁法で一番影響される業種は何かという質問について自動車産業と答えた人は44.62％であった．自動車産業の具体的独占行為がなんであるかという質問には，メーカーの限定最低価格にあると答えた人は56.54％に達している．中国独禁法の実施が自動車市場にどのような影響をもたらすかという質問に対して，市場競争の促進と価格の引き下げと答えた人は88.72％に上っている[2]．

このような調査結果から見ると，中国国民の多くが独占禁止法に対して好意的な期待感を有していることが判明する．しかしその一方で，独占禁止法に対する，より正確な理解のためには多くの時間が必要であるのは間違いのないことである．自動車販売の制限最低価格の行為が意味するところは，実際には最低再販価格維持を指したものである．理論的に言えば，最低再販売価格維持行

---

[1] 中国語で「独占」は「壟断」という．
[2] 具体的内容は新浪ネット http://survey.news.sina.com.cn/voteresult.php?pid=25396 を参照のこと．

為は必ずしも経済厚生を悪化させると結論づけるものではない．また法的視点からは一概には違法行為であると断定できない側面もある．本論のⅡ節では，中国の独占禁止法の特徴と垂直の独占協定の内容を分析する．Ⅲ節では，最低再販売価格維持に対する理論的研究を踏まえて，経済厚生に関わる不確実性が特筆されることになるという結論を導く．Ⅳ節は，その法的研究で，最低再販売価格維持の合理原則と自体違法原則の関係を説明し，中国の独占禁止法の実施には，合理原則に従うことが効率的であるという結論を解説する．Ⅴ節では，中国の自動車市場の価格決定を例として，最低再販売価格維持行為が独占禁止法によって規制されることについて具体的な分析方式を研究する．

Ⅱ．中国の独占禁止法
1．中国独占禁止法が確立した背景
(1) 歴史的展望

17世紀のはじめ，イギリスは判例の形式で，独占が貿易の自由を制限するという事実を確認し，更に加えて「貿易を制限する行為に規制をすべきである」という法律上の原則を確立させた．それから今日まで，すでに百を超える国が独占禁止法を制定するまでに至っている．

社会経済活動の中では，独占禁止法に対する要請は市場経済の成熟程度と正比例の関係にあると言える（時2008）．中国が計画経済から市場経済へ移り変わる段階で，様々な競争を制限する行為が散見された．それは企業と消費者の利益を損なうばかりでなく，国家の経済発展と技術の進展も阻害することになった．それ故に，独占禁止法の意義が注目され始めた．1992年9月，中国の経済体制改革の目標モデルとして社会主義市場経済体制を確定し，1993年の憲法修正案でもこの目標を確認した．これらの段階は，中国の独占禁止法の導入に際して，その基礎を形成する法律的根拠を確定するプロセスであったと認めることができる．

先進国の独占禁止法は完全競争市場経済を前提に誕生したが，中国のそれは，社会経済市場経済への体制移行時の中から生まれてきた点に特徴がある．この間，中国には三つの法律が独占禁止を目的とする規制として存在していた．すなわち「反不正当競争法」(1993)，「価格法」(1998)と原対外貿易合作省が作った「外国投資者による境内企業の合併買収に関する暫定規定」(2003)である．これらの法律が果たした役割は，不正当競争行為の規制と市場価格メカニズムの確立という点で，積極的な役割を果たしてきたと言えるが，法律内容が具体的ではなく，執行性も脆弱であり，加えて規制を専門とする機関の執行権限に不備があったため，規制の実効性は必ずしも高くなかったと考えられている（高

ほか2007).

　経済体制の改革が着実に進む中，中国は独占禁止法の設立と執行のための条件を備えてきた．一般的に，中国の独占禁止法の設立に至る道筋は13年かかったと言われている．1994年，元国家経済貿易委員会が提出した独占禁止法の草案が，第8回全国人民代表大会常務委員会の法律制定の企画に取り上げられた．そして，2007年第10回全人民代表大会第29次会議で「中国人民共和国反壟断法」を可決するに至った．この成立過程の段階はもっと長かったとする見解もある．一番早く発表された中国の独占禁止に関連する規定は1980年の「社会主義競争の保護に関する暫定規定」である．この規定が出発点とすれば，中国の独占禁止の法律制定の歴史は27年の長きにわたると言える（于ほか2007）．この独占禁止法制定にかかった長期にわたる準備の歴史から，中国の独占禁止法の特徴を窺い知ることが可能である．

(2)　独占禁止法の必要性について

　中国は反独占の伝統がない国であって，独占を認識する文化という点ではその基礎が乏しい．ある有名な中国の法学者は，「今の中国の大衆は，独占についての一般的な概念と評価についてほとんど間違っている」と言って警鐘を鳴らしている[3]．

　改革開放以後の30年間にわたる市場経済の発展を通じて，独占禁止法の必要性について間違いなく認識され始めてきたことは注目される．独占禁止法は，市場を通じて競争を十分に促進させるためにとても重要な法律となっている．独占禁止法の趣旨は，独占を禁止し，競争制限に反対し，市場に参入する経済主体の市場競争権利を維持する点にある．市場経済に移行中と目される現下の中国では，様々な競争阻害行為は企業と消費者の双方の利益を阻害するばかりでなく，国家経済と技術の発展も阻害することに結びつきかねない．加えて，支配的地位を占める大企業が，市場での地位を濫用して競争を制限する行為も観察されている．発展する中国経済を前提にすれば，独占禁止法の制定は大変重要な意義を有するものであることが判明する．

---

[3]　2003年，中国政法大学出版社が，米国でもっとも影響力の大きな法律家リチャード・ポズナーの「反トラスト法」（Antitrust Law）の中国訳本を出版した．その本の端書にある，中国の有名な法学者，北京大学法学院蘇力教授の言葉である．

2．中国独占禁止法の特徴
(1) 条文構成の特徴

　13年以上にわたって中国の独占禁止法は検討・修正が加えられてきた．その独占禁止法は全8章57条で構成され，わずか6千文字によって記述されたものにすぎない．世界中の独占禁止法と比べると，一番短い独占禁止法となっているのかもしれない（時2008）．例えば，この法律の第14条が規定する垂直の独占に関する協定はたった3条79文字でしかなく，その具体的内容，たとえば「固定価格」，「限定最低価格」，「その他の独占協定」についての認定は，より詳しい細則とガイドラインがなければ，適用性や準用性という点で見劣りがあると考えられる．

　独占禁止法がもっとも発達・完備したヨーロッパや米国の禁止法と比べると，この特徴はさらに明らかとなる．ヨーロッパ連合（EU）の独占禁止規則はヨーロッパ共同条約の81条から88条までにわたって規定されている．EUの「主な文書集」の中には，独占禁止に関する24の細則とガイドラインが盛り込まれている．この部分の内容についてのファイルは380ページで，字数は30万文字を超えている．さらに，各業種について独占禁止の具体的規則も存在する．例えば，2002年7月31日付の第1400/2002号委員会条例は，自動車業種の垂直的独占行為に関する協定に対する規定である．中国語に翻訳すれば13ページ，1万3千文字にも上るものである．

　米国の独占禁止法はすでに百年以上の歴史を持っている．1890年のシャーマン法の実施から，クレイトン法，連邦取引委員会法，ロビンソン・パットマン法，ハート・スコット・ロディノ法など相次いで公布・実施されてきた．法律制定の他に，米国の司法機関は大量の行動指針を公布してきている．ただ企業の横の合併については，何回も修正が施されてきている．米国司法省が1968年から横の合併指針を公布し，そのあとの1982年と1984年に改正して，1992年に連邦取引委員会と共同で改定を加え，1997年に更に効率に関する問題について修正作業が加えられた．これに関係する説明内容の部分だけでも34ページ，1.3万文字に達する．米国は判例法の国で，百年の司法実践の歴史を通じて，各級の裁判所に大量の独占禁止の訴訟の実例を蓄積してきている．この数えきれないほど多くの拘束力のある判決も，米国の独占禁止法体系の一部を構成している．

　他国と比較すると，中国の独占禁止法それ自体の実施はまだ始まったばかりであると言える．現在の中国の独占禁止法の役割は，主として独占行為に対する警告としての役割にあると考えられる．

図12-1．中国独占禁止法の概念システム

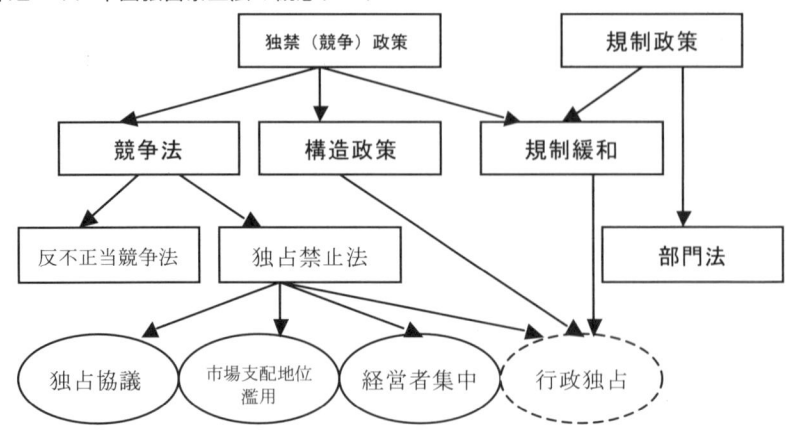

出所：于ほか（2007）

(2) 中国の独占禁止法体系の構成

　市場競争の促進のために，各国は独自の法律体系を構成している．独占禁止の理論と実践が進むにつれて，独占禁止法は三本柱に集約されてきたと考えられる．すなわち独占禁止法が禁止するのは「独占協定」，「市場支配地位の濫用」，「経営者集中」の三つである．中国はこの三本柱以外に，「行政権利を濫用して，競争を排除，制限することを拘束する」と明確に規定している．これ故，反行政独占も中国の独占禁止法の独特の構成部分となっている．中国の独占禁止法の概念システムは図12-1に要約される．

　先進国の独占禁止法を見ると行政独占は規制の対象とはなっていないが，中国の行政独占の多くは計画経済の産物であるため，経済移行の過程においてこれを規制する必要があったと考えることができる．市場化の程度が高まるにつれて，中国の独占禁止法の中の行政独占に関する位置づけは，次第に後退することになると考えられる．

(3) 中国独占禁止法の独占協定に対する規制

　独占協定とは経営者が競争の排除と制限を目的として形成する協定なり決定，あるいは他の共同行為を指している．独占協定は，経済生活の中で認められる明らかな独占行為について，市場競争に阻害をもたらす場合が多く，どの国でも独占禁止法の規制の対象としている．しかし，ある協定が部分的には競争を制限するにしても，総体的には技術の進歩と公共利益の実現などにとって必要であると認められる場合がある．このような場合について，この協定は独占禁止法の適用から除外される扱いを受けることが可能である．

中国の独占禁止法の第2章は，独占協定に関するものである．第13条は独占協定の定義及び横の独占協定の種類を規定したものである．第14条は垂直独占協定の規定である．具体的内容として，事業者と取引先との間において次のような協定を締結することは禁止されている．①第三者に対する商品の再販売価格を固定すること，②第三者に対する商品の再販売価格について最低価格を限定すること，③独占禁止法執行機関が認定するその他の独占協定，の三つである．第15条は適用除外に関する規定となっている．

　独占禁止法の制定と実施に関する理論的基礎としては，経済学と産業組織論の独占協定についての研究が背景にある．特に，同業者間で競争する事業者の横の独占協定についての研究の成果なり結論はそのほとんどの部分が司法機関に受け入れられている．例えば，横の価格固定，生産量の制限，市場分配などの行為は基本的にはそれ自体違法である．しかし，横の関係に比べると，垂直の関係ではより複雑な事例が多く認められる．それ故に，垂直協定では競争に対する阻害が明確に把握されないケースが存在する．よって，これまでの理論をいかに整理して，垂直協定の競争に対する影響と効率性を分析し把握するかという課題は，中国の独禁法の効果ある実施にとって大変重要な意味を持つことになる．本論は垂直の独占協定の中の価格に関する問題，すなわち再販売価格維持の課題について論及することにする．

III. 最低再販売価格維持に関する理論的研究

　再販売価格維持は，取引する売り手，買い手の双方，および第三者にも直接かかわりを有する定価方式である．価格決定の最も直接的な方式は，商品の生産者と消費者の双方が交渉をして，取引価格を決定することである．実際には，商品は生産者から消費者へと移転するプロセスを通じて，流通部門を経由することが通例である[4]．全体の流通システムに対して，生産者が生産した生産品を流通業者に販売し，流通業者がこの商品を消費者に販売することになるため，同じ商品がもう一度販売されることとなることから再販売と呼ばれている．多くの場合，種々の原因から，流通業者としての小売商は，再販の段階で自主的に価格を決めることはできず，生産者が確定した価格で販売しなければならなくなる．生産者が小売価格を設定して，小売業者に守らせる行為を再販売価格維持 (resale-price maintenance, RPM) と呼んでいる．

　再販売価格維持行為には三種類のものがある．①最高再販売価格維持：生産

---

[4] 分析を簡単するために，本論の研究での流通の卸売り段階は省略する．生産者が直接小売者に商品を販売して，小売者がその商品を消費者に販売する．

者が最高小売価格を設定して，小売業者に守らせる行為である．②最低再販売価格維持：生産者が最低小売価格を設定して，小売業者に守らせる行為である．③固定再販売価格維持：生産者が小売商に固定価格を守らせる行為である．

　最高再販売価格維持は，競争秩序の破壊と経済厚生を損なうものではなく，ときには物価が上昇することを抑制する作用を果たすことがある．「競争政策の目標が，経済効率の上昇と消費者利益の増加のどちらであったとしても，最高再販売価格維持はその双方の目標に有益であって，前向きに受け止めるべきである（黄2000）」という見解もある．これまでの研究を見ると，最高再販売価格維持に関する論争はそれほど多くないことが認められる．固定再販売価格維持は，最低再販売価格維持と類似点が多いと考えられるので，本研究では，主に最低再販売価格維持を対象にして検討を加えることにする．

1．再販売価格維持と競争

　再販売価格維持が禁止されるべきであると主張する人々の根拠は，この行為が競争をひどく阻害すると認めるからである．販売価格が前もって生産者によって決定されてしまうと，小売業者間の自由かつ公平な競争が損なわれると懸念されるためである．この場合,同じブランドの商品を販売する小売業者は，生産者の指定を受けて，同じ価格で販売しなければならなくなる．これでは，競争企業間で展開される企業努力による価格競争の手段を失うことになる．また一つの重要な事例として，多数の小売業者が存在したとしても再販売価格が維持されれば，コストの高い小売業者であっても市場で生き残ることが可能になる．市場では競争価格による安い商品が影を潜め，高いコストの小売業者が多くの商品を販売できることになってしまう．平均小売価格が引き上げられてしまうと，消費者サイドの利益が著しく損なわれることになる．製造業者と小売業者は，再販売価格維持によって確実に利益を享受することになる．バラエティーのある小売業者の存在は，当該商品の価格競争を通じて社会に大きな利益をもたらすことになるが，再販売価格はこの価格競争の努力を減衰させ，社会に対して明らかに不利益を与えることになる．

　しかし，価格競争だけが競争の全てではなく，商品を販売している小売業者の間ではかの競争形式も展開されている．加茂（1996）の分析手段を利用して，この問題を検討してみたい．二つの軸を使って，生産者と小売業者の間の競争のテーマを分析することができる（図12－2参照）．縦の軸はブランド内競争とブランド間競争の問題を扱う．横の軸は価格競争と非価格競争の問題を扱う．競争は二つの軸によって形成される四つの領域のすべてで存在していると考えられる．再販売価格維持の場合，競争空間をブランド間競争と非価格競争によっ

図12-2. 競争の空間

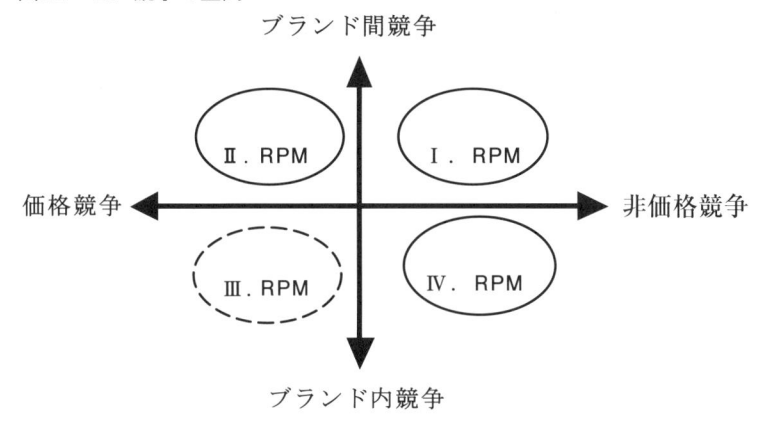

```
                    ブランド間競争
                         ↑
              ⎛       ⎞   ⎛       ⎞
              ⎝ Ⅱ.RPM ⎠   ⎝ Ⅰ.RPM ⎠
  価格競争 ←─────────────┼─────────────→ 非価格競争
              ⎛ - - - ⎞   ⎛       ⎞
              ⎝ Ⅲ.RPM ⎠   ⎝ Ⅳ.RPM ⎠
                         ↓
                    ブランド内競争
```

て限定された競争空間に限定して扱っているという見方がある．実際のところ，競争は第Ⅲ空間域を除外しても，ブランド間競争と非価格競争を扱う第Ⅰ空間領域だけではなくて，ほかの二つの空間領域（ⅡとⅣ）の中でも存在している．

　空間域Ⅳは，ブランド内の非価格競争を対象にしている．最低再販売価格を維持したとき，同じブランドを販売する小売業者は全てが最低価格について制限されることになり，多くの場合同一価格で販売することになる．しかし，すべての競争が制限されているわけではない．同じ価格であっても，多くの商品を販売するためには価格以外の手段を使う必要がある．言い換えると，価格以外の手段を使って競争は更に厳しいものになるだろうと予想される．例えば，店舗の設備，広告，多種多様な商品の取り扱い，陳列，配達などから想像されるように，商品に付随するサービスが競争の手段となると考えられる．再販売価格維持の場合，有力な競争手段である価格競争が禁じられることから，非価格競争を通じて競争が激化すると考えられる．

　Telserが提言したスペシャルサービス理論は非価格競争に注目をした視点であると解釈することができる．独立した小売業者が同一製造業者の商品を販売するとき，どの小売業者もほかの小売業者の販売促進活動にただ乗りすることが可能となる．再販売価格維持は，このようなただ乗りを防ぐ重要な手段の一つと考えられる．製造業者は最低再販売価格を設置して，十分なサービスを提供しない小売業者の値引きを禁止することによって，そういった小売業者にも積極的に販売促進に取り組みをさせることになる．この考え方によれば，最低再販売価格維持は横の外部性の問題を解決することを可能にさせる．

　同様に，小売店舗理論も再販売価格維持に対する積極的な解釈として認める

ことができる．再販売価格維持に基づく利潤は，小売業者の生存と発展を保証することができるので，小売業者の進出，参入を促進させることになる．製造業者にとっても有効な販売チャンネルを獲得することにつながるため，社会全体にとっても有益な効果を生むと考えることが出来る．

空間域ⅠとⅡは，小売業者は再販の制限を受けることがなく，ブランド間の競争が自由に展開する．もちろん，この前提は生産する側の市場が独占市場でないことが条件である．この時の競争形態は，事実上販売のチャンネル間の競争となると見込まれる．ブランド内競争の制限こそが，その後の個別のマーケティングチャンネルにおける有効なブランド競争を生み出し，最終的にブランド間競争をより有効なものにすることを可能にさせる．この可能性は，対照とする市場構造の形態にかかわってくる．もしメーカー間の市場が寡占あるいは独占であるとすれば，この空間の競争の程度は低下すると想像される．

2．再販売価格維持と経済厚生

再販の経済厚生に関する研究はとても難しい問題である．桑原(1993)は従来からの研究を踏まえて，次に掲げる図12-3から説明を展開している．その中で，MCmは生産者の限界生産費(一定)，P_0は卸売り価格で，P_0P_1は再販設定前の販売業者の単位販売費，P_0P_2は再販設定後の単位販売費である．販売市場は競争状態にあると仮定する．製造者はOP_1の小売販売価格を前提にした販売サービスに不満を持っているので，再販売価格OP_2を設定することを希望している．これによって，一時的に販売業者にマージンを与え，長期的競争を促進させることによって，需要促進に結び付けたいと想定している．消費者の需要は二つの場合を考えることができる．限界消費者が販売サービスに低い評価を与えるようなD2のケースと，限界消費者が販売サービスに比較的強い反応を示すD3のケースである．この研究の視点は，再販のサービスに注目してその影響を分析基礎とすることから，研究の便宜上サービス・モデルと呼ばれている．

図12-3から，消費者余剰と製造業者利潤を利用して，経済厚生を分析することができる．そこから生まれる結果が表12-1に要約されている．小売業者のマージンは長期的な競争のために，そのすべてがサービス支出として需要促進のために使用されると仮定されている．従って，販売業者の利潤は長期的に見ればゼロになると見込まれている．

サービス・モデルを使って需要曲線がD2である時，消費者余剰について減少する可能性が生まれることになる($JHG < P_2H\ AP_1$の時)[5]．需要曲線がD_3

---

[5] 桑原の研究を消費者厚生減少型の再販売価格維持というが，必ずしも減少ではないと考える．

図12-3. 再販売価格維持と需要曲線

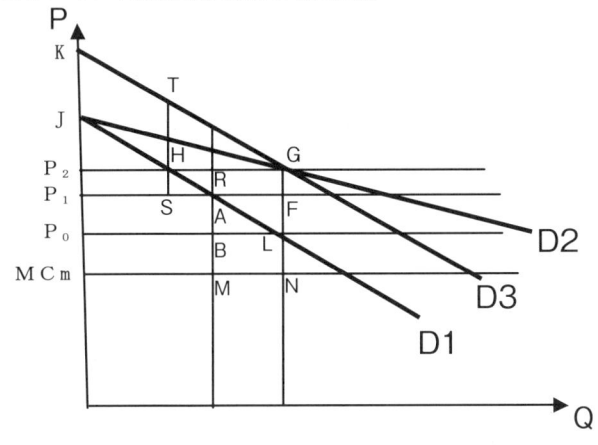

表12-1. 再販売価格維持による利潤と余剰の変化

	再販前 (D₁)	再販後 (D₂) 数量	再販後 (D₂) 増減	再販後 (D₃) 数量	再販後 (D₃) 増減
販売者利潤	ゼロ	ゼロ	ゼロ	ゼロ	ゼロ
製造業者利潤	P₀BMMCm	P₀LNMCm	BMNL	P₀LNMCm	BMNL
小売価格	OP₁	OP₂	OP₂-OP₁	OP₂	OP₂-OP₁
産出量	Q₁	Q₂	Q₂-Q₁	Q₂	Q₂-Q₁
消費者余剰	JAP₁	JGC	JGP₂-JAP₁	KGP₂	KGP₂-JAP₁

のとき，消費者余剰は必ず増加する(増加の量はKGHJ-P₂HAP₁)．消費者の余剰が増加し，生産者利潤も増加すれば，社会全体の経済厚生は増加することになる．

この問題をさらに詳しく分析すると，再販売価格維持の経済厚生の影響は以下の三つの種類に分類して検討することができる．

(1) **経済厚生の増加**

経済厚生が増加しても，再販後の価格が再販前より高い場合が認められる．さきほどのモデルを使えば，需要曲線がD₃までシフトするケースがそれに当たる．Blair & Fesmire (1994)による研究は，D1からD3までシフトした場合の楽観的な前提を採用した結果である．この平行移動は，すべての消費者からRPMによって生み出されるサービスの増加の評価が同じ場合しか発生しない．

経済厚生が増加するときに，再販後の価格が再販前より高くないという場合も考えられる．これは，Marvel & McCafferty (1986)の研究で，RPMは必

281

ずしも販売価格を高めるという結果を齎すとはかぎらないという論証がある．Perry & Besanko(1991)による研究も，もし製造業者が独占していなければ，製造業者どうしは最適小売商を選ぶときに競争になる．小売業者が相対的に強い地位を有する場合，再販売価格は独占的生産者の場合と異なる成果を生むことになる．生産者は卸売り価格と特許費の二つのアプローチを使って，仮に最低再販売価格を維持したとしても，均衡する小売価格を低下させることが可能になる．この時の再販売価格はブランド間の競争を促進させ，消費者により多くの商品選択の可能性を残すことになる．それによって，消費者サイドの購入が増加すれば，消費者余剰を増加させることが可能になる．もし消費者の需要の弾力性条件が満たされれば，生産者の収益もそれに対応して増加することが可能になる．

販売量を事前に想定することなく，仮に最低再販売価格維持すれば，小売業者は前もって商品の発注段階でより多くの在庫の可能性を受け入れることになり，消費者の支出を引き下げる可能性があるという分析もある (Deneckere & Marvel & Peck 1996)．

(2) 経済厚生の減少

最低再販売価格が経済厚生を引き下げることに直結するとは限らない場合もある．特に小売業者と製造業者が市場での影響力を有している場合である．

小売業者に市場影響力があるとき，小売業者は製造業者を利用して再販売価格維持によって小売段階の価格カルテルと同じ目標を実現させる可能性を生み出す．小売業者間の価格競争を回避することができるだけではなく，市場価格の安定も実現させられる．この場合，製造業者と小売業者の市場影響力が，小売業者による再販売価格維持を実施させるための前提条件である．小売業者が製造業者に強制的再販売価格維持を実施させられるということは，小売業者間の協定価格と同じ効果を生むことになる．小売業者にとっては都合が良いばかりでなく，法律の規制を避けられるという可能性を生むことになる．小売業者サイドに市場への影響力がなければ，製造業者は高い利潤を失いかねない再販売価格維持の設定を認めないであろう．製造業者に市場への影響力がなければ，小売業者による再販売価格維持は，消費者を再販売価格維持を実施していない他の製品の購買に向かわせる可能性を潜めている．

製造業者の市場影響力を想定するとき，再販売価格維持は製造業者間のカルテル行為あるいは二重独占の手段ともなる．製造業者間で再販売価格維持が協議されると，業界全体の協調行動を生み出し，すべての小売業者は低価格による販売が許されず，製造業者による川下企業との値下げの画策もできなくなる

(王2000).これは製造業者間の横の価格協議と同じ効果を生み出し,それに係る管理コストを引き下げることになる.

この二つのケースについて,再販売価格維持はカルテルと似た効果を生み出す.Telserが論じるように,製造業者間で価格協定が結ばれたとしても,小売業者がそれを遵守するという保証はない.このとき,生産業者は再販売価格維持制度を導入して,違反者に対して出荷停止などのペナルティを科せば,小売業者にたいしてカルテル価格を遵守させる誘因を与えることになる.その結果,小売価格は引き上げられ,消費者の経済厚生は明らかに減少することになる.

(3) 経済厚生の不確実性

サービス・モデルのD2の状況で,すなわち限界内消費者が存在するとき経済厚生は不確実な状況に置かれる.この時,再販の実施は二つの効果を伴うと考えられる.一つは小売価格が高くなることであり,もう一つはサービスと製品の品質を上げる効果である.

もし独占力があれば,再販は生産者の独占利潤に有利に働き,小売業者と生産者の間の競争は後退し,カルテルを形成する可能性を生み出すことになる.このことから,消費者と社会に不利益を生み出すことになる.仮に,Deneckereたちの研究が指摘するように,在庫とかあるいはマーケティング政策などを考慮に加えれば,最低再販では社会に対する影響の効果は不確実なものとなりかねない.

訴訟ケースに対する研究は再販の経済厚生の不確実性を証明するものとなっている.Giligan(1986)が43の訴訟ケースを利用してモデル分析を実施した結果,企業と産業の構造が特定環境に従って再販効果に微妙に影響することになり,同時に再販価格維持が生産と販売の段階でさまざまな影響を生み出すという結論を導き出している.

このような議論を総合すると,今までの再販売価格維持に関する多くの研究は,経済学の研究成果を蓄積させ,その理解を豊かにさせるばかりでなく,現実的な解釈についての見方に厚みをつけることに有効に作用している.一方,注意すべきは,再販売価格維持の問題は,生産業者,流通業者,消費者など多種多様な経済主体と深い関わりがあるので,実際の影響は理論研究よりも更に複雑であると想像される点にある.理論の成果をそのまま直接的に応用することには問題も多いと考えられる.

総じて,今までの最低再販売価格維持に対する理論的研究には多くの成果があった点を認めながら,更に多くの研究が必要と考えられる.生産市場と販売

市場の市場構造，特に双方とも競争する市場を想定した場合の研究などはこれからの取り組みに期待されるところである．同時に，これまでの研究成果では，商品の特徴，販売の条件，消費者の選択の特徴などの考慮が十分とは言えず，これからの研究への取り組みの中でもっと考慮される必要があると考えられている．

Ⅳ．独占禁止の視点からみた最低再販売価格維持

　垂直制限を企図した再販売価格維持制度は健全な経済活動に多大な問題を生起すると考えられている（Blair & Fesmire 1996）．この問題をクリアーするために，法律規制がどのように関わるかという視点から長期にわたり論争が続けられてきた．

1．法律規制以前の再販売価格維持行為について

　再販売価格維持制度は，各国の経済活動の中で長い歴史的関わりを持っている．その中でも，英国は再販売価格維持を実施した最長の歴史を持つ国である．その始まりは19世紀中頃，あるいはそれ以前に遡ることができると言われている．再販売価格維持が本格的に実施され始めたのは19世紀末の医薬品業界を対象にした事例からである．19世紀の後半，商標品の普及につれて，小売業者間の競争はますます激しくなり，食品，ケーキ，煙草，医薬品，文房具などの業種でも再販売価格維持が実施された．米国最初の再販売価格維持は19世紀末の医薬品の卸売り業者によるものであった（西村1987）．19世紀末のドラッグ卸売商は，伝統的な流通過程において流通チャンネルを支配していたが，ドラッグ卸売商間においての過当競争は激しいものがあった．卸売業者間の価格引下げ競争を抑制させるために，ドラッグ卸売商は同業組合を結成し，価格引き下げの対象となる特許製造企業に圧力を加えることに成功した．このような強力な圧力を結集させたことで，医薬製品の卸売商は，製造業者から再販売価格維持を獲得することができた．

　規制がなければ，再販売価格維持は広い範囲で市場に存在すると考えられる．英国ではこの制度は20世紀に入ってますます盛行を見ることになり，1930年代においては，国内消費者向け製品の27％から35％がメーカーなどによって指定されたか，あるいは推奨された価格で販売されていたことが報告されている（谷原2008）．一つの研究分析によると，1956年に英国が再販売価格維持を禁止する以前に，消費者の支出の44％は再販売価格維持の商品に支出されていたという．米国では，禁止令の公布以前の段階では，再販売価格維持商品の小売額は全体の4％～10％の割合を占めていた（Carlton 1994）．

2．英国と米国規制の発端

英国の再販売価格維持の歴史は19世紀中頃あるいはそれ以前に遡ることができるが，長い時期に，政府が再販売価格維持は「インフレを抑制する」，「公共の利益に反しない」などの理由で，それに寛大な政策をとった．それに対する厳しい規制は第二次世界大戦後からである．1948年の公式文書は，明確に再販売価格維持制度について『そこから得られる利益よりも有害さのほうが大きい』という結論を導き出し，そこから，再販売価格維持制度に規制を加える立法がはじまった．1956年に制限的取引慣行法が制定され，集団再販売価格維持は禁止されることになった．しかし，まだ個別再販売価格の維持は認められていた．1964年には再販売価格維持制限法が公布され，個別再販売価格維持についても禁止されることになった[6]．

独占禁止法の源泉ともいえるアメリカのシャーマン法が1890年から実施されてきたが，1908年までは再販売価格維持に法律上の問題はほとんど認められず，むしろ合法として扱われてきた．Kleit(1993)の研究では，1908年から1918年までの10年間，再販売価格維持に対しての法律の取り扱いはきわめて不統一であった．1911年に，ドクターマイルズ事件判決があり，製薬会社が卸売業者および小売者に対して最低再販売価格維持を指示し，これを遵守するよう義務づけた契約を締結したことを受けて，連邦最高裁はシャーマン法1条の下で「当然違法」という決定を下した．この判決で，メーカーと販売業者との間の再販契約が禁止対象になることが明らかとなった．しかし，この判決に対しては，当初から批判の声が強かった．判決の中では，再販売価格維持の反競争的効果については言及されていなかった．

以上の歴史を見ると，英国もアメリカも共に，再販売価格維持の規制という点では，当初から再販売価格維持に対する認識がそれほど共通して定着していなかったことがわかる．

3．再販売価格維持の独占禁止法のジレンマ

理論分析では，再販売価格維持は経済に対する正もしくは負となる効果を発生させる点について明示的に検討している．それ故に，理論的研究では，すぐに独占禁止法の実施に確実な結論を出せないでいる．

法律の視点から，ある行為が合法かどうかは，基準とする法律によって，三つの原則で判断することができる．たとえば，米国のシャーマン法を基準とした場合，ある行為を判断するときの三つの原則は，①当然違法原則：自体違

---

[6] 英国の再販売価格維持制度の具体変化は野木村 (2006) を参考.

法原則ともいえる．ある一定の行為については，その性質上，本質的に競争制限的であり，不合理であるとする．よって，現実の市場環境に鑑みた個々の制限の合理性を検討する必要性は排除される．②当然合法原則：ある一定の行為は，競争制限をするとしても，生産活動を後退させる可能性がないので，効率性があるときには，この原則を適用するものである．③合理原則：ある行為が競争に与える影響（すなわちこれには関連事業に関する特定情報，当該制限の歴史，性質および効果などを含む）等あらゆる状況を考慮する．それが合理的であるか，また競争に重大な悪影響を及ぼすかどうかを検討し，不合理な競争制限効果を持つ行為のみ違法とするという原則である．

多くの国で，再販売価格維持は当然違法の原則で取り扱われている．この原則の特徴は，ある行為は恒常的にかつ明確に競争を制限するということである．たとえ競争を制限しても，再販売価格維持の消費者余剰と経済厚生に対する影響は明確とは断定できないので，当然違法原則はふさわしいものとはならない．

再販売価格維持について当然合法原則を支持する研究成果がある．彼らの研究によると垂直制限行為は違法とするかどうかは一つの選択である．その選択に与る主体は二つある．つまり裁判所と管理機関であるのか，それとも市場であるのかという選択である．企業にとって見れば，できるだけ消費者の需要のある商品を提供することに専念することに傾注する．よって，市場に任せるのが十分であれば，裁判所による個々ケースによって判断されたケースに過度に期待することには注意が必要であるという立場がある．その時，垂直的制限は当然合法という結論がでることになる (Boudreaux & Ekelund 1996)．Blair & Fesmire (1996) の研究による結論は，行動の自由主義から出発して，以下の考えを披瀝する．もし，企業の行動により，経済厚生の減退をもたらすという説得力ある事例を提供できなければ，再販売価格を維持することはそれ自体が違法になるという立脚点も認められないということになる．言い換えると，再販売価格維持行為という企業の意思決定手段を規制する理由そのものがなくなることになる．これらの研究は，極論とも言える問題提起となっている．現実の市場は，競争でない場合も認められることから，短絡的に当然の帰結として合法的という結論をだすことはむずかしいと思われる．加えて，企業の行動そのものが絶対の自由を与えられたものではない．しかも，これまでの再販売価格維持の事例研究が十分であるとは言えず，より説得的な結論をだすにはさらなる研究成果を蓄積させる必要があると思われる．市場の役割が万能であると前提しなければ，再販売価格維持は当然のこととして合法であるという結論は得られないと考えるべきであろう．

これまでの理論的研究の成果を概観すると，再販売価格維持行為が反競争的

効果を及ぼすことがあるにしても,消費者余剰を増加させることにつながることもあり得る点に注意が必要である.このような行為は合理原則で取り扱うのが妥当であると思われる.アメリカでは,ドクターマイルズ事件判決の96年後,2007年のリージン判決では再販売価格維持に合理原則を適用するようになった.この歴史的な変化は,理論の面でも実践の面でも大変画期的な変化であると考えられる.再販売価格維持は生産者,卸売業者,小売業者,消費者などいろいろな経済主体と相互依存関係があるため,現実の経済関係はとても複雑であると考えられる.例えば,製造業者と小売業者が異質の市場である場合はごく現実的市場であり,彼らが持つ情報量は多くの要素の影響によって制約を受けている.そのために,当然違法か合法かを簡単に判定すること自体が容易ではなくなる.

　もちろん,合理原則の適用はそれほど簡単なことではない.再販売価格維持行為によって有害な効果あるいは便益がどのような頻度で発生するのか,有害な場合と便益をもたらす場合,それらをどう識別するのか,あるいはこの行為による潜在的損害をどう推定するか,などなどすべてが大変難しい問題であることは間違いない.ある意味,このような判定なり識別,そして推定の作業は不可能であるとも言える.あるいは,可能であるにしても,膨大な社会コストを負担しなければならなくなることは明らかである.よって,現段階で運用されている法律は,できるだけ事実を究明して,理想的な目標に近づける取り組みであると考えるべきである.于(2005)の研究では,垂直制限行為を分析するには,独占禁止機関の動機－条件－効果という一連の分析方法が必要であるとしている.すなわち,再販売価格維持行為に対して,動機は効率を上げるのかあるいは独占利潤のためであるのか,最低再販売価格維持の実施者が優位である地位を持続させているのか,最低再販売価格維持の実施の競争に対する影響あるいは社会厚生に対する影響はどのようなものであるか,という分析の必要性である.この分析方法は理論的にも課題を包括的に扱っているという魅力があるものの,同時にそれを如何に実証するのかという段階で困難に直面すると思われる.例えば,動機についてみても,再販売価格維持に従事する当該関係者以外の考え方など判りにくいと考えられる.次の節では,于の理論研究を参考に,最低再販売価格維持について,実際の市場条件と効果の両面で,中国自動車市場の再販売価格維持に関する現状の問題について分析を試みる.

Ⅴ．中国自動車市場の最低再販売価格維持と独禁法
1．中国自動車販売の4Sディーラー
　今,中国国内の自動車販売はほとんど4Sという販売方式で実施されている.

4Sディーラーとは，自動車メーカーと特約店契約を結んだ販売店のことを指している．具体には新車販売(Sale)，部品供給(Spare parts)，アフターサービス(Service)，顧客情報(Survey)特許経営という四つの機能に対応している．この4Sディーラーの販売方式は，自動車製造者がディーラーの最低販売価格を設定する，すなわち最低再販売価格維持に該当する手法となっている．

　中国4S式自動車販売の発端は1998年に遡ることができる．成立したばかりの広州ホンダと上海GMは，中級車と高級車を中国に導入すると同時に，先進的マーケティング手法と理念も取り入れる取り組みを実施した．この4S式の販売が，中国のもともとの販売方式を転換させて，小売業者に高いマージンを与えることに結びついた．2001年に中国がWTOに加盟することになり，それを契機にして自動車消費は猛烈な勢いで成長してきた．その過程で，4S式の販売方式が中国の自動車販売について主流の方式となった．全国の4Sディーラー店舗は1万店以上に膨れ上がり，90%以上の乗用車購入はこのような4Sディーラーを通じて販売されてきている．2008年だけを見ても，北京の東風日産の4S店は13社，広州ホンダは前年の13社から16社まで増加した．一汽フォクスワーゲンは33社に増加した．現在，北京には300以上の4S自動車販売店がある．貴州の貴陽にも100以上の4S店がある．現在のところ，ほとんどの自動車ブランドに百以上の4Sディーラーが対応していると言われている．2008年5月の時点で長安フォードの4Sディーラーは200社となっている．2010年までに，中国国内の4Sディーラー数を千店とする計画を立てている日系企業もある[7]．

　この10年の発展の歴史を振り返ると，4Sディーラー販売方式はいろいろな問題を抱えつつも，余り変わることなく中国市場の自動車販売方式の主流となっている．

2．競争が激化する中国の自動車市場

　4Sディーラーの販売方式が自動車消費者に購買,部品供給とアフタサービス,顧客情報などいろいろな便宜をもたらしてきた．しかし，その最低再販売価格維持による定価方式は長い間議論の対象となってきた．この最低価格が設定されてしまうと，4Sディーラーが自由に自動車の価格を調整することができず，自動車の価格が相対的に高いと思われる水準に維持されてしまうことになる．

---

[7]　梁静晶ほか，「多種の自動車販売方式並存，4Sは以前として主流」，新京報2008年7月14日，暁夜，「貴陽に百以上の4S店がある」，貴陽日報，2008年9月13日，中国自動車ネット http://news.chinacars.com/news/cjdt/347690.shtml など参考にすること．

表12－2．中国2008年1－7月自動車販売量トップ10順位　　　　　　　　　単位：台　％

7月順位	会社名	7月販売量	販売比重	累計順位	会社名	累計販売量(1-7月)	類計比重(1-7月)
1	一汽フォクスワーゲン	35,498	9.84	1	一汽フォクスワーゲン	304,162	10.04
2	上海GM	30,197	8.37	2	上海フォクスワーゲン	293,638	9.7
3	上海フォクスワーゲン	28,646	7.94	3	上海GM	242,108	7.99
4	広州本田	28,639	7.94	4	一汽トヨタ	218,084	7.2
5	一汽トヨタ	27,445	7.61	5	奇瑞	190,024	6.27
6	東風日産	23,600	6.54	6	東風日産	169,417	5.59
7	奇瑞	15,741	4.36	7	広州本田	155,229	5.13
8	長安フォード	14,732	4.08	8	北京現代	151,847	5.01
9	吉利	14,264	3.95	9	吉利	135,954	4.49
10	北京現代	13,990	3.88	10	長安フォード	129,277	4.27

出所：中国自動車ネット http://news.chinacars.com/news/cshq/383059.shtml データ計算

　その場合，自動車の製造者が4Sディーラーに対して販売価格を事実上決定してしまうことを意味している．どのような価格を決定すべきかは，市場の構造，消費者の選択などいろいろな条件を鑑みて決定されるのが望ましいあり方である．

　それでも，現下の中国自動車市場は競争的な市場であるということが可能である．先進国と比べると，市場集中度が非常に低いことが挙げられる（俞暁晶 2008）．表12－2に示されている2008年7月の数字を見ると，中国最大の自動車製造企業である一汽フォクスワーゲンの販売量の比重（シェア）が9.84％となっている．前7ヶ月の類計比重は10.04％である．どの製造者も厳しい競争下に置かれているため，価格を高く設定してしまえば，現実には販売量が減少するという課題を抱え込むことになる．このことは，最低再販売価格維持によって競争を阻害する可能性は限定的であると推測される．

　自動車の製造業者が最低再販売価格維持を設定する目的の一つは，消費者のサービスに注目するためである．前述したように，Telserのスペシャルサービス理論は，再販売価格維持が同じブランドを販売する小売業者のただ乗りを防ぐ重要な手段のひとつであることが想起される．この理論の成立する条件は，スペシャルサービスの提供にはコストがかかり，加えて消費者がこのサービスを要望していることである．自動車販売市場の特性はこの条件を満たせるかに懸かっている．自動車は複雑な特殊製品であり，技術が複雑で，消費者の生命安全にもかかわるものである．そのために，最低再販は品質保証を堅持させな

ければならないという要求に応えなければならない．部品の選択，提供及びアフターサービスの選択等，特殊なサービスがそこには深く関わっている．特に中国の消費者に対しては，初めて自動車を購買する需要者が多いので，丁寧なサービスが必要であり求められている．もちろん，このようなサービスはほかの方式でも可能であるものの，中国のこれまでの自動車市場では信頼できる販売システムが不十分であったため，4Sディーラーのサービスが強く求められてきたと考えられる．自動車製造業者は最低再販売価格を設置して，十分なサービスに応じられない4Sディーラーの値引きを禁止するという手段を選択している．販売者側は積極的に販売促進に取り組むことが求められることから，消費者にとってはプラスの効果を得ることができると考えられる．

　競争は自動車製造業者の間だけではなくて，販売方式についても競争の激化が進むのではないかと予想されている．中国の自動車市場が成熟化することになれば，消費者の選択も多様化することになるのは当然の成り行きである．今までのところ，4Sディーラーの販売方式が多数認可されてきた原因は，より良いサービスを提供する専門店を消費者が的確に識別することが難しいと考えられてきたためである．中国自動車市場は，この10年間の発展で，市場の整備が相当程度整ってきたと考えることができる．これまでの4Sディーラーに加えて，ブランド専売店，自動車交易市場，多ブランドスーパーマーケット方式などの販売方式も十分に定着する機運にある．消費者には多くの選択が広まっていると考えられる．こうした新たな発展の可能性によって，自動車製造業者が主導する4Sディーラー方式の価格独占力が確実に弱まってきていることが確認されている．

3．最低再販売価格と独禁法

　以上の分析で見ると，4Sディーラーの販売方式は，自動車の製造業者にとっては望ましい販売方式であることは間違いのないところである．その中で，消費者へより良いサービス提供が実現され，製造サイドと販売サイドの利益を確実にさせてきた方式といえる．

　中国の独占禁止法第14条②の『第三者に対する商品の再販売価格について，最低価格を限定することを禁止する』という条項によって，直ちに自動車製造者の4Sディーラーに対する最低再販売価格維持を規制することは難しいと考えられる．なぜなら，独占禁止法の第15条には14条の免除の内容が含まれるためである．その内容は「技術の改善及び新製品の研究開発のためである場合」，「製品の品質を高めコストを削減し，効率を改善するためである場合」，「中小事業者の経営効率を高め，中小事業者の競争力を強化するためである場合」と

明記されている．具体的説明が展開されていないことから，第14条と垂直制限の最低再販売価格維持の関係は不明確となっている．

厳密に言えば，自動車の4Sディーラーの最低再販売価格維持を，法律上合理的に取り扱うためには，以下のことを明確にしなければならない．すなわち，最低再販売価格維持の価格をどれぐらいの許容範囲の中で定めることが許されるのか？この高価格は消費者にどの程度の負担を与えることになるのか？この高い価格で，消費者がどの程度良好なサービスを受けられるか？この行為で消費者余剰と経済厚生はどのように変化すると見込まれるのか？このような問題を解決するのは容易な作業ではない．膨大な分析と検証という仕事が待ち受けている．少なくとも，今のこの段階で，最低再販売価格維持を短絡的に違法と結び付けるには根拠となる証拠が不足していると考えざるを得ない．

Ⅵ．終わりに

これまでの取り組みを経て，その施行が開始された中国の独占禁止法は，市場経済の憲法として，多方面から過大な期待が寄せられている．しかし，期待通りの役割を十分に果たすためにはまだまだ多くの準備作業を積み上げなければならない．この法律に求められる役割を活かすためには，①さらに多くの理論研究が必要であり，②法律を実施するための指針と細則をできるだけ早く制定することが必要であり，③独占禁止法の歴史の長い米国，英国などの国の独占禁止法の動向を参考にすることは有意義なことである．特に最低再販売価格維持に当然違法という立場から合理原則に移り変わった米国の判決に注視しながら，経済行為が違法性を持つかどうか，厳密かつ慎重に判断をする姿勢を作り上げることが必要である．

参考文献

黄銘杰(2000)「再販売価格維持の再検討」『台大法学論叢』29(1)

時建中(2008)『独占禁止法──法典釈評と学理探求』中国人民大学出版社

王源拡(2000)「再販売価格維持：経済分析と競争法の対策」史際春，鄧峰編『経済法学評論』(第一巻)中国法制出版社

于立，呉緒亮(2005)「垂直制限の経済ロジックと独占禁止政策」『中国工業経済』2005.8

于立，呉緒亮，劉慷(2007)「独占禁止法の経済学基礎：歴史，趨勢と難題」『産業組織評論』東北財経大学出版社

俞暁晶(2008)「中国自動車産業組織の沿革と選択」『産業と科学技術論壇』7(3)

高重迎，鈴木満(2007)「2008年施行の中国独禁法の主な内容と特徴」『公正取引』685

加茂英司(1996)『再販制と日本流通システム』中央経済社

桑原秀史(1993)「垂直的取引制限と流通システム──競争政策基準の日米比較」『経済学論集』47(3)

谷原修身(2008)「米国における再販売価格維持行為規則の再検討」(1)『青山法学論集』50(1)

長谷川古(1979)『著作物流通再販売価格維持制度』商事法務研究会
西村栄治(1987)「アメリカにおける再販売価格維持とマーケティング論の成立」『大阪学院大学商学論集』13(2)
野木村忠度(2006)「再販売価格維持行為の競争阻害効果に関する一考察」『明大商学論叢』89(1)
Carlton,D.,(1994) Modern Industrial Organization, Published by arrangement with HarperCollins College Publishers.(黄万鈞ほか訳『現代産業組織』上海三聯書店・上海人民出版社1998).
Blair, Roger D and Fesmire, James M (1994), "The resale price maintenance policy dilemma" *Southern Economic Journal*; 60, 4, p.1043
Blair, Roger D and Fesmire, James M (1996), "The resale price maintenance policy dilemma: Reply", *Southern Economic Journal*; 62, 4, p.1087
Boudreaux, Donald J and Ekelund, Robert B Jr (1996), "The resale price maintenance policy dilemma: Comment", *Southern Economic Journal*; 62, 4, p.1079
Deneckere, R., H.P.Marvel and J.Peck (1996), "Tdemand Uncertainty, Inventories, and Resale Price Maintenance", *Quarterly Journa of Economicsl*;111, 3, p.885
Giligan,T.w.W.(1986), "The Competitive Effects of Resale Prece Maintenance", *Journal of Industrial Economics*, 17,4, p.544
Kleit, Andrew N (1993), "Efficiencies without economists: The early years of resale price maintenance", *Southern Economic Journal*; 59, 4, p.597
Martin K. Perry and David Besanko (1991), "Resale Price Maintenance and Manufacturer Competition for Exclusive Dealerships", *The Journal of Industrial Economics*, 39, 5, p.517

第13章

日本のエネルギー資源問題
―石油危機への対応とエネルギーの現状―

荒　谷　勝　喜

　昨今のエネルギー市場を取り巻く政治経済環境は目まぐるしく移り変わっていることが認められる．それに応じて，市場動向にも激変が観察されている．2008年秋以降の原油価格は，折からの金融危機の影響をもろに受けて下落傾向を見せてきている．しかし，エネルギー価格の将来の動向にはやがて反転する可能性も排除できないという指摘もある．石炭，鉄鉱石，天然ガスなどの主要な資源の動向を見ても，それらの価格が高騰したために，世界及び日本の経済活動や社会に大きな影響を与えてきたことが観察されている．
　こうした背景には，将来のエネルギー資源に関する世界的需給逼迫という懸念が拭い去れないという問題意識が存在する．具体的には，まず第一に，中国，インドを中心にしたアジア地域の経済発展が見込まれることより，資源エネルギーの需要が確実に増大し，資源確保という問題が表面化するという可能性が認められることである．第二に，当然のことながら天然資源には埋蔵量の枯渇という問題が見え隠れしているため，今後の可採年数というハードルを無視できない事情が認められる．三番目に，イラク戦争後の内紛，イランの核開発問題への懸念，パレスチナ紛争の行方など，中東地域の政情不安状況に基因する原油供給に関する安定性への懸念があること，などが挙げられる．それ以外にも，地球温暖化問題が先鋭化しつつあり，石油，石炭，天然ガスなどの化石燃料使用に対する関心が今以上に高まることが予想される．その結果，二酸化炭素排出を規制する取り組みの強化が予想され，今後のエネルギー消費全体の動向が世界の主要な課題となるであろうと予想されている．
　本稿は，二度の石油危機に直面した日本について，一次エネルギー調達という課題にどう取り組んできたのかを検討する．更に，石油危機から35年を経過した現在，脱石油化に積極的に取り組んできた日本のエネルギー構造がどのように変化してきたのかを検討する．そして，新たな課題として直面をしている地球温暖化問題に対し，どのような対応措置を講じようとしているのかについて分析する．特に石油危機後の電力業界の取り組みに注目をして，そこでの海外炭導入措置と国内石炭産業の衰退の経緯，原子力発電を推進した背景，LNGの導入に至るプロセスなどを詳説する．それらの理解の上に立って，現在の日本のエネルギー調達状況とそこに内在するリスク要因について論考する．

I．石油危機の発生
1．第一次石油危機と先進諸国の対応

　1973年10月6日，第四次中東戦争が勃発した．石油輸出国機構（OPEC）に加盟しているペルシャ湾岸産油国は，原油公示価格の大幅引き上げを決定し原油生産を削減する措置を採用した．同時に，米国などイスラエル支援国への石油輸出禁止を決定した．本戦争は10月26日に終結したものの，石油価格は紛争前の水準であったバーレル当り3ドルから11.65ドルへと約4倍に急騰した．わずか3カ月間の価格調整であったものの，世界の原油取引を巡る市場展開は一変することになってしまった．

　この第一次オイルショックの直後,危機対応に迫られた主要石油消費国(米国，英国，日本などを含む）は，1974年11月に経済協力開発機構（OECD）の下部組織として国際エネルギー機関（IEA）を設立した．これにより加盟国による石油備蓄体制の整備，石油需要抑制，原油の融通措置，代替エネルギーの開発等の分野にわたって国際協力を拡充させる道を拓くことになった．

　石油の供給確保にたいする世界的な不安の高まり，石油価格高騰による自国経済への影響を懸念して，欧米を中心にいくつかの対策が打ち出された．資源・エネルギー消費の節約，有効利用の推進，新しい資源エネルギーの開発と技術開発などが各国の打ち出した政策の骨子であった．具体的には，脱石油化推進を展開させるため，原子力発電の拡大，石炭の利用拡大，天然ガス利用に注目して，それらを中心にしたエネルギー政策による危機への対処であった．

2．日本の対応

　上述の1973年10月の出来事により，アラブ石油輸出機構（OAPEC）が原油価格の大幅値上げと石油輸出削減を決定したことから,国際石油資本(メジャー)各社は日本に対して原油価格30％の値上げ，供給量10％削減を通告した．この年,当時の日本の一次エネルギー供給に占める石油の比率は77％に達していた．そのため，日本への影響は甚大なものとなることが予想された．かかるエネルギー非常事態に直面して，日本政府は国民生活安定緊急措置法・石油需給適正化法を制定した．同時に，石油緊急対策要綱を閣議決定して，企業に対しては10％の石油，電力消費削減を要請，そして国民にはマイカー使用自粛などを要請した．このエネルギー情勢の激変を受けて，日本はそれまで採用してきた石油を中心に置いたエネルギー政策を転換させ，省エネ，脱石油化，エネルギーの多様化という新しい方向に向かう姿勢を明確にさせた．

3．第二次オイルショックの発生と先進諸国の対応

1978年末，イランではパーレビ王朝が崩壊し，それを契機にして，ホメイニ政権が誕生するイラン革命が勃発した(79年2月)．このような国内政治混乱に直面したイランでは石油生産が激減することになり，輸出活動は停止をしてしまった．これにより，国際石油市場での需給が逼迫することになり，OPECは原油価格を3ヶ月毎に引き上げる措置を採用するという決定を下した．石油価格は急騰し，バーレル当り12.80ドルから30ドルの水準に一気に急騰することになった．国際取引市場では石油供給に対する懸念が拡散し，いわゆる第二次オイルショックが登場することになった．

1979年3月，国際エネルギー機関(IEA[1])閣僚理事会は再度の国際石油危機への対応策を発表した．短期的には約5％の石油需要の削減の実施を決議，又5月には石油専焼火力発電所建設の原則禁止，石炭火力発電所建設の推進，エネルギーの脱石油化の推進を決議した．更に1980年12月の段階で，石油代替としての天然ガスの利用推進，石炭の大幅生産拡大と積極的活用，原子力の拡大，及び長期的な新エネルギー技術を追求することで合意を見ることになった．

1979年6月に東京で行われたG7先進国首脳会議(日本，米国，英国，フランス，ドイツ，イタリア，カナダ)では「石油消費を減少させ，他のエネルギー源の開発を促進する事」を目標とする"東京サミット宣言"が発表された．先進工業国の間で，石炭の活用，代替エネルギー源の拡大，原子力発電能力の拡大が明示され，その目標が共有されることになった[2]．

II．石油危機と世界のエネルギー構造の変化

1．世界のエネルギー需要の変化

二度にわたる石油危機に直面し，世界のエネルギー構造は大きくその様相を変えることになった．

第一次石油危機発生前の1971年と2004年を比較すると，世界全体のエネル

1　IEAについてはp.294第一次石油危機と先進諸国の対応の項参照
2　(東京サミット宣言，石炭／原子力関連抜粋)「われわれは，われわれ7ヵ国が環境を損なうことなく石炭の利用，生産が可能な限り拡大することを誓約する．われわれは，産業及び電力部門において，石炭をもって石油に代替させることに努力し，石炭輸送の改善を奨励し，石炭プロジェクトへの投資に対して積極的な姿勢を維持し，長期契約による石炭貿易を国家的緊急事態によって必要となる場合を除き，中断しないことを誓約し，また，石炭輸入を阻害しない措置によって，エネルギー政策，地域政策及び社会政策上望ましい国内石炭生産の水準を維持する．」［今後数十年において原子力発電能力が拡大しなければ，経済成長及び高水準の雇用の達成は困難となろう．これは国民の安全を保障する条件の下に行われなければならない．われわれはこの目的のために協力する．この点に関して，国際原子力機関(IAEA)は中心的役割を果しうる］

表13-1. 世界のエネルギー需要 （単位：石油換算百万トン）

	1971年	(%)	1990年	(%)	2004年	(%)	71-04伸び率(%)
石　油	2,338	47.8	3,078	39.3	3,791	37.6	1.5
石　炭	1,439	29.4	2,184	27.9	2,776	27.6	2.0
天然ガス	895	18.3	1,677	21.4	2,307	22.9	2.9
原 子 力	29	0.6	525	6.7	714	7.1	10.2
水　力	104	2.2	185	2.4	241	2.4	2.6
その他	86	1.8	175	2.2	245	2.4	3.2
世界計	4,891	100.0	7,824	100.0	10,074	100.0	2.2

出所：EDMC「エネルギー・経済統計要覧」より作成

ギー需要は約2倍に増加したことが判明する．内訳をみると，一次エネルギーに占める石油への依存率は1971年では47.8％とほぼ半分を占めていたが，2004年には約38％に減少している．一方，脱石油の柱となる石炭，天然ガス，原子力については，石炭のシェアに大きな変化は見られなかったものの，天然ガスは1971年の18％から2004年には23％に，原子力は0.6％から7.1％へと大幅にその依存度を高めていることが明らかである．これを，化石燃料（石油・石炭・天然ガス）として括ると，原子力利用の増加が顕著となったために，化石燃料利用は96％（1971年）から88％に（2004年）減少している．

2．主要国の電源別発電電力量の構成比の変化

　主要国の電源別発電電力量構成比率の変化は，表13－2に示されているように各国の電源政策の特徴を表すものとなっている．

　米国は1973年石油火力比率を17％から3％に低下させ，原子力利用を2004年の5％から20％に拡大させている．フランスの変革はより明確である．1973年の石油火力依存度40％を2004年には1％に激減させている．原子力発電については，8％から78％へと大幅に拡大させ，電力供給は原子力を中心とする方針を明確にさせている．イギリスは石油と石炭の利用を減少させ，北海ガス田開発から供給される天然ガスを主体とするエネルギー構造の構築を図ってきている．

　中国は，元々石炭エネルギーを主体とする構造的特長を持っている．1971年を見ると，一次エネルギー消費の内訳は石炭が81％，石油17％であった．2005年の一次エネルギー消費構成は石炭が70％，石油21％というように，石油利用の割合が増加している．これは経済発展による自動車の利用が急進展したため

表13－2．主要国の電源別発電電力量の構成比の変化　　　　　　　　　　　（単位％）

年	石油 1973	石油 2004	石炭 1973	石炭 2004	原子力 1973	原子力 2004	天然ガス 1973	天然ガス 2004	水力他 1973	水力他 2004
米　国	17	3	46	50	5	20	19	18	13	9
フランス	40	1	19	5	8	78	6	3	27	13
ドイツ	12	2	69	50	3	27	11	10	5	11
イギリス	26	1	62	34	10	20	1	40	1	5
中　国*	8	3	71	78	0	2	0	1	22	16

＊中国の比較は1971年と2004年
出所：IEA 統計 Energy Balances of OECD　Countries（電気事業連合会 Energy Note 他）

表13－3．一次エネルギー供給の推移と構成　　　　　　　　　　　　（構成比率　％）

	1955年度	1965年度	1973年度	2004年度
水　　　　力	27.3	10.6	4.1	4
原　子　力	0	0	0.6	11
石　　　　炭	47.3	27	15.5	21
国　内　炭	43.5	19.5	4	0
輸　入　炭	3.7	7.5	11.4	21
石　　　　油	17.5	59.6	77.4	48
天　然　ガス	0.3	1.2	1.5	14
そ　の　他	7.6	1.6	1	3

出所：『電気事業と燃料』p.19（資源エネルギー庁編　総合エネルギー統計）

と考えられる．一方，発電電力構成を見ると，1971年の時点で石炭火力発電が71％，石油火力発電が8％という構成であった．それが2004年になると，石炭利用が78％，石油利用が3％と変化しており，電力分野では石炭火力を相対的に増やし，逆に石油火力が減少していることが判明している．

3．日本の対応とエネルギー構造の変化
(1) 石油危機前の日本のエネルギー構造
　構造変化の理解を助けるために，石油危機以前の日本のエネルギー状況を概観してみることにする．1955年当時，日本のエネルギー源の大宗は国内炭を主体とするものであった．一次エネルギー供給に占める比重は50％近くを占めていた．国内炭の生産量は同年4,250万トンを記録する水準にあり，石炭産業は成長段階にあったと認めることができる．一方，石油のエネルギー消費の割合は18％程度に過ぎなかった．この頃，中東で大規模油田が開発されたことがあっ

て，世界的なエネルギーの流体革命が日本にも波及することになった．日本の中でも，この石油の認知が高まり，それが果たす役割が急速に拡大することになった．10年後の1965年で見ると，一次エネルギーに占める石油の比率は約60％にも上昇し，その一方で，石炭は27％にまで低下をすることになった．その後まもなく，日本経済は第一次石油危機に襲われることになった．危機発生の1973年には，石油への依存比率は77％程度にまで急上昇し，逆に石炭の比率は15％にまで急降下していた．

電力業界における石炭から石油への転換を概観することにする[3]．

表13-4は1955年当時の電源構成と発電電力量の推移（電気事業用）を要約したものである．

日本の電源構成は従来から水力発電を主体とするものであった．1955年段階の状況を分析すると，水力発電が電力供給の約80％を占め，日本経済の中では圧倒的な電源ソースとなっていた．高度経済成長に伴い電力需要が急増することになり，水力発電だけでは需要に間に合わないという状況が生まれた．その結果，火力発電所が増設されることになった．1965年から1975年の期間にかけて，火力発電による電力供給の比重は58％から75％の割合にまで増加していった．当然のことながら，水力発電の比重は42％から20％へと激減していった．火力発電を燃料別に見ると，1955年の段階では圧倒的に石炭火力を主体とする構造であった．その後，流体革命が主流となる中で，1965年には石油火力が石炭火力を上回り，第一次石油危機直後の1975年になると石油火力は電源の中心的役割を担うこととなった．その比重は74％を占めるに至っている．この結果，石炭火力発電の割合は8％の水準にまで激減し，産炭地を中心にいくつかの発電所を残す程度にまで後退していった．国産エネルギーである国内炭が衰退し

表13-4．発電の電源別構成の推移と構成 (％)

年度	1955	1965	1973
水　　　　力	78.7	41.8	14
火　　　　力	21.3	58.2	82
（石　　　炭）	19.8	26	8
（石　　　油）	1.5	31.6	74
（L　N　G）	−	−	2
原　子　力	−	−	2

出所：『電気事業と燃料』p.53
1973年は OECD Energy Balances of OECD Countries 2002-3．

---

[3] 電気事業講座編集委員会(1996)『電気事業と燃料』電力新報社　p.53を参照．

たことは，日本のエネルギーが海外依存に傾斜することを意味している．2007年現在で見ると，一次エネルギー供給の96％が輸入に依存するという状況である．

(2) 石油危機と日本の対応

詳細は次節で論述するが，日本が採用した石油危機への対応策は，脱石油化，産業構造の転換を主体とするもので，その骨子は下記に纏められている[4]．

(i) エネルギー源の多様化
・石油依存度の低下―中東依存度の低減
・原子力の拡大―原子力発電の推進
・天然ガスの増大―液化天然ガス（LNG）の輸入拡大
・石炭の活用―海外炭の導入（一般炭，原料炭（鉄鋼））
(ii) 新規エネルギー源の開発と供給増大
・風力，太陽光，熱，バイオマスなど
(iii) 省エネルギーの推進
・GDP当たりの一次エネルギー消費原単位の改善
・省エネ技術の開発

(3) エネルギー構造の変化

日本の場合を見ても，他の先進諸国と同様に石油危機後のエネルギー構造が大きく変化したことが明らかである．エネルギー別の動向についての解説は後述するが，一次エネルギー供給について1973年度で77％も占めていた石油の比重が2005年には48％に低下している．その一方で，原子力，天然ガス，石炭（海外炭が主体）の増加が著しいことが明白である．発電電力量を電源別に見ると，この傾向はさらに顕著となる．石油危機以前の1973年当時，日本の発電は石油火力中心であった．石油がその74％を占めていたものの，2005年にはそれが10％にまで激減している．石油火力の減少に対し，原子力発電が2％から32％に拡大し，日本の電力供給の約3分の1を占める水準にまで激増している．石炭火力，天然ガス火力もそれぞれ増加した．その比重は4分の1のシェアを占めるまでの水準に達している．電力産業における脱石油化がいかに積極的に推進されてきたかという傾向を端的に物語っている．

石油危機を契機に，ここに高度経済成長が終焉することになった．日本の経済産業構造は，いわゆる"重厚長大"型の経済，それはエネルギー多消費型の素材産業（鉄鋼，石油化学，アルミなど）を中心としたものから，技術革新に

---

[4] 藤目和哉(2004)「石油危機から30年：エネルギー需給構造の変貌と政策課題」日本エネルギー経済研究所

表13−5．日本の一次エネルギー供給と発電電力量構成　　　　　　　　　　（%）

日本の一次エネルギー供給

	1973年度	2005年度
石　　　　油	77.4	48
石　　　　炭	15.5	21
天 然 ガ ス	1.5	15
原 子 力	0.6	11
水　　　　力	4.1	4
そ の 他	1.0	1

出所：電気事業と燃料．資源エネルギー庁編 総合エネルギー統計

日本の発電電力量構成

	1973年	2005年
石　　　　油	74	10
石　　　　炭	8	25
天 然 ガ ス	2	24
原 子 力	2	32
水　　　　力	14	8
そ の 他	0	1
発電電力量 TWh	465	1,038

出所：Energy Balances of OECD Countries 2002-3, 電力資料

よる加工型産業（自動車，機械，電気，精密機械）を基盤とする経済発展に向けて舵を切ることになった．

Ⅲ　石油危機への対応，エネルギーの多様化—石油依存度の低下

　前節では，石油危機発生によるエネルギー構造の変化について概観した．それは主要先進工業国に共通してみることができた現象であった．石油危機克服のために，脱石油化を主眼とする対策として，エネルギー源を多様化させ，一次エネルギーにおける石油への依存度を引き下げることを中心に観察されたことを確認した．本節では石油代替エネルギーとして認められる電源の動向を概観することにする．特に，原子力発電の導入とその現状，天然ガス（LNG）の導入とその現状，海外炭の導入と国内石炭産業の衰退の過程について論述する．

1．原子力の導入と現在の状況
(1)　原子力発電の導入

　1954年，ソ連は世界初の原子力発電所（5,000kw）を完成させた[5]．その後，1956年にイギリスのコールダーホール発電所（天然ウラン使用，18万kw），その翌年にアメリカのシッピングポート発電所（濃縮ウラン使用，92,000kw）の運転開始を経て，世界の原子力発電所が実用段階を迎えることになった．これらをきっかけにして，先進諸国を中心に各国で原子力発電所の開発が進められることになった．日本での原子力発電導入については，1955年に自主・民主・公開という三原則に基づいて，その利用を平和目的に限定した「原子力基本法」を制定し，その推進体制が整備された．1957年になると，電力九社，電源

5　宅間正夫「我が国の原子力発電の歩み」『放射線教育』（社）日本原子力産業会議　Vol.9, No.1

開発(株),メーカーなどの共同出資により日本原子力発電(株)が設立された.同社東海発電所は1966年に日本初の原子力発電所の営業運転を開始するまでに至った[6].

(2) 原子力発電の推進

表13-5で見たように,第一次石油危機発生当時の日本の電力構成は,石油(74％),石炭(8％),原子力(2％)というように,圧倒的に石油火力中心の構造であった.そのような中で第一次石油危機が発生し,原油価格の高騰リスクと電力供給に対する不安が一気に高まりを見せた.政府は1974年に電源三法(発電用施設周辺地域整備法,電源開発促進法,電源開発促進対策特別会計法)を制定し,電源立地を促進させる為の基盤整備に傾注することになった.その後,第二次石油危機を経験することになり,新エネルギーの開発とともに原子力発電の開発を模索する取り組みが展開することになった[7].

そうした中で,新たな課題として浮上してきたのが,地球温暖化問題への取り組みである.1997年12月,地球温暖化防止のため,気候変動枠組条約,いわゆる京都議定書が締結された.これにより,発電分野では殆どCO_2を発生させない原子力発電が世界的に再評価される時代を迎えることになった.地球温暖化対策の一法として,省エネルギー対策の推進とともに,原子力発電所建設の拡大が進むのではないかと予想されている.

(3) 原子力発電の特徴

石炭火力,石油火力,天然ガス火力と比較して原子力発電はどのような利点があり,同時に内在する問題点は何かについて下記に簡単に取りまとめてみることにする.

(i) 原子力発電の利点と考えられている要因

1) 燃料供給面の安定性

日本のウラン輸入先はカナダ,豪州,アメリカなど,政治状況が比較的安定した地域からのものに集中しており供給面での安定化が期待される.

2) 燃料の備蓄効果

ウラン燃料は一度原子炉の中に収められると,少なくとも1年間はそのまま発電を持続させることが可能である.燃料供給が仮に鉱山事故や政情の問題などで中断されることがあっても,備蓄効果があるものと考えられている.ウランは極めて少量でも多量の発電が可能で,燃料自体の輸送や貯蔵が容易であるという特色を持っている.100万kwの発電所が1年間運転するため

---

[6] 電気事業講座編集委員会(1996)『電気事業と燃料』電力新報社 p.67
[7] 経済産業省編集(2006)『エネルギー白書2006年版』ぎょうせい p.66

に必要とする燃料は,濃縮ウランが21トンであるのに対し,石炭では221万トン,石油では146万トン,天然ガス(LNG)では93万トンといわれている[8].
3) 排出量に関する優位性

発電燃料の燃焼に加え,原料の採掘から発電設備等の建設,燃料輸送や廃棄処分に至る「ライフサイクル」全体を通して見ると,原子力発電所のCO_2排出量は他の電源と比較して圧倒的に少ないことが指摘されている.また,酸性雨の原因とされる窒素酸化物(NOx)や硫黄酸化物(SOx)なども発生させないという理解が広まっている.

(ii) 原子力発電が問題であると想定されている要因(詳細は後述)
1) 原子力発電所が不慮の事故などに遭遇した場合,放射性物質の異常放出源となりかねないという問題
2) 放射性廃棄物に関わる処理の問題
3) 原子力の平和利用と核不拡散という国際関係上の問題

(4) **原子力発電の現状**

2006年末現在,世界で運転中の原子力発電基数は429基である.その設備総容量は3億8,700万kwにのぼる.供給電力量は2兆6,300億kwhで,これは世界の総発電量の16%を占める規模となっている.

(i) 原子力発電に関する主要国の現状[9]

石油危機を契機として脱石油化を図る目的から世界的に利用促進が定着していった原子力発電であったが,世界を震撼させる事故を経験することになり,その期待に大きな静止要因が生まれることになった.具体的には,1979年に米国スリーマイルアイランドの発電所2号機事故が発生したこと,そして1986年にソ連チェルノブイリ発電所4号機での放射性物質の外部放出事故が生起したことが挙げられる.そのために多くの国で原子力発電所の建設にブレーキが掛けられることになった.

しかしながら,アジアを中心としてエネルギーの需要拡大が予想されること,資源の枯渇問題が深刻化していること,エネルギー需給に関してそれが早晩逼迫するのではないかという懸念が生まれていることなど,近い将来に乗り切らなければならない差し迫った問題に世界が直面しているというのが現状である.しかも,地球温暖化問題に対する一方法として原子力発電に期待を寄せる意見が強まっていることも事実であり,原子力発電を見直す気運も高まっている.

1) 米国:原子力発電所の基数は103基であり,世界一となっている.原子

---

8 経済産業省資源エネルギー庁 パンフレット「日本のエネルギー 2005」HP 参照
9 東京電力(2008)『原子力発電の現状』 東京電力広報部 pp.97-101

力発電は,全米発電電力量の約20%をまかなう規模となっている.スリーマイル島事故のあった1970年代以降,原子力発電所の新規建設はなかったが,2005年8月に「包括エネルギー法案」が成立するに至り,発電所建設の再開に踏み出すことになった.

2) イギリス:現在19基が運転中である.国内消費電力の約18%をまかなっている.1986年のチェルノブイリ原発事故以降,英国は原子力発電所の新規建設に消極的な立場を堅持してきた.しかし,地球温暖化問題が深刻化する中,2006年7月に政府は「The Energy Challenge」という報告書を発表し,原発の新設・更新への取り組みを推進する姿勢を明示した.

3) フランス:原子力発電所基数は59基であり,米国に次ぎ世界第2位の原子力規模を誇っている.原子力は国内総発電電力量の78%の水準をまかなう規模となっている.フランスは英国,ドイツ,イタリアなどに電力を輸出する余力を有している.

4) ドイツ:原子力発電所基数は17基で,電力供給の31%にあたる水準を占めている.2002年にドイツ政府(社会民主党/緑の党)は原子炉の運転期間を原則32年間に限定し,原子炉は順次廃止することを決定した.その後,2005年選挙では原子力推進派の野党のキリスト教民主・社会同盟が勝利したが,社会民主党との大連立を組んだ為,脱原子力政策の転換には至っていない.

5) スウェーデン:1980年の国民投票で,2010年までに全ての原子炉を廃止するという決議がなされ,それに従って既に2基が廃止されている.現在11基が稼動中で,発電電力量の52%が原子力発電によってまかなわれている.2006年9月に政権交代が実現したものの,新規建設も廃止も行わない現状維持を踏襲する政策を採用している.

6) ロシア:国内の総発電に占める原子力発電の割合を,現在の16%の水準から,2020年から30年までに25%の水準に増加させる計画を有している.

7) 中国:現在の原子力発電の割合は国内消費の2%に過ぎない.2006年3月に発表された第11次5ヵ年計画では,急増するエネルギー需要という見通しを受けて,2020年までに原子力設備容量を既存のものと合わせて4,000万kw,総発電電力量の4%の水準を供給できる規模に拡大させるという目標を掲げている.2007年現在,10基が稼動し,約800万kwが運転中であると報じられている.

(ii) 日本における原子力発電の現状
　1）原子力発電所の現状について
　　2007年現在，わが国の原子力発電所基数は55基となっている．出力総計は4,958万 kw である．現在のところ2基（228.5万 kw）が建設中である．また，11基（1,500万 kw）が計画中となっている．2006年度の段階で，原子力発電電力量は約3,034億 kwh に上り，日本の総発電量の約3分の1を占める規模となっている．原子力発電による電力量で比較すると，米国，フランスに次ぐ第3位の地位にランクされている．
　2）日本の原子力政策 [10]
　　2005年10月に原子力委員会が「原子力政策大綱」を策定し，これを日本の原子力政策の基本方針とすることが閣議決定された．同大綱の中には下記のような方針が明示されており，原子力発電が代替エネルギーとして大きな役割を担うことが期待されている．
　　・2030年以降の段階を通じても，発電電力量の30から40％を上回る供給水準を原子力発電に期待すること．（2006年度石油依存度は46％―著者註）
　　・使用済み燃料を再処理し，回収されるプルトニュウム等を有効利用させること．
　　・高速増殖炉については，2050年までに商業ベースに乗せることを目指すこと．
(iii) 原子力発電の課題
　2007年7月に新潟県中越沖地震が発生した．そのため，東京電力の柏崎刈羽原子力発電所の運転中の発電機が自動停止をした．現在のところ発電設備について点検が繰り返されていて，施設の耐震安全性の評価作業を進めている段階で，運転再開に向けた準備作業が進められている．原子力発電所の運転は安全確保が何よりもその前提である．地震対策以外にも安全確保に向けた対策が強く要請されている．このような切迫した発電所の状況を目の当たりにして，原子力発電に関する次のような課題が広範囲に論議されている．
　1）原子力発電所の安全確保に関する歴史と対処
　　日本での主な原子力発電所事故
　　・1999年9月：東海村 JCO 核燃料加工施設臨界事故
　　・1974年9月：原子力船むつによる放射線もれ事故
　　・1995年12月：動力炉・核燃料開発事業団が管理する高速増殖炉もんじゅの事故

10　経済産業省（編集）（2007）『エネルギー白書2007年版』山浦印刷　pp.233-234

・2004年8月：関西電力美浜発電所3号機2次系配管破損事故

　海外で発生した大事故（スリーマイルアイランド，チェルノブイリ）に加え，国内でもこうした事故の発生が報告されたことで，今後の原子力発電所建設立地問題に大きな負の影響が認められている．原子力発電所建設，運転には国民の厳しい目が向けられていることから，更なる安全確保が必須要件となっている．

2）放射性廃棄物処理に関する問題

　原子力発電所で発生する放射性廃棄物を安全かつ適切に処理する要請がある．

　低レベル放射性廃棄物の処理・処分については，ドラム缶に貯蔵し保管する方法が採用されている．高レベル放射性廃棄物の処理・処分については，密閉した後に地下深部に貯蔵するという処分方法が考えられている．

3）ウラン資源の供給確保について

　原子力発電所の建設増加が見込まれ，世界中で燃料ウランの需要増大が予期されている．それにより，資源需給の逼迫が懸念されていて，ウラン資源を巡る獲得競争の激化が早くから予想されている．

4）原子力平和利用の推進という課題

　原子力発電に依存する電力供給の拡大が避けられないという現実的な見通しの中，核の不拡散に向けた国際的枠組みの確立と遵守が早急に求められることになる．

2．液化天然ガス（LNG）の導入と現状

(1)　LNG導入に至る経緯

　日本に天然ガス（LNG）が初めて輸入されたのは1969年11月のことである．東京電力と東京ガスは共同でアラスカのLNG（当初年間契約96万トン）を東京ガス所有の根岸工場に導入した．次いで，1972年12月に大阪ガスがブルネイのLNGを同社泉北製造所に輸入した．当時の日本は，高度経済成長の弊害と考えられた公害問題で翻弄されていた．硫黄酸化物（SO_x）を排出せず，窒素酸化物（NO_x）の排出量も少ないLNGは，大気汚染対策の切り札，つまりクリーンエネルギーとして導入されることになった[11]．東京電力の場合，1970年4月に南横浜火力2号機（35万kw），そして同年5月に1号機でLNG火力発電の運転を開始させることに成功した[12]．

11　エネルギー産業研究会編（2003）『石油危機から30年—エネルギー政策の検証』エネルギーフォーラム　p.258

12　電気事業講座編集委員会（1996）『電気事業と燃料』電力新報社　p.256

(2) 石油危機後の位置づけ

　クリーンエネルギーとして登場した天然ガスは，石油危機発生後の段階で脱石油化の方針を進める日本の経済界の期待を背負うものであった．そのような中で，電力業界や都市ガス業界でもその利用拡大が計画され，その役割の重要性が広く認識されることになった．

　中東に大きく依存している輸入原油に対して，アラスカ，ブルネイ，インドネシアなど政治的により安定していた地域が供給先であることから，資源戦略上の視点からも望ましい選択であるという評価を得ていた．日本の一次エネルギー供給の構成をみると，石油危機前の1973年当時，天然ガスの比率はわずか1.5％という水準であった．それが，2005年になると15％の水準にまで拡大したことが報告されている．その結果，発電電力量では同期間に2％から24％の水準にまで上昇した．現在，天然ガスは石炭と並び，電力供給の4分の1を生み出すまでの重要なエネルギー源の一つになっている（表13−5参照）．

(3) 液化天然ガス（LNG）が有する特徴[13]

(i)　LNGは天然ガスをマイナス161.5℃という超低温で液化させたもので，体積は580分の1となるため移動と貯蔵に優れた資源である．

(ii)　天然ガスは，炭化水素のほかに硫黄分，窒素分，炭酸ガス，水分，塵など不純物を含んでいる．液化の前処理とそれ以後の過程を通じた段階でそれらの成分は除去され，精製されたLNGは極めて純度の高いクリーンエネルギーとなる．

(iii)　LNGプロジェクトを概観すると，供給側では天然ガスの探鉱／開発／生産，液化プラント／貯蔵設備に関係する施設が不可欠となる．また消費側ではLNG専用船，受入基地，貯蔵／気化設備が必要となるため多額の設備投資が不可避である．このため，供給側と消費側とも長期安定供給に向けた保証措置が必要となる．通常20年以上の長期契約を前提に双方が合意するのが通例である．このことから，LNGを大量消費する電力会社やガス社が一般的なユーザーとして登場することになる．

(iv)　日本のLNG輸入価格は日本向け原油の平均CIF価格に連動している．そのことから，原油価格が変動すればその影響を直接的に受けることになる．

(4) 世界の天然ガス，LNG取引の現状

(i)　天然ガス

　世界の天然ガスの確認埋蔵量は，2005年末の段階で180兆㎥（立法メートル）と言われている．主要賦存地域は旧ソ連，中東，その他であり，それら地域に

13　東京電力企画部（1990）『エネルギー業界』教育社

それぞれ約3分の1程度ずつが認められている．原油の賦存が中東に62％も賦存していることと比較すれば，天然ガスの埋蔵量については偏在の程度は小さいと言える[14]．

(ii) 世界のLNG取引の現状

世界の天然ガス消費量は，2007年についてみると2兆9,220億㎥（BP統計2008）となっている．生産国の国内消費がその約4分の3を占め，貿易取引に回されている量が全体の4分の1となっている．輸送形態で分けると，LNG専用船による輸送が貿易取引の中で約30％であり，残りは全てパイプラインによる輸送である．2007年の世界でのLNG取引合計は約1億6,400万トン，日本が最大の輸入国である．日本の輸入量は，世界の貿易の中で約40％を占める6,440万トンとなっている．次いで韓国が2,490万トン，スペインの1,970万トン，米国の1,580万トンと続いている．

(5) **日本市場の中のLNG**

日本の天然ガス供給の中で輸入によるものの割合は96％にのぼる．そのほとんどがLNGによる輸入となっている．

国産天然ガスは，新潟県，千葉県，北海道，秋田県で主に産出される．数量ベースで見るとLNG換算で230万トンであり，日本国内の総供給の中で4％程度を占めている（2005年度数値から）．

日本のLNG輸入数量は，2006年度で約2,610万トンである．図13-1のごとく，インドネシア，豪州，マレーシアよりほぼ20％づつを輸入している．次に

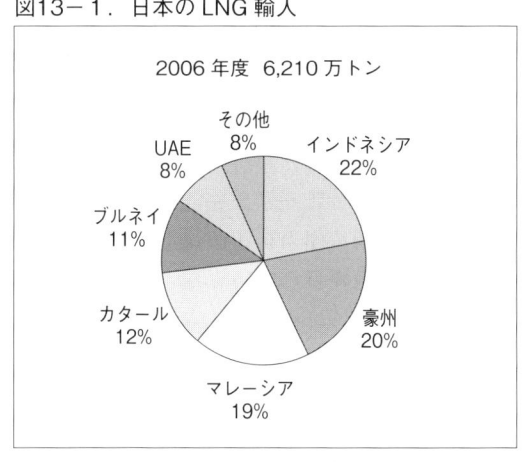

図13-1．日本のLNG輸入

2006年度 6,210万トン

- インドネシア 22％
- 豪州 20％
- マレーシア 19％
- カタール 12％
- ブルネイ 11％
- UAE 8％
- その他 8％

---

14 経済産業省（編集）（2007）『エネルギー白書2007年版』山浦印刷 p.192,161

カタール，ブルネイ，UAEと続いていて，アジア，大洋州，中東とその供給先が分散されていることが特徴的である．

(6) 日本のLNG輸入に関わる問題点とリスク要因
(i) 増大する世界のLNG需要と供給力の不安材料
　世界的にLNGの需要は急増しており，2006年の約1億6,000万トンから2030年には3.6倍の約5億トンに拡大するものと想定されている[15]．特に韓国の需要増加，そして米国市場の大幅な伸びが顕著となっている．米国は2030年には日本を抜いて世界一のLNG輸入国となることが予想されている．こうした展望を前提にすると，世界の需要増に対する供給サイドのLNGの供給能力の拡張とその整備が欠かせないところである．

(ii) インドネシアのLNG輸出余力の削減
　インドネシアは日本市場の最大のLNG供給国である．しかし，インドネシア自身のエネルギー需要が増大していることを受けて，天然ガスの運用について国内優先方針を打ち出している．そのため，日本へのLNG輸出数量の削減が避けられない見通しである．日本はこのような事情を受けて，供給先の多角化戦略が必要となっている．豪州，カタールへの依存を増大させる道を探ることになると思われる．

(iii) LNG価格の高騰の可能性
　原油価格の高騰はLNGの価格に直接影響を与えることになる．それ以外にも，LNGプロジェクトの開発や維持に要する資機材，人件費の高騰が予想される中，LNGの価格動向に注目が集まっている．

(iv) テイク・オア・ペイ契約
　LNG取引は供給者，需要者の双方で，多額の資本投資が不可欠である．巨額の投資を背景にLNGのサプライ・チェインを構築しなければならず，相互依存に立脚しているという性格を有している．供給側の初期投資回収のために，契約数量の多くについて，引き取りの如何に関わらず，買主はその代金の支払い義務を負うという契約形態が一般的である．しかるに，この硬直的な契約によって左右されることになる消費面の制約が問題視されている．目下，この契約関連についての改善作業が進められている．

15　伊藤浩吉他 (2007)「アジア／世界エネルギーアウトルック2007—中国・インドのエネルギー展望を中心に」日本エネルギー経済研究所　p.32

表13-6. 海外一般炭輸入数量と国内炭生産数量　　　　　　　　　　　（単位万トン）

年　度	1974	1980	1985	1990	1995	2000	2005
国　内　炭	2,030	1,810	1,645	798	632	297	na
海　外　一　般　炭	37	710	2,243	3,468	5,532	8,102	8,995

出所：石炭政策史資料編　2005年度　EDMC　p.28

3．海外炭の導入と国内石炭産業の衰退

(1) 日本における海外炭の輸入について

　日本の製鉄業界は，米国を中心に原料炭（コークス用原料）を輸入し利用していた．しかし，一般炭に関しては国内炭保護政策があり，原則海外からの輸入炭は長い間禁止されてきた．第1次オイルショック後の1974年を契機にして，その政策が転換されることになり，一般炭の輸入が再開されることになった．特にセメント，製紙業界，化学業界は既存の燃料設備を改修し，それまでの石油燃料を石炭に切り替える対応措置を採用した．豪州，中国，ソ連などから一般炭の輸入が開始された．

　第2次オイルショックを経験してから，1980年頃になると，セメント，化学，製紙業界以外にも電力会社が一般炭の輸入に切り替わり，日本での海外からの一般炭輸入は本格化することになった．

(2) 海外一般炭の輸入数量の増加と国内炭生産数量の減少

　表13-6から，海外一般炭が急増したのは1980年以降であることが読み取れる．海外炭の輸入数量増加に伴い，国内炭の生産数量が減少する傾向にあったことが顕著に現れている．1981年には，電源開発が海外炭を対象とした松島石炭専焼火力発電所の稼動を開始した．他の電力会社も火力発電燃料を石油から石炭に転換し，海外炭の需要は一気に高まることになった．一方，国内炭については減産方針が採用されていたため，コスト高ばかりでなく供給力不足が明らかとなっていた．このため国内炭の価格は急騰し，需要サイドの業界は海外炭の確保に一様に転換することになった．

　ヨーロッパ，韓国，台湾のエネルギー需要サイドも同様に一般炭の輸入に傾いていった．この影響で一般炭の大手輸出国である豪州の石炭価格は急騰することになった．需要の高進に対し生産活動が追いつかず，玉不足（石炭不足）現象が発生した．主要石炭積出港の豪州ニューキャッスル港などでは船混み状態が続き，一ヶ月以上も港湾近辺で輸送船が待機させられることもあった．配船，輸送，石炭手当というロジスティック面での調整に大きな混乱が生まれる事態となった．

(3) 国内炭と海外炭の価格差

　一般炭が輸入再開された1974年の時点で，輸入一般炭価格の方が日本の国内炭を上回るというのが通例であった．しかしながら，翌1975年になると国内炭需給が逼迫したため，国内炭価格の急騰が顕著となり，海外一般炭の輸入価格を上回る現象が発生した．日本国内では，その後も採掘条件の悪化，労使問題の顕在化，経営環境の悪化などが避けられず，国内の石炭生産は採算的に高コスト体質と変容してしまった．

　第二次石油危機後の1980年頃になると，海外の一般炭価格も当時の国際石炭市況を反映して急騰していった．しかし，輸入一般炭価格は，国内の一般炭価格に比べて割安状態が定着していた．引き続いて1985年にプラザ合意が発表され，為替は円高基調が定着することになった．円高メリットを享受して，海外炭はより一層競争力ある優位を勝ち得ることになった．電力用一般炭価格で比較すると，1982年度では国内，海外炭ともほぼ同価格であったものが，内外価格差は輸入炭に有利に展開していった．国内炭の相対価格は，1986年度では2倍，1988年度では3倍と大きな広がりとなっていった．

(4) 第2次石油危機後の国内石炭産業

　第2次石油危機発生の後の1980年，政府は石炭鉱業審議会の答申を参考にして，国内炭の年間生産量を2,000万トンという目標に定める措置を打ち出した．同年の実績は1,810万トンとなり，その後年々減少傾向を経ることになった．1990年にはそれが約800万トンにまで縮減することになった．1991年の石炭鉱業審議会の決定は，石炭需要が拡大していることを受け止めて，海外炭の安定供給の確保の必要性を提言した．しかし，国内炭については生産の段階的縮小が避けられないことを指摘した．これにより国内の石炭産業はそれまで以上のペースで縮小に向けた構造調整が図られることになった．

　1992年4月の時点では，大手炭鉱は6炭鉱が存続していた．その生産総量は合計しても712万トンに過ぎなかった．その後，三井三池炭鉱（230万トン／年）など四つの炭鉱が閉山を決めた．1998年度では釧路の太平洋炭鉱と長崎の池島炭鉱の2炭鉱だけが存続することになり，合計生産量は313万トンにまで縮小した．そして，池島炭鉱（100万トン／年）が2001年11月に，太平洋炭鉱（180万トン／年）も2002年1月に閉山に追い込まれ，日本の長い国内石炭産業の歴史は幕を閉じることになった．

(5) 世界の石炭産出国，輸出と日本の石炭輸入の現状

　世界の石炭生産量は総計約50億トンである．その内，中国が22億3,000万トン（約45％）を生産している．米国，インドがそれに続く存在であるが，これら3カ国は自国で発電用燃料として石炭を利用している比率が高いことが確認

表13-7. 世界の石炭(Hard Coal*)生産量　2005年実績見込み　（単位：百万トン）

中国	米国	インド	豪州	南ア	ロシア	インドネシア	世界計
2,226	951	398	301	240	222	140	4,973

＊褐炭を除く石炭（含無煙炭／亜瀝青炭）
出所：IEA/OECD Energy Statistics of OECD Countries，
IEA/OECD Energy Statistics of Non-OECD Countries

表13-8. 世界の石炭(Hard Coal*)輸出量　2005年　（単位：百万トン）

豪州	インドネシア	ロシア	南ア	中国	コロンビア	世界計
231	108	79	73	72	56	775

＊褐炭を除く石炭（含無煙炭／亜瀝青炭）
出所：IEA・COAL INFORMATION 2006

表13-9. 日本の石炭輸入ソース　2006年度　（単位：百万トン）

	豪州	インドネシア	中国	ロシア	カナダ	合計（含その他）
原料炭	45,339	23,757	4,254	3,186	7,063	84,933
一般炭	59,762	8,203	13,214	5,637	1,681	88,574
合計	105,101	24,580	17,468	8,823	8,744	173,507

出所：EDMC08，財務省日本貿易月表

されている．一方，豪州の石炭生産量は年間3億トンであり，そこから輸出に廻される量が2億3,000万トンに達し，世界最大の石炭の輸出国となっている．豪州の石炭輸出は世界の輸出数量の約3割を占めている．インドネシア，ロシア，南ア，中国も主要な石炭の輸出国となっている．

日本の2006年度の輸入は1億7,350万トン（原料炭，一般炭）となっている．豪州からの輸入は1億500万トンという構成である．これは輸入量全体の約6割に相当するものである．特に一般炭の豪州依存度は67％と極めて高い水準にある．

(6) 石炭（一般炭）輸入に関わる問題点とリスク要因
(i) 需給の逼迫問題

中国，インドなどアジアにおける石炭需要の一層の増大が予想されている．石炭輸出国でもある中国は，国内需要が急増する見通しにあり，輸出を抑制させながら輸入を増加させようとしている．日本の主要輸出国であるインドネシアもその輸出量に上限を設ける動きを活発化させている．このような動きを反映して，今後の石炭需給が著しく逼迫するのではないかという懸念が拡散している．

(ii) 石炭価格の高騰懸念

原油，鉄鉱石など多くの資源エネルギー価格が高騰を続ける中，石炭の価格も例外なく急騰を続けてきた．2008年度の豪州からの石炭輸出価格は，鉄鋼用原料炭については前年比で約3倍に，一般炭では2倍強にまで切り上がってしまった．

(iii) 豪州依存に傾く日本の一般炭輸入

豪州からの輸入は日本の石炭輸入の約60％を占めるまでに拡大している．第二位の供給国である中国に対する依存率は14％である．この比較から，日本の豪州依存率が極端に高いことが明白となる．石炭供給国の幾つかが輸出抑制に動く中，日本は輸入先の多様化を進める必要性がある．

(iv) 地球環境という新たな要請

石炭の燃焼は，二酸化炭素，窒素酸化物，硫黄酸化物，煤塵などを排出することが知られている．日本の石炭火力発電所では，環境規制の強化に集中的に取り組んできている．煤塵，排煙脱硝・脱硫装置の整備体制の充実に努めるばかりでなく，最先端の技術を駆使することで環境保全という要請に対応する姿勢を明確にしている．しかしながら，石炭の場合，地球温暖化の原因とされる二酸化炭素の排出量という観点からは，石油，天然ガスと比較すると大きく，この対策に積極的に取り組むことが急務となっている．したがって，石炭火力発電所の燃焼効率を高め，CO_2の地下貯留技術の開発に傾注することが求められている．

Ⅳ．中国のエネルギー構造と現状

1．中国のエネルギー構造

中国のエネルギー供給の主体は石炭である．石炭は中国の一次エネルギーの中で70％を占めている．石油の割合は21％に過ぎない．米国と日本を見ると，それぞれ石油に40％，45％と多くを依存し，石炭の利用はそれぞれ24％，23％と分散している．しかし，中国の場合，電源別発電電力量の構成は日米と大きくかけ離れている．それは，中国の発電に占める石炭火力の割合が78％と極めて高いことから伺うことができる．

因みに，米国は豊富な石炭資源を有し，石炭火力は50％を占めている．ロシアは自国の天然ガス資源の活用によるガス火力が45％と大きな比率を占めている．一方，日本はエネルギーの殆どを輸入に依存しているため，石炭（27％），原子力（26％），天然ガス（23％）のようにエネルギー源の分散を図っている．

表13-10. 中国の一次エネルギー構成（2006）と他主要国との比較　　　　　（％）

	石油	石炭	天然ガス	原子力	水力
米　国	40	24	24	8	3
中　国	21	70	3	1	6
ロシア	18	16	55	5	6
日　本	45	23	15	13	6

出所：BP統計2007

表13-11. 中国の電源別発電電力量構成（2004）と他主要国との比較　　　（％）

	石炭	石油	天然ガス	原子力	水力	その他
米　国	50	3	18	20	7	2
中　国	78	3	1	2	16	
日　本	27	12	23	26	10	2
ロシア	17	3	45	16	19	

出所：IEA Electricity Information 2006

2．中国のエネルギー発展に関する第11次五ヵ年計画

　中国政府は，2006年3月に2006年から11年までを対象にした「中国の国民経済及び社会発展に関する第11次五ヵ年計画」を発表した．この基本方針に沿って，資源・エネルギー分野に関しては，2007年4月に「中国のエネルギー発展に関する第11次五ヵ年計画」を公表した．この骨子を要約すると次のように取りまとめられる[16]．
　方針は以下の課題を対象としている．
　・省エネルギー政策を優先させること
　・国産エネルギー供給に立脚したエネルギー政策を展開すること
　・石炭資源を基礎におく姿勢を遵守すること
　・エネルギーの多様化を進めること
　・需給構造の最適化を展開すること
　・安定的・経済的・クリーン・安全なエネルギーの供給体制を確保すること
などが挙げられる．具体的な数値目標として，2010年までにエネルギーのGDP原単位を20％削減させることである．

16　石田博之他（2007）「中国・インドのエネルギー情勢と政策動向」日本エネルギー経済研究所　p.106

(1) エネルギーの需給見通し

2005年から2010年までのエネルギー消費量の伸びを年間4％に抑制し，2010年までに一次エネルギー消費量を石炭換算で27億トンとする目標を掲げている．2010年度のエネルギー供給に関する予想構成比率は，石炭 (66.1％)，石油 (20.5％)，天然ガス (5.3％)，原子力 (0.9％)，水力 (6.8％)，再生可能エネルギー (0.4％) という組み合わせを見込んでいる[17]．

(2) エネルギー政策

主要エネルギー項目ごとの政策目標を列挙すると，以下のように要約することが可能になる．

- 石炭：「秩序ある発展」の下で大型石炭基地の建設などを進める
- 電力：「積極的な発展」を進め，火力発電の高度化，原子力の積極的な開発に取り組む
- 石油・天然ガス：「加速的発展」に沿って開発の強化，LNG基地建設，そして国家備蓄拡張などに取り組む
- 再生可能エネルギー：「強力発展」を目標に，一次エネルギーでのシェア拡大に努める
- 省エネルギー：「資源節約と環境保護を基本国策」に掲げる

3. 中国のエネルギー消費の輸入度

中国のエネルギー消費量の伸びは，今後5年間を通じ生産量の伸びを上回ると見込まれている．そのため，エネルギーの輸入の拡大が避けられないところである．石油の輸入量は2005年で約1.5億トンであるが，それが2010年には約2億トンに達すると予想されている．このことは，輸入依存度が50％にまで拡大することでもある．天然ガスについても，2010年には純輸入国に転じ，その輸入依存率は14％となると見込まれている．中国の経済成長は，エネルギー消費を押し上げ，それはそのまま輸入エネルギーへの依存体質を高めることに直結するという構造を有している．この点は，中国の今後のエネルギー政策，海外エネルギー獲得戦略を見通す上で，特に重要な要因となる．

V. おわりに

石油危機に直面した日本が如何なる政策と対応を経験したかについて概観してきた．その過程で，エネルギー利用の構造変化が急速に展開してきた．日本

---

17 張悦 (2007)「中国のエネルギー発展に関する第11次五ヵ年規格 (2006〜2010年) について」日本エネルギー経済研究所　p.2

表13-12. エネルギー消費の輸入依存度

		2005年				2010年			
		消費量	生産量	純輸入量	純輸入依存度	消費量	生産量	純輸入量	純輸入依存度
一次エネルギー	(石炭換算億トン)	22.47	20.59	1.88	8%	27	24.46	2.54	9%
石油	(億トン)	3.3	1.82	1.49	45%	3.87	1.93	1.94	50%
天然ガス	(億m³)	473	495	-22	-5%	107.6	920	156	14%

出所：IEEJ2007年10月「中国・インドのエネルギー情勢と政策動向」p.105 [18]

は石油依存の高いエネルギー構造から脱却するという政策の下，1973年当時に77％だった石油依存率を2005年には48％程度にまで低下させることができた．

しかしながら，地球温暖化問題に関連して化石燃料依存体質の改善が大きな課題として浮上している．世界的に一次エネルギーにおける化石燃料への依存度は高く，2006年では約88％（BP統計2007）の水準にも到達している（日本は77％程度といわれている）．代替エネルギーの開発と利用の促進，省エネ技術の開発などへの取り組みの加速化が求められている．しかし，世界経済の発展に伴い，石油，石炭，天然ガスなど化石燃料をベースにしたエネルギーへの依存が大きく転換するという展望は描かれていない．

石炭は燃焼するに際し，他の化石燃料に比較して単位エネルギー当たりの二酸化炭素の排出量が大きいことが指摘されている．同時に，硫黄酸化物，窒素酸化物，煤塵などが排出されるため地球環境への負荷が大きいという問題を抱えている．ポスト京都議定書以降の世界気候変動条約の枠組みが議論されているが，世界的な合意が形成される段階には至っていない．中国には，石炭を大量に消費することから，環境に配慮した対策を積極的に取り入れることが要請されている．

日本が歩んできた脱石油化，エネルギー構成の変遷，エネルギー供給源の分散，電源構成の調整などの取り組み努力は，今後の中国のエネルギー問題と政策を考える上で，一つの有力な参考事例として検討される価値が高いと考えられる．その上で，日本の築き上げてきた省エネルギー技術や環境保全技術などの利用については，日本と中国の緊密な連携が大いに効果を発揮できるものと見込まれている．両国の継続したこれからの取り組み努力に期待したい．

18　石田博之他(2007)「中国・インドのエネルギー情勢と政策動向」日本エネルギー経済研究所　p.105より作成

参考文献

有沢広巳・川村泰治編(1960)『現代日本産業講座』Ⅲエネルギー産業,岩波書店
石田　博之他(2007)「中国・インドのエネルギー情勢と政策動向」日本エネルギー経済研究所
伊藤浩吉他(2007)「アジア／世界エネルギーアウトルック2007―中国・インドのエネルギー展望を中心に」日本エネルギー経済研究所
隅谷三喜男(1968)『日本石炭産業分析』岩波書店
宅間正夫「我が国の原子力発電の歩み」『放射線教育』Vol.9,No.1　(社)日本原子力産業会議
張悦(2007)「中国のエネルギー発展に関する第11次5ヵ年規格(2006～2010年)について」日本エネルギー経済研究所
藤目和哉(2004)「石油危機から30年：エネルギー需給構造の変貌と政策課題」日本エネルギー経済研究所
村井了(2003)『海外炭が日本を救う』河出書房新社
山口和雄編・有沢広巳監修(1966)『日本産業百年史』日本経済新聞社
エネルギー産業研究会編(2003)『石油危機から30年―エネルギー政策の検証』エネルギーフォーラム
経済企画庁編(1974)『年次世界経済報告(昭和49年)』経済企画庁
経済産業省編(2006)『エネルギー白書2006年版』ぎょうせい
経済産業省編(2007)『エネルギー白書2007年版』山浦印刷
石炭政策史編纂委員会(2002)『石炭政策史』石炭エネルギーセンター
石炭政策史編纂委員会(2002)『石炭政策史資料編』石炭エネルギーセンター
石炭業界のあゆみ編纂委員会(2003)『石炭業界のあゆみ』石炭エネルギーセンター
電気事業講座編集委員会(1996)『電気事業と燃料』電力新報社
東京電力(2008)『原子力発電の現状』東京電力広報部
東京電力企画部(1990)『エネルギー業界』教育社
日本エネルギー経済研究所　定例研究報告会資料―1999年5月
日本エネルギー経済研究所　第20回エネルギー基礎講座資料
経済産業省資源エネルギー庁『日本のエネルギー 2005』パンフレット http://www.enecho.meti.go.jp/topics/energy-in-japan/energy2005html/index.html

【執筆者一覧】

小田野純丸	第1章	滋賀大学教授・リスク研究センター長
金　鳳徳	第2章	東北財経大学教授
劉　昌黎	第3章	東北財経大学教授
大川　良文	第4章	滋賀大学准教授
馬　国強	第5章	東北財経大学副学長
張　海星	第5章	東北財経大学教授
孫　開	第6章	東北財経大学教授・財務税務学院副院長
劉　暁梅	第7章	東北財経大学教授
北村　裕明	第8章	滋賀大学教授・リスク研究副センター長
二上季代司	第9章	滋賀大学教授
張　文遠	第9章	中国北京工業大学副教授
澤木　聖子	第10章	滋賀大学教授
弘中　史子	第11章	滋賀大学教授
孫　亜鋒	第12章	東北財経大学副教授
荒谷　勝喜	第13章	滋賀大学リスク研究センター客員教授

【翻訳者】

洪　善子	第2章	担当
孫　一萱	第5章・第6章	担当

経済経営リスクの日中比較

2009年9月5日　初版第1刷発行

編著者	小田野　純丸
	北村　裕明

発行	滋賀大学経済学部附属リスク研究センター
	〒522-8522 滋賀県彦根市馬場1-1-1
	TEL 0749-27-1404　FAX 0749-27-1189

発売	サンライズ出版
	〒522-0004 滋賀県彦根市鳥居本町655-1
	TEL 0749-22-0627　FAX 0749-23-7720

印刷	P-NET 信州

© Sumimaru Odano・Hiroaki Kitamura 2009　無断複写・複製を禁じます。
ISBN978-4-88325-398-2　Printed in Japan　定価はカバーに表示しています。
乱丁・落丁本はお取り替えいたします。